› Diccionario de las tres religiones monoteístas
(Judaísmo, cristianismo e islam)

Sección: Humanidades

César Vidal Manzanares:
Diccionario de las tres religiones monoteístas
(Judaísmo, cristianismo e islam)

Prólogo de Pablo A. Deiros

El Libro de Bolsillo
Alianza Editorial
Madrid

Reservados todos los derechos. De conformidad con lo dispuesto en el art. 534-bis del Código Penal vigente, podrán ser castigados con penas de multa y privación de libertad quienes reprodujeren o plagiaren, en todo o en parte, una obra literaria, artística o científica fijada en cualquier tipo de soporte sin la preceptiva autorización.

© César Vidal Manzanares
© Alianza Editorial, S. A., Madrid, 1993
Calle Telémaco, 43, 28027 Madrid; teléf. 741 66 00
ISBN: 84-206-0618-9
Depósito legal: M. 11.739-1993
Impreso en Fernández Ciudad, S. L.
Catalina Suárez, 19. 28007 Madrid
Printed in Spain

Prólogo

I

Es imposible en tan breve espacio disponible presentar una definición completa y satisfactoria de religión. Los antropólogos describen las creencias y prácticas religiosas, tal como se manifiestan en las comunidades actuales, como una ayuda para reunir a los hombres en una experiencia y eplicación de la vida comunes, así como un esquema de comportamiento humano frente a las dificultades de la vida. Para los sociólogos, la religión proporciona una forma acordada de mirar el mundo, y confiere al individuo una conciencia de propósito y significado. Los historiadores describen la religión de acuerdo con los hechos que resultan de las diversas creencias, mientras que los teólogos se interesan por las creencias en sí, la cuestión de si so ciertas o falsas, y la reacción de los hombres frente a las mismas.

En un intento por llegar a una comprensión general, puede definirse la religión como un conjunto de formas y acciones simbólicas que relacionan al ser humano con las condiciones últimas de su existencia.

Lo característico del pensamiento religioso es, precisamente, la división del mundo en dos dominios: el de lo profano, y el de lo sagrado. Las creencias religiosas son las representaciones que expresan la naturaleza de las cosas sagradas y las relaciones que éstas mantienen entre sí o con las cosas profanas. Los ritos religiosos son las reglas de conducta que prescriben cómo debe comportarse el ser humano ante estos objetos sagrados.

Así el antropólogo Clifford Geetz ha definido la religión como un sistema de símbolos que actúa para establecer en los individuos modos y motivaciones poderosos, persuasivos y duraderos mediante la formulación de conceptos de un orden general de existencia. La religión es así un sistema de transformación en el que los conceptos de orden y negación del caos, junto con la creencia en la justicia y la moralidad, frente a la justicia y el mal, se afirman apasionadamente como dominadores de la realidad.

Así, pues, la religión es el sistema de creencias, prácticas y valores filosóficos que tienen que ver con la definición de lo sagrado, la comprensión de la vida y la solución de los problemas de la existencia humana. La religión es, por su naturaleza, un camino institucionalizado hacia la salvación. Dado que todos los seres humanos, en todas las sociedades, se ven confrontados con los problemas de la vida, las tradiciones religiosas representan los intentos humanos por expresar sus hallazgos espirituales y por utilizarlos como recursos para enfrentarse a la vida y sus presiones, confusiones y complejidades.

Asimismo, la religión es un fenómeno social (y también psicológico), ya que acentúa el compañerismo en el desarrollo, la enseñanza y la perpetuación de la profundización y el conocimiento religioso. Se interesa por el compromiso solemne de todas las personas en todo momento. El concepto de lo sobrenatural o de un camino de salvación puede comprometer al ser humano con valores y grupos sociales determinados. Pero puede servir también para otorgar el conocimiento y las técnicas mediante los cuales el ser humano puede liberarse de grupos y valores. De ahí que la religión sea a la vez intensamente personal y social; una realidad de carácter inmanente y trascendente.

Las creencias específicas varían de modo considerable y lo mismo puede decirse de la experiencia religiosa dentro de cada religión en particular. Para muchos es una realidad periférica; para otros es central.

En cuanto a la religiosidad, puede decirse que se trata del interés y la participación en actividades religiosas. Operacionalmente, puede definirse en función del grado de participación de un individuo en los rituales religiosos, o como la suma de las distintas conductas y actitudes juzgadas como religiosas en el seno de un grupo o sociedad. Los rituales religiosos son el conjunto, culturalmente regulado, de acciones con significado simbólico, que se realizan en las oportunidades prescritas por la tradición. Los actos y las palabras que comprende un ritual están definidos con precisión y varían muy poco, si es que lo hacen, de una ocasión a otra. La tradición determina también quién puede realizar el ritual.

Los rituales implican, muchas veces, el uso de objetos sagrados, y, habitualmente, deben culminar en el compromiso emocional de los participantes. Simbolizan, por lo general, una creencia básica, y tienen por finalidad inducir un sentimiento de reverencia y de temor. Los rituales se utilizan también para producir la unidad del grupo, tal como sucede en los rituales nacionalistas. Proporcionan también medios para descargar los sentimientos de ansiedad en épocas de crisis.

El ritual se distingue, por lo general, de la ceremonia, en que ésta implica una secuencia de conducta más elaborada, que consiste, por lo común, en una serie regulada de rituales. Además, una ceremonia es, necesariamente, social, ya que puede involucrar a más de una persona, mientras que el ritual puede ser colectivo o individual.

II

El estudio científico y objetivo de las diferentes religiones es bastante reciente. Puede decirse que aparece en la segunda mitad del siglo XIX, aunque ya tuvo antecedentes en la Antigua Grecia, cuando Homero y Hesíodo fueron sometidos a la crítica de la denominada «teología natural» (Jenófanes, Heráclito, Anaxágoras, Protágoras, etc.). El primer intento conocido de elaborar una filosofía de las creencias religiosas aparece en los fragmentos de Jenófanes (siglo VI a. de C.). Esta «teología natural» sería pronto sustituida por una visión aún más crítica, entre cuyos cultivadores se hallan Teofrasto (320 a. de C.), Pausanias, Evémero, Plutarco, Varrón, Demócrito, Critias y los epicúreos.

Mientras tanto, en Oriente no se produce ningún análisis crítico de la religión sino una simple especulación metafísica, como la contenida en las Upanishads.

El judaísmo, el cristianismo o el islamismo no abordaron, en un primer momento, la posibilidad de estudiar la religión desde una perspectiva científica. Estas tres religiones, en mayor o menor medida y en un momento dado, tuvieron más interés en persuadir y ganar adeptos que en estudiar y comprender el fenómeno religioso. La visión judía, según la cual detrás de los dioses paganos había seres demoníacos, pasó al cristianismo.

En la Edad Media, los relatos de Marco Polo (1254-1324), del judío español Benjamín de Tudela (siglo XII) y del franciscano Guillermo de Rubruquis (1215-1270) despertaron una gran curiosidad. La expansión islámica y la contraofensiva cristiana de las Cruzadas habían abonado el terreno para ello. Roger Bacon (¿1214?-1294) llegó incluso a clasificar las religiones, y la llegada de los europeos a América y Asia significó un jalón en el proceso de dicho estudio. Así, Juan Boehm publicó en 1520 una obra en tres volúmenes en la que se describen las religiones de África, Asia y Europa, y a esta obra siguieron las de Damián de Goes (1502-1574) y Jerónimo Giglio, las de los españoles Bartolomé de Las Casas, Bernal Díaz del Castillo, Bernardino de Sahagún, y muchos otros sobre América, y las de los jesuitas Mateo Ricci (1552-1610) y Roberto de Nobili (1577-1656) acerca de China e India, respectivamente.

Aquellas incursiones culminaron en la Ilustración y en su búsqueda de una religión natural. Lord E. Herbert de Cherbury (1583-1648), J. Locke (1632-1704), David Hume (1711-1774), A. Collins (1676-1729), Voltaire (1694-1778), Emmanuel Kant (1724-1804), y otros se esforzaron por llevar a cabo una clasificación de las religiones. A fines del siglo XVIII, W. Carey (1761-1834) y otros misioneros bautistas en Calcuta comenzaron a estudiar y traducir los libros sagrados de la India, mientras que el misionero francés, el abate J. A. Dubois (1765-1848), escribía una excelente obra sobre las religiones de la India.

En algún caso, el estudio de las religiones se dio la mano con la filosofía, un proceso del que brotarían los aportes de G. W. F. Hegel, G. E. Lessing, J. G. Herder, F. G. Schelling y F. Schleiermacher. De allí también surgiría una tendencia a analizar la religión más a partir de presuposiciones, que del análisis empírico de datos verificables. Desde luego, no se había llegado todavía a un enfoque metodológicamente científico del tema. Tampoco podría considerarse en puridad como tal lo que algunos autores denominan el inicio de la ciencia de las religiones, basado en especulaciones meramente racionalistas del fenómeno y, precisamente por ello, claramente reduccionistas. La religión era juzgada *a priori* un producto de la cultura humana, al que se despojaba de toda consideración de tipo sobrenatural. Además, se la consideraba inmersa en un estado mítico de la historia. Finalmente, se produjo lo que se ha denominado la «obsesión por el origen del hecho religioso». Partiendo de estas bases, demasiado aprioísticas como para esperar de las mismas frutos maduros, la religión quedó encorsetada en una consideración evolutiva y en un comparativismo que tendía a buscar paralelos en las distintas religiones, perdiéndose muchas veces en similitudes superficiales y pasando por alto diferencias sustanciales. Por desgracia, la huella de este tipo de acercamiento sigue presente en muchos de los estudios actuales del fenómeno religioso y ha dejado su rastro en campos como el de la alta crítica aplicada al estudio de la Biblia.

Max Müller (1823-1900), considerado «el padre de la religión comparada», se centró fundamentalmente en explicar el origen del fenómeno religioso. En su *Mitología comparada* (1856) planteó la tesis de que la religión surgía del contacto del ser humano con la realidad y no de una revelación o de un peculiar instinto religioso. Müller y sus seguidores llegaron a posturas extremistas en su metodología interpretativa del fenómeno religioso, hasta el punto que llegó a escribirse un panfleto –ocurrente a la vez que brillante– en que se «demostraba», partiendo de la metodología mülleriana, que Max Müller no existía, sino que era un mito solar.

E. B. Tylor (1832-1917) fue quien, probablemente, realizó el primer intento sistemático para explicar las semejanzas en las creencias, en las costumbres y en la cultura a la luz de los datos suministrados por la antropología. Para él, la religión estaba fundada en la creencia en seres espirituales, y desde este punto de partida elaboró su teoría animista. Esta tesis ha sido rechazada, pues pasa por alto hechos tan conocidos como la creencia en un Ser superior o en un Ser supremo. Algo parecido sucede con las teorías de James G. Frazer (1854-1941), quien estudia la religión como una manifestación humana emanada de la magia, partiendo de la creencia en los tres estadios del desarrollo humano propuestos por Augusto Comte (1798-1857) —magia, religión y ciencia. Lo cierto, empero, es que los mismos ejemplos citados por Frazer refutaban sus teorías, ya que, en el caso de los primitivos citados, la magia no antecedía a la religión, sino que convivía con ella.

Para Emile Durkheim (1858-1917), la religión no era sino una manifestación natural de la actividad humana. La religión elemental vendría a ser el totemismo, siendo el tótem el símbolo de Dios y de la sociedad, así como la realidad sagrada por excelencia. El análisis de Durkheim erraba al reducir la religión a una simple manifestación social. El que a esto se añadiera, además, la refutación de sus interpretaciones del totemismo y de los datos etnográficos utilizados por él, contribuyó no poco al rechazo de su teoría.

Wilhelm Schmidt (1868-1947), padre de la escuela de la historia de las religiones de Viena, optó por un proceso acumulador de datos históricos a partir de los cuales elaboró una teoría. Los doce volúmenes que componen su obra magna *El origen de la idea de Dios* (1912) son una buena muestra de que la idea de un Dios supremo estaba presente entre las poblaciones más primitivas conocidas. Toda religión había partido, en época muy remota, de la creencia universal en un Ser concebido como el Padre de todo, e incluso, como Creador de todo. La fe monoteísta originaria había sido la base de las religiones superiores reveladas, si bien se perdió su sencillez y pureza primitivas a medida que fue invadida por creencias tales como el animismo, el totemismo, la magia, etc. En 1899, Andrés Lang (1844-1912), que había sido un defensor del animismo de Tylor, llegó a las mismas conclusiones a partir del estudio de las tribus australianas. A fines del siglo XIX ningún investigador serio podía mantener la tesis de la existencia de un estado arreligioso en la historia de la humanidad.

A finales del siglo XIX y comienzos del XX aparecería un método de estudio de las religiones, el fenomenológico, que abordaría el análisis del hecho religioso desde una óptica con pretensiones de totalidad, tomando como punto de partida todas las posibles manifestaciones del mismo a lo largo de la historia. Aunque parezcan evidentes los puntos de contacto con E. Husserl (1859-1938) y W. Dilthey (1833-1911), lo cierto es que el método es anterior a los mismos. De hecho, el *Manual de historia de las religiones* de P. D. Chabtepie de la Saussaye (1887) ya lo contemplaba. El nombre de fenomenología de la religión aparece también en la obra de Cornelis P. Tiele (1830-1902) y de J. Wach (1898-1955).

La *Fenomenología de la religión* (1933) de G. van der Leeuw (1890-1950) ha sido considerada desde hace años como un clásico sobre el tema, acusado, no obstante, de guardar resabios evolucionistas en su descripción. Metodológicamente, se quiere, a través de la misma, buscar la especificidad del hecho religioso a partir de sus manifestaciones históricas. Para Leeuw, el poder es la fuente y esencia subyacente de toda religión. Esto se manifiesta de muchas maneras, desde la idea del hombre en la religión melanesia hasta el asombro y temor que se experimenta en las religiones mundiales. La salvación se produce cuando la fuente de poder es poseída o alcanzada.

Otro aporte de gran relevancia al estudio de las religiones fue el realizado por autores germanos como F. Heiler, Natán Söderblon, G. Mensching y K. Goldammer, que partieron de la concepción de lo santo propuesta por Rudolf Otto (1860-1937) como término del acto religioso. Este último autor había procurado demostrar que la religión comienza con «el sentido de lo numinoso», es decir, de una deidad misteriosamente «otra», fascinante y temible al mismo tiempo. Su contribución más importante fue su insistencia sobre la importancia de una experiencia no racional e inmediata respecto de cualquier estimación de la naturaleza de la religión.

En el mundo anglosajón, la fenomenología de las religiones ha sido abordada bajo el epígrafe de *comparative religion* por autores como E. O. James, con la tendencia a relacionar la misma con la historia de las religiones y a organizar la presentación de los datos de una manera sistemática.

Finalmente, la *Fenomenología de la religion* de Geo Widengren, profesor de historia de las religiones de Upsala, constituye un magnífico intento de cuajar en un mismo aporte la historia de las religiones y la sistematización por temas de un número considerable de datos, emancipándose de las tesis evolucionistas y colocado, muy acertadamente desde nuestro de punto de vista, la figura de Dios como punto central de todas las formas religiosas, incluyendo las primitivas. Según él, «lo característico de la religión no es la fe en unos fenómenos colmados de poder o la veneración de espíritus, sino, en primer término, la fe en Dios». Esta fe está presente desde los primeros estadios bajo la figura del Dios supremo y de ella se derivarán luego las representaciones panteístas, politeístas y monoteístas de la divinidad.

Por último, en lugar de la aproximación evolucionista a la religión heredada del siglo XIX, está emergiendo ahora otra idea que bien puede proporcionar una teoría integradora del estudio de la religión. Este acercamiento enfatiza el impulso humano por establecer un mundo de pensamiento y vida que tenga significado, evita todos los argumentos simples de causa y efecto, y anima a mirar a las complejas interrelaciones que existen entre el ser humano y su medio ambiente. Se podría denominar a este acercamiento «teoría del significado». Como tal, está más interesada en lo que la religión hace ahora por las personas, que en la manera en que pueden haberse originado las religiones en el pasado. Este planteamiento ve a cada ser humano como un asociado involucrado en una amplia serie de comunicaciones con los demás, que recibe respuesta de ellos e intercambia su propia percepción en el proceso. Este modelo de significado subraya, además, la naturaleza dinámica de la religión y de la experiencia religiosa.

III

Del breve recorrido realizado por lo que ha sido hasta ahora la historia de las religiones, el lector habrá podido deducir algunas notas de interés. En primer lugar, es evidente la presencia continuada y universal del hecho religioso en cualquier cultura humana. En segundo término, se destaca la centralidad de la idea de Dios en el fenómeno religioso. Además, es posible hablar de la omnipresencia de un Ser supremo –incluso en los politeísmos o las religiones animistas– que ocupa un lugar primordial en las manifestaciones religiosas. Por último, se verifican otros elementos que acompañan al fenómeno religioso, como pueden ser la idea de una revelación, la vivencia cultural y social del mismo, o la presencia de libros sagrados concretos.

Todos y cada uno de estos elementos aparecen en las tres religiones monoteístas de las que trata este *Diccionario*. Le subraya, sin embargo, específicamente la creencia en un solo Dios, el papel comunitario del culto y la existencia de un libro o libros religiosos que marcan la pauta de cada una de estas religiones.

En su Prefacio, César Vidal Manzanares señala que las tres religiones, el judaísmo, el cristianismo y el islam, «nacieron en ese crisol de culturas conocido como Oriente Medio, brotaron del impulso de los profetas y el paso por el desierto (el del Sinaí en Moisés, el de Judea en Jesús, el de Arabia en Mahoma) y han afectado a la historia universal como ninguna corriente ideológica (ya sea el psicoanálisis de Freud o el marxismo de Marx, dos formas secularizadas de mesianismo a fin de cuentas) ha podido hacerlo». Tal presentación sintetizada resulta correcta, porque en las tres se dan una revelación divina comunicada fundamentalmente mediante profetas, el culto a un Dios único y, al mismo tiempo, la concatenación de una serie de hechos que, por definición, se consideran sucedidos en la historia.

Lejos de las elaboraciones filosóficas de ciertos autores, las tres religiones parten de hechos históricos concretos que, de ser ciertos, los sostienen y, de ser falsos, les restan validez y credibilidad. La historia es, pues, esencial para comprenderlas. Las tres se presentan enraizadas en la historia pasada para explicar la historia presente y proyectarse a una historia futura que, las tres, consideran que sólo concluirá cuando así lo disponga el Único Dios. Esta historia es la misma que circula por sus textos sagrados, sobre los que es oportuno hacer algunas breves consideraciones.

El Antiguo Testamento es uno de esos textos fundamentales. El conjunto de libros que contiene (39 según el canon judío y protestante; 46 con adiciones según el canon católico) abarca un período histórico que, según las diferentes teorías sobre la redacción del Pentateuco, va desde el siglo XV, XIII u XI a. de C. hasta el siglo V o II a. de C.

Pocos géneros literarios correspondientes a los períodos que abarca esta obra —muchos de cuyos autores son desconocidos— puede decirse que estén ausentes de la misma. Hay códigos legales en el Pentateuco (los cinco primeros libros), capítulos y libros enteros dedicados a la historia (desde Génesis a Ester), literatura sapiencial (Proverbios, Eclesiastés, Job), lírica (Salmos, Cantar, porciones de los profetas), oráculos (profetas) y literatura apocalíptica (Daniel, Zacarías, porciones de Ezequiel). Además, aparecen otros géneros menores, como el epigrama, la fábula y la parábola. La grandeza literaria de la obra es indiscutible.

En el Antiguo Testamento se entrelazan una serie de temas cuya influencia sigue percibiéndose en el día de hoy. En primer lugar, está la idea de un Dios único y creador frente al que debe responder la humanidad, que recibe una promesa de esperanza redentora prácticamente desde las primeras páginas. En segundo lugar, está el concepto de un Dios que interviene en la historia, que desea la comunión con los seres humanos y que concluye con ellos diversos «pactos» (palabras de la que deriva el vocablo «testamento»). Este Dios es diferente no sólo por ser único, sino también por su afán de entrar en lo intrascendente para redimirlo. La fe de Israel no arranca sólo de una revelación profética, sino, fundamentalmente, del contacto de Dios con Abraham y, muy especialmente, de la liberación que experimentaron los hijos de Israel con respecto al mayor poder político de la época: la monarquía egipcia.

La triste serie de infidelidades y fracasos que se dan cita en la historia de Israel, y que se narran en el Antiguo Testamento —algo que lo diferencia de los nacionalismos propios de otras literaturas del Antiguo Oriente—, así como la réplica de los profetas, a veces ligada al sonido de los ejércitos invasores, van haciendo que, poco a poco, se ponga de manifiesto en sus páginas una esperanza futura, preñada de contenido escatológico, pero no por eso concebida como utópica o irreal. Es la esperanza en un Mesías, un siervo de Dios, un Hijo del hombre que consume el proyecto de Dios para la humanidad y sirva de luz no sólo a Israel, sino incluso a los pueblos más lejanos.

Es precisamente en este contexto donde aparece Jesús de Nazaret, según el testimonio del Nuevo Testamento. En los casi cuatro siglos de separación entre los dos testamentos no había existido profecía y, sin duda, la aparición de un profeta como Juan el Bautista debió de provocar un impacto considerable en Palestina. Aún mayor sería el eco que emanaría de alguien bautizado por él, llamado Jesús, en torno al cual gira todo el Nuevo Testamento. Si sus cuatro primeros libros, los Evangelios, narran su vida, muerte y resurrección, el quinto, los Hechos de los Apóstoles, se refiere a la predicación cristiana del Evangelio. Según esta predicación, Jesús era el Mesías prometido, había muerto como sacrificio por los pecados del género humano, había resucitado al tercer día «según las Escrituras» y volvería para ser juez de vivos y muertos. Hasta entonces, se ofrecía a lo seres humanos la posibilidad de obtener la salvación por la fe en él, así como de vivir la experiencia de una vida comunitaria en la que el Espíritu Santo tendría un valor esencial.

El resto de los escritos del Nuevo Testamento (con excepción del último) son cartas dirigidas a iglesias o creyentes del siglo I y emanadas de la pluma de personajes como Pablo, Judas, Santiago o Juan a lo largo de un período de tiempo que va, *grosso modo,* del 45 al 70 d. de C. En ellas se perciben los problemas de la nueva fe en su enfrentamiento con el paganismo y con las distintas sectas judías, con el helenismo y con el Imperio, y no pocas veces también con sus flaquezas y debilidades. A la vez, puede sentir palpitar la vida de una comunidad en expansión, que adoraba a su Señor resucitado, cuyo triunfo se sabía indudable y del cual se ocupa el libro de Apocalipsis.

El tercer texto es el Talmud. Tras la destrucción del templo de Jerusalén en el año 70 d. de C. por las legiones del general romano Tito, el pueblo judío se encontró inmerso en una situación difícil. El Talmud contaba con una interpretación cristiana, pero ahora iba a tener otra emanada, principalmente, del judaísmo de los fariseos hillelitas. Vencedores en el Concilio de Jamnia, acabaron con la influencia seducea en el judaísmo y expulsaron a los judeo-cristianos (los minim) de las sinagogas, al incluir en la oración diaria una maldición contra ellos. Israel aún seguía esperando a su Mesías y, en consecuencia, debía reajustar su teología a las condiciones emanadas de la destrucción del templo. Lo hizo centrándose en la interpretación y el estudio de la Ley según la escuela de Hillel y, a su vez, extendiendo a todo Israel las normas de santidad propias de los sacerdotes, convirtiendo, por ejemplo, cada mesa en un altar.

En un proceso que se extiende desde el siglo II al V d. de C., pero en el que se recogen tradiciones que abarcan hasta el siglo I

a. de C., las escuelas de Babilonia y Palestina elaboraron los dos Talmudes o Talmudim, auténtica norma de vida e interpretaciones de la Ley para el pueblo judío. Hay de todo en el Talmud, hasta controversia encarnizada y contradicción evidente. Pero el mundo reflejado en él resulta de una belleza sublime, de una vida patente e, incluso en ocasiones, de una ingenuidad notable. Es fundamentalmente el mundo de los sabios, quizá inseguro de todo salvo de la existencia del único Dios, de la obligación de obedecerle, de Su amor por Israel y de la grandiosidad de la Ley o Torah.

El cuarto texto sagrado de importancia es el Corán. El paso del tiempo iría distanciando, por desgracia para ambas, a las dos religiones mencionadas, la que leía el Antiguo Testamento desde el Nuevo y la que lo hacía desde el Talmud. Pero en el siglo VII, surgiría una tercera revelación en Arabia, también monoteísta y que tomaba como punto de partida, fundamentalmente, el Antiguo Testamento. Emanada de Mahoma y solificada en el Corán, su amplitud será menor en cuanto a desarrollo y variedad. Casi todo el material contenido en el Corán puede agruparse literariamente en torno al género poético, legal y, quizá, profético. No existen, sin embargo, secciones sapienciales o históricas como las recogidas en el Antiguo Testamento, ni tampoco muestras del género epistolar o evangélico como en el Nuevo. Por otra parte, Mahoma, que se manifiesta heredero (y sello) de las anteriores revelaciones –decir que fue un reformador sería empequeñecer el papel que él mismo pretendió tener– deja de manifiesto en su obra fracturas evidentes con las mismas.

Es el islam una religión sencilla y posiblemente ese sea, en buena medida, uno de sus grandes atractivos. «No hay más Dios que Allah y Mahoma es el enviado de Dios», dice la confesión clásica de la fe musulmana. A partir de ahí, esta religión desgrana principios de conducta que se insertan en todas las áreas de la existencia hasta límites que a los occidentales, formados más bien en una tradición judeo-cristiana, les resultan muchas veces difíciles de aprehender, comprender, aceptar y –y no digamos– asimilar.

Se adopte frente al fenómeno del islam la postura que se adopte –generalmente o demasiado favorable, incluso ingenua, o irreflexivamente negativa–, nadie puede obviar la importancia de una religión que agrupa a más de ochocientos millones de personas desde el Sahara hasta el Extremo Oriente, y cuyo eco político, social y económico figura en la primera página de los periódicos de manera casi continua.

IV

Queda una última consideración que hacer en este Prólogo, y tiene que ver con la historia de las tres religiones monoteístas y la presente obra. El peso enorme que en la historia de la humanidad, no sólo en la de las religiones, representan el judaísmo, el cristianismo y el islamismo debería ser suficiente para impulsar a un conocimiento más profundo de los tres fenómenos y a no considerarlos objeto de interés sólo para los especialistas. Decía Adolfo Harnack que quien conoce el cristianismo conoce las religiones, pero también se ha escrito que quien sólo conoce la propia religión no conoce ninguna. Hoy por hoy, es indudable que quien desee entender a fondo el Nuevo Testamento debe conocer asimismo el judaísmo del período del Segundo Templo; que el judaísmo no puede evitar conocer a una rama religiosa salida del mismo y tan importante como es el cristianismo, y que la única manera de evaluar correctamente las pretensiones de Mahoma pasa por examinar y conocer el judaísmo y el cristianismo.

En este sentido, la presente obra llena un vacío importante. El hecho de que la estructura de la misma sea la de un diccionario favorece precisamente el acercamiento a un tema que, para muchos todavía sigue siendo difícil y desconocido. Además los vocablos están dispuestos conforme a un sistema de referencias cruzadas, que permite comparar y analizar los puntos de vista concretos de las tres religiones, lo que resulta de gran ayuda. Docenas de cuestiones encuentran respuesta clara, pronta y actualizada en esta obra.

Otra de las ventajas de este *Diccionario* es el de su método. Con frecuencia se olvida, quizá por lo obvio, que no se puede historiar sin examinar las fuentes históricas primarias. Como ha señalado recientemente M. Hengel, demasiadas veces resulta lamentable la ignorancia histórica de los teólogos, y es que historiar sin fuentes equivale sólo a escribir malas novelas. Esta obra, por el contrario, se halla basada en el análisis de los textos fundamentales, y de allí procede en buena medida su valor. No proviene de una reedición de puntos de vista de autoridades (aunque las mismas sean citadas en su lugar correspondiente), sino de una lectura directa de las fuentes sagradas, acudiendo a las lenguas originales.

Por otro lado, esta obra es única en su género. No existe ninguna similar en español ni en otra lengua occidental. Hay diccionarios de la Biblia más extensos e incluso alguno que otro diccionario de religiones comparadas que contiene un mayor número de páginas. Pero los primeros suelen carecer de referencias al judaísmo talmúdico y al islam, y los segundos son mucho más reducidos en cuanto al número de temas tratados y la profundidad y extensión de los mismos. Tampoco suele ser tan voluminosa, especializada y puesta al día su biografía que, en esta obra, no sólo comprende la general al final del volumen, sino una específica para cada vocablo.

Resta hacer una referencia a los diferentes puntos de vista que se recogen en esta obra, que son reflejo de las discusiones científicas más recientes y ponen de manifiesto un estudio riguroso de las fuentes. Con ello, el autor procura evitar juicios de valor, actitud que puede disgustar a los que ya tienen posiciones tomadas en favor o en contra de una postura concreta, pero que resulta en una mayor objetividad científica.

El autor de este diccionario ha publicado ya más de una docena de libros, aparte de un buen número de artículos, relacionados con el hecho religioso y está especialmente capacitado para la realización de este empeño. Esta obra viene a llenar un vacío en las investigaciones sobre la historia de las religiones publicadas en español, aunque quien más se aprovechará de ello no será sólo el especialista, sino, y esto es esencial, el hombre de la calle que necesita una orientación rápida, veraz y científica de corrientes culturales tan trascendentales para entender nuestro presente y poder calibrar nuestro futuro.

Dr. P. A. Deiros,
John A. Mackay, Professor of World Christianity,
Princeton Theological Seminary.
Agosto de 1992.

Prefacio

El estudio de la Historia de las Religiones forma, desde hace décadas, parte del programa de estudios de la práctica totalidad de las universidades europeas y americanas. Ciertamente, en sus inicios esta disciplina se consideró como una rama de la teología pero, hoy por hoy, nadie se atrevería a negarle un lugar propio entre las ciencias académicas, dotado de su propia metodología y enfoques emancipados de la apologética confesional. Guste o no de reconocer por parte de los militantes de ciertas ideologías, la comprensión del ser humano y de su devenir histórico pasa, de forma ineludible, por el estudio pormenorizado y riguroso de sus estructuras y contenidos espirituales y religiosos. Y es que, si el estudio de la religión es actual, no lo es menos el fenómeno en sí mismo.

Lejos de haberse emancipado de la religión, fenómenos como el avance del fundamentalismo islámico, el creciente problema de las sectas o Nuevos Movimientos religiosos, la New Age, la Teología de la Liberación o el movimiento de avivamiento evangélico, nos muestran que el hombre se halla, como especie, atravesando una era de entrega cada vez mayor a una visión religiosa de su entorno. Que esto no es siempre positivo, aceptémoslo; que implica en algunos casos graves riesgos, quién podría negarlo; pero ciertamente nos hallamos inmersos en una época que, en el nivel de la «aldea global», cada vez se decanta más por la utilización de patrones religiosos para intentar aprehender la realidad y trazar el futuro.

Sería, sin embargo, errado el pretender que todas las religiones han tenido —y tienen— el mismo peso específico en la historia de la Humanidad. Podría decirse, con el temor que inspira toda simplificación y dando por supuestas las irremediables y necesarias aclaraciones, que son cinco las construcciones religiosas que mayor huella han dejado en la especie humana. Las cinco siguen siendo hoy en día, y esto es ya de por sí buena prueba de su robustez, sistemas religiosos vivos y diversificados que no parecen dar muestra de agotamiento o indicio de una próxima desaparición. Dos de ellas, el hinduismo y el budismo, tuvieron como suelo madre Extremo Oriente y podría decirse que la segunda no es sino el fruto de un intento purificador y catártico de la primera. En cuanto a las otras tres —el judaísmo, el cristianismo y el islam— nacieron en ese crisol de culturas conocido como Oriente Medio, brotaron del impulso de los profetas y el paso por el desierto (el del Sinaí en Moisés, el de Judea en Jesús, el de Arabia en Mahoma) y han afectado a la historia universal como ninguna corriente ideológica (ya sea el psicoanálisis de Freud o el marxismo de Marx, dos formas secularizadas de mesianismo a fin de cuentas) ha podido hacerlo. De ellas, el judaísmo y el cristianismo han significado además el alma mater de instituciones tan dispares —y presentes— como la Constitución norteamericana (un remedo del sistema de gobierno de las iglesias presbiterianas) o el sistema de educación obligatoria y asistencia social. A ellas dedicamos la presente obra y resulta obvio que no faltan razones para ello.

A su pasado se une un presente y un futuro preñados de consecuencias. Las tres fes se hallan en un periodo de crecimiento e influjo que resulta fácil de apreciar apenas abrimos nuestros sentidos a los distintos medios de comunicación; las tres dieron, dan y, seguramente darán forma y vida al Mediterráneo, a Europa, al resto de Occidente y al Cercano Oriente, y con ello, al mundo entero; las tres son religiones de Escrituras, con pretensiones de una revelación canónica emanada directamente de la divinidad; las tres encuentran su raíz en el Antiguo Testamento, el Tanaj judío; las tres describen la Historia como un proceso lineal que tuvo su comienzo —torcido por la desobediencia humana manifestada contra su Creador– y que llegará a una consumación universal; las tres creen en un Mesías; las tres afirman la responsabilidad moral del ser humano ante un Dios personal; las tres sostienen que este Dios es sólo uno y que no hay más dioses aparte de El; las tres, finalmente, son indispensables para entender el cañamazo medieval del que parte la historia española, sea cual sea la parte del terruño en la que uno pudo venir a este mundo.

Este Diccionario nace precisamente de la necesidad de proporcionar información exacta, actualizada y contrastada acerca de estas tres religiones cuyo conocimiento nos parece especialmente indispensable en las coordenadas históricas y culturales en que nos hallamos incardinados. Para facilitar el logro de esa finalidad, hemos hecho discurrir la obra ateniéndonos a los siguientes presupuestos:

I. *Ordenación alfabética de todas las voces.* –Permite consultar con rapidez y facilidad tanto los aspectos que pueden ser comunes a las tres religiones (ayuno, oración, resurrección, etc.) como aquellos que son propios de una (Corán, Mahoma) o dos de las mismas (Hijo del hombre, Siervo de Yahveh). En algunos casos concretos hemos estimado que el término no poseía entidad suficiente como para una entrada propia. No obstante, si posee alguna relevancia ha sido incluido en el índice general de este Diccionario señalándose la voz o voces en que ha quedado subsumido.

II. *Referencia a los textos sagrados.* –Señalábamos antes que tanto el judaísmo como el cristianismo y el islam son religiones del Libro. Para el primero, éste sería el Tanaj (Antiguo Testamento) y el Talmud; para el segundo, el Antiguo y el Nuevo Testamento, que, conjuntamente, forman la Biblia; y para el tercero, lo es de manera especial el Corán, aunque conceda valor canónico a diversas tradiciones religiosas que varían según nos encontremos ante el islam sunnita o shiíta. Esta obra va pues referida muy específicamente a estos textos sagrados. Con la excepción de algunas voces (las mínimas) que se refieren a algunas escuelas de interpretación, el conjunto del Diccionario se remite a lo reseñado en las respectivas revelaciones religiosas.

El estudio de las fuentes llevado a cabo ha partido de presupuestos propios de la ciencia histórica. No implica un análisis de abstracción teológica de las fuentes ni tampoco la emisión de juicios de valor sobre el contenido de las mismas. Se limita simplemente a exponer lo que éstas evidencian y comunican, porque, a nuestro juicio, lo importante no es tanto lo que nosotros deseemos que digan los libros cuanto lo que éstos dicen realmente. Fue (¡es!) ese sustrato el que ha causado su impacto en el mundo y no el que a nosotros pueda parecernos más seductor o agradable.

Sólo en contadas ocasiones se hace referencia a desarrollos exteriores del tema dentro del cauce de ese mismo fenómeno espiritual. Precisamente por ello, es mínimo el número de tópicos referido a tradiciones eclesiásticas externas al Nuevo Testamento o a movimientos sociales y políticos no relacionados directamente con el nacimiento del islam y la fijación del Corán.

Por otro lado, y sin pretender ser exhaustivos, hemos procurado citar buen número de referencias de las fuentes que permitan al lector analizar por sí mismo el contenido de los temas a partir de la Biblia, el Talmud o el Corán. La lectura de esta obra con cualquiera de esas obras sobre la mesa y la comprobación de las referencias permitirán al lector adentrarse de manera real en tres fecundos mundos espirituales con personalidad y entidad propias y dotados de una riqueza y fertilidad muchas veces inesperadas.

En nuestro trabajo de investigación hemos manejado diversas versiones de los textos sagrados. Para el del Antiguo Testamento hemos utilizado la Biblia Hebraica Stuttgartensia (1984) y el Tanaj de la casa Koren de 1988. Las referencias a la Septuaginta pertenecen a la edición de A. Rahlfs de 1979. Para el Nuevo Testamento hemos recurrido al Novum Testamentum Graece de Nestle-Aland, edición de 1988. De la Mishnah hemos usado la edición hebrea del rabinato francés de 1971. Para el Talmud de Jerusalén es recomendable el texto de A. M. Habermann, en la edición jerosilimitana de 1952, y en cuanto al de Babilonia preferimos las ediciones de L. Goldschmidt (1980-1) y de I. Epstein (1961). En cuanto al Corán, hemos seguido la traducción al castellano realizada por Julio Cortés, edición 1986, así como la de R. Blachère (1949-50), que cuenta no sólo con una especial riqueza de notas, sino además con una ordenación cronológica de las suras. La numeración de las suras y aleyas corresponde a la edición árabe oficial del Corán, patrocinada por el rey Fuad de Egipto y publicada en El Cairo en 1925.

El lector cuenta con versiones al castellano de casi todos los textos sagrados de las tres religiones monoteístas. De la Biblia existen magníficas traducciones tanto católicas (las dos últimas son las editadas por Ediciones Paulinas, 1988, y la Casa de la Biblia, 1992) como protestantes (Reina-Valera, rev. 1960) y judías (La Biblia hebrea, trad. L. Dujovne, M. y M. Konstantinovsky). De la Mishnah existe una traducción de Carlos del Valle del año 1981, titulada «La Misná». No conocemos versión en castellano del Talmud de Jerusalén. En cuanto al de Babilonia, desde 1964 se está publicando una traducción al castellano editada en Buenos Aires, por M. Cales y H. J. Weiss. Existen asimismo algunas antologías, de las cuales la mejor hasta la fecha es, a nuestro juicio, la de David Romano de 1975. En cuanto al Corán, aparte de la versión de Julio Cortés ya mencionada, hay otra de J. Vernet (1989) que sigue la doble numeración de Flügel y la versión oficial egipcia.

III. *Bibliografía.*—Las voces de este Diccionario llevan aneja bibliografía que permite desarrollar, desde distintos puntos de vista, el tema tratado en las mismas. Sólo cuando esa bibliografía aparece de manera similar en alguna de las voces a las que se remite (las marcadas con *), se ha optado, en alguna ocasión, por suprimirla. La bibliografía final no es una mera repetición de la consignada en los artículos, sino, más bien, una selección de obras de especial relevancia para el estudio de estas tres religiones. En muchos casos, además, los trabajos citados contienen una abundante bibliografía para profundizar de manera ulterior en los diferentes temas.

A la hora de realizar la selección bibliográfica se ha pretendido que estuvieran presentes, en todo o en parte, los siguientes criterios:

a. Un enfoque histórico del tema.
b. Una visión específica del mismo.
c. La existencia de una bibliografía en esos títulos que per-

mitiera, previo el acceso a los mismos, una continuación del estudio.

d. La consignación de obras clásicas e indispensables.

e. La referencia a obras recientes pero sólo en la medida en que aporten realmente algo nuevo (por su labor de síntesis, de interpretación, etc.) al fenómeno concreto que se estudia. Desgraciadamente resulta habitual encontrarse con autores que se limitan a repetir los tópicos de algunas escuelas del siglo XIX sin haberse molestado en contrastarlos con un estudio directo de las fuentes.

f. La referencia directa a las fuentes.

César Vidal Manzanares

Abreviaturas

Los libros de la Biblia –tanto Antiguo como Nuevo Testamento– citados en el Diccionario aparecen con el nombre completo seguido del número de capítulo y de versículos. Las suras del Corán se citan, como es habitual, por su número, correspondiendo la segunda cifra a la aleya o aleyas concretas. En cuanto a la literatura rabínica, aparece citada de acuerdo a las siguientes abreviaturas, en las que comúnmente se utilizan sólo las tres primeras letras de cada libro o tratado. Salvo que se especifique lo contrario, las citas talmúdicas proceden del Talmud Bavi o de Babilonia.

Ahil.: *Ahilot*.
Av.: *Avot*
Av. Zar.: *Avodah Zarah*
B.B.: *Baba Batra*
B.M.: *Baba Mezi'a*
B.Q.: *Baba Qama*
Bej.: *Bejorot*
Ber.: *Berajot*
Bez.: *Bezah*
Bik.: *Bikkurim*
Cant R.: *Cantar Rabbah*
Dem.: *Demai*
Deut R.: *Deuteronomio Rabbah*
Ecc R.: *Eclesiastés Rabbah*
Eduy.: *Eduyot*

Eruv.: *Eruvin*
Est R.: *Ester Rabbah*
Exo R.: *Exodo Rabbah*
Gen R.: *Génesis Rabbah*
Guit.: *Guittim*
Hag.: *Haguigah*
Hal.: *Hallah*
Hor.: *Horayot*
Hul.: *Hullin*
Kel.: *Kelim*
Ket.: *Ketuvot*
Kil.: *Kilayim*
Lam R.: *Lamentaciones Rabbah*
Lev R.: *Levítico Rabbah*
Maas.: *Ma'aserot*

Abreviaturas

Maas. Sh.: *Ma'aser Sheni*
Mak.: *Makkot*
Maj.: *Majshirim*
Meg.: *Meguillah*
Men.: *Menahot*
Mik.: *Mikva'ot*
MQ.: *Mo'ed Qatan*
Naz.: *Nazir*
Ned.: *Nedarim*
Num R.: *Números Rabbah*
Orl.: *Orlah*
Par.: *Parah*
pes.: *Pesahim*
Kid.: *Kiddushin* (puede escribirse también con Q)
R.H.: *Rosh Hashanah*
Ruth R.: *Ruth Rabbah*
Sanh.: *Sanhedrín*
Shab.: *Shabbat*
Sheq.: *Sheqalim*
Shevi.: *Shevi'it*
Shevu.: *Shevuot*
Sot.: *Sotah*
Suk.: *Sukkah*
Tann.: *Ta'anit*
Tem.: *Temurah*
Ter.: *Terumot*
Tos.: *Tosefta*
Yad.: *Yadayim*
TJ.: *Talmud de Jerusalén*
Yev.: *Yevamot*
Zev.: *Zevahim*

A

AARÓN. Hermano de Moisés* y miembro de la tribu de Leví* (Exodo 4, 14). Según W. F. Albright, el nombre podría revelar un origen egipcio como sucede con otros personajes de la familia de Moisés. Acompañante inicial de su hermano en la epopeya del Exodo* (Exodo 7, 9 ss.), empañaría esta acción inicial cediendo a los instintos idolátricos de Israel al organizar el culto del becerro de oro (Exodo 32, 1-6) y, posteriormente, enfrentándose con Moisés (Números 12). Sus descendientes serían elegidos de manera exclusiva para ser sacerdotes* (Exodo 28 y 29, Números 8 y 18), aunque tal medida despertó oposición inicial (Números 16).

En el judaísmo posterior, por ejemplo, los sectarios de Qumrán, se hará referencia a un mesías* aarónico y otro de Israel, desempeñando el primero funciones escatológicas de tipo sacerdotal.

El judeo-cristianismo* representado en la Carta a los Hebreos* considera abolido el sacerdocio de Aarón en virtud del establecimiento de un sacerdocio único desempeñado por Cristo* al ofrecerse, una vez y para siempre, como sacrificio* expiatorio en la cruz (Hebreos 7, 11-8, 13).

Este papel limitado que posee en el cristianismo inicial –desarrollos posteriores establecerán paralelos entre la clase sacerdotal aarónica y el clero, ajenos al Nuevo Testamento– quizá puede explicar que las referencias a Aarón en el islam* se ciñan prácticamente a hechos relatados en el Antiguo Testamento* y relativos a su unión con Moisés (2, 248; 7, 122; 10, 75; 20, 30 y 70; 21, 48-9; 23, 45-49; 25, 33; 26, 12-48; 28, 34; 37, 114-120), con María* (19, 28) o al episodio del becerro de oro (7, 150-1; 20, 90-4). Además el Corán* contiene afirmaciones erróneas, desde el punto de vista bíblico, en relación con este personaje. Una de ellas es la de convertirlo en hermano de María, la madre de Jesús* (19, 28). El origen de tal afirmación puede encontrarse quizá en el hecho de que la hermana de Aarón y Moisés también se llama María en la Biblia.

Bibl.: W. F. Albright, *Yahweh and the gods of Canaan,* Winona Lake, 1990; F. F. Bruce, *La epístola a los Hebreos,* Miami, 1987; D. Gooding, *An unshakeable kingdom,* Toronto, 1976; F. S. North, *Aaron'rise in Prestige* en *ZAW* 66 (1954) y *RGG* I, s.v.

AB. Noveno día del ayuno* judío en el que se recuerdan la destrucción del Templo* de Jerusalén acontecida en 587 a. de C. por las tropas de Nabucodonosor II de Babilonia y la realizada en el 70 d. de C. por el general romano Tito. La fecha suele coincidir con los primeros días de agosto del calendario* habitual.

ABAD. Denominación que deriva de la palabra aramea *abba** (padre o papá) con que se llama, desde los inicios del siglo IV, al asceta que guiaba a otras personas en la adopción de este tipo de vida. A partir de la regla de Benito de Nursia, el título pasa a Occidente, contando con un desarrollo posterior considerable durante la Edad Media.

Tanto la denominación como la función son ajenas al Nuevo Testamento. En éste, el título *abba* aparece circunscrito únicamente a Dios* Padre (Marcos 14, 36) tanto en el uso que del mismo hace Jesús*, como sus primeros discípulos (Romanos 8, 15; Gálatas 4, 6). Por otro lado, las ideas de ascesis y monacato, si bien cuentan con algunos precedentes judíos (terapeutas, esenios, sectarios de Qumrán, etc.) son absolutamente extrañas al cristianismo de los tres primeros siglos, y deben estudiarse a la luz de las influencias de la espiritualidad oriental sobre aquél y de la descomposición del modelo social del Bajo Imperio romano.

Bibl.: D. Knowles, *El monacato cristiano,* Madrid, 1969; L. M. de Lojendio, *San Benito, ayer y hoy,* Zamora, 1985; C. Vidal Manzanares, *La alternativa monacal,* Madrid, 1991; Adalbert de Vogäle, *La regla de san Benito,* Zamora, 1985.

ABADDÓN. Término hebreo que se traduce como «destrucción». En Job* 26, 6 y Proverbios* 15, 11 es un equivalente al lugar del *Sheol** donde reciben castigo consciente los malos. En Apocalipsis* 9, 11 es uno de los títulos, junto con el de Apolyon (destructor), que recibe el ángel del abismo, es decir, Satanás*.

Bibl.: W. Barclay, *The revelation of John,* Grand Rapids, 1976; J. Grau, *Estudios sobre Apocalipsis,* Barcelona, 1977; G. Eldon Ladd, *El Apocalipsis de Juan,* Miami, 1978; L. Morris, *Revelation of st. John,* Grand Rapids, 1979.

ABADESA. Título derivado del latín *abbatisa* que hace su aparición en torno al año 514. Es el equivalente femenino del abad* y al igual que esta última figura resulta fruto de un desarrollo eclesial posterior ajeno al descrito en el Nuevo Testamento*.

ABASIDAS. Califato de mayor duración —siquiera teórica— en el gobierno (656-1258). La dinastía descendía de Abbás, tío de Mahoma*, y por ello mantenía la pretensión de gozar de derechos hereditarios al califato. Valiéndose del apoyo inicial de los alidíes (descendientes de Alí*, el primo de Mahoma), los abasidas derrotaron a los omeyas y consiguieron el nombramiento como califa de Abul-Abbás, al que se conocería como al-Saffah. Su sucesor, al-Mansur, fundaría Bagdad, convertida pronto en un relevante centro de cultura. Los mayores avances culturales se produjeron con los califas Harún ar-Rashid (786-809) —popularizado por su repetida aparición en los cuentos de las Mil y una noches— y al-Mamún (813-833). Tras el califato de al-Mutuaakkil (847-861), el poder del califa se convirtió en una ficción legal al pasar las decisiones políticas a depender del arbitrio de turcos y buuaiyies. Tras una progresiva desmembración de los territorios del califato, éste fue deshecho por Hulagu.

Bibl.: Abu-l-A'la Maududi, *Perspectiva histórica del Islam,* Madrid, 1989; H. Bamat, *Contribución musulmana a la civilización,* Madrid, 1987; J. Glubb, *A short history of the Arab peoples,* Nueva York, 1988; R. Payne, *La espada del Islam,* Barcelona, 1977; D. Sourdel, *Le vizirat abbaside,* 2 vols., París, 1959-60.

ABBA. Palabra aramea que significa «padre» o «papá». Es el término habitual con el que Jesús* se dirigía a Dios*, lo que da cuenta de su conciencia de filiación divina (Marcos* 14, 36). Hoy por hoy, resulta indiscutible que ninguno de los judíos contemporáneos de Jesús hubiera osado aplicar semejante tratamiento a Dios y que los usos posteriores de la palabra ya carecen de la profundidad de que la dotó Jesús. En la teología paulina se insiste en cómo esa relación filial se hace extensiva a aquellos que han recibido el Espíritu Santo* mediante la fe* en Cristo* (Romanos* 8, 15; Gálatas* 4, 6).

Bibl.: D. Flusser, *Jesús,* Madrid, 1975; J. Jeremías, *Abba,* Salamanca, 1983; ídem, *Teología del N.T,* Salamanca, 1980; G. Vermes, *Jesús el judío,* Barcelona, 1977; C. Vidal Manzanares, *El Primer Evangelio: el Documento Q,* Barcelona, 1993.

ABBÁS. Hijo de Abd al-Muttalib, rico comerciante mequí y tío de Mahoma*. Aunque combatió a su sobrino en Badr, se produciría posteriormente su conversión al islam* y su apoyo a Mahoma durante la marcha a La Meca* del 630. Establecido en Medina*, no ocupó ningún cargo de relevancia en el nuevo sistema político concebido por su sobrino. Falleció en el 653.

Bibl.: C. Cahen, *Islam...*; R. Payne, *Islam;* J. Glubb, *Arab...*

ABDALLAH IBN AL-ABBAS.
Nacido c. 618-9, fue gobernador de Basra en nombre de Alí*, aunque posteriormente se pasó al bando de los omeyas*. Retirado al Hijaz para dedicarse a una vida de estudio, se convirtió en una de las primeras autoridades exegéticas en relación con el Corán*, los *hadiths**, el derecho religioso, la historia anterior a Mahoma* y la poesía. Ese polifacetismo cultural derivó en que se le llamara *hibr al-umma* (doctor de la comunidad). Murió c. 687-8.

Bibl.: C. Cahen, *Islam...*; J. Glubb, *Arab...*; R. Payne, *Islam...*; C. Cuevas, *El pensamiento del Islam,* Madrid, 1972.

ABDALLAH IBN UMAR IBN AL-KHATTAB.
Fuente de numerosas tradiciones relacionadas con Mahoma*, transmitidas a través de su cliente Nafia. Aunque combatió en diversas ocasiones a favor del Islam* (por ejemplo, en la batalla del Foso), se mantuvo apartado de las querellas intestinas de este movimiento y se negó a aceptar el desempeño de cargos públicos. Murió el año 693.

Bibl.: J. Burton, *The collection...*; M. Lings, *Muhammad,* Madrid, 1989; T. Nöldeke, F. Schwally, G. Bergsträsser y O. Pretzl, *Geschichte...*; J. Vernet, *Orígenes...*

ABD AL-MUTTALIB IBN HASHIM.
Abuelo paterno de Mahoma*. Cabe la posibilidad de que disfrutara de cierta importancia en La Meca*. A la muerte de la madre de Mahoma, decidió ocuparse de éste, que contaba en esos momentos seis años de edad. Murió un par de años más tarde.

Bibl.: T. Andrae, *Mahoma,* Madrid, 1980; Lings, *Muhammad...*; J. Vernet, *Los orígenes...*; idem, *Mahoma,* Madrid, 1987.

ABEL.
En hebreo, Hebel, «aliento». Según algunos, el nombre estaría en relación con lo efímero de su existencia. Para otros, derivaría del acadio *ablu,* hijo. Hijo de Adán* y Eva* (Génesis* 4, 2). Pastor, era envidiado por su hermano Caín*, cuya ocupación era agrícola, a causa de su mejor relación con el Creador. La envidia de Caín le movería finalmente a asesinar a su hermano Abel (Génesis 4).

El cristianismo dotaría de una especial relevancia a Abel como justo muerto injustamente y, por lo tanto, precedente de Cristo* y de los primeros cristianos. Como tal, fue mencionado por Jesús* (Mateo* 23: 35), el autor judeo-cristiano de la carta a los Hebreos (Hebreos* 11, 4) y Juan, entre otros (1 Juan* 3: 12).

El carácter específico de justo asesinado sin ofrecer resistencia es, posiblemente, una de las causas de su escasa relevancia en el islam* que, teológicamente, no parece tener especial cabida para figuras espirituales de ese tipo. El Corán* (5, 27-32) menciona su historia aunque sin citar su nombre y dotándola de un carácter vengativo del que aparece exenta en el Génesis y en el Nuevo Testamento*.

Bibl.: F. F. Bruce, *La epístola...*; Nahum M. Sarna, *Understanding Genesis,* Nueva York, 1970; G. von Rad, *El libro del Génesis,* Salamanca, 1982; J. Stott, *The Epistles of John,* Grand Rapids, 1979.

ABISMO. Del griego *abyssos*, profundidad sin fondo ni límites. En la traducción al griego del Antiguo Testamento conocida como Septuaginta* o Biblia de los LXX, el término es utilizado con referencia al caos previo a la obra creadora de Dios (Génesis* 1, 2) y también en relación al Sheol* (Job* 41, 24 LXX). En el libro de Enoc*, el abismo es señalado claramente como el lugar de castigo consciente de los demonios* o ángeles caídos.

En el Nuevo Testamento* se identifica con la morada de los demonios (Lucas* 8, 31), el Hades* o lugar de los muertos conscientes (Romanos* 10, 7) al que descendió Jesús* después de su muerte en la cruz, y el lugar de tormento eterno y final del diablo* y los condenados (Apocalipsis* 20, 2 ss.). En cualquiera de los casos, parece indiscutible que el abismo aparece conectado con una existencia consciente tras la muerte, con la idea de un castigo eterno y sensible para los condenados y con la actividad y morada de Satanás* y sus demonios.

Bibl.: J. Grau, *Escatología,* Barcelona, 1977; J. Guillén Torralba, *Luces y sombras del más allá,* Madrid, 1964; A. Edesrsheim, *The life and times of Jesus the Messiah,* Grand Rapids, 1976.

ABLUCIÓN. En el Antiguo Testamento, las abluciones están limitadas a situaciones muy explícitas de contacto con la divinidad o a la casta sacerdotal en relación con sus menesteres (Exodo* 30, 17-21). El triunfo del fariseísmo tras la destrucción del Templo de Jerusalén en el año 70 d. de C. llevará a una generalización de estas prácticas. Así, el lavado de manos *(netilat yadayim)* obligatorio tras levantarse de dormir, después de hacer alguna necesidad y antes de comer. Implica quitarse los anillos y volcar agua de un recipiente sobre cada mano. Al levantarse por la mañana, al secarse las manos después de alguna necesidad o antes de comer debe recitarse además la bendición correcta. La ablución es asimismo obligatoria después del baño, de cortarse las uñas o el pelo, de tocar a un animal impuro o las partes del cuerpo generalmente cubiertas.

Algunos vierten unas gotas de agua sobre cada mano (*mayim ajaronim*) antes de la acción de gracias posterior a las comidas, pero según Tosafot 105a, tal mandato ya no está en vigor. Los sacerdotes* (*cohanim*) realizan la ablución con anterioridad a bendecir a la congregación en la sinagoga* durante la *amidáh**, vertiendo agua en sus manos los levitas o, en su ausencia, cualquier primogénito (*bejor*).

En el cristianismo, las abluciones carecen de la importancia que se ha indicado en el judaísmo y tampoco contará con la posterior del islam. De hecho, Jesús* rechazó explícitamente las abluciones típicas de las escuelas farisaicas de su época (Marcos* 7, 1 ss.) y en el mismo sentido se definieron sus seguidores inmediatos. La única referencia —por otro lado, nada segura— a alguna práctica de abluciones en el judeo-cristianismo aparece en Hebreos* 6, 2, y aun en ese caso se da como algo si no desfasado, sí perteneciente a los estadios más rudimentarios de la fe.

Con posterioridad, el término se ha utilizado en relación con los lavatorios rituales relacionados con los vasos sagrados y las manos del celebrante de la eucaristía*, pero tal práctica no parece que existiera antes del siglo x u xi d. de C.

En el islam la ablución (*uudu*) constituye uno de los preliminares inexcusables antes de proceder a la oración*. Según el Corán* (5, 8 ss.), implica lavar los rostros, las manos hasta los hombros, mojar manos y pies hasta los tobillos y proceder a la purificación si se está contaminado (enfermedad, viaje, orinar o defecar, mantener relaciones sexuales con mujer). En caso de no disponerse de agua, puede sustituirse la misma con arena.

En las mezquitas* hay fuentes para practicar las abluciones y se supone que la regla coránica es suficiente para su realización. No obstante, una tradición exige que la ablución siga el ejemplo de Utman* que, presuntamente, vio a Mahoma* realizarla de la siguiente manera: derramar agua tres veces sobre las manos, enjuagarse la boca, sorber el agua por la nariz, lavarse tres veces el brazo derecho hasta el hombro y luego el izquierdo, mojarse la cabeza y lavarse finalmente tres veces el pie izquierdo y el derecho. Según otra tradición, cuando el musulmán procede a lavar su cara, manos y pies, todo pecado relacionado con estas partes del cuerpo es borrado.

Si no se tiene conciencia de haber contraído ninguna contaminación menor desde la oración anterior, puede eliminarse la ablución. La ablución válida exige formular previamente la intención (*niyya*). La ablución es suficiente en caso de impurezas menores, pero las diversas maneras de pecado sexual exigen el baño (*ghusl*) de todo el cuerpo.

Bibl.: F. F. Bruce, *La epístola...*; Y. J. Donin, *El ser judío*, Jerusalén, 1983; M. Ahrend, *La vida judía según Maimónides*, v. ed.

ABOGADO. Título otorgado a Jesucristo en la teología de las epístolas joaninas (1 Juan 2, 1) en el sentido de ser el único intercesor entre Dios* y los hombres. La imagen aparece, bajo términos distintos, tanto en las Epístolas pastorales* (1 Timoteo* 2: 5) como en la carta a los Hebreos* (2, 17-8; 4, 14-6). En todos los casos, presupone la creencia en una exclusividad absoluta de mediación entre Dios y los hombres practicada por Cristo*, y que la misma deriva de su filiación divina así como del carácter expiatorio e irrepetible de su sacrificio* en la cruz. El origen de semejante visión teológica –incompatible con el judaísmo posterior a Jamnia y con el islam– se halla en la misma autoconciencia del Jesús histórico tal y como se nos narra en los evangelios sinópticos* (Mateo* 11, 25-7) y en el de Juan (Juan* 14: 6).

Bibl.: J. Jeremías, *Teología del N. T*, Salamanca, 1980; J. Stott, *The Epistles*.

ABOMINACIÓN DE LA DESOLACION. La expresión surge de Daniel* 11, 31, donde se profetiza la profanación del Templo de Jerusalén a manos del monarca helenista Antioco Epífanes en el año 168 a. de C. Con todo, el término pasó en el judaísmo posterior a designar el culmen del poderío maligno sobre el mundo antes de la irrupción gloriosa del mundo o era futura bajo el gobierno directo de Dios*. Es en este sentido en el que lo utilizó Jesús al profetizar la destrucción de Jerusalén* (Marcos* 13, 14 y Mateo* 24, 15) por las tropas romanas de Tito en el año 70. Con todo, parece que el cristianismo primitivo identificó también tanto la profecía de Daniel como la de Jesús* con hechos que transcurrirían durante el reinado del anticristo y anteriormente a la segunda venida de Cristo o parusía* (2 Tesalonicenses* 2, 3 ss.). Tal interpretación podría implicar un regreso de Israel como estado nacional a Palestina, así como la reconstrucción del templo de Jerusalén y su profanación posterior por el anticristo como pasos previos a la segunda venida de Cristo.

Bibl.: F. F. Bruce, *Israel y las naciones*, Madrid, 1979; ídem, *New Testament history*, Nueva York, 1980; P. D. Hanson, *Old Testament Apocalyptic*, Nashville, 1987; ídem, *The dawn of Apocalyptic*, Filadelfia, 1989; F. J. Murphy, *The religious world of Jesus*, Nashville, 1991; C. Rowland, *The open heaven*, Londres, 1985; C. Vidal Manzanares, *De Pentecostés...*

ABORTO. Destrucción del feto por diversos medios. En el judaísmo es permisible sólo cuando el nacimiento de la criatura implica peligro para la vida de la madre (Oholot 7.6), si bien en caso de que parte de la criatura haya salido ya de la madre tal posibilidad se descarta. En el primer caso, una esperanza de vida sería eliminada para permitir a una vida continuar su curso; en el segundo, sin embargo, equivaldría a matar a alguien. El aborto por otras razones es repudiado en el judaísmo.

El Nuevo Testamento no aborda específicamente el tema, aunque los principios contenidos en el mismo en relación con la visión del hombre, el respeto a la vida, la renuncia a toda forma de violencia, etc., implican una actitud tajantemente contraria al mismo. De hecho, en el siglo II ya hay textos como el Apocalipsis de Pedro donde las mujeres culpables de aborto aparecen recibiendo un castigo específico en el infierno. No es de extrañar por tanto que los padres de la iglesia, Tertuliano (Apología 9) entre ellos, afirmaran que el aborto era un asesinato por cuanto el feto es un ser humano en potencia o ya cuenta con alma. No parece tan clara empero la postura en relación con el aborto terapéutico, es decir, cuando corriera peligro la vida de la madre.

En el islam existe un sentido prohibitivo hacia el tema, si bien la fundamentación es muy poco concreta y no está provista del razonamiento desarrollado que hemos indicado en el judaísmo y el cristianismo.

Bibl.: D. M. Feldman, *Birth control in Jewish law*, 1968; L. Jacobs, *What does Judaism say about...?*, 1973.

ABOT DE RABBI NATHAN. Exposición del tratado de la Mishnah* llamado Pirke Abot. Una de sus dos recensiones va unida al Talmud* *bavli* o babilónico.

Bibl.: M. Holder, *From Yabneh to Pumbedisa*, Nueva York, 1989; W. O. E. Oesterley y G. H. Box, *Short survey of Literature of Rabbinical and Mediaeval Judaism*, Londres, 1920.

ABRAHAM. 1. Patriarca. Hijo de Taréj o Téraj, progenitor de los hebreos, padre de los creyentes y amigo de Dios*. Aunque se ha especulado con la posibilidad de que el nombre cubriera a un colectivo, del estudio de las fuentes se desprende indubitablemente que nos hallamos ante un individuo concreto. Sus acciones son claramente acciones individuales (Génesis 15, 1-18; 16, 1-11; 18, 1-19, 28; 20, 1-17; 22, 1-14; 24) y como tal fueron tomadas por los hebreos (Isaías 29, 22; 41, 8; 51, 2; Jeremías 33, 26; Ezequiel 33, 24; Mateo 8, 11). No disponemos de fuentes independientes de las bíblicas para confirmar la historicidad de Abraham, pero las evidencias históricas y arqueológicas —especialmente los trabajos de Glueck, Albright, etc.— confirman claramente los episodios externos contenidos en la historia de Abraham tal y como se nos narra en el Génesis* (florecimiento y destrucción de Sodoma y Gomorra, rutas migratorias de Mesopotamia a Canaán, influencia elamita, etc.).

Tras abandonar Ur —un hecho que la tradición judía posterior conecta con el abandono de la idolatría y el cristianismo con la revelación del Dios único (Hechos 7, 2), y del cual no cabe excluir motivaciones humanas, v.g.: procesos migratorios, etc.— Abraham se estableció con su familia en Harán durante un tiempo, desplazándose después hacia Canaán. Durante la primera década de su estancia en Canaán parece haber llevado una vida seminómada en torno a Siquén (Génesis 12, 6) y Betel (Génesis 12, 8), que concluyó con el descenso a Egipto en una época de escasez (v. 10-20) y la separación de su sobrino Lot tras su regreso a Canaán (Génesis 13, 5-12). Comienza así un período cananita centrado en el encinar de Mamré, durante el cual Abraham recibe de Dios la promesa de una descendencia y de la posesión de la tierra (Génesis 15). El intento de Abraham de adelantar en la recepción de la promesa por sus propios medios —nacimiento de Ismael* a través de la esclava Agar*— sólo servirá para opacar el proyecto divino, que se verá cumplido en el nacimiento de Isaac, a través de Sara*, la esposa legítima de Abraham. La orden de sacrificar a este hijo único (Génesis 22) implicará una decisión de fe y obediencia de Abraham en favor del Dios único. Finalmente, el hijo no será sacrificado en el monte Moríah, sino que un animal ocupará su lugar en el holocausto. Con ello, no sólo quedará de manifiesto la disposición obediente de Abraham, sino también el repudio divino hacia los sacrificios humanos de los cananeos así como el principio de la muerte sustitutoria y expiatoria que, posteriormente, aparecerá en el Antiguo Testamento y en el cristianismo.

Tras la muerte de Sara en Hebrón (Génesis 23) y la obtención de una esposa para su hijo Isaac —Rebeca, de su misma estirpe— Abraham parece haber tomado otra esposa (Keturah), cuyos hijos no participaron de la promesa divina. A su muerte, fue sepultado en una cueva en Macpela (Génesis 25, 1-9).

El cristianismo dotó de una enorme importancia a la figura de Abraham no sólo porque recogía la herencia espiritual del judaísmo, sino también porque el personaje prefiguraba el hecho de cómo Dios no sólo aceptaba a los incircuncisos entre su pueblo —Abraham fue llamado por Dios y recibió las promesas antes de la circuncisión (Romanos* 4, 1-12; Gálatas* 3, 6-29)—, sino que también justificaba a la gente no por cumplir la ley —Abraham fue varios siglos anterior a la entrega de la ley a Moisés— sino por la fe en Él (Génesis 15, 6; Romanos 4, 1 ss.; Gálatas 3, 6). Curiosamente, la interpretación cristiana devolvía a la figura de Abraham una dimensión universalista que poseía originalmente en el libro del Génesis pero que había ido perdiéndose al encuadrársele sólo como padre del pueblo judío.

El islam realizará una lectura muy favorable de la figura de Abraham puesto que en él contempla al paradigma del creyente en el Dios único. Abraham (Ibrahim) es descrito no como judío, ni como cristiano, sino como *janif*, creyente musulmán (3, 60; 2, 134). Dios lo tuvo por amigo (*jalil*, 4, 124) y los más próximos a él son Mahoma y los musulmanes (3, 61).

Aunque hay elementos correctos en esta apreciación de Abraham, no obstante, la visión musulmana de Abraham es en buena medida independiente de los textos bíblicos y, en parte al menos por ello, presenta deficiencias e inexactitudes notables cuando se compara desde la perspectiva de los textos sagrados del judaísmo y del cristianismo. Para empezar, difiere en los datos históricos sobre él, llamando a su padre Azar —posiblemente, una equivocación con el nombre de Eleazar, su siervo— en lugar de Tarej o Teraj. Por otro lado, en contra de las noticias contenidas en el Génesis, el hijo que debía ser ofrecido en sacrificio es Ismael y no Isaac (37, 81 ss.) y se afirma que Abraham e Ismael reconstruyeron la Caaba, fundando el primero el culto de La Meca (2, 118 ss.). Finalmente, se habla incluso de escrituras entregadas a Abraham (53, 37 ss.; 87, 19). Tales afirmaciones manifiestan una clara disimilitud entre lo enseñado por Mahoma y la historia de Abraham tal y como aparece en la Biblia —aunque parece haber en el Corán resabios de algunos *midrashim* judíos sobre el patriarca— así como un deseo de apropiarse en favor de los árabes de las promesas relacionadas con Isaac, al que se sustituye como «hijo de la promesa» por Ismael. Esto tiene como consecuencia que si bien el Abraham del judaísmo y del cristianismo son el mismo personaje —de hecho, el segundo parece una recuperación de toda la profundidad universalista del primero—, el del islam tiene una entidad propia y no coincidente con los anteriores.

2. Apocalipsis* de: Obra de inicios del siglo II d. de C. que nos ha llegado en un texto eslavo aunque originalmente debió

escribirse en hebreo o arameo. Los primeros ocho capítulos narran la conversión de Abraham al monoteísmo* a partir de la desilusión –y posterior repulsa– que le inspira la adoración a diversos dioses y, muy especialmente, el culto a las imágenes*. En su mayor parte, la obra está dedicada a describir el itinerario de Abraham por los siete cielos, desde donde contempla el pasado (con especial referencia a la caída adánica) y el futuro (la destrucción del templo de Jerusalén en el 70 d. de C. por las tropas del general romano Tito).

3. Seno de: En la literatura judía, v.g.: Discurso a los griegos acerca del Hades de Flavio Josefo, el lugar del Sheol* o Hades* donde los justos esperaban conscientes el descenso del Mesías* que los arrebataría hasta el cielo*. Este mismo sentido es el expresado en los Evangelios* v.g.: el relato del hombre rico y Lázaro de Lucas 16, y en las Epístolas (Efesios 4, 8 ss.) del Nuevo Testamento. Según la teología cristiana, Cristo* descendió tras su muerte en la cruz a la parte del Hades conocida como seno de Abraham y se llevó consigo las almas de los justos veterotestamentarios que lo esperaban. En el Hades quedarían pues actualmente sólo los condenados y de ahí su equivalencia con el término «Infierno»*.

4. Testamento de: Escrito judío del siglo II d. de C., quizá originario de Egipto, que ha llegado a nosotros en dos versiones griegas y traducciones al copto, árabe, etíope y rumano. Cabe la posibilidad de que el texto fuera interpolado posteriormente por un autor cristiano. El argumento de la obra sería el viaje al otro mundo, en compañía del arcángel Miguel*, de Abraham, a fin de que pueda tranquilizarse de los temores que le produce la idea de la muerte.

Bibl.: J. Bright, *History...*; L. Bronner, *Biblical personalities and Archaeology*, Nueva York, 1974; G. Archer, *Survey...*

ABROGACIÓN. En el islam*, hace referencia al *nasij* o mecanismo que, en cierta medida, viene a solventar el problema de las contradicciones del texto coránico. Según el Corán* (2, 100), algunos versículos han sido abrogados, si bien en su lugar aparece uno mejor o semejante. Con todo, no existe un acuerdo específico en relación con los versículos exactos que han sido abrogados ni tampoco sobre si el pasaje de 2, 100 está referido realmente al Corán o a la ley judía anterior que se habría visto abrogada por la revelación de Mahoma*.

El mecanismo de abrogación es aplicable también a las tradiciones en el interior del islam, considerándose que la tradición contradictoria posterior abroga a la anterior.

Bibl.: I. Goldziher, *Muhammedanische Studien*, 2 vols., 1888-90 (en adelante *MS*), II, p. 148; *Encyclopaedia of Islam*, 4 vols., 1913-38 (en adelante *EI*), II, p. 1065; R. Bell, *Introducción al Corán*, Madrid, 1987; T. Nöldeke, *Geschichte des Korans*, 3 vols., Hildesheim, 1938.

ABSOLUCIÓN. De acuerdo con la doctrina católica, la potestad eclesial para absolver los pecados a los arrepentidos en virtud de la autoridad derivada de Cristo*. Esta aparece limitada a obispos y presbíteros, y tiene lugar en un marco sacramental.

Se alega el origen de este concepto en algunos pasajes concretos del Nuevo Testamento* (Mateo* 18, 18). Con todo, no parece que ninguno de estos pasajes realmente recoja el concepto católico de absolución. Algunos de los textos, en realidad, van referidos a la posibilidad de crear una halajá* o interpretación cristiana v.g.: los decretos sobre los gentiles del concilio* de Jerusalén. En otros, la posibilidad de perdonar o disciplinar no queda limitada a una clase especial dentro de la iglesia, sino que es considerada patrimonio de toda la comunidad de creyentes (Mateo 18, 15 ss.). Finalmente, esta potestad se halla circunscrita y limitada al anuncio de una redención ya previa realizada por Cristo en la cruz.

Bibl.: W. Barclay, *Mateo*, Buenos Aires, 1973; P. Bonnard, *El Evangelio de Mateo*, Madrid, 1983; J. Driver, *Militantes*...

ABÚ BAKR. Mercader de La Meca, algo más joven que Mahoma*, al que apoyó desde muy pronto. Fue el único compañero de aquél en la Egira* y llegó a entregarle una de sus hijas, Aisha*, en matrimonio. Encabezó la peregrinación del 637 y dirigió las oraciones en la mezquita de Medina* con motivo de la última enfermedad de Mahoma. A la muerte de éste, fue nombrado califa y debió enfrentarse a un clima de revuelta entre las tribus que alegaban haber jurado fidelidad a Mahoma pero no a sus sucesores. No sólo consiguió la sumisión de los levantiscos, sino que además durante su gobierno se produjo la expansión islámica por Irak y Siria. Murió en el 634, siendo sepultado junto a Mahoma.

Bibl.: *EI*, I, pp. 109-11; C. Cahen, *Islam...*; *EI*; J. Glubb, *Arab...*; M. Lings, *Muhammad*...

ABÚ HURAYRA. Musulmán, convertido menos de cuatro años antes de la muerte de Mahoma*, al que se le atribuye la mayor recopilación de tradiciones* relativas a aquél. En muchos casos parece comprobado que la recopilación no se debió a él, sino que su nombre se utilizó con la finalidad de proporcionar más autoridad a una tradición concreta. Murió hacia el 678.

Bibl.: *EI* I, p. 129; *MS* II, índice.

ABÚ LAHAB. Hijo de Abd al-Muttalib*, tío de Mahoma*. Completamente contrario al mensaje de éste, el Corán* afirma (3) que tanto él como su esposa están condenados al infierno*. Murió poco después de la batalla de Badr, en la que no intervino.

Bibl.: C. Cahen, *Islam*...; J. Glubb, *Arab*...; M. Lings, *Muhammad*...; *EI,* I, pp. 136 ss.

ABÚ TALIB. Hijo de Abd al-Muttalib*, tío de Mahoma*. Presumible jefe del clan de los Hashim. A la muerte de su padre, tomó a Mahoma bajo su protección, si bien no llegó a aceptar el mensaje de éste. Su hijo Alí* sería el cuarto califa.

Bibl.: C. Cahen, *Islam*..., J. Glubb, *Arab*...; M. Lings, *Muhammad; EI,* I, pp. 152 ss.; *MS,* II, p. 107.

ADÁN. Nombre del primer hombre según el relato de Génesis* 2, 4 ss. El relato de la caída* de éste y de su esposa Eva*, así como de la expulsión de ambos del huerto o jardín del Edén*, sirve de base para explicar el origen de la enfermedad y la muerte del hombre, así como su estado de alienación frente a la naturaleza, el trabajo, los demás seres humanos y él mismo.

Aunque el rabinismo posterior —posiblemente como reacción frente a la teología cristiana— insistiría en negar, o al menos amortiguar, la idea de la transmisión del pecado de Adán o pecado original*, lo cierto es que esta idea es originalmente judía y del judaísmo pasó al cristianismo. Así en 2 Esdras 3, 21; 7, 46-56, se indica cómo el pecado de Adán pasa al resto del género humano, y conceptos similares pueden hallarse en Enoc 30, 8 ss., etc. Vestigios de esta visión teológica aparecen también en la literatura rabínica (Sabbath 55a-55b).

En este sentido no deja de ser paradójico el hecho de que la visión neotestamentaria sobre el pecado de Adán esté más cerca del judaísmo del Segundo Templo que las tesis talmúdicas posteriores. Así en el paralelismo paulino entre Adán y Cristo* (Romanos* 5, 12-21; 1 Corintios 15, 20-22, 45-49) se insiste en el efecto demoledor de la caída de Adán, que sólo puede ser remediado por el sacrificio* de Cristo, al que se denomina «segundo Adán».

En el islam*, la figura de Adán reviste cierta importancia (2, 30-39; 3, 59; 7, 11-25; 15, 28-29; 20, 115-123), si bien se aprecia una notable contradicción entre las tesis islámicas y los relatos bíblicos, a la vez que una discontinuidad en los mismos. Así el Edén es identificado con el cielo (2, 36); se equipara a Adán con Jesús (3, 59) pero en un sentido totalmente opuesto al del Nuevo Testamento; el relato de la caída aparece de manera radicalmente distinta (7, 11-25); se confunde la orden divina de adorar a Cristo (Hebreos 1: 6) con la de adorar a Adán (15, 28-9), etc. Al mismo tiempo, se rechaza la idea de pecado original en el sentido del judaísmo del Segundo Templo y del cristianismo, y no existe una conexión entre el pecado de Adán y la creencia en un redentor como en estas dos corrientes espirituales mencionadas.

Bibl.: C. Baumgartner, *El pecado original,* Barcelona, 1981; F. Schaeffer, *Génesis en el tiempo y en el espacio,* Barcelona, 1972; N. M. Sarna, *O.c.;* G. von Rad, *El libro...;* H. Speyer, *Die biblischen Erzahlungen im Qoran,* 1931; *EI,* I, pp. 176-8.

ADAR. Duodécimo mes del calendario* judío.

ADIVINACIÓN. Para el judaísmo, la práctica de la adivinación es algo condenado de manera expresa en la ley de Moisés* (Levítico* 19, 31; Deuteronomio* 18, 9 ss.) y en los profetas. De hecho, la práctica de la adivinación en cualquiera de sus variantes (espiritismo, agoreros, etc.) es considerada una de las razones de la ruina de los cananeos y de su expulsión de Palestina. Aparece equiparada a la rebelión contra Dios* (1 Samuel* 15, 23) y se la responsabiliza de la desgracia final de Saúl (1 Crónicas* 10, 13-4). Todos los movimientos de reforma espiritual de Israel incluyeron dentro de los mismos la abolición del culto a las imágenes* y la desaparición de las prácticas adivinatorias (2 Reyes* 21, 1-7; 2 Crónicas* 33, 3 ss.).

El judaísmo talmúdico mantiene el rigor que caracteriza al Antiguo Testamento en relación con la adivinación —aunque no exento de ciertas ambigüedades como la de afirmar que Abraham practicaba la astrología* (B.B. 16 b)–. En general, sin embargo, la tendencia es contraria. Así se nos indica que Abraham* no debía de haber tenido hijos según su horóscopo, pero Dios le dijo que no creyera en ello y le dio a Isaac* (Shab. 156a) y se insiste en que «a una persona que se aparta de practicar la adivinación se le asigna un lugar en el cielo que incluso los ángeles son incapaces de penetrar» (Ned. 32a). De hecho, tener fe en la adivinación es indigno de un hijo de Israel (p. Shab. 8d).

El cristianismo presenta la misma visión negativa que aparece en el Antiguo Testamento*, e incluso atribuye los aciertos adivinatorios (Hechos* 16,

16 ss.) a la actividad de demonios*. El que los adivinos incluyan en sus palabras afirmaciones que teológicamente son correctas no cambia en absoluto la calificación de sus actividades como demoníacas (Hechos 16, 17-18).

El tema carece de un tratamiento específico en el Corán, aunque existen una fuerte tendencia en el islam* popular y el sufismo* favorables a las practicas adivinatorias.

Bibl.: A. Cohen, *Everyman's Talmud*, Nueva York, 1975; P. Parshall, *Bridges to Islam*, Grand Rapids, 1991; ídem, *Beyond the mosque*, Grand Rapids, 1991; ídem, *El retorno del ocultismo*, Madrid, 1993; C. Vidal Manzanares, *Diccionario de sectas y ocultismo*, Estella, 1991; K. E. Koch, *The Devil's alphabet*, Grand Rapids, 1989; ídem, *Occult ABC*, Grand Rapids, 1986.

ADONAI. Ver: Nombres de Dios.

ADORACIÓN. Del latín *adoratio*, palabra derivada de *ad oro* (hacia ti oro o ruego). Define el culto reservado única y exclusivamente a Dios*. En griego se utilizan los términos «latreia», «proskynesis» y «dulía» para expresar esta actitud.

El Antiguo Testamento la reserva, de manera indiscutiblemente exclusiva, a Dios, sin admitir el culto a ningún otro ser ni tampoco a ninguna imagen aunque ésta pretenda representar a la divinidad (Exodo* 20, 4 ss.; Deuteronomio 5, 1 ss.). De hecho, en los profetas se contienen algunas de las críticas más aceradas al culto de las imágenes* (Isaías 44, 9-20; Daniel 5, 23) y se considera obligada su demolición durante las grandes reformas espirituales de Israel (2 Reyes 23, 4 ss.).

El principio se mantiene en el Nuevo Testamento recurriéndose precisamente a los pasajes del Antiguo Testamento relacionados con el tema (Mateo 4, 10; Lucas 4, 8). Sólo Dios puede ser objeto de culto y adoración. Con todo, el Nuevo Testamento presenta una variación sensible en relación con el Antiguo. Tal modificación arranca del hecho de considerar a Jesús como encarnación del Dios uno revelado en el pasado (Filipenses* 2, 5 ss.; Colosenses* 2, 9-10; Tito* 2, 13). El hecho de que Jesús sea proclamado como Señor* y Dios* por sus discípulos (Juan* 20, 28; 1 Juan* 5, 20) explica el que se le muestre como objeto de la adoración de los ángeles* (Hebreos* 1, 6), de los apóstoles* (Mateo* 28, 17; Lucas* 24, 52) y de los que lo reconocen como Mesías* (Juan* 9, 35-38). Por el contrario, la idea de un culto dirigido a María* o a los santos* es absolutamente ajena al espíritu estrictamente monoteísta del Antiguo y del Nuevo Testamento e, históricamente, resulta muy posterior.

El islam* ha recogido el énfasis monoteísta de la revelación bíblica negando toda posibilidad de culto a otro ser que no sea Dios (51, 56; 36, 60-2; 41, 37). Dado que considera a Jesús como un ser creado, la adoración del mismo queda excluida, colisionando así con la enseñanza del Nuevo Testamento. Pese a este carácter monoteísta, el islam popular ha absorbido multitud de cultos preislámicos como el de los santones, el de los muertos, etc., que, en puridad, son incompatibles con el mensaje de Mahoma.

Bibl.: A. Cohen, *Everyman's Talmud*, Nueva York, 1975; O. Cullmann, *Christology of the New Testament*, Londres, 1975; A. T. Khoury, *Los fundamentos del Islam*, Barcelona, 1981; M. Hengel, *El Hijo de Dios*, Salamanca, 1978; P. Parshall, *Bridges to Islam*, Grand Rapids, 1991.

ADULTERIO. El Antiguo Testamento* contiene prohibiciones terminantes en relación con el adulterio (Exodo* 20, 14; Levítico* 18, 20; Deuteronomio* 22, 22-29). El castigo es la lapidación.

En Números* 5, 11-31 se recoge el ritual de la llamada en ocasiones ordalía de las aguas amargas, mediante la cual quedaba establecida la culpabilidad o inocencia de la esposa de cuyo adulterio sospechaba el marido.

El judaísmo rabínico suprimió progresivamente la pena de muerte como castigo del adulterio, limitando la sanción al repudio de la esposa. También eliminó la prueba de las aguas amargas. El pecado de adulterio es castigado con el tormento consciente en la Gehenna* o infierno* (Sota 4b). A la vez, se tendió a identificar el adulterio sólo con la relación sexual voluntaria entre una mujer casada y cualquier hombre que no fuera su esposo.

La visión veterotestamentaria del adulterio es profundizada por Jesús* en tres aspectos concretos. En primer lugar, se opone a la ejecución de la adúltera (Juan 8, 1 ss.), en lo que coincide, siquiera en parte, con algunas de las escuelas rabínicas de su época. En segundo lugar, interpreta como adulterio cualquier actividad –siquiera mental– en la que la persona es contemplada meramente como objeto de satisfacción de la lascivia (Mateo 5, 27 ss.), no limitando el término a las mujeres sólamente (Mateo 5, 28), sino incluyendo de manera específica a los hombres. Finalmente, considera el adulterio como la única razón permisible para el divorcio (Mateo 5, 31-2; 19, 9), siguiendo así la línea de la escuela farisaica de Shammai.

Los autores del Nuevo Testamento consideran el adulterio bajo una luz muy negativa: indican que los que son practicantes del mismo no podrán heredar el Reino de Dios (1 Corintios 6, 9-10) y lo incluyen entre las obras que muestran que es la carne y no el Espíritu Santo el que controla a la persona.

En el islam es denominado *zina*, al igual que la fornicación*. Con todo, el castigo respectivo es distinto. La enseñanza coránica acerca de este pecado es poco clara y controvertida. Omar, por ejemplo, afirmó que el Corán* contenía un versículo en el que se decretaba la lapidación de los casados –hombres y mujeres– que hubieran cometido adulterio, pero nuestro texto del Corán no contiene tal enseñanza que, de haber existido alguna vez, debió perderse en la recopilación definitiva del mismo. Asimismo el Corán afirma que las mujeres que han cometido *fajisha* (presumiblemente, adulterio según el v. 30) y cuya culpa pueda ser establecida por dos testigos como mínimo habrán de ser recluidas de por vida en sus casas, a menos que Dios disponga otra cosa.

La tradición sobre el castigo de adúlteros es relativamente amplia pero tampoco resulta uniforme. Los casados habrán de recibir cien azotes y luego han de ser lapidados hasta la muerte. Se requiere el testimonio de cuatro testigos presenciales del hecho que se arriesgan a recibir ochenta azotes si su declaración no resulta satisfactoria. La confesión del culpable se acepta como prueba siempre que no se produzca ulterior retractación. Según algunos, la confesión propia ha de ser pronunciada en cuatro ocasiones distintas.

Bibl.: EI II, p. 606 y IV, pp. 1227 ss.; Nöldeke, *Geschichte*, I, pp. 248 ss.

AFIKOMAN. Lit. «postre» (el término posiblemente tiene un origen griego). Es la última porción de *matzáh** comida en el *seder** de Pascua o Pesaj, tras cuyo consumo no puede comerse nada más en esa noche. Es la mitad más grande de la porción intermedia de los tres *matzot* de la mesa del *seder*. En uno de los momentos iniciales de la celebración es partida en dos y colocada aparte.

Bibl.: H. H. Donin, *El ser judío*, Jerusalén, 1983; Y. Newman y G. Siván, *Judaísmo*, Jerusalén, 1983.

AGADÁ. Ver: Hagadá.

ÁGAPE. Uno de los cuatro términos griegos –los otros son «filía», «eros» y «storgué»– que pueden traducirse al castellano como «amor»*. No es un término clásico, aunque su forma verbal aparece ocasionalmente en Plutarco y Jenofonte. En la Septuaginta* se usa catorce veces en relación con el amor sexual (Jeremías* 2, 2, etc.) y dos como contraposición a odio (Eclesiastés* 9, 1). En el libro de la Sabiduría* se usa para describir el amor de Dios (3, 9) y el amor a la sabiduría (6, 18). La carta de Aristeas (229) lo considera como la base de poder de la piedad.

En el Nuevo Testamento* es el término más importante para expresar el amor. Este amor es la base de la relación entre el Padre y el Hijo dentro de la Trinidad* (Juan* 17, 26; Colosenses* 1, 13) y es la actitud de Dios hacia los hombres, manifestada de manera primordial en el hecho de que el Hijo se encarnara para morir en la cruz y así expiar los pecados del género humano (Juan* 3, 16; Romanos* 8, 37; 5, 8; Efesios* 2, 4; 1 Juan* 3, 1, 16; 4, 9-10). Como señal de gratitud, el deber del hombre es manifestar ese amor-ágape a Dios (Mateo* 22, 37) y a Jesús (Efesios 6, 24; 1 Pedro* 1, 8). Este amor es también lo distintivo de la vida cristiana (Juan 13, 34; 15, 12; 1 Pedro 1, 22; 1 Juan 3, 11, 23) y ha de ser semejante al de Dios (Mateo 5, 43-48).

Esta visión del amor como centro no sólo de la acción de Dios sino también de la vida personal, llegando hasta extremos que imposibilitarían, de ser generalizados, el funcionamiento de una sociedad —pensemos en el perdón de los delincuentes o la renuncia al cobro de las deudas económicas— es característico de manera específica de la enseñanza de Jesús e implica, tal y como han reconocido autores judíos como Joseph Klausner o David Flusser, una quiebra con el pensamiento judío.

Bibl.: W. Barclay, *Palabras...*; D. Flusser, *Jesús...*; J. Klausner, *Jesús de Nazareth*, Buenos Aires, 1971.

AGAR. La esclava de Sara* a la que Abraham* tomó para proporcionarse descendencia (Génesis 16). El acto del patriarca implicaba un intento de lograr por medios humanos lo que sólo podía derivar de la gracia divina (una descendencia) y, por ello, no fue legitimado por Dios. Agar fue expulsada del clan de Abraham y con ella su hijo Ismael* (Genesis 21, 8 ss.).

El cristianismo neotestamentario va a ver en Agar una alegoría de la servidumbre espiritual que intenta obtener la salvación* por sus propios medios, en contraposición a los seguidores de Cristo* que han sido liberados por Este y que reciben la justificación* mediante la fe* en el sacrificio* de la cruz* (Gálatas 4, 21 ss).

El Corán* no la menciona específicamente, pero la tradición* la conecta con el pozo de Zamzam, cerca de La Meca*, del que hoy beben los peregrinos y que sería el que le mostró el ángel*. Tal visión contradice frontalmente el relato de Génesis 21, 8 ss.

Bibl.: Baghawi, *Mishkat al-masabih*, 4 vols., Lahore, 1963-5, pp. 1220 ss. y 1289.

AGEO. El décimo de los denominados profetas menores*. Su nombre parece derivar de la palabra hebrea para «festival». Desconocemos todo lo referente a su nacimiento, familia y vida, aunque la Septuaginta*, la versión siriaca y la Vulgata le atribuían la redacción de algunos salmos y 2, 11 parecería mostrar que estaba familiarizado con el culto. Junto con Zacarías*, podría haber regresado del exilio babilónico en torno al 537 a. de C. y haber sido testigo de la pérdida de moral de los judíos que volvían a su tierra.

El libro de Ageo contiene cuatro oráculos cortos, redactados en tercera persona y relacionados con la restauración del templo en el 520 a. de C. En los mismos se alienta a la población reasentada en Palestina, se analiza el tema de la pureza espiritual y se proyecta la esperanza del pueblo hacia la restauración de la monarquía davídica (una profecía de corte innegablemente mesiánico).

Bibl.: F. J. Murphy, *The religious...*; H. Hailey, *A commentary on the minor prophets*, Grand Rapids, 1979; R. K. Harrison, *Introduction...*

AGNOSTOS THEOS. Ver: Dios desconocido.

AGRAFA. Frases de Jesús* no recogidas en los cuatro evangelios canónicos* (Mateo*, Marcos*, Lucas* y Juan*). El Nuevo Testamento* contiene al menos una en Hechos* 20, 35 ss. (1 Tesalonicenses* 4, 15 ss. es más discutible). Otras aparecen en textos cristianos primitivos e incluso en el Talmud*, si bien el carácter herético de algunas de las obras hace difícil establecer su autenticidad, v.g.: en el Evangelio de Tomás*. En términos generales, no parece que aporten nada sustancial a nuestro conocimiento del Jesús histórico.

Bibl.: J. Jeremías, *Palabras desconocidas de Jesús*, Salamanca, 1984; César Vidal Manzanares, *Los evangelios gnósticos*, Barcelona, 1991; ídem, *El Primer Evangelio...*; R. Dunkerley, *Beyond the Gospels*, Londres, 1957.

AGUNÁH. Lit. «restringida». En el judaísmo, se dice de la mujer que no puede volver a casarse ya que su marido no procedió a entregarle el certificado de divorcio* o no existe constancia de la muerte de éste. El término se aplica asimismo a la viuda que solicita *jalitzá* y cuyo cuñado es menor o no disponible.

Bibl.: Y. Newman, *O.c.*

'AI'SHA. Hija de Abú Bakr*, nacida en La Meca* en torno al 614 d. de C. Fue prometida en matrimonio a Mahoma* cuando contaba seis años de edad, consumándose el mismo tres o cuatro años después. El hecho, chocante para la sensibilidad occidental, ha sido explicado desde una perspectiva islámica señalando la temprana menstruación, en ocasiones a los ocho años, de las mujeres de la época. En una expedición (627) se quedó rezagada de la caravana en que iba al parecer mientras evacuaba una necesidad. El hecho de que un joven la condujera entonces a su casa provocó acusaciones de adulterio que fueron zanjadas mediante una revelación de Mahoma (24, 11 ss.). Viuda y sin hijos a los dieciocho años, no se le permitió —como a ninguna de las esposas de Mahoma— que contrajera nuevo matrimonio. Al producirse el asesinato de Utman* (656) se trasladó de Medina* a La Meca. A los pocos meses participó en la batalla del camello contra Alí*, cayendo prisionera de éste. Fue tratada con todo respeto y regresó a La Meca, donde, presuntamente, comunicó algunas tradiciones sobre Mahoma. Murió en el 678.

Bibl.: M. Lings, *Muhammad...*, 1989; J. Vernet, *Mahoma...; EI*, I, pp. 307 ss.

AKIBA BEN JOSEF. Rabino judío (50-135 d. de C.). Desempeñó un papel preponderante en el judaísmo posterior a la destrucción del Segundo Templo (70 d. C.). Su exposición de la Escritura tendría una importancia radical en la configuración posterior del Talmud*. De tendencia considerablemente anticristiana, contribuyó a la ruptura definitiva entre el judaísmo posterior al Segundo Templo y el judeo-cristianismo. Proclamó como Mesías* al rebelde Bar Kojba* —también perseguidor de los cristianos que, lógicamente, no estaban dispuestos a reconocer sus pretensiones mesiánicas— y, derrotado éste por las tropas de Adriano, fue ejecutado. Sin duda, su influencia en el desarrollo del rabinismo posterior fue notable, pero no puede ocultarse el hecho de que su apoyo a la sublevación llevó a la nación judía a un estado de postración aún mayor que el ocasionado por la destrucción del Templo en el 70 d. de C.

Bibl.: J. Neusner, *The Talmud...*; E. Urbach, *The sages*, Jerusalén, 1975; M. Holder, *From Yavneh...*; H. G. Perelmutter, *Siblings*, Nueva York, 1989.

ALCOHOL. El Antiguo Testamento* no prohíbe su consumo e incluso tiene palabras laudatorias en relación con el mismo (Salmos* 104, 15; Proverbios* 31, 6). No obstante, es muy riguroso en la condena de la borrachera aunque sea involuntaria (Proverbios 20, 1; 21, 17; 23, 30 ss; etc.) y en el hábito de beber (Isaías* 5, 11 ss.; 28, 7). El judaísmo prohíbe beber vino a los sacerdotes* mientras desempeñan sus funciones (Levítico 10, 9) y al nazireo* durante su voto (Números 6, 3), así como consumir el vino de los no-judíos e incluso el vino judío si un no judío abre la botella a menos que haya pasado por un proceso de ebullición. Esta prohibición se extiende también al coñac, el vinagre y derivados. Los rabinos alabaron el uso medicinal del vino (BB 58b; Av. Zar. 40b) y prescribieron su uso para la copa de bendición (*cos shel berajah*) del kidush* del sábado* y las fiestas, en la ceremonia de *havdalah** y cuando se pronuncia la acción de gracias después de una comida con tres varones adultos presentes. También se bebe vino de forma semisacramental en el *seder** de Pascua* y en la ceremonia de matrimonio*, así como en *purim** y *simjat Torah*. El consumo de vino formará parte del banquete escatológico para los justos que tendrá lugar al final de los días (Ber. 24b; BB 74b-75a).

En el Nuevo Testamento* se persiste en la misma línea de condenar la borrachera (Romanos* 13, 13; Gálatas* 5, 21) e insiste en que los borrachos no heredarán el reino* de Dios (1 Corintios* 5, 11; 6, 10) y se prescribe que los ancianos* de las iglesias sean moderados en su consumo (1 Timoteo* 3, 3; Tito* 1, 7). A la vez que se narra cómo Jesús convirtió el agua en vino (Juan* 2, 1 ss.), se transmiten las acusaciones que se formularon contra Él como bebedor (Mateo 11, 19), se describe el vino como uno de los elementos utilizados en la Ultima Cena y en la eucaristía (Mateo 26, 26 ss; Marcos 14, 23-25; Lucas 22, 20 ss.; 1 Corintios 11, 17-34) e incluso se prescribe con fines terapéuticos (1 Timoteo 5, 23).

En seria contradicción con esta visión de las bebidas alcohólicas, el Corán* prohíbe su consumo (5, 90-91), que, no obstante, tendrá lugar en el paraíso* (47, 15). El hecho de que algunos pasajes más primitivos del Corán hablen favorablemente del alcohol (16, 27) ha llevado a ciertos autores a plantearse si, realmente, la prohibición no arranca de razones políticas, es decir, Mahoma habría prohibido el consumo de alcohol para evitar que la gente se reuniera en las tabernas a conspirar en contra suya. El tema sigue siendo objeto de controversia hoy en día. En cualquiera de los casos, el islam no considera el consumo de alcohol como un pecado de especial gravedad.

Bibl.: Y. Newman, *O.c.*; J. Wensinck, *A Handbook of Early Muhammadan Tradition*, 1927 (en adelante Wensinck), pp. 251 ss.

ALELUYA. Expresión hebrea que significa «alabad a Yah» (forma apocopada de Yahveh*). Su aparición en los salmos* denota un uso litúrgico. El cristianismo adoptó la expresión ya en el Nuevo Testamento (Apocalipsis 19, 1, 4 y 6).

ALENÚ. Plegaria central del judaísmo también denominada

Aléinu leshabeaj, donde se anuncia que es «nuestro deber alabar al Señor de todas las cosas...». Su redacción final parece deberse al Rav de Babilonia (siglo III d. de C.), pero cabe la posibilidad de que su origen pudiera retrotraerse al periodo del Segundo Templo. La oración presenta a Israel como pueblo elegido y expresa la esperanza de que la humanidad abandone el culto a las imágenes y acepte el reinado del Todopoderoso. En las fiestas solemnes se cantan las primeras líneas.

Bibl.: H. H. Donin, *Rezar...*

ALFA Y OMEGA. Primera y última letra del alfabeto griego. Son el equivalente neotestamentario de los títulos —señal de omnipotencia y eternidad— atribuidos a Yahveh en el Antiguo Testamento como «primero y último; principio y fin» (Isaías 41, 4; 44, 6). En el Nuevo Testamento estos títulos divinos son aplicados de manera indistinta al Padre (Apocalipsis 1, 8; 21, 6) y al Hijo (Apocalipsis 2, 8 ss.; 22, 12-16), lo que constituye una de las muestras adicionales de que los primeros cristianos creían en la plena divinidad de Cristo y en su igualdad con el Padre (Juan 5, 17-18).

ALIANZA. Ver: Pacto.

'ALI IBN ABÚ TALIB. Primo de Mahoma* y cuarto califa*. Fue uno de los primeros en creer en el profeta islámico, con cuya hija Fátima* se desposó y al que ayudó en gestiones diplomáticas. Es discutible si aspiró o no a ser el primer sucesor de Mahoma. En cualquier caso, el hecho de que no usara de una mayor energía a la hora de reprimir a los rebeldes, una vez que fue califa*, previsiblemente facilitó la sublevación de Muauiya en su contra. En el 661 fue asesinado por un jariyita*. Los shiítas* sostienen la tesis de que le correspondía el haber sido el primer califa y sus seguidores insistieron en que poseía rasgos divinos o una luz divina. Estas últimas afirmaciones son descartadas por los imamitas, que no obstante, dotan a la figura de Alí de una enorme importancia como imán.

Bibl.: C. Cahen, *Islam...; EI*, I, pp. 381-86; Y. Richard, *L'Islam chi'ite,* París, 1991.

ALIMENTOS. El judaísmo aplica en relación con los alimentos las normas determinadas de *cashrut*,* cuyo origen fundamental es veterotestamentario, aunque algunas interpretaciones v.g.: la prohibición de consumir leche o derivados con la carne, arranquen más bien de interpretaciones rabínicas posteriores que del texto mismo de la Biblia.

El cristianismo desconoce la

división judía entre alimentos puros e impuros. Jesús* declaró «puros todos los alimentos» (Marcos 7, 18-19) y Pablo* no sólo señaló que cualquier cosa que se vendiera en la carnicería podía ser tomada sin problemas de conciencia (1 Corintios 10, 25), sino que insistió en el hecho de que las prohibiciones alimenticias sólo servían para desarrollar el orgullo personal y no para el desarrollo espiritual (Colosenses 2, 16-23). En las Epístolas pastorales se considera como una de las marcas de los falsos profetas la prohibición del consumo de ciertos alimentos (1 Timoteo 4, 1-3). Con todo, el Nuevo Testamento recomienda abstenerse de causar tropiezo a los no creyentes al valerse de la libertad cristiana (Romanos 14, 1 ss.). Tomando como base tal principio, se permite la circuncisión en ciertos casos para no causar escándalo a los judíos (Hechos 16, 1 ss.); se recomienda abstenerse del alcohol o la carne si eso va a hacer tropezar a ciertos cristianos rigoristas (Romanos 14, 19-23) y se pide a los creyentes no judíos de Antioquía, Siria y Cilicia que se abstengan de tomar sangre, animales no sangrados y alimentos sacrificados a los ídolos para evitar el escándalo de los conversos provenientes del judaísmo (Hechos 15, 22 ss.). La norma neotestamentaria es, por tanto, que está permitido el consumo de cualquier tipo de alimento, si bien debería cuidarse de que el mismo no cree un escándalo que limite la expansión del Evangelio. El islam* mantiene una postura de ruptura en relación con el judaísmo y el cristianismo. Por un lado, no recibe la revelación cristiana en cuanto a la santidad de todos los alimentos y, por otro, establece algunas prohibiciones relativas a los mismos que tampoco son las establecidas por el judaísmo, aunque se ha sugerido que quizá la aparición de las mismas surgiera de un deseo de Mahoma* de captar a los judíos para su predicación. De acuerdo con el Corán*, la carroña, la sangre, la carne de cerdo y cualquier alimento sobre el que se haya invocado el nombre de otro dios son rechazables (2, 167 ss.). Con todo, el consumirlos bajo coacción no es pecado. Aparte de esa prohibición, se considera vedado el consumo de carne de animales carnívoros y de aves que se apoderen de sus presas con las garras, así como el asno doméstico –no es tan clara la prohibición relativa a la carne de caballo–. Asimismo el animal que no ha sido sacrificado correctamente (degollado mediante corte de la tráquea, las carótidas y el garguero a la vez que se recita la fórmula *bismi "illahi. Allah akbar*– «en el nombre de Dios. Dios es Grande») o las aves y animales sobre los que no se ha pronunciado la misma

ALLAH

fórmula al disparar sobre ellos no son aptos para el consumo.

En cuanto al alcohol* (5, 92), está prohibido también. Se ha especulado con la posibilidad de que el origen de tal prohibición arranque de un deseo de yugular las conspiraciones contra Mahoma que pudieran surgir en las tabernas. El consumo de café llevó en épocas pasadas a la muerte a muchos musulmanes, si bien hoy en día es considerado casi una bebida nacional.

Previo al consumo de alimentos es el hecho de dar gracias por la comida, acto que se repite al final de la misma. Las manos también deben lavarse antes y después de la comida. Los alimentos han de ser consumidos con los dedos de la mano derecha, si bien en muchos lugares es habitual la utilización de cubiertos.

Bibl.: H. H. Donin, *El ser...*; Y. Newman, *Judaísmo...*; P. Parshall, *Bridges...*; ídem, *Beyond the mosque*, Miami, 1991; D. Stern, *Messianic Jewish manifesto*, Jerusalén, 1991; Wensinck, 80 ss. y 251 ss.

ALLAH. Ver: Dios.

ALMA. Tradicionalmente, parte espiritual del hombre distinta de su cuerpo. Aunque el concepto bíblico dista mucho de la rígida dicotomía entre cuerpo y alma que caracteriza, por ejemplo, al hinduismo o al platonismo, lo cierto es que también abunda en la creencia de una categoría distinta del cuerpo que podría identificarse con el ser más íntimo. Así, aparece en el Antiguo Testamento como un «yo» espiritual que sobrevive consciente después de la muerte* (Isaías 14, 9 ss.; Ezequiel 32, 21 ss.). Aunque se señala que el pecado* causa la muerte del alma (Ezequiel 18, 4), esto no implica en ningun caso la inconsciencia o aniquilación del sujeto. La muerte física elimina su cuerpo y destruye los planes que tuviera pensados (Salmo 146, 4), pero su espíritu* pasa a Dios (Eclesiastés 12, 7) persistiendo. La idea de la inmortalidad del alma sigue siendo evidente durante el periodo intertestamentario y es reflejada brillantemente por el historiador judío Flavio Josefo en su *Discurso a los griegos acerca del Hades*.

Los rabinos contemporáneos de Jesús –así como los Talmudim* judíos posteriores– insistieron también en el concepto de inmortalidad del alma y de pervivencia consciente de la misma (para recibir tormento consciente en el Gehenna* o dicha en el seno de Abraham*) tras la muerte física. Hoy en día se considera que la creencia en la inmortalidad del alma es una de las doctrinas básicas del judaísmo.

Estas mismas ideas son enseñadas en el Nuevo Testamento* en repetidas ocasiones. Si bien se hace referencia a la muerte espiritual (Efesios* 2, 1 ss.), ésta no implica jamás ni la inconsciencia ni la mortalidad del alma. Jesús* insistió (Lucas 16, 19 ss.) en el hecho de que en el momento de la muerte el alma del individuo recibe un castigo o una recompensa consciente, y describió el castigo en términos sensibles como fuego (Marcos 9, 47-8; Lucas 16, 21b-24), llanto y rechinar de dientes (Mateo 8, 12; 13, 42; 24, 51, etc.), etc. Pablo enseñó asimismo cómo el creyente pasa desde el mismo momento de su muerte física a estar con Cristo (Filipenses 1, 21-23). En el mismo sentido se define el autor de Apocalipsis* al describir a las almas de los muertos en el cielo conscientes y hablando (Apocalipsis 6, 9 ss.). Con todo, el Nuevo Testamento no considera que la consumación escatológica pueda considerarse terminada hasta el momento de la resurrección*. Es entonces cuando el alma consciente del discípulo de Cristo* recibirá un nuevo cuerpo (2 Corintios 5, 1), semejante al de Cristo en su resurrección (Filipenses 3, 20-21) y cuando a la inmortalidad del alma se unirá la del cuerpo (1 Corintios 15, 51 ss.). Todos los impíos resucitarán también, pero sólo para recibir un castigo que ya no se limitará al alma (Juan 5, 28-29; Mateo 25, 46). Al rechazar la idea del sueño inconsciente de las almas, de la mortalidad del alma y de la aniquilación, a la vez que señalaba la esperanza de la resurrección, el Nuevo Testamento mantenía la misma línea teológica manifestada en el Antiguo Testamento y en el judaísmo posterior.

El islam*, al contrario del judaísmo y del cristianismo, enseña una tesis cercana a la del sueño de las almas. Cuando éstas sean convocadas en el día del juicio* parecerá que sólo estuvieron en la tumba una hora (30, 55) o una víspera (79, 46) o diez días (20, 103-4). Cabe la posibilidad de que Mahoma haya mantenido este punto de vista en parte motivado por su primitiva convicción de que el juicio de Dios estaba muy cerca (53, 57-8; 78, 40; etc.). Esa sensación inicial de cercanía habría evitado que se preguntara por el estado del creyente hasta el día de la resurrección. Posteriormente, el Corán modificará en parte esa idea de premura y así en 17, 51 (cf. también: 42, 17; 33, 63) se dice sólo que «es posible que sea dentro de poco», pero, con todo, no profundizará en el tema del estado de las almas hasta la consumación de los tiempos.

Bibl.: A. Cohen, *O.c.;* J. Grau, *Escatología...;* A.T. Khoury, *Los fundamentos...;* J. L. Ruiz de la Peña, *La otra dimensión*, Santander, 1986; A. Shorrosh, *Islam...;* C. Vidal Manzanares, *De Pentecostés...*

ALTAR. En el Antiguo Testamento*, es el lugar de sacrificio* de la víctima y de ofrenda* (hebreo: *mizbeaj*). Su uso aparece ya en los relatos sobre los patriarcas*. En el tabernáculo* de Moisés* había un altar de madera de acacia, chapado en bronce para los sacrificios de holocausto (Éxodo 27, 1-2) y otro chapado en oro para incieso, en la tienda de reunión (Éxodo 30, 1-3). En el templo* de Jerusalén (1 Reyes 6) existía asimismo un altar central para los sacrificios y otro para el incienso. Tras la destrucción del Templo de Jerusalén en el 70 d. de C., los rabinos identificaron la mesa de cualquier judío con el lugar que antes ocupaba el altar (Tosef. Sot. 15. 11-13).

El cristianismo desconoce inicialmente la utilización de altares por cuanto considera que el sacrificio* de Cristo* es el final y consumación de todos los sacrificios (Hebreos 9, 23-8) y que el mismo se realizó una vez y para siempre (Hebreos 9, 27-8; 10, 12, etc.). La idea de sacrificio, aunque sea incruento, en un altar es totalmente ajena al cristianismo primitivo.

Bibl.: F. F. Bruce, *La epístola*...; F. Murphy, *The religious*...; J. Neusner, *The Talmud*...

AMÉN. Palabra hebrea que significa «en verdad» y que también puede traducirse por «así sea» o «así es». Tanto en el Antiguo como en el Nuevo Testamento* (Deuteronomio* 27, 15 ss.; 1 Corintios* 14, 16) se usa como fórmula de asentimiento. El cristianismo primitivo usó el término como uno de los títulos del Mesías* (2 Corintios 1, 17-20).

AM HA-ARETS. Expresión hebrea que significa literalmente «pueblo de la tierra». Originalmente en el Antiguo Testamento* su significado era el de «población» (Génesis 42, 6; Números 14, 9) o «consejo» (Génesis 23, 7 y 12). La forma plural se aplica a las naciones idólatras (Deuteronomio 28, 10; 1 Reyes 8, 43). La Mishnah* lo aplica en relación con aquellos judíos que descuidaban el cumplimiento de la Torah*, que no aceptaban la interpretación farisaica de la misma o que eran ignorantes.

Bibl.: E. Schürer, *O.c.*; *Encyclopaedia of religion and ethics*, 13 vols, 1908-26 (en adelante *ERE*), I, pp. 385 ss.; E. P. Sanders, *Judaism*...; C. Vidal Manzanares, *El Primer Evangelio*...

AMIDÁH. Literalmente «de pie». Oración* religiosa judía que ha de recitarse en esa posición concreta, también conocida como *hatefiláh* (la oración) y *shemoné esré* (dieciocho bendiciones). Se recita tres veces al día, durante los servicios de la mañana (*shajarit*), mediodía (*minjáh*) y tarde (*maariv*). El sábado y durante las festividades se recita una *amidáh* adicional durante el *musaf**. La *amidáh* del sábado incluye sólo siete bendiciones. Asimismo hay variaciones en Rosh Jodesh*, Rosh Hashaná*, etc. La oración existía ya durante el periodo del Segundo Templo y tiene una especial importancia en relación con la separación definitiva entre el cristianismo y el judaísmo. La inclusión de una maldición contra los judeo-cristianos* —conocida como *birkat ha-minim**— en el texto de la amidáh obligó a éstos o a apostatar de la fe en Jesús* como Mesías* o a romper sus vínculos con un pueblo, el de Israel, que seguían considerando como propio. Sin duda tal medida, similar a otras tomadas por los fariseos tras la destrucción del Segundo Templo en contra de otras visiones teológicas que tenían un lugar legítimo dentro del judaísmo, contribuyó a asegurar el monopolio farisaico en Israel pero resulta controvertido si el resultado final preservó la pureza del judaísmo o simplemente cercenó de éste a algunos de sus hijos más fieles.

Bibl.: H. H. Donin, O.c.; J. Jocz, *The Jewish people and Jesus Christ*, Grand Rapids, 1979; D. Stern, *Mesianic...*; C. Vidal Manzanares, *De Pentecostés...*; ídem, *El Primer Evangelio...*

AMOR. Ver: Ágape, Sexo, Tzedakah.

AMORÁ. Término arameo que sirve para designar a los sabios del periodo talmúdico (es decir, posterior a la redacción de la Mishnah). Las discusiones de los amoraim constituyen el núcleo principal de las recensiones del Talmud y del Midrash hagádico. Su periodo de actividad se extiende del 200 al 500 d. de C.

Bibl.: A. Cohen, *Talmud;* M. Holder, *From Yavneh...;* J. Neusner, *The Talmud...*

AMÓS. El tercero de los profetas menores. Nació en Tekoa, un villorrio del desierto de Judá a unos ocho kilómetros de Belén, circuscribiéndose su ministerio profético a un periodo breve en torno al 760-750 a. de C. Todo lo que sabemos de él se deriva del libro bíblico que lleva su nombre. Al parecer criaba ganado ovino (1, 1; 7, 14 ss.) y cultivaba sicomoros. Su obra es un conjunto de oráculos contra las naciones (1, 3-2,3) y contra Judá e Israel (2, 4-6); el relato de cinco visiones de juicio (7, 1-9, 10) y una promesa final de restauración (9, 11-15). Su obra manifiesta un monoteísmo apasionado de tipo universalista (Dios también juzgará a las demás naciones) en el que se hace especial hincapié en la responsabilidad de los creyentes, en la práctica de la justicia social, en la condena de las conductas militaristas y expansionistas, en la sinceridad de su fe en contraposición al culto meramente ritual y en la crítica del sacerdocio aliado con el poder.

Para el Nuevo Testamento, su libro tiene importancia en la medida en que se interpreta como prefiguración de la iglesia como pueblo de Dios compuesto por judíos y no judíos (Hechos 15, 17).

El islam desconoce al personaje.

Bibl.: H. Hailey, *Comentary;* R. K. Harrison, *Introduction.*

AMULETOS. Su utilización está excluida por sus connotaciones paganas y mágicas por la Biblia, pero ha sido admitida en el judaísmo posterior. Suele consistir en un objeto colocado en torno al cuello o la cabeza de un paciente —a veces, se sitúa también en la pared de su casa— con la finalidad de protegerlo del mal de ojo, la desgracia, etc. Redactado en pergamino, metal o piedras preciosas, las fórmulas del amuleto combinan el nombre de Dios, textos bíblicos y ocultismo de la Cábala. Su utilización se menciona en el Talmud (Shab 6.2; Tosef. Shab, 13.4).

En el islam popular es muy común asimismo este tipo de objetos.

Bibl.: A. Cohen, *Talmud*; P. Parshall, *Bridges...; ERE* III, pp. 392-472.

ANATEMA. Palabra griega que significa «suspenso» y que equivale al término hebreo *jaram* (separar, maldecir, destruir). En el judaísmo del Segundo Templo equivalía a la exclusión de la comunidad. En este mismo sentido es utilizado por el Nuevo Testamento (Gálatas 1, 8) en referencia a aquellos que prediquen un Evangelio distinto del de la salvación por la fe en Cristo o un Cristo distinto del proclamado por los apóstoles. El hecho de que tal predicación pueda proceder de un impulso originado por revelación de un ángel ni legitima el mensaje ni excluye el anatema (Gálatas 1, 6-9). El pasaje paulino serviría pues de base para que los cristianos rechacen todas aquellas supuestas revelaciones contrarias a la enseñanza del Nuevo Testamento, aunque su origen sea pretendidamente sobrenatural.

Bibl.: A. Cole, *The epistle of Paul to the Galatians,* Grand Rapids, 1978; D. Daube, *The New Testament and Rabbinic judaism,* Londres, 1956; C. Vidal Manzanares, *De Pentecostés...*

ANCIANOS. En el Antiguo Israel, aquel que sucedía al padre —generalmente en virtud del derecho de primogenitura— en el gobierno de la casa, clan o tribu (1 Reyes 8, 1-3; Jueces 8, 14, 16). Generalmente, sólo llegaban a la posición de ancianos aquellos que contaban con cierta edad. Ejercían autoridad sobre el pueblo (Deuteronomio

27, 1; Esdras 10, 8), representaban a la nación en actos políticos (Jueces 11, 5-11; 1 Samuel 8, 4; 2 Samuel 5, 3) y religiosos (Levítico 4, 13-15; Josué 7, 6). El mismo Moisés se vio asistido por un consejo de ancianos (Números 11, 16, 24) y prácticamente cada población contaba con una administración civil y religiosa desempeñada por ancianos (Deuteronomio 19, 12; 21, 2; Rut 4, 2-11; 1 Samuel 11, 3; Esdras 10, 14). En la época del dominio romano de Palestina la institución seguía vigente (Mateo 15, 2; 21, 23; 26, 3, 47).

En el cristianismo primitivo descrito en el Nuevo Testamento, el término «anciano» va referido a responsables de las distintas comunidades y es equivalente al de obispo (Hechos 20, 17 y 28; Tito 1, 5-7). La distinción entre obispos y ancianos no es anterior al siglo II d. de C. Es difícil saber desde cuándo los ancianos formaron parte del gobierno de la Iglesia primitiva, pero debió ser desde muy pronto. Hacia el año 44 ya existían en la Iglesia de Jerusalén (Hechos 11, 30); Pablo nombró algunos en su primer viaje misionero (Hechos 14, 23) y existían asimismo en comunidades no paulinas (Santiago 5, 14; 1 Pedro 5, 1).

Estaban asociados con los apóstoles en el gobierno de las iglesias locales (Hechos 15, 2, 4, 6, 22 y 23; 16, 4), pastoreaban y enseñaban a los miembros de las mismas (1 Timoteo 3, 4-5; 5, 17; Tito 1, 9; Santiago 5, 14; 1 Pedro 5, 1-4) y era común el hecho de que cada iglesia local tuviera varios ancianos u obispos (Filipenses 1, 1; Hechos 11, 30), aunque la predicación y la enseñanza no se hallaba circunscrita a ellos sino que era labor de cualquiera en la comunidad que poseyera un don o carisma de enseñanza o de profecía (1 Corintios 12, 28-30; 14, 24 y 31).

Bibl.: E. Arnold, *The Early Christians*, Grand Rapids, 1979; W. C. H. Frend, *The rise of christianity*, Filadelfia, 1984; R. de Vaux, *Instituciones del Antiguo Testamento*, Barcelona, 1985; C. Vidal Manzanares, *De Pentecostés...*

ANDRÉS. Uno de los doce apóstoles* de Jesús* (Juan 1, 35-42; Mateo 4, 18-20, Marcos 13, 3 ss.). Nada sabemos de seguro sobre él aparte de lo consignado en el Nuevo Testamento*. Según una tradición tardía, fue martirizado en Patras de Acaya hacia el año 60. La tradición que enseña que murió en una cruz* en forma de aspa carece, con certeza, de base histórica y no hace su aparición antes del siglo XIV

ÁNGEL. Palabra derivada del griego «anguelos» (mensajero), que en la Septuaginta* traduce el hebreo *malaj*. En el Antiguo Testamento*, los ángeles son hijos de Dios (Génesis 6, 1 ss.; Job 1, 6 ss.), de los cuales algunos siguieron al diablo* en su rebelión contra Dios (Ezequiel 28, 1 ss.), mientras otros se mantuvieron fieles y son utilizados por Dios para el cumplimiento de Sus propósitos y el servicio de sus fieles (Hebreos 1, 5-14). Según Isaías 6, 1 ss., los serafines son también ángeles, así como los querubines (Exodo 25, 18 ss.). Durante y tras el exilio, la angelología judía conoció un enorme desarrollo que, al menos en parte, está reflejado en el Antiguo Testamento (Daniel, Zacarías, etc.) y que llega al exceso en los escritos apócrifos y pseudoepigráficos.

El Nuevo Testamento* enlaza con todas las líneas de pensamiento judío mencionadas, si bien manifiesta una notable sobriedad en relación con la literatura apócrifa. Los ángeles son vistos como seres reales al servicio de los creyentes (Hebreos 1, 5-14), cuyo mensaje, sin embargo, no debe ser aceptado si se contradice con el del Evangelio (Gálatas 1, 8). Asimismo, se enseña la existencia del diablo, un ángel caído al que siguen otros ángeles (Apocalipsis 12, 7-9), como un ser personal y real que gobierna los reinos de este mundo (Lucas 4, 5-7) y al mundo en general (1 Juan 5, 19). Derrotado en la cruz de Cristo junto con sus ángeles caídos (Colosenses 2, 13-5), pretende causar daño a la Humanidad en general y a los cristianos en particular (Efesios 6, 10 ss.), que deben resistirlo (Santiago 4, 7) en la seguridad de que tal actitud provocará su huida.

El Corán menciona con profusión a los ángeles (*mala'ika*). Estos interceden ante Dios por los creyentes y la Humanidad (40, 7; 42, 3), recogen las almas de los muertos (6, 93; 8, 52; 16, 30; 47, 29); castigan a los infieles y sostienen el trono de Dios (40, 7). Gabriel y Miguel son mencionados por nombre (2, 91-2), igual que Málik, el ángel que gobierna el infierno (43, 77). En los exorcismos es habitual invocar ciertos ángeles de nombres extraños.

Bibl.: A. Cohen, *O.c.*; F. J. Murphy, *The religious...*; *ERE* IV, pp. 578, 584, 594-601; María de la Concepción Gonzalo Rubio, *La angelología en la literatura rabínica y sefardí*, Barcelona, 1987; *EI*, III, pp. 189-92; C. Vidal Manzanares, *De Pentecostés...*

ANTICRISTO. La última literatura veterotestamentaria (Daniel 7, 8 ss.; 11, 40) hace referencia a la aparición de un enemigo personal y supremo de Dios inmediatamente antes de la consumación de los tiempos. A diferencia de la literatura apocalíptica o la de Qumrán (Ascensión de Moisés 10, 1; Testamento de Leví 18, 12), donde el enemigo queda circunscrito sólo al diablo* (Satanás* o Belial), el concepto trata de expresar un ser humano que bajo el control del príncipe de las tinieblas establecerá un sistema político, religioso y económico mundial antes del triunfo mesiánico.

Esta idea es recogida por el cristianismo primitivo, que denomina al sujeto en cuestión de diversas maneras: hombre de pecado* e hijo de perdición* (2 Tesalonicenses 2, 3 ss.), anticristo (1 Juan 2, 18), bestia* (Apocalipsis 17, 8). El personaje no debe ser identificado con gobernantes contemporáneos (Calígula, Nerón, etc.) toda vez que se proyecta su aparición a un lejano futuro, pero, indudablemente, parece presentar características de estos emperadores como la soberbia, el endiosamiento, la capacidad de mentir, el gobierno mundial, el poder militar, el carácter de perseguidor, etc. Durante su reinado universal, en el que se asistirá a un auge sin igual de los poderes ocultos y de la actividad demoníaca (2 Tesalonicenses 2, 9), el pueblo de Dios se verá sometido a una persecución denominada en el Nuevo Testamento «gran tribulación»*, pero, finalmente, el anticristo será derrotado por Cristo y arrojado al tormento eterno del lago de fuego (Apocalipsis 19, 20 y 20, 10).

En un sentido más limitado, el Nuevo Testamento* habla también de «anticristos», que son todos aquellos que proclaman a un Cristo* distinto del mencionado en las Escrituras y, muy especialmente, a aquellos que niegan su encarnación o su plena divinidad (1 Juan 2, 18 ss.). Así serían considerados anticristos, de acuerdo con el Nuevo Testamento, los que niegan la resurrección* física de Jesús*, los que le consideran una criatura, los que cuestionan su realidad física, etc.

Bibl.: F. F. Bruce, *New Testament...*; J. Grau, *Escatología...*; F. J. Murphy, *Religions; ERE*, 1; C. Vidal Manzanares, *De Pentecostés...*; ídem, *El Primer Evangelio...*

ANTIGUO TESTAMENTO. 1. Parte primera de la Biblia que contiene los libros revelados en el pasado al pueblo de Israel. Existen dos cánones* del mismo. El primero, fijado por los judíos en el concilio de Jamnia (90-100 d. de C.), contiene las siguientes divisiones y libros: la Torah o Ley (Génesis, Exodo, Levítico, Números y Deuteronomio), los Naviim o profetas (Josué, Jueces, 1 y 2 Samuel, 1 y 2 Reyes, Isaías, Jeremías, Ezequiel y los doce profetas menores (Oseas, Joel, Amós, Abdías, Jonás, Miqueas, Nahum, Habacuc, Sofonías, Ageo, Zacarías y Malaquías) y los Ketubim o escritos (Salmos, Proverbios, Job, Cantar de los cantares, Rut, Lamentaciones, Eclesiastés, Ester, Daniel, Esdras, Nehemías, 1 y 2 Crónicas). Este canon es el seguido por los judíos actualmente así como por las iglesias protestantes, si bien en este último caso el orden de los libros es distinto.

Por el contrario, la Iglesia católica ha añadido al canon judío del Antiguo Testamento los siguientes libros que, por esa razón, son denominados deuterocanónicos (pertenecientes a un segundo grado de canonicidad) o apócrifos (excluidos del canon): Judit, Tobit o Tobías, 1 y 2 Macabeos, Eclesiástico, Sabiduría, Baruc, adiciones a Ester y adiciones a Daniel. Este canon más amplio es tardío ciertamente y no encaja con los primeros Padres de la Iglesia que parecen haber utilizado el canon judío.

Aunque el islam* profesa aceptar como sagradas escrituras los libros del Antiguo y del Nuevo Testamento, lo cierto es que carece de postura concreta en lo que a la composición y elaboración del canon del Antiguo Testamento se refiere, limitándose más bien a afirmar que los textos han sido alterados en la medida en que no coinciden con las revelaciones de Mahoma.

2. En un sentido más restringido se suele utilizar como expresión referida al pacto* con Moisés que el cristianismo considera abrogado por el sacrificio de Cristo (Hebreos 8, 13).

Bibl.: F. F. Bruce, *The canon of Scripture,* Downers Grove, 1988; R. K. Harrison, *Introduction.*

ANTISEMITISMO. Actitud de hostilidad, que puede concretarse en agresiones específicas, hacia los judíos. El propio Antiguo Testamento contiene fuertes ataques contra el pueblo de Israel (Exodo 32, 9; 33, 3; Deuteronomio 31, 27; Jeremías 2, 27, etc.) que no pueden ser entendidos en términos raciales sino espirituales: se acusa al pueblo colectivamente de desoír la voz de Dios y de los profetas. Precisamente por eso mismo, la acusación de dureza espiritual que aparece en Moisés y los profetas suele ir ligada a un sentimiento de amor hacia Israel, así como a un llamado al arrepentimiento para recibir la restauración divina.

Este mismo tono es el que aparece en el Nuevo Testamento. Si bien Jesús se duele de la dureza de algunos dirigentes religiosos de Israel (Mateo 23), a la vez habla de su deseo de restauración del pueblo (Lucas 13, 34), concibe su misión en términos de llamar a «las ovejas perdidas de la casa de Israel» (Mateo 10, 6 y 15, 24) e invita al arrepentimiento incluso a los miembros aparentemente más apartados de la Torah como pueden ser las prostitutas y los publicanos. En el mismo sentido, Pablo, que lamenta la actitud de algunos compatriotas suyos, señala que, finalmente, Israel —que sólo se ha endurecido en parte— recibirá las bendiciones divinas en plenitud (Romanos 9-11). La opinión pues sobre Israel en el Nuevo Testamento es incluso más matizada que la pronunciada por los profetas en el Antiguo y debería delimitarse correctamente de conductas posteriores ejecutadas en base a supuestos principios cristianos que nada tienen de tales.

En la vida de Mahoma se advierte una corriente doble en relación con los judíos. En una primera etapa parece ser que el profeta esperó que los mismos se convirtieran al islam y a tal efecto incluyó entre sus enseñanzas algunas relativas a los alimentos, la dirección de la oración, etc. El rechazo frontal del islam por parte de los judíos (que eran, mayoritariamente, de raza árabe pero convertidos a la fe de Moisés) que lo consideraban contrario a lo contenido en el Antiguo Testamento sí provocó una corriente clara de antisemitismo que no sólo se reflejó en la propia actividad política de Mahoma sino en las enseñanzas coránicas (3, 98-120; 4, 150-9; 59, 1-17; 33, 26-7). Con todo, diversos autores musulmanes han apuntado que, en realidad, no nos encontramos en el caso de Mahoma con un antisemitismo de corte racista, sino sólo con una oposición de tipo religioso causada, al menos en parte, por la conducta dúplice de los judíos hacia el profeta.

Bibl.: L. Poliakov, *Historia del antisemitismo,* v. I, Buenos Aires, 1968; H. Ben-Sasson, *A History of the Jewish People,* Harvard, 1976; N. Cohn, *El mito de la conspiración judía mundial,* Madrid, 1983.

APOCALIPSIS. Término griego que significa «revelación». Da título al último libro del Nuevo Testamento* escrito por Juan*, un profeta y siervo de Cristo, que padecía destierro en Patmos por la predicación del Evangelio (Apocalipsis 1, 1-3). La obra contiene, en primer lugar, una serie de mensajes relativos a algunas comunidades cristianas de Asia Menor (Apocalipsis 2,1-3, 22), seguidas de una descripción del reinado de la Bestia y de las calamidades que acompañarán su gobierno, así como de la persecución a la que se verá sometido el pueblo de Dios durante el mismo (Apocalipsis 4, 1- 7,17; 12, 1-13, 18) y los juicios que Dios derramará sobre la Bestia y sus seguidores (8, 1-11, 19; 14, 1-19, 21). El anticristo será arrojado al lago de fuego para recibir eterno tormento (Apocalipsis 19, 20) y se abrirá un periodo de mil años en que el Mesías* reinará sobre la tierra mientras el diablo* permanece atado en el abismo (Apocalipsis 20). La conclusión de este milenio irá acompañada de la última batalla cósmica entre Cristo* y Satanás*, al final de la cual este último será arrojado para sufrir eterno tormento al lago de fuego (Apocalipsis 20, 10) y la Creación entera asistirá al establecimiento de unos nuevos cielos y una nueva tierra (Apocalipsis 21 y 22).

La obra, escrita con casi toda seguridad antes de la destrucción del templo de Jerusalén en el 70 d. de C. y con posterioridad a la persecución neroniana contra los cristianos, toma muchos elementos de la apocalíptica anterior si bien lo hace de manera muy moderada: no utiliza personajes fallecidos, ni recurre a la pseudoepigrafía, ni se recrea en las descripciones prolijas, etc.

Bibl.: W. Barclay, *Revelation of John*, Grand Rapids, 1976; J. Grau, *Estudios sobre Apocalipsis*, Barcelona, 1977; G. Eldon Ladd, *El Apocalipsis de Juan*, Miami, 1978; L. Morris; *The revelation of St. John*, Grand Rapids, 1979; César Vidal Manzanares, *De Pentecostés...*

APOCALÍPTICA. Denominación aplicada a un género literario propio del judaísmo y del cristianismo, en el que se pretenden describir acontecimientos relativos al final de los tiempos y, más concretamente, a la crisis final previa a la llegada del reino mesiánico. Aunque se suele equiparar el apocalipticismo con posturas escapistas, tal interpretación no se corresponde, generalmente, con las fuentes escritas de que disponemos. La apocalíptica manifiesta una perspectiva ciertamente espiritual pero no especulativa y, habitualmente, sí dotada de una visión práctica de la existencia.

En el Antiguo Testamento hay fragmentos de literatura del género apocalíptico en la segunda parte del libro de Daniel* (es discutible que la totalidad del libro pueda ser calificado como apocalíptico), la segunda parte de Zacarías* y el denominado Apocalipsis de Isaías* (Isaías 24-27). En el período intertestamentario, el judaísmo produjo obras apocalípticas —en algunos casos, interpoladas quizá posteriormente por autores cristianos— como el libro de Enoc*, el cuarto libro de Esdras*, la Asunción de Moisés, el libro de los Jubileos y el Testamento de los Doce Patriarcas.

En el Nuevo Testamento*, el último libro, Apocalipsis*, pertenece a este género y hay características apocalipticistas en el discurso de Jesús en el Monte de los Olivos (Mateo 24 y 25; Marcos 13 y Lucas 21).

El islam* desconoce como tal el género apocalíptico. Tal circunstancia no es rara si tenemos en cuenta que la apocalíptica judía recibió un golpe de muerte, en términos generales, tras la destrucción del Templo de Jerusalén en el año 70 d. de C, y que la cristiana había ido poco a poco siendo confinada al ámbito de lo heterodoxo. Con todo, el Corán contiene descripciones escatológicas que recuerdan a los apocalipsis al menos en cuanto a sus expresiones

(21, 104; 27, 87; 56, 4; 69, 13; 73, 14; 74, 8; 75, 8-9; 77, 8; 81, 3).

Bibl.: P. D. Hanson, *The dawn...;* ídem, *Old Testament Apocalyptic...;* F. J. Murphy, *Religions;* C. Eowland, *The open heaven,* Londres, 1985; D. S. Russell, *The method and message of Jewish Apocalyptic,* Filadelfia, 1964.

APÓCRIFOS. 1. del Antiguo Testamento. Para el judaísmo son aquellos libros que no pertenecen al canon del Antiguo Testamento como Tobías o Tobit, Judit, 1 y 2 Macabeos, Baruc, Eclesiástico, Sabiduría y las adiciones a Ester y Daniel, y a los que se denomina *Sefarim jitzonim* (libros no canónicos o extravagantes). Tales libros son considerados como canónicos por la Iglesia católica –aunque no por las iglesias protestantes– aunque se considera que pertenecen a un grado de canonicidad inferior, razón por la que se los denomina deuterocanónicos. La Iglesia católica suele reservar la denominación de apócrifos para el conjunto de escritos que se suelen denominar pseudoepigráficos*.

2. del Nuevo Testamento. Con esta expresión se designan algunos escritos cristianos primitivos que nunca fueron incluidos en el canon del Nuevo Testamento. Los textos suelen carecer de base histórica pero presentan una cierta utilidad a la hora de ahondar en algunas corrientes heréticas del cristianismo primitivo y también de acceder al desarrollo popular del mismo. Existen evangelios apócrifos (Evangelio de la infancia según Tomás, el Evangelio de Nicodemo, el Protoevangelio de Santiago, la Historia de José el Carpintero), Hechos apócrifos (de Pedro, Pablo, etc.), Epístolas apócrifas (las cartas entre Cristo y Abgar, la carta de Léntulo, etc.) y apocalipsis apócrifos (el de Pedro, etc.). Estos textos sólo rara vez puede que hayan contenido dichos auténticos de Jesús (Evangelio de los hebreos, Evangelio de Tomás) o datos históricos fiables: en relación con el lugar de nacimiento de Jesús. Con todo, han influido poderosamente en la configuración de dogmas posteriores como virginidad perpetua de María, asunción de María a los cielos, etc..

Bibl.: F. F. Bruce, *The canon...;* César Vidal Manzanares, *Los evangelios gnósticos,* Barcelona, 1991; K. Aland, *The problem of the New Testament Canon,* Londres, 1962; R. T. Beckwith, *The Old Testament Canon of the New Testament Church,* Londres, 1985; B. S. Childs, *The New Testament as Canon,* Londres, 1984; J. A. Sanders, *Canon and Community,* Filadelfia, 1984.

APOLYON. Ver: Abaddón.

APOSTASÍA. El Antiguo Testamento presenta numeros ejemplos de apostasía (Exodo 32, 1; Deuteronomio 13, 13;

Jueces 2, 17; Nehemías 9, 26; Ezequiel 36, 20; etc.) y las advertencias contra la misma o el llamado al arrepentimiento constituyen buena parte del mensaje de los profetas de Israel. Históricamente, los apóstatas del judaísmo se han manifestado en multitud de ocasiones como los peores enemigos de esta fe. El pecado de apostasía es uno de los considerados más graves, aunque, ocasionalmente, se ha permitido la apostasía fingida por razones de supervivencia, v.g. los marranos españoles.

En el Nuevo Testamento aparece contemplada la posibilidad de «apostasía» individual del creyente. La misma nunca va aneja a penas de tipo físico o económico. Sí se insiste, no obstante, en que tal proceder conlleva la pérdida de la salvación (1 Corintios 15, 1-2; 2 Pedro 2, 20-22; etc.) y el castigo (Mateo 24, 44-51). Por otra parte, se admite la vuelta del apóstata (en contra de prácticas posteriores del cristianismo) como una salvación de la muerte (Santiago 5, 19-20). Todo lo anterior debe relacionarse con la insistencia en la necesidad de la perseverancia así como con la enseñanza de que sólo obtendrá la salvación final y definitiva el que persevere (Mateo 10, 22; 24, 13).

En un sentido más limitado, el Nuevo Testamento hace referencia a una gran apostasía que vendrá relacionada con el gobierno del anticristo, inmediatamente antes de la Segunda Venida de Cristo (2 Tesalonicenses 2, 1-9).

En el islam, la apostasía es inadmisible y, al menos en lo que se refiere a los varones adultos, se castiga con la muerte. La sentencia no puede, sin embargo, llevarse a cabo hasta que el apóstata ha rechazado todas las posibilidades de regresar al islam. En el caso de las mujeres, suele ser habitual proceder a su confinamiento hasta que vuelven a la fe islámica o mueren. En cuanto a los menores, permanecen bajo custodia hasta alcanzar la mayoría de edad, procediéndose entonces a juzgarlos. La dureza de estas penas sólo se ve mitigada cuando la persona apostató bajo fuertes presiones (16, 108).

Bibl.: S. M. Zwemer, *The law of apostasy in Islam*, 1924; Maimónides, *Sobre el Mesías: carta a los judíos del Yemen*, Barcelona, 1987; S. ibn Verga, *La Vara de Yehudah*, Barcelona, 1991; C. Roth, *Historia de los marranos*, Barcelona, 1979; H. Ben-Sasson, *History*...

APÓSTOL. Lit. «enviado». El título es aplicado en el Nuevo Testamento en un sentido estricto a los doce designados por Jesús* para juzgar a las doce tribus de Israel (Mateo 19, 28; Lucas 22, 30) y ser instruidos más estrechamente por él (Mateo 10, 1 ss.). La traición de Judas obligó a elegir un sustituto del mismo que fue Matías (Hechos 1, 12 ss.). El hecho de que para formar parte del grupo de los apóstoles resultara obligatorio haber vivido con Jesús desde el bautismo de Juan y haberlo visto resucitado (Hechos 1, 22) parece indicar que el oficio apostólico, *stricto sensu,* concluyó con la muerte de los Doce y que, por lo tanto, no puede ser objeto de sucesión. No obstante, sí resulta evidente en las Epístolas pastorales la existencia de un mecanismo –que podríamos denominar de «transmisión apostólica»– consistente en pasar a otros las enseñanzas apostólicas (1 Timoteo 6, 20 ss.). En ningún caso, sin embargo, el receptor es investido con la categoría de apóstol.

En un sentido más amplio, el Nuevo Testamento hace referencia a un carisma del Espíritu Santo al que se denomina de apóstol (Efesios 4, 11). En este sentido Pablo (Romanos 1, 1) y Bernabé (1 Corintios 9, 1-6), e incluso una mujer llamada Junia (Romanos 16, 7) –o Julia, según algunos manuscritos– fueron denominados apóstoles.

Bibl.: W. C. Frend, *O.c.;* W. Bauer, *Orthodoxy and Heresy in Earliest Christianity,* Filadelfia, 1971; C. Vidal Manzanares, *De Pentecostés...;* C. Rowlands, *Christian...*

ARAMEO. Idioma semítico que, ya a finales del periodo veterotestamentario, se había generalizado entre la población judía de tal manera que ésta necesitaba de interpretaciones arameas para entender las Escrituras en hebreo (Nehemías 8, 1 ss.). Jesús se expresó en arameo, aunque parece seguro que conocía el hebreo (Lucas 4, 16 ss.), y, muy posiblemente, también el griego, dado que era galileo.

El siriaco, un dialecto arameo, cuenta con un número considerable de obras cristianas primitivas y con una traducción específica de la Biblia, denominada Peshitta.

Bibl.: M. Black, *An Aramaic approach to the Gospels and Acts,* Oxford, 1967; G. Lamsa, *Holy Bible from the Ancient Eastern text (Peshitta),* Nueva York, 1989.

ARAVÁH. Rama de sauce que constituye una de las cuatro especies utilizadas con el *lulav, etrog* y *hadás* en la fiesta de Sucot* (cabañas o tabernáculos), según la Torah* (Levítico 23, 40).

ARCA. 1. de Noé. Caja de madera –de ahí que se hable de arca y no de barco o navío– construida por Noé* siguiendo las órdenes de Dios (Génesis 6, 14 ss.) para poner a salvo en la misma a su familia y a distintas parejas de animales de las aguas del diluvio. La figura del arca fue utilizada en un sentido alegórico tanto por el judaísmo posterior como por el cristianismo. En el Nuevo Testamento aparece como modelo de la salvación que sólo se halla en Cristo* (2 Pedro 2, 4 ss.).

2. del Pacto. En hebreo denominada *Arón haberit*. También es conocida como «arca de Dios». Consistía en un cofre hecho con madera de acacia (Deuteronomio 10, 1 ss.). En él se custodiaban las tablas de la Ley*. Servía para manifestar la presencia de Dios en medio de Su pueblo y en torno a ella se ordenaba el campamento durante la peregrinación en el desierto.

El Antiguo Testamento censura los intentos de instrumentalización de la misma, v.g. con fines militares (1 Samuel 5 y 6). Salomón la depositó en el templo construido por él en Jerusalén. Se desconoce cuál fue su paradero final cuando el mismo fue destruido por Nabucodonosor, si bien se ha especulado con la posibilidad de que fuera enterrada bajo el área del templo.

3. Sagrada. En hebreo *arón hakodesh* también *héjal*. Es el cofre donde se guardan los rollos de la Torah en la sinagoga, los ornamentos de plata para los rollos, las copias de la Meguilláh*, el *shofar* y otros objetos religiosos. Esta arca se suele construir o ubicar junto a la pared de la sinagoga que se halla orientada hacia oriente, Jerusalén o Israel.

ARGAMEDÓN. Ver: Harmaguedón.

ARREPENTIMIENTO. En hebreo, el término utilizado es *teshuváh*, que procede de una raíz verbal que significa volver o retornar. En el Antiguo Testamento constituye un llamado constante de los profetas a apartarse de los malos caminos y a vivir de acuerdo con lo prescrito en el Pacto. No indica en ningun caso la obtención del perdón mediante el esfuerzo humano, sino un simple recibir el perdón misericordioso de Dios seguido por una vida nueva de obediencia a sus mandatos.

En el judaísmo posterior consiste en la conciencia de pecado y decisión de evitar el pecado futuro, seguido por la confesión de éste y el esfuerzo determinado de alejarse del mal e irse perfeccionando en el bien. Se ha ido diluyendo así parte del contenido meramente de gracia del arrepentimiento para incluirse un factor sinergista o de colaboración con Dios. Así, de acuerdo con la Mishnah*, el arrepentimiento y las buenas acciones son un escudo contra el castigo (Avot 4. 13, 22). El arrepentimiento se conecta de manera especial con los diez días de penitencia que culminan con el día del perdón (Yom Kippur*). El verdadero arrepentimiento prolonga la vida, siendo suficiente la confesión general. Los *hasidim** *ashkenazim* de la Edad Media se mostráron favorables a las prácticas ascéticas como forma de arrepentimiento y los cabalistas luriánicos del siglo XVI consideraron el arrepentimiento como un escalón hacia el tikún o corrección del universo. El regreso a Israel es considerado una forma de arrepentimiento nacional según el sionismo mesianista del rabino Abraham Isaac Kook.

En el cristianismo primitivo, el concepto de arrepentimiento («metanoia» o cambio de mente) enlaza con el profetismo del Antiguo Testamento, mostrándose distanciado del desarrollo del judaísmo posterior. Así el mensaje de Jesús insiste en la necesidad de arrpentirse puesto que llega el Reino de Dios (Marcos 1, 14-5) y se afirma que a menos que haya arrepentimiento, se perecerá (Lucas 13, 1-5). Con todo, el arrepentimiento no es descrito jamás –y en eso se diferencia del judaísmo rabínico posterior– como una obra meritoria, sino como una respuesta al llamado amoroso e inmerecido de Dios (Lucas 15, 1-32). No es que Dios ame al arrepentido, sino que ama al que no se ha arrepentido todavía y le llama al arrepentimiento por su propio bien. Cuando el pecador acepta volverse a Dios, en el cielo se desata un gozo mayor que el que ocasionan los justos que no necesitan arrepentirse (Lucas 15, 7). El arrepentimiento es, por lo tanto, volverse a la gracia de Dios, recibirla humilde y agradecidamente, y, a partir de entonces, llevar una vida de acuerdo a los principios del Reino. Pero incluso en el caso de aquel que ya no tiene posibilidad de cambiar de vida, v.g. porque está a punto de morir, Dios muestra Su amor acogiéndolo en el Paraíso si se arrepiente (Lucas 23, 39-43). Una vez más, la clave reside en el amor y la gracia de Dios y no en el esfuerzo humano.

La misma visión es repetida a lo largo del resto del Nuevo Testamento. El hombre no puede ofrecer nada a Dios, pero tiene la posibilidad de aceptar mediante la fe la gracia que Este le ofrece (Gálatas 2, 11-16; Romanos 3, 19-28). No existe pues posibilidad de jactancia porque todo queda en la gracia de Dios (Efesios 2, 8-9).

En el islam, Dios llama al hombre al arrepentimiento y lo ama si se arrepiente (2, 222). Acepta al que se vuelve a El (3, 89; 9, 104; 42, 25) pero rechaza al que se arrepiente en el último momento (4, 18).

ASARÁH BETEVET. Décimo día del mes de Tevet en el curso del cual se observa uno de los días de ayuno públicos. Este ayuno (Zacarías 8, 19) conmemora el inicio del sitio de Jerusalén por parte de Nabucodonosor en el 587 a. de C. (2 Reyes 25, 1-2; Jeremías 52, 4 ss.). El Gran rabinato del estado de Israel ha declarado este ayuno como *Yom Hakadish haclalí* (Día del Kadish general) en recuerdo de las víctimas de la *Shoah** u Holocausto.

ASARÁH HARUGUÉI MALJUT. Los diez mártires (R. Akiva, R. Ismael, Rabán Simón ben Gamaliel, etc.) ejecutados por los romanos al enfrentarse al decreto imperial que prohibía el estudio y la enseñanza de la Torah*.

ASCENSIÓN. El Antiguo Testamento consigna las ascensiones a los cielos de Enoc (Génesis 5, 22 ss.) y Elías (2 Reyes 2). No obstante, en el periodo intertestamentario el tema de las ascensiones se ve repetido en relación con relatos imaginarios que sirven para describir el cielo y el infierno o para emitir supuestas profecías sobre el fin de los tiempos (Ascensión de Isaías, Ascensión de Moisés, etc.).

El Nuevo Testamento hace referencia a la ascensión de Cristo (Lucas 24, 51; Hechos 1, 9) que tuvo lugar en el Monte de los Olivos y que se produjo visiblemente tal y como tiene que suceder con la parusía o segunda venida de Cristo (Hechos 1, 10-11). La ascensión de Cristo implica el colofón de su ministerio público y es el paso previo para el envío del Espíritu Santo (Juan 7, 39; Hechos 1, 6-8). El hecho de que no vaya ligada a descripciones concienzudas sobre el más allá o sobre el tiempo del fin convierte a los relatos sobre la misma en sustancialmente distintos de los de la apocalíptica judía ya mencionada.

ASESINATO. En el Antiguo Testamento es el acto intencionado de dar muerte a alguien (Exodo 20, 13). La pena impuesta por la Torah (Exodo 21, 12 ss.) y el Talmud es una de las cuatro* formas de pena capital. El homicidio cuya causa sea accidental o no deseada se considera un delito menor, existiendo medidas de refugio en favor del causante de la muerte (Números 35, 14-34).

En la enseñanza de Jesús la cólera o el insulto son equiparados al asesinato (Mateo 5, 21 ss.) y no se considera lícita ninguna forma de violencia (Mateo 5, 38 ss.), ni siquiera para castigar al que nos ha causado mal. La nueva ética del Reino implica una actitud de sus seguidores rigurosamente distinta a la de los gentiles (Mateo 5, 46-7) e incluso a la contemplada en la Torah (Mateo 5, 21 ss.; 5, 27 ss.; 5, 38 ss.).

En el mismo sentido, el resto del Nuevo Testamento condena todo tipo de práctica que incluya la violencia (Romanos 13,) y excluye cualquier tipo de acción retributiva. Sin duda, esta postura es la que explica la práctica generalizada de la objeción de conciencia durante los primeros siglos de historia del cristianismo.

En el islam, el homicidio es condenado y exige un pago de la sangre derramada (4, 92-93). En términos generales, el Corán aplica la ley del talión, si bien prevé la posibilidad de que se produzca el perdón o algun tipo de transacción (2, 178-9 y 194; 4, 92; 5, 45; 16, 126; 17, 33; 22, 60; 42, 40-43). La muerte causada en guerra santa no se equipara al asesinato y, por el contrario, puede llegar a ser meritoria (8, 39; 9, 120-1). Este concepto influiría poderosamente en la tesis católica medieval de cruzada.

Bibl.: J. Driver, *Militantes para un mundo nuevo*, Barcelona, 1977; J. J. Petuchowski, *La voz del Sinaí*, Bilbao, 1989; A. A. Shorrosh, *Islam...*, 1988.

ASHKENAZIM. Los habitantes de Ashkenaz, nombre que aparece en la Biblia (Génesis 10, 3) como el de un hijo de Gomer y nieto de Jafet. En la Edad Media, Ashkenaz fue identificada con Alemania, v.g. Sidur de R. Amram Gaón (m. 875), Rashi (1040-1105) en su comentario al Deuteronomio 3, 9, etc. El término se aplica a los judíos que, procedentes del centro de Europa, a partir del siglo XV se desplazaron hacia el Este (Polonia, Rusia, Lituania viéndose después obligados por los zares a emigrar a occidente, el continente americano y Palestina. Hasta el Holocausto se caracterizaron por el uso del *yidish* o judeo alemán. Se diferencian de los *sefaradim* o sefarditas en la pronunciación del hebreo, las costumbres, la liturgia, etc. Su peso en el judaísmo mundial es preponderante, así como en el estado de Israel, aunque en éste no lleguen siquiera al cincuenta por cien de la población.

ASIDEOS. Ver: Jasidim.

ASILO. Ver: Refugio.

ASMODEO. Demonio* que aparece en el libro deuterocanónico de Tobit o Tobías (3, 17). Se ha especulado con la posibilidad de que su nombre se corresponda con el del demonio iranio de la ira llamado Aeshma deva.

ASMONEOS. Nombre dinástico de los Macabeos, algunos de cuyos miembros fueron reyes de Israel (160-37 a. de C.). Partiendo de un antepasado llamado Asmón –del que toma nombre la dinastía– descendía el sacerdote Matatías (m. 166). De él nacieron los hermanos Macabeos, dirigentes de la resistencia contra la helenización, Simón (m. 134), Judas (m. 160), Jonatán (m. 143), Eleazar (m. 163) y Juan (m. 160). De Simón Macabeo nacieron Matatías, Judas y Juan Hircano (m. 104), Aristóbulo (104-103 a. de C.) tomó el título griego de «basileus» (rey) en lugar de el de etnarca, utilizado por su padre y su abuelo. Le sucedió su viuda Salomé Alejandra, quien contrajo matrimonio con Alejandro Janneo, volviendo luego a asumir el poder a la muerte de éste.

Los hijos de Alejandra y de Janneo –Hircano II y Aristóbulo II– se vieron envueltos en rencillas dinásticas utilizadas en provecho propio por Antípatro o Antípater, un ambicioso idumeo, hijo del gobernador de Idumea bajo Alejandro Janneo y Alejandra, que optó por el bando de Hircano. Finalmente, la incapacidad de los últimos asmoneos por mantener el poder –así como la decisiva intervención de Roma– desembocaría en el acceso de Herodes al trono (37 a. de C.).

Bibl.: F. F. Bruce, *Israel...*; F. J. Murphy, *Religions...*; E. Schürer. *History...*

ASTROLOGÍA. Ver: Adivinación.

ASUNCIÓN DE MARÍA. Creencia en que María, la madre de Jesús, fue llevada en cuerpo y alma al cielo al morir o algunos días después de la muerte. No existen ni siquiera indicios de esta doctrina en el Nuevo Testamento y, seguramente, haya que buscar su origen en el judeo-cristianismo herético. Muy posiblemente surgió de un deseo de negar la profanación que sufrió la tumba –y presumiblemente el cuerpo– de María en Jerusalén durante el reinado de Adriano (c. 132). Su precedente más cercano parece haber sido la preservación del cuerpo de Moisés por el arcángel Miguel a fin de que no fuera hallado por Satanás (Judas 9, quizá citando de la Asunción de Moisés). Originalmente incluso el texto judeo-cristiano no hacía referencia a una exclusividad de María en relación con la asunción de su cuerpo, ni tampoco la colocaba en una situación de preeminencia en relación con los otros creyentes.

En la Iglesia occidental la creencia en la asunción de María no fue defendida hasta Gregorio de Tours (m. 594) y hasta el siglo VII no pasó a ser profesada de una manera generalizada entre las Iglesias orientales. En 1950 fue definida como dogma por Pío XII.

Bibl.: C. Vidal Manzanares, «La figura de María en la literatura apócrifa judeo-cristiana de los dos primeros siglos», en *Ephemerides Mariologicae* (en adelante *EphMar*), 1991, pp. 191-205; ídem, «María en la arqueología judeo-cristiana de los tres primeros siglos», en *EphMar*, 1991, pp. 353-64, e ídem, «La influencia del judeo-cristianismo en la liturgia mariana», en *EphMar*, 1992, pp. 115-126.

ATAR Y DESATAR. Potestad rabínica consistente en la facultad de tomar decisiones sobre preceptos rituales y disciplinarios. En el Nuevo Testamento, esta potestad es entregada por Cristo a todos sus seguidores de manera colectiva (Mateo 18, 15-20) y a Pedro en forma específica (Mateo 16, 19) para tomar decisiones relativas a la disciplina interna de la comunidad cristiana. Un ejemplo de esta actividad sería la decisión comunitaria en relación con los gentiles de Antioquía, Siria y Cilicia tomada en el seno del concilio de Jerusalén (Hechos 15,). Lo que Jesús, pues, estaría concediendo a la comunidad cristiana en su conjunto sería no sólo una capacidad colectiva de gobierno disciplinario, sino también la posibilidad de emitir halajá* sobre algunos aspectos concretos.

Posteriormente el pasaje se ha utilizado como una referencia al poder del papado para atar y desatar en términos no sólo disciplinarios, sino también doctrinales. Tal interpretación, empero, violenta considerablemente el contenido de las palabras originales de Jesús, que deben comprenderse en el contexto judío de la época.

Bibl.: P. Bonnard, *Evangelio*...; D. Stern, *Manifiesto*...; *ERE* II; *Reallexikon für Antike und Christentum* (en adelante *RAC*), 1950, II, pp. 374-80.

AV. Quinto mes del calendario judío.

AV BEY DIN. Lit. «padre del tribunal». El término sirve para designar al presidente de un tribunal religioso judío y data del periodo del Segundo Templo en que el *av bet din* era vicepresidente del Sanhedrín. Durante el periodo talmúdico el título siguió vigente (Mish. Jag. 2: 2; MK 26a). En el periodo gaónico (siglo VI-XI) sólo era inferior al exilarca (*resh galuta*). Actualmente, se refiere al rabino que preside un *bet din*.

Bibl.: M. Holder, *From*...; Y. Newman, *Judaísmo*.

AVOT-MEJALA. Las treinta y nueve principales categorías de trabajo prohibidas en el sábado. Sólo tres de las mismas están mencionadas específicamente en la Biblia (hacer fuego, cocinar y transportar cosas). Dado que las formas de trabajo exigidas en el santuario aparecen en Exodo 35 ss. mencionadas después de la orden de respetar el sábado, los rabinos dedujeron que las mismas estaban también prohibidas en sábado. En ello influyó el deseo rabínico de hacer extensivo el comportamiento de los sacerdotes a todo el pueblo de Israel, pese a no existir una enseñanza bíblica al respecto. Esta visión distinta del sábado fue una de las causas del enfrentamiento de Jesús con algunos de sus contemporáneos judíos (Mateo 12, 1-14; Juan 5, 17-18; etc.).

Bibl.: A. Cohen, *Talmud*; J. J. Petuchowski, *La voz*..., Y. Newman, *Judaísmo*...

AYIN HARA. Lit. «mal de ojo». En el Talmud se afirma la creencia en el mismo y se conciben y prescriben métodos para combatirlo consistentes en el uso de amuletos. Tanto entre los ashkenazim como los sefarditas se ha mantenido esta superstición hasta el día de hoy.

AYUNO. Abstención voluntaria de tomar alimentos por motivaciones de tipo espiritual. En el Antiguo Testamento es una práctica que aparece relacionada con la preparación para entrar en contacto con Dios (Exodo 34, 28) o con días concretos (Yom Kippur*). En el judaísmo se fueron incluyendo ayunos posteriores, existiendo hoy en día cinco ayunos establecidos: el Tzom Guedaliá (3 de Tishrei), que recuerda el asesinato de Godolías, gobernador judío de Judá; el Asará Betevet (10 de Tevet), que rememora el inicio del asedio de Jerusalén por Nabucodonosor; el Ayuno de Ester o Taanit Ester (13 de Adar); el Shivá Asar Betamuz (17 de Tamuz), en memoria del asalto de las murallas de Jerusalén, y el Tishá Beav (9 de Av), que conmemora la destrucción del templo de Jerusalén. Aparte de esto, ha resultado muy común en grupos ortodoxos la práctica de ayunos como obra superderogatoria.

En el Nuevo Testamento, Jesús* ayunó antes de las tentaciones del Diablo (Mateo 4, 1-2; Lucas 4, 1 ss.), y lo consideró imprescindible en relación con la expulsión de cierto tipo de demonios* (Mateo 17, 21; Marcos 9, 29). No obstante, mantuvo una postura nada rigorista en relación con el ayuno a diferencia de los fariseos y de los discípulos de Juan el Bautista (Mateo 9, 14 ss.; Marcos 2, 18 ss.), a la vez que combatió la hipocresía que podía acompañar a esta práctica (Mateo 6, 16; Lucas 18, 9-14), haciéndose eco de principios ya expresados en el Antiguo Testamento (Isaías 58, 3 ss.; Zacarías 7, 5; etc.).

La Iglesia primitiva lo practicó, si bien parece que, en ningún caso, lo asoció a prácticas de tipo ascético ni a celebraciones concretas. En general, su práctica va ligada a la búsqueda de la dirección del Espíritu* Santo para situaciones determinadas (Hechos 13, 2-3).

En el islam se observaba inicialmente un ayuno o *ashura* a imitación del mantenido durante el Yom Kippur judío. El rechazo del islam por parte de los judíos y el consecuente distanciamiento que Mahoma imprimió a su movimiento desde entonces tuvo, entre otras consecuencias, la de sustituir este ayuno por el del Ramadán, el mes noveno del año lunar. El ayuno –que aplica a todos los mayores de edad que no estén de viaje y gocen de buena salud– dura desde la salida del sol hasta el ocaso. En ese periodo de tiempo se prohíbe comer, beber y todo aquello que pueda resultar agradable para el cuerpo. En caso de enfermedad o de viaje, el ayuno no es obligatorio, pero ha de completarse una vez eliminado el inconveniente para ayunar. La práctica de castigar a los que no observan el ayuno del Ramadán es habitual, aunque ha ido cayendo en desuso en algunos lugares sigue vigente en los países islámicos casi en general. Aparte del ayuno obligatorio del Ramadán, existen otros voluntarios –nunca por más de tres días– como expiación de faltas determinadas.

Bibl.: P. Bonnard, *Evangelio...*; J. Driver, *Militantes...*; A. T. Khoury, *Islam...*; Y. Newman, *Judaísmo...*; *ERE* V; *EI,* IV, pp. 192-9.

AZAZEL. Lugar al que era enviado por el Sumo Sacerdote* uno de los machos cabríos que llevaba los pecados de Israel (Levítico 16, 5-10). La etimología de Azazel, un lugar en el desierto, es muy oscura. El Talmud* la relaciona con *az* (fuerte) y *el* (poderoso), aunque no es segura la identificación. La Cábala*, al igual que otros movimientos de signo ocultista, relaciona el término con un demonio. De ahí deriva posiblemente la expresión en hebreo moderno de *laazazel* (vete al diablo).

Bibl.: J. G. Frazer, *La rama dorada,* Méjico, 1969; W. O. E. Oesterley, *Inmortality and the Unseen World,* Londres, 1930.

B

BAAL. Lit. «dueño». El Antiguo Testamento aplica tal designación a las manifestaciones del dios cananeo de la fecundidad Hadad. Los profetas de Israel desarollaron una actividad de constante oposición a este culto.

Bibl.: P. Fernández Uriel y C. Vidal Manzanares, «Elías y Jezabel», en *El Olivo*, 1992; H. Hailey, *Commentary*; G. Archer, *Old...*; J. Bright, *History...*

BAAL KERIÁH. Lit. «dueño de la lectura». Lector de la parte prescrita de la Torah que se lee el sábado, lunes, jueves, fiestas y días de ayuno en la sinagoga.

BAAL TEKIÁH. Lit. «dueño del soplido». La persona que sopla el cuerno de carnero o *shofar* en Rosh* Hashanáh (Año nuevo) y Yom Kippur* (día de la expiación).

BAAL TESHUVÁH. Lit. «dueño del arrepentimiento». Pecador arrepentido que se vuelve a Dios en armonía con el principio bíblico (Deuteronomio 30, 2-3; Joel 2, 13; Jonás 3, 7-9). Modernamente el término se ha aplicado progresivamente a judíos que adoptan o vuelven a adoptar una forma de vida acorde con las exigencias religiosas del judaísmo.

BABEL. Ver: Babilonia.

BABILONIA. En el Antiguo Testamento, símbolo de orgullo y confusión espirituales. La confusión de las lenguas se atribuye (Génesis 11) al orgullo de sus habitantes que quisieron edificar una torre que llegara al cielo. Los profetas de Israel lanzaron contra esta ciudad vaticinios que tendrían un terrible cumplimiento (Isaías 13; 14, 1-23; 21, 1-10; 46, 1-ss.; 47, 1-3; Jeremías 50 y 51). En el Nuevo Testamento se identifica con los valores negativos señalados en el Antiguo Testamento y parece referirse a la ciudad de Roma (Apocalipsis 14, 8; 16, 19; 17).

Bibl.: L. Morris, *Revelation...*; W. Barclay, *The Revelation...*; C. Vidal Manzanares, *De Pentecostés...*

BAHIRA. Monje de Busra, Siria. Según la leyenda, conoció a Mahoma cuando éste era niño y viajaba con su tío Abú Tálib. Poseedor de un libro donde se describía a un futuro profeta, descubrió que Mahoma encajaba con los detalles referentes al mismo y que llevaba corporalmente el sello de la profecía en el lugar indicado. Aconsejó entonces a Abú Tálib que protegiera a su sobrino, ya que si los judíos descubrían aquella circunstancia tratarían de hacerle daño.

Bibl.: *EI*, I, pp. 92 ss.; M. Lings, *Muhammad*...

BALANZAS. De acuerdo con el Corán (21, 48), las obras buenas y malas serán pesadas en el día del juicio decidiendo el destino final de cada ser humano. Otras referencias en 7, 7; 23, 104 ss.; 101, 5 ss. Alguna tradición apunta empero al hecho de que Dios hizo entrega a un hombre de un papel en que se hallaba escrita la fórmula: «No hay más dios que Allah y Mahoma es su profeta», prometiéndole que él mismo pesaría en las balanzas mucho más que cualquier mala acción. Algunos autores han apuntado a la posibilidad de que el término derive de influencias egipcias –como el peso del corazón del difunto– o zoroástricas.

Bibl.: J. Wensinck, *The Muslim Creed* (en adelante *Creed*), 1932; T. P. Hughes, *A Dictionary of Islam* (en adelante *Hughes*), 1964, pp. 353 ss.

BAÑO. Ver: Ablución, Mikvéh.

BAR MITZVAH. Lit. «hijo del mandamiento». Todo varón judío obligado a cumplir la ley de Moisés y la ley oral. Su obligación comienza a partir de los trece años (Mish. Avot 5. 24), edad a la que ya puede formar parte de un *minyan**. La designación surge a inicios de la Edad Media y registra diversas variaciones en su ceremonia (fecha, etc.) derivadas fundamentalmente del lugar geográfico en que tenga lugar la misma.

Bibl.: Y. Newman, *Judaísmo*...

BARAITA. Lit. «exterior». Nombre que reciben las adiciones tanaitas a la Mishnah que son externas y, por ello, no resultan parte de la misma.

BARRABÁS. Lit. «hijo de Abbás» Delicuente judío cuya libertad prefirieron algunos judíos a la de Jesús (Marcos 15, 6 ss y paralelos). La circustancia de la liberación de un preso por Pascua está reflejada en el Talmud. No está, sin embargo, documentado que Barrabás fuera un revolucionario. Tampoco cabe la posibilidad de que fuera un zelote por cuanto este grupo no existía en la época de Jesús.

Bibl.: H. Guevara, *Ambiente político del pueblo judío en tiempos de Jesús*, Madrid, 1985; E. Schürer, *History*...; J.

Blinzler, *Trial...*; D. R. Catchpole, *The trial of Jesus*, Leiden, 1971; C. Vidal Manzanares, *El Primer Evangelio...*

BARUC. 1. Libro de. Uno de los libros apócrifos, según el canon* judío y protestante, o deuterocanónico, según el católico. Aunque se atribuye a Baruc, el discípulo de Jeremías, suele datarse con posterioridad al Segundo Jurbán*.

2. Apocalipsis griego de. Apócrifo judío del siglo II d. de C. que fue adaptado al uso cristiano. Existe también una versión eslava.

3. Apocalipsis sirio de. Apócrifo judío, surgido en círculos fariseos y datable tras el Segundo Jurbán*. Su finalidad es animar a los judíos en relación con la destrucción del Templo. Presenta paralelos con el contenido de 4 Esdras.

4. El resto de las palabras de. Composición apócrifa judía de finales del siglo II en la que aparecen interpolaciones cristianas.

Bibl.: E. Schürer, *History...*; Tubinga, 1957-62, pp. 900 ss.; P. D. Hanson, *The dawn...*; ídem, *Old Testament...*; C. Rowland, *The open...*

BARZAJ. Lit. «barrera». En el Corán se dice (23, 102) que los condenados rueguen después de su muerte que se les permita volver a la tierra para poder realizar alguna obra buena que equilibre las balanzas en que se pesan sus obras. Tal posibilidad queda excluida en virtud de la barrera que se alza tras ellos hasta el día de la resurrección*. Qué es exactamente esta barrera no aparece claramente en el Corán. Para algunos autores, sería la tumba. Otros, sin embargo, prefieren interpretarlo como una referencia al tiempo intermedio entre la muerte y la resurrección.

Bibl.: EI, I, pp. 1071 ss.; Hugues, pp. 38 ss.; *Creed,* p. 119.

BASMALA. Forma abreviada de la frase *«bismi Allahi al-rajmani al-rajim»* («en el nombre de Allah, el misericordioso, el compasivo»). Esta fórmula da inicio a todas las suras del Corán* con excepción de la novena. Se escribe al inicio de los libros así como en ciertos conjuros y se pronuncia antes de comer o de iniciar una labor, salvo cuando ésta consiste en degollar un animal. En este caso concreto, las palabras «el misericordioso, el compasivo» son sustituidas por «el más grande».

Bibl.: Hughes, p. 43.

BAUTISMO. Inmersión en agua como símbolo de consagración espiritual. Este tipo de rito, al igual que la ablución con la que, ocasionalmente, hay que identificar el término, era común entre los judíos (Exodo 29, 4; 30, 20; 40, 12; Levítico 16, 26 y 28; 17, 15; 22, 4 y 6).

Es muy posible que en la época de Jesús también se bautizara al prosélito * y sabemos que los sectarios del Mar Muerto practicaban diversas inmersiones con fines de purificación. Juan el Bautista predicó un bautismo como señal de arrepentimiento para perdón de los pecados (Marcos 1, 4), es decir, el bautismo no perdonaba los pecados, sino que era la señal de que se había producido la conversión que propiciaba aquél. En este sentido, Juan rechazó a los que, sin conversión previa, pretendían recibir el bautismo (Mateo 3, 7 ss.). Inicialmente parece ser que los discípulos de Juan que comenzaron a seguir a Jesús también bautizaron (Juan 4, 1-2), pero, posiblemente, tal práctica fue luego abandonada. Los relatos sobre la resurrección de Jesús le muestran encomendando a sus discípulos la predicación del Evangelio, cuya aceptación debe simbolizarse mediante el bautismo (Mateo 28, 19).

El Nuevo Testamento contiene multitud de referencias al bautismo (Hechos 2, 38; 8, 12 y 38; 9, 18; 10, 48; 1 Corintios 1, 14 y 16) que, en ningun caso, aparece administrado a infantes (una práctica no anterior históricamente al siglo III) y que siempre iba precedido de una mínima instrucción así como de una conversión. Tampoco hay referencias neotestamentarias a un poder regenerador de esta práctica. Algunos de los conversos gentiles al cristianismo pudieron confundir este rito con otros similares propios de cultos mistéricos, lo que explicaría la censura de Pablo hacia aquellos que se bautizan por los muertos (1 Corintios 15, 29).

Bibl.: ERE II; G. Barth, *El bautismo en el tiempo del cristianismo primitivo*, Salamanca, 1986; C. Vidal Manzanares, *De Pentecostés...*

BEDIKAT JAMETZ. Lit. «búsqueda de levadura». Ceremonia realizada la noche que precede a la víspera de Pascua* —salvo que el día siguiente sea sábado en cuyo caso se realiza un día antes— consistente en descubrir hasta el último resto de levadura que pueda haber en la casa a fin de quemarlo al día siguiente, asegurando así la pureza *cashrut** de aquélla durante la Pascua.

BEL Y EL DRAGÓN. Obra apócrifa —según el canon* judío y protestante— o deuterocanónica —según el católico, que aparece incorporado al libro del profeta Daniel—. Su autor no es el mismo que el de este último y no parece clara tampoco la fecha de su redacción; que quizá pueda situarse en el siglo II a. de C.

BELCEBÚ. Término que deriva de Baalzebub, el dios filisteo de Ecrón (2 Reyes 1, 2 ss.). Los judíos deformaron su nombre convirtiéndolo en Beelzebul o señor de las moscas. En el periodo del segundo templo, ya era identificado con el príncipe de los demonios y como tal aparece en el Nuevo Testamento (Mateo 10, 25).

BELÉN. Población de la que era natural el rey David y de la que debería nacer el Mesías* (Miqueas 5, 1 ss.). Los Evangelios consideran el nacimiento de Jesús* en esta ciudad como una prueba de su mesianidad (Mateo 2, 1; Lucas 2, 4).

BELIAL. Palabra hebrea de etimología confusa. Cabe la posibilidad de que significara inicialmente «lugar sin regreso», lo que equivaldría al *Sheol**. Esta conexión con el lugar de castigo consciente de los malvados puede haber influido en el hecho de que la literatura intertestamentaria y el Nuevo Testamento (2 Corintios 6, 15) utilicen el término ya como un nombre de demonio*.

BEMIDBAR. Lit. «en el desierto». Nombre hebreo del libro veterotestamentario de Números.

BENDICIÓN. En la Biblia son los favores deseados o concedidos por Dios no sólo de tipo espiritual, sino también material: salud, abundancia económica, etc. (Génesis 39, 5; Deuteronomio 28, 8; Proverbios 10, 22, etc.). En el judaísmo posterior el término se utiliza más bien para referirse a plegarias que se recitan en ocasiones determinaidas. El ideal rabínico es el de pronunciar un centenar diario (Men 43 b). Maimónides las dividió en tres categorías: las previas a comer, beber, oler o disfrutar de algún beneficio sensitivo; las relacionadas con un mandamiento y las relativas a la acción de gracia o alabanzas (Yad. Ber 1-3). Son bendiciones especiales la *bircat hagomel* (por salvarse de un peligro), la *bircat halevaná* o *kidush levaná* (cuando la luna es visible claramente, desde la semana tercera a la quincuagésima noche del ciclo lunar, y generalmente en la conclusión del *shabat*), la *bircat hamazón* (después de las comidas), la *bircat hatorah* (antes y después de leer la Ley o Torah), la *bircat horim* (realizada por los padres sobre los hijos al regreso de la sinagoga la víspera del sábado) y la *bircat shehejeyanu* (antes de realizar un mandato o de disfrutar algo nuevo por primera vez durante el año). La Eucaristía cristiana deriva tanto etimológica como ideológicamente del concepto de bendición judío.

Bibl.: Y. Newman, *Judaísmo...*; W. O. E. Oesterley, *O.c.*; L. Deiss, *La Cena del Señor*, Bilbao, 1989.

BEN SIRÁ. Lit. «hijo de Sirá». Sobrenombre del judío llamado

Jesús que escribió el libro de Eclesiástico*.

BERESHIT. Lit. «en el principio». Nombre hebreo del libro del Génesis.

BESTIALISMO. Relaciones sexuales con animales; también se denomina zoofilia. Aunque relatos de este tipo son comunes en diversas mitologías considerando la práctica incluso de una manera positiva, la Biblia la condena indirectamente ya en Génesis 2, 18-24 al indicar que Dios creó a la mujer porque el hombre no podía ayuntarse con los animales. De manera más directa se repudia esta práctica en la ley mosaica (Levítico 20, 15-6). Abstenerse de esta conducta es algo que se espera no sólo de los judíos, sino de los que están sometidos sólo a los siete* mandamientos de Noé. De manera similar, en cuanto a prohibición se refiere, opinan el cristianismo y el islam.

BET DIN SHEL MALA. Lit. «Casa del juicio o tribunal de las alturas». Se emplea para señalar el juicio divino reservado a las personas que cometen pecados o causan daños para los que no existe una sanción concreta. Según la tradición, las personas culpables de estos actos comparecen ante el *Bet din shel mala* en Rosh Hashaná y Yom Kippur.

BET HILLEL. Lit. «La casa de Hillel». Escuela de interpretación halájica que tuvo una considerable influencia en la formación de la Ley oral a finales del periodo del Segundo Templo. Su punto de vista es el que, en términos generales, acabó imponiéndose en el judaísmo posterior a la destrucción del Templo erradicando de manera casi total las demás posibilidades interpretativas.

Bibl.: J. Neusner, *The Talmud*...; E. Schürer, *History*...; *ERE* VI; F. Manns, *Pour lire*...

BET MIDRASH. Lit. «casa de estudio». La expresión aparece por primera vez en la época de Shemaia y Avtalión (siglo I a. de C.), aunque el Talmud considera esta institución mucho más antigua (Yoma 35b). En su seno se tomaron las decisiones halájicas (Shab 17a). Muchos rabinos la consideraron dotada de una mayor santidad que la misma sinagoga.

BET SHAMAI. Lit. «casa de Shamai». La segunda escuela de interpretaición rabínica del periodo del Segundo Templo. Enfrentada de manera tradicional a la de Hillel, sus puntos de vista fueron rechazados de forma casi total al apoderarse los hillelitas del control espiritual del judaísmo.

Bibl.: J. Neusner, *The Talmud*...; E. Schürer, *History*...; *ERE* VI; F. Manns, *Pour lire*...

BIBLIA. En el judaísmo, la Biblia o Tanaj está formada por los libros del Antiguo Testamento excluidos los apócrifos* o deuterocanónicos (1 y 2 Macabeos*, Judit*, Tobías*, Baruc*, Sabiduría*, Eclesiástico*, adiciones a Ester* y adiciones a Daniel*) que figuran en el canon católico y los pseudoepigráficos. De esta manera, el canon bíblico del AT es similar en el judaísmo y en el protestantismo. La división y el orden de los libros son sin embargo diferentes. El Tanaj se divide en Torah* o ley (los cinco primeros libros de Moisés), Neviim o profetas* (de 1 Samuel a 2 Reyes, más los profetas mayores, salvo Daniel, y los doce profetas menores) y Ketuvim o escritos (Salmos*, Proverbios*, Job*, Cantar* de los Cantares, Rut*, Lamentaciones*, Eclesiastés*, Ester*, Daniel*, Esdras*, Nehemías*, 1 y 2 Crónicas*).

Es dudoso que el autor del Corán* haya conocido la existencia de la Biblia como tal. Las referencias a Taurat, Zabur e Injil parecen indicar más bien una limitación a ciertos libros de la misma. Es evidente que el texto coránico, pese a hacer referencias a relatos contenidos en la Biblia, presenta claras contradicciones con ésta que la crítica no islámica ha entendido sobre la base de que Mahoma* realmente sólo tenía un conocimiento, seguramente verbal, muy limitado del contenido de la misma. Esta circustancia suele ser explicada en el islam como una consecuencia de los cambios operados en el texto bíblico por parte de judíos y cristianos (Ibn Hazm). El argumento carece realmente de solidez, sobre todo si tenemos en cuenta que existían centenares de manuscritos del Nuevo Testamento antes del nacimiento del profeta del Islam que contienen ya discrepancias doctrinales entre el mensaje evangélico y el Corán posterior. Lo mismo puede decirse, aunque el número de documentos sea inferior, en relación con el Antiguo Testamento.

Bibl.: J. Badawi, *Muhammad en la Biblia*, Madrid, 1989; F. F. Bruce, *Canon*...; G. Archer, *Survey*...; F. F. Bruce, *Documentos*...

BICUR JOLIM. Lit. «visitación de enfermos». Es uno de los mandatos de mayor importancia enseñados por los rabinos (Shab. 127 a). La visitación incluye ayudar de manera material a los enfermos y suavizar la carga de su dolor. Esa es la razón por la que se han creado sociedades benéficas que reciben este mismo nombre.

BIENAVENTURANZAS. Los dichos de Jesús con los que comienza el «sermón del monte» (Mateo 5, 3-12) y el «sermón de la llanura» (Lucas 6, 20-3). Mateo recoge 7 (u ocho, según la forma de contarlas), mientras que Lucas sólo indica cuatro, unidas a cuatro maldiciones.

Bibl.: J. Driver, *Militantes...*; P. Bonnard, *Evangelio...*; C. Vidal Manzanares, *El Primer Evangelio...*

BIMÁ. Tribuna ubicada en el centro de la sinagoga, en la cual está situado un escritorio o mesa desde el que se lee a la congregación el libro de la Torah. Recibe también los nombres de *almemar* y (entre los sefardíes) de *teivá*. En el pasado (Suk 51 b) era un empleado especial el que dirigía los cultos desde la bimá.

BIRKAT HA-MINIM. Ver: Amidah, Judeo-cristianos.

BLASFEMIA. Violación del tercer mandamiento entregado por Dios a Moisés en el Sinaí. Según el judaísmo, la blasfemia o *jilul Hashem* incluye el insulto, la utilización en vano y la profanación del nombre de Dios. En el Antiguo Testamento se penaba con la muerte (Levítico 24, 10-16).

El cristianismo considera que el calificar de demoníacos los milagros de Jesús equivale a blasfemar contra el Espíritu Santo —una afirmación indirecta de la divinidad del Espíritu Santo*— e implica una situación de cerrazón espiritual que impide que la persona pueda salvarse (Mateo 12, 22-32; Marcos 3, 22-30). El hecho de que Jesús se arrogara poderes que sólo corresponden a Dios, como perdonar pecados, fue considerado como blasfemia por sus contemporáneos (Mateo 9, 3; 26, 64-66), igual que el hecho de que «llamara a Dios su propio Padre, haciéndose igual a Dios» (Juan 5, 18).

En el islam, la blasfemia no sólo implica la injuria o el insulto contra la divinidad, sino que también se considera como tal el desprecio hacia el profeta Mahoma* o el Corán*. Se pena con la muerte.

Bibl.: *ERE* II, pp. 669-72.

BRUJERÍA. Ejercicio de poderes sobrenaturales o mágicos merced a una relación con espíritus de demonios*. Aunque en el lenguaje vulgar se tiende a separarla de la magia —al menos, de la denominada magia blanca— otorgando a esta última un contenido positivo, lo cierto es que la Biblia considera que todo tipo de milagro o hecho taumatúrgico no emanado de la divinidad no es sino una manifestación demoniaca. Por ello, existe una prohibición de la misma y de todo tipo de actividades relacionadas, como el espiritismo, la necromancia, la adivinación en cualquiera de sus formas, etc. (Isaías 8, 19; 29, 4; Deuteronomio 18, 9-12; Levítico 19, 31 ss.). Se atribuye la ruina de Saúl a haber consultado con una espiritista (1 Crónicas 10,

13-4). La práctica de este tipo de actividades estaba penada en la ley mosaica con la muerte (Levítico 20, 27). Con todo, no deja de ser significativo que el Talmud —y aún más el cabalismo— legitimen ciertas formas de magia.

El Nuevo Testamento condena también las prácticas relacionadas con la hechicería (Gálatas 5, 20) y lo mismo puede decirse del Islam, aunque en el mismo resulte relativamente habitual la práctica de conjuros.

Bibl.: H. Koch, *ABC...*; ídem, *Alphabet...*; César Vidal Manzanares, *Diccionario de sectas y ocultismo*, Estella, 1991.

BUEN PASTOR. En el Antiguo Testamento es uno de los títulos aplicados a Dios (Salmo 23; Ezequiel 34, 11 ss.). En el Nuevo, el título es referido a Jesús* (Juan 10, 14 ss.).

BUJARI, MUHAMMAD IBN ISMA'IL. (810-870) Especialista musulmán en tradiciones, natural de Bujara. Su obra *al-Sajij* («El sonido») es considerada por la mayoría de los sunníes como el libro más importante después del Corán. Su realización duró dieciséis años de búsqueda y crítica de tradiciones. Al final de su existencia cayó en desgracia, fue acusado de herejía y expulsado de Naysabur y tuvo que trasladarse a Bujara. En esta ciudad entraría en conflicto con el gobernador al negarse a ser preceptor de sus hijos, por lo que tuvo también que abandonarla. Murió, en la cercanía de unos parientes, en la aldea de Jartank, cerca de Samarcanda.

Bibl.: EI, I, pp. 1296 ss; *MS* II, pp. 234-45; J. Fück, «Beiträge zur Uherlieferunggeschichte von Buhari's Traditionssammlung», en *ZDMG* 92, 1938.

BURAQ. Nombre de un animal alado a cuyos lomos supuestamente Mahoma habría ascendido a los cielos la noche del Miraj. Según una tradición, su tamaño era intermedio entre un asno y un mulo, era de color blanco y forma alargada y sus pasos eran tan largos como el alcance de su vista.

Bibl.: EI, pp. 1310 ss.

C

CAABA. La Casa de Dios (12 × 9 × 15 m) situada en La Meca hacia la que se vuelven los musulmanes para orar. Es muy posible que el lugar fuera inicialmente un centro de culto cósmico relacionado con el aerolito que se custodia en el interior del mismo y que Mahoma* conservó. No obstante, según la tradición islámica, su primer constructor fue Adán y, posteriormente, fue reconstruida por Abraham* e Ismael*. Convertida con posterioridad en lugar de adoración de ídolos, fue purificada por Mahoma. Durante la peregrinación anual, la Caaba es tapada de nuevo con una cobertura (*kisua*) de color negro confeccionada con seda y lana y adornada con textos coránicos. Los peregrinos dan siete vueltas en torno suyo sobre el pavimento llano (*al-Mataf*) que la rodea. En el tejado, sobre el muro noroccidental, hay un canalón dorado de 1, 20 mts de largo para recoger agua de lluvia. A oriente del muro sureste está la piedra negra, y a la misma altura pero en el ángulo sur hay un bloque de granito de La Meca. Frente al muro noroccidental hay una pared semicircular (*al-Hatim*) de 1,35 m de altura. El espacio intermedio (*al-Jijr* o *Jijr Ismail*) contiene dos losas que, supuestamente, señalan las sepulturas de Ismael y Agar. El muro situado entre la entrada y la piedra negra se denomina *al-Multazam*. En el suelo, a la derecha de la entrada, hay una artesa o *al-Mijan* donde, según la tradición, Abraham e Isaac prepararon la argamasa.

Bibl.: EI II, pp. 584-92; C. Cahen, *Islam*...; M. Lings, *Muhammad*...; J. Glubb, *Arab*...; T. Andrae, *Mahoma*...

CÁBALA. Lit. «recepción» o «tradición». Inicialmente el término iba referido a la tradición oral fijada en el Talmud*. Posteriormente, el término iría vinculado a la denominación de la sabiduría mística judía. Aunque históricamente resulta muy dudoso, lo cierto es que se ha intentado encontrar las raíces de la Cábala en los libros bíblicos de Ezequiel* y Daniel*, en los apócrifos* y en los pseudoepigráficos*. Sí parece más clara su conexión con el Sefer Yetzirá que pertenece ya al periodo talmúdico. De acuerdo con el pensamiento cabalístico, Dios se halla situado en un mundo infinito y superior, mientras que la vida del hombre discurre en un mundo inferior y finito. El cabalista que controla progresivamente sus malos instintos puede ir restando poder a los poderes maléficos que actúan en un mundo de emanaciones, donde también se hallan las diez esferas o *sefirot* divinas. De esta manera, cuenta con un papel providencial en la preservación del universo. El contenido de la cábala es pues profundamente gnóstico y resulta imposible negar las influencias extrañas al judaísmo que tuvieron parte en su configuración. Esto explica asimismo que la denominada cábala práctica contenga buen número de elementos tomados de la magia* y la brujería*, como el uso de conjuros*, amuletos*, etc., razón por la cual resultó muy fácil su penetración en otras áreas culturales creando lo que se ha denominado cábala cristiana o cábala musulmana y que no son sino diversas formas de actuación mágica.

Las obras principales del cabalismo son el Sefer Yetzirá (Libro de la Creación), el Sefer Habahir (Libro de la luz) del siglo XII, y el Zohar* (Libro del resplandor) del siglo XIII aunque se haya pretendido retrotraer al siglo II d. de C. Durante el siglo XVI el rabí Isaac Luria desarrolló en Safed la cábala luriánica.

El cabalismo influyó asimismo en muchos de los judíos españoles afectados por el decreto de expulsión de 1492 y en la creación del movimiento jasídico del siglo XVII.

Bibl.: G. C. Scholem, *Major trends....*; ídem, *La Cábala...*; A. Safran, *La Cabale,* París, 1960; *Zohar: the book of splendor,* Nueva York, 1977; P. S. Berg, *An entrance to the Zohar,* Nueva York, 1974.

CAÍDA. El Antiguo Testamento relata (Génesis 3, 1 ss.) cómo la desobediencia de Adán*, el primer hombre, provocó la ruina del género humano y dio entrada no sólo a la enfermedad y la muerte, sino a un proceso completo de alienación del ser humano para con Dios, el otro sexo, los otros seres humanos como conjunto y la naturaleza.

El cristianismo ofrece como solución a esa situación la creencia en que la obra de Jesús* en la cruz pagó el pecado de Adán y permite esperar la restauración no sólo de aquellos que creen en El (Romanos 5, 1 ss.), sino también de la misma naturaleza sometida ahora a los efectos de la caída (Romanos 8, 19-23). Lo que el hombre no puede hacer por sus propios medios es suplido por el sacrificio* expiatorio de Jesús en la cruz (Romanos 3).

El islam, en la medida en que evidencia un conocimiento muy limitado de las teologías judía y cristiana, a la vez que presenta una imagen de Jesús totalmente distinta de la contenida en el Nuevo Testamento, carece de la idea de caída.

Bibl.: K. Barth, *The epistle to the Romans*, Londres, 1977; A. Nygren, *La epístola a los romanos*, Buenos Aires, 1969; J. Calvino, *Epístola a los romanos*, Grand Rapids, 1977.

CALENDARIO. El calendario judío es lunisolar, calculándose los meses por la luna y los años por el sol. Dado que, según la Biblia, la Pascua* ha de celebrarse en primavera, el calendario lunar ha de ajustarse al solar de 365,25 días al año, lo que se logra intercalando un mes adicional llamado Adar Shení o Adar Bet (de 29 días) siete veces en el curso de 19 años solares. Cada mes del año judío comienza con la luna nueva o Rosh* Jodesh. El año nuevo o Rosh Hashaná se celebra durante los dos primeros días del mes de Tishrei. Los nombres de los meses son Nisán, Iyar, Siván, Tamuz, Av, Elul, Tishrei, Jeshván, Kislev, Tevet, Shevat y Adar.

El cristianismo no parece haber tenido un calendario particular durante los primeros meses de su existencia como fe. Los judeo-cristianos parecen haber guardado las fiestas judías y no existen señales de que siguieran un calendario particular. En cuanto a los cristianos gentiles, es seguro que guardaban el domingo en lugar del sábado (Hechos 20, 7) y que no estaban sometidos al calendario judío (Gálatas 4, 8-11; Colosenses 2, 16 ss.) pero las fuentes no nos indican nada más. Los calendarios posteriores de las distintas iglesias cristianas obedecen ya a una evolución histórica distinta de la contemplada en el Nuevo Testamento.

El Corán (9, 36-7) establece un calendario de doce meses, de los cuales cuatro son sagrados (2, 194 y 217). En el mismo se suprime un mes intercalar preislámico con lo cual el calendario pasa a ser lunar, con meses alternos de 29 y 30 días, y años de 354, 36 días.

Bibl.: *ERE* II, pp. 61-140; V, 835-94; Y. Newman, *Judaísmo...*

CALIFA. Denominación española del *jalifa rasul Allah* (sucesor del mensajero de Dios). El primero, Abú Bakr*, se limitó efectivamente a ser sucesor de Mahoma* y accedió al cargo mediante una elección celebrada en Medina. Con el segundo califa, Omar, al título de califa se une el de *Amir al-muminim* (comendador de los creyentes). El califa era así defensor de la fe pero ni podía definir la misma ni dictar dogmas. Inicialmente la sede califal estaba en Medina. Con Alí*, el cuarto califa, se trasladó a Kufa. Muauiya, el primer omeya, designó como capital la ciudad de Damasco y los abasíes o abasidas* la cambiaron a Bagdad, donde estuvo hasta el saqueo mongol de 1258. Un abasida fue nombrado califa en Egipto, lo que permitió a los turcos detentar los derechos califales hasta el 3 de marzo de 1924 en que fueron abolidos por la Asamblea nacional turca. Los imanes* zayditas del Yemen se denominaron a sí mismos *Amir almuminin*, pero tal circustancia contó con nulo peso en el orbe islámico. Tras intentos fallidos de Husayn del Hijaz y de Ibn Saud por reclamarla, la autoridad califal se considera hoy extinguida. Paralelamente al califato abasida hubo otro en Córdoba, España, de raíz omeya, y también Egipto conoció un califa fatimita, de corte shiíta, cuyo gobierno fue eliminado por Saladino.

Bibl.: *EI*, II, pp. 881-5; C. Cahen, *Islam*...; R. Payne, *Islam*...; J. Glubb, *Arab*...; J. Vernet, *Orígenes*...

CALVARIO. Lugar donde fue ejecutado Jesús*. Su nombre deriva en castellano de *locus calvariae* o «lugar de la calavera» (Lucas 23, 33). Los demás evangelios lo denominan con la palabra aramea *Gulgulta*, de donde procede nuestro Gólgota. Tradicionalmente, y existen muy buenas razones históricas y arqueológicas para aceptar la tradición como fidedigna, se ubica su emplazamiento bajo la actual iglesia del santo sepulcro en Jerusalén.

Bibl.: C. Vidal Manzanares, *De Pentecostés*...; B. Bagatti y E. Testa, *Il Gólgota e la Croce*, Jerusalén, 1984.

CANON. Lista de libros oficialmente reconocidos como parte de las Escrituras inspiradas por Dios. El canon judío del Antiguo Testamento incluye los libros de Génesis, Exodo, Levítico, Números, Deuteronomio, Josué, Jueces, Rut, 1 y 2 Samuel, 1 y 2 Reyes, 1 y 2 Crónicas, Esdras, Nehemías, Ester Job, Salmos, Proverbios, Eclesiastés, Cantar de los Cantares, Isaías, Jeremías, Ezequiel, Daniel, Joel, Oseas, Amós, Abdías, Jonás, Miqueas, Nahum, Habacuc, Sofonías, Ageo, Zacarías y Malaquías. El canon protestante contiene los mismos libros, pero el católico además lleva los denominados por los judíos y protestantes apócrifos* y por los católicos como deuterocanónicos o pertenecientes a un segundo canon. Estos son: 1 y 2 Macabeos, Tobías, Judit, Eclesiástico, Sabiduría, Baruc, adiciones a Ester y adiciones a Daniel. El Nuevo Testamento no cita de los apócrifos o deuterocanónicos, con la excepción del Libro de la Sabiduría, del que pudiera hacerse eco la primera sección de la epístola a los Romanos.

En cuanto al Nuevo Testamento, no existe discusión entre las confesiones cristianas en cuanto a los libros que lo componen, que son: Mateo, Marcos, Lucas, Juan, Hechos, Romanos, 1 y 2 Corintios, Gálatas, Efesios, Filipenses, Colosenses, Filemón, 1 y 2 Timoteo, Tito, Hebreos, Santiago, 1 y 2 Pedro, 1, 2 y 3 Juan, Judas y Apocalip-

El islam también parece conocer el concepto de canon. Así el Corán comprende 114 suras cuya forma final surgió durante el tercer califato, mediante la unificación de las siete lecturas del Corán realizada por Zayd b. Tabit, ayudado por tres hombres de la tribu de los guraisíes. Concluida esta edición canónica, se ordenó la destrucción de todos los demás textos y volúmenes coránicos. No sabemos mucho de los criterios seguidos en la edición de esta Vulgata islámica, pero es opinión generalizada que se abandonaron muchos textos o por ser reiterados o por estar contenidos en algun hadith*. El hecho de que la edición careciera de signos diacríticos así como de vocales seguía, sin embargo, permitiendo diversas lecturas. Bajo el emir omeya de Irak, Hadiadi ibn Yusuf (694-714), se estableció finalmente una *scriptio plena*.

Bibl.: B. F. Westcott, *A General survey of History of canon of New Testament*, Londres, 1870; F. F. Bruce, *The canon*...; Nöldecke, *Geschichte*...

CARIDAD. Ver: Agape y Tzedakah.

CARISMA. En el Nuevo Testamento, dones espirituales proporcionados por las tres personas de la Trinidad, Padre, Hijo y Espíritu Santo (1 Corintios 12, 3-6). No existe una lista exhaustiva de los mismos, aunque sí diversas enumeraciones parciales en Romanos 12, 4 ss.; 1 Corintios 12, 1- 14, 40; Efesios 4, 1-16 y 1 Pedro 4, 10-1, incluyéndose entre ellos el discernimiento de espíritus, la evangelización, la enseñanza, el apostolado, la profecía, las lenguas o glosolalia, las curaciones, etc. Su ejercicio ocupaba un lugar muy destacado en las reuniones de los primeros cristianos (1 Corintios 14, 26 ss.) y era factor determinante para designar a los responsables de las comunidades locales (Hechos 20, 28 ss.; 1 Timoteo 4, 14). El Nuevo Testamento indica que los mismos deberían estar presentes en la Iglesia hasta el regreso de Cristo o parusía* (1 Corintios 13, 9 ss.) y que carecen de valor si no están acompañados por el amor *ágape**.

Bibl.: F. F. Bruce, *The Acts*...; E. Blaiklock, *Acts*...; D. Guthrie, *The Pastoral Epistles*, Grand Rapids, 1979; L. Morris, *The First Epistle of Paul to the Corinthians*, Grand Rapids, 1979.

CARNE. En el Antiguo Testamento designa en primer lugar el tejido muscular del cuerpo, lo que se mueve y siente —en oposición, por ejemplo, a una piedra–, el cuerpo de los seres vivos y el parentesco (Génesis 37, 27). Precedido del calificativo «toda» hace referencia a todos los seres vivos de carácter animal, incluido el hombre (Génesis 6, 12-3). A solas, y unido a sangre («carne y sangre»), significa lo débil y perecedero, lo mortal, de la actual condición humana (Isaías 40, 6; Salmo 78, 39) y no una oposición al espíritu. Pese a todo, la carne no aparece como fuente de pecado, ya que sirve para alabar a Dios (Salmo 84, 3).

En el Nuevo Testamento, la carne puede referirse al cuerpo y la descendencia (Romanos 9, 3-5), y expresiones como «toda carne» y «carne y sangre» tienen el mismo contenido que en el Antiguo. Con todo, la expresión también comienza a adquirir un contenido, ocasionalmente, peyorativo. Sería éste el de las malas inclinaciones propias de la debilidad y desobediencia humanas que se oponen al Espíritu de Dios (Romanos 8, 4 ss.; Gálatas 5, 16 ss.). Eso hace que algunas de las «obras de la carne» no tengan nada que ver ni con el cuerpo ni con el sexo, sino que estén relacionadas, fundamentalmente, con actitudes mentales y vitales opuestas al mensaje cristiano. Es por ello que el significado dicotómico que adquirirá esta palabra en el cristianismo posterior resulta independiente del Nuevo Testamento y habría que buscar su origen más bien en influencias filosóficas helenísticas que entrarán, por ejemplo, también en sectores del islam, como es el caso de algunos sufíes*.

Bibl.: K. Barth, *Epistle...*; F. F. Bruce, *Paul...*; A. Cole, *The Epistle of Paul to the Galatians*, Grand Rapids, 1978; D. Daube, *New Testament...*

CASHRUT. Lit. «adecuación ritual». El término sirve para indicar la limpieza ritual de un objeto, y más específicamente, un alimento. Existen algunos argumentos racionales que permitirían dar una explicación a la *cashrut*, como la preservación contra ciertas enfermedades, etc., pero los autores judíos tienden a considerar que la obediencia a este tipo de normativa arranca en realidad del deseo de cumplir lo estipulado por Dios. Los mamíferos que son *cosher* son aquellos que tienen la pezuña partida, la pata hendida y que rumian (Levítico 11, 3). Estas características incluyen a la vaca, la oveja, etc., y excluyen al cerdo, el caballo, el camello, los roedores, los carnívoros, los paquidermos, los mamíferos acuáticos, etc. Levítico 11, 13-19 señala como aves permitidas las domésticas y como excluidas las de presa, las carroñeras y el murciélago (un mamífero volador). Entre los peces son puros los que tengan escamas y aletas (Levítico 11, 9; Deuteronomio 14, 9), lo que excluye el tiburón, la raya, el esturión, la anguila y el siluro. La totalidad de los reptiles y de los anfibios están prohibidos, así como los moluscos, los crustáceos y los insectos. Aparte de esto se prohíbe el consumo de sangre animal (Levítico 17, 10-4; 19, 26; Deuteronomio 12, 23) y de animales ya muertos (Exodo 22, 30; Levítico 17, 15), exigiéndose además que la forma de sacrificio de los animales sea la *shejitá* y que ciertas partes del animal, como el sebo, las venas principales y el nervio ciático, sean extraídos. El pescado no requiere seguir un proceso como el de la carne, pero sólo puede tomarse con productos lácteos antes de la carne y no con la misma. No pueden consumirse productos lácteos con la carne. Esta última regla no deriva propiamente de la Biblia, sino del desarrollo rabínico posterior cuyas primeras señales aparecen en el Targum de Onkelos. Aparte de estas normas —que implican también la discriminación de utensilios relacionados con la carne y los lácteos, etc.— existen otras que exigen la inspección de verduras, frutas o nueces para comprobar que no llevan gusanos o larvas; la utilización de un vino correcto; restricciones sobre el *jametz* que se toma en Pascua; control de los negocios alimenticios; prohibición del consumo de grano nuevo antes del 16 de Nisán; prohibición de consumo de los frutos de árboles recién plantados antes de su cuarto año de crecimiento; separación del diezmo y la *terumá* antes del consumo del producto, etc.

Bibl.: Y. Newman, *Judaísmo*...

CASTIDAD. Abstención de las relaciones sexuales por motivos religiosos, generalmente implica o la limitación del sexo al matrimonio o la renuncia total al mismo por un tiempo determinado o indefinido. El judaísmo considera que el canal apropiado para las relaciones sexuales es el matrimonio* y afirma que la prohibición de una conducta sexualmente inmoral forma parte no sólo de la enseñanza de la Torah*, sino también de los siete* mandamientos de Noé que obligan a todos los pueblos. Asimismo contiene normas de castidad relacionadas con ayunos* concretos, fiestas* y duelo*. La abstención perpetua de las relaciones sexuales no es habitual, aunque, históricamente, se ha dado en algun caso excepcional como el de los sectarios de Qumran.

El cristianismo es heredero de esa concepción y Jesús (que, seguramente, no contrajo matrimonio), en armonía con el pensamiento judío de su época, consideró también reprobable la mirada o el pensamiento lujurioso (Mateo 5, 27-30). De la misma manera alabó a los que renunciaban totalmente a las relaciones sexuales por el reino de Dios (Mateo 19, 12). El Nuevo Testamento mantuvo este punto de vista de manera unánime tanto en lo relativo a abstenerse del adulterio, la fornicación y la homosexualidad (1 Corintios 6, 12-20; etc), como en lo relativo a la castidad perpetua (1 Corintios 7, 24 ss.), por más que los apóstoles —con la excepción de Pablo y Bernabé— fueron todos casados e iban acompañados de sus esposas en los viajes misioneros (1 Corintios 9, 5-6; Marcos 1, 29-31 y paralelos). Lo mismo puede decirse de los obispos, sobre cuyas esposas presenta el Nuevo Testamento normativa concreta (1 Timoteo 3, 1 ss.; Tito 1, 5 ss.). La idea de un celibato eclesiástico obligatorio no es anterior al Bajo Imperio y, en cualquier caso, no logró imponerse —con fuertes resistencias— hasta el Medievo.

En el islam, la castidad es alabada tanto en el hombre como en la mujer* (19, 10 ss.), si bien las normas sobre adulterio* y poligamia* favorecen evidentemente al primero, en buena medida, en detrimento de la segunda. El celibato por razones religiosas ha sido prácticamente desconocido salvo en el caso de algunos místicos sufíes.

Bibl.: J. Petuchowsky, *Voz...*; J. Driver, *Militantes...*; M. Asín Palacios, *El Islam cristianizado*, Madrid, 1990.

CELIBATO. Ver: Castidad.

CIELO. Ver: Vida eterna.

CINCO. 1. Especies. En el judaísmo, el trigo, la cebada, el centeno, la avena y la espelta. Según la Mishnah, el propietario está obligado a tomar *jalá* —una vez convertidas en pan— y a recitar las bendiciones. Al fermentar, se convierten en *jametz* y no pueden consumirse ni poseerse durante la Pascua.

2. Libros de Moisés. Génesis o Bereshit, Exodo o Shemot, Levítico o Vayikrá, Números o Bemidbar y Deuteronomio o Devarim. También son designados como Jumash y Pentateuco.

3. Rollos. En el judaísmo los libros más cortos de entre los *ketuvim*. En la sinagoga son leídos en ocasiones específicas: el Cantar de los Cantares en Pascua; Rut en Shavuot; Lamentaciones en Tishá Beav; Eclesiastés en el *shabat* intermedio de los tabernáculos o en *shemini atzeret* si coincide con *shabat;* y Ester en la víspera y mañana de Purim.

Bibl.: Y. Newman, *Judaísmo...*; H. H. Donin, *El ser...*

CIRCUNCISIÓN. Ablación del prepucio. Esta práctica, conocida en hebreo como *berit miláh* (pacto de la circuncisión), es uno de los mandatos esenciales del judaísmo. Debe realizarse a los ocho días del nacimiento, siempre que lo permita la salud del niño o que no haya hemofilia en la familia, en cuyo caso no se realiza. La realiza un *mohel* autorizado, mientras el padrino o *sandak* sujeta al niño sobre las rodillas. Concluida la circuncisión, el niño recibe su nombre (o nombres) hebreos. Los conversos al judaísmo deben circuncidarse, y en caso de estarlo ya solamente se les hace brotar una gota de sangre simbólica.

El islam practica también la circuncisión, aunque el Corán no se refiere a la misma. Aunque las distintas escuelas legales discuten sobre su obligatoriedad, lo cierto es que está generalizada. Con todo, era habitual —tanto para hombres como para mujeres— en la Arabia anterior a Mahoma y una tradición afirma incluso que éste nació ya circuncidado. Los niños son circuncidados entre los siete y los trece años. Los adultos convertidos al islam no siempre son obligados a cumplir con este rito. Aparte de sus consideraciones religiosas, lo cierto es que la circuncisión es beneficiosa por motivos higiénicos y de contacto sexual.

Bibl.: EI, II, pp. 957-60; Wensinck, *Creed...*, p. 44; H. H. Donin, *El ser...*; Y. Newman, *Judaísmo...*

CLERO. El judaísmo ha conocido históricamente la institución de los sacerdotes* (*cohen* en singular, *cohanim* en plural). La misma es, sin embargo, extraña al Nuevo Testamento, que, por un lado, afirma que todos los cristianos son sacerdotes (1 Pedro 2, 9; Apocalipsis 1, 6 y 5, 10), y, por otro, limita la función sacerdotal sólo a Cristo, afirmando que su sacrificio fue ofrecido ya una vez y para siempre, resultando irrepetible y aboliendo el sacerdocio (Hebreos 8-10).

La idea de un clero es en sí ajena al islam y el único paralelo sería el que ofrecen los dirigentes de ciertas sectas sufíes*. El imán* que dirige la oración no tiene funciones sacerdotales y cualquier musulmán adulto, prudente y de carácter correcto puede desempeñar la misma función.

Bibl.: E. P. Sanders, *Judaism...*; S. Sandmel, *Judaism...*; C. Vidal Manzanares, *De Pentecostés...*; F. F. Bruce, *La epístola...*, A. T. Khoury, *Islam...*

CODICIA. Deseo desmedido de los bienes ajenos. El judaísmo la prohíbe en virtud del décimo y último mandamiento del Decálogo (Exodo 20) y la identifica en ocasiones con la envidia, a la que considera raíz de los peores pecados. Lo mismo sucede en el Nuevo Testamento, que advierte del peligro que subyace en la misma (1 Timoteo 6, 10) y ordena confiar en Dios para la seguridad material (Mateo 7, 25 ss.).

El Corán advierte muy negativamente contra la codicia. El musulmán no debe codiciar los goces efímeros de los demás (15, 88), éstos pueden incluso ser una prueba (20, 131).

Bibl.: P. Bonnard, *Evangelio...*; J. Driver, *Militantes...*

COHANIM. Ver: Sacerdote.

COHEN. Ver: Sacerdote.

COLUMNAS DE LA RELIGIÓN PRÁCTICA. También conocidas como *Arkan al-Islam*. Son los cinco deberes que todo musulmán debe cumplir: la confesión de fe *(shahada)* en que no hay más dios que Allah y que Mahoma es su profeta; la oración* *(salat);* la limosna* *(zakat);* el ayuno* *(saum)* y la peregrinación*, al menos una vez en la vida, a La Meca y sus alrededores. Algunos teólogos islámicos añaden la idea de *jihad* o santo combate (no siempre guerra santa).

COMPAÑEROS DEL PROFETA. Título que se refiere a aquellos que aceptaron el islam aún en vida de Mahoma* y lo acompañaron (según algunos, no por menos de un año). Los mencionados personajes —algunos de los cuales eran muy niños cuando falleció Mahoma— se encuentran por encima de cualquier crítica, aunque los shiítas* les achacan, en ocasiones muy violentamente, el pecado de haber aceptado a los tres primeros califas con preferencia a Alí*. Su total debió rondar los cien mil.

Bibl.: EI, I, pp. 447 ss.; *MS,* II, pp. 240 ss.; Wensinck, *Creed.*

COMUNIÓN. Palabra que traduce el término neotestamentario *koinonía*. El mismo hace referencia fundamentalmente a la unidad de los creyentes en Jesús (2 Corintios 9, 13; Gálatas 2, 9; Filipenses 1, 5; 2, 1; 1 Juan 1, 3 y 7) implica, de manera muy preponderante, una ayuda material de los unos hacia los otros, hasta el punto de que, ocasionalmente, el término puede traducirse como «colecta» (Romanos 15, 26). Esta unión se mantiene también con el Cristo resucitado (1 Juan 1, 6) y con el Espíritu Santo (Filipenses 2, 1). Asimismo, el participar del pan y del vino eucarísticos permite tener comunión con Cristo (1 Corintios 10, 6), al igual que las prácticas idolátricas llevan a la comunión con los demonios (1 Corintios 10, 18-22). No parece que Pablo esté pensando en este último caso en una unión física propiciada por el hecho de que el pan y el vino se transformen en cuerpo y sangre de Cristo —algo que recuerda a conceptos propios de las religiones mistéricas—, sino en una comunicación espiritual propiciada por la participación en el rito.

Bibl.: L. Deiss, *Cena...*; A. Loisy, *Les mystères paèens et le mystère chrétien,*

París, 1914; F. F. Bruce, *Paul,* Grand Rapids, 1990; C. Vidal Manzanares, *De Pentecostés...*

COMUNISMO. Supresión de la propiedad privada sustituyéndola por una comunidad de bienes. En el judaísmo primitivo resultó excepcional salvo en el caso de los esenios y de los sectarios de Qumran. La comunidad judeo-cristiana de Jerusalén parece haber practicado una comunidad de bienes prácticamente generalizada (Hechos 2, 43-4; 4, 32-7), aunque de carácter eminentemente voluntario. El ejemplo, en cualquier caso, no se extendió a los cristianos gentiles e incluso es dudoso que sobreviviera más allá de los primeros años del judeo-cristianismo porque no vuelve a ser mencionado en las fuentes. Un intento de resurrección de esta forma de vida —prescindiendo de la valoración concreta que se haga del mismo— se encontraría en el monacato* cristiano, cuyas raíces, paradójicamente, se deben más a corrientes espirituales orientales que al Nuevo Testamento. La idea, en cuanto tal, es desconocida en el islam coránico.

Bibl.: E. M. Blaiklock, *The Acts...;* F. F. Bruce, *The Acts...;* C. Vidal Manzanares, *De Pentecostés...*

CONCILIO. Reunión eclesial cuya finalidad es el establecimiento de decisiones relativas a la fe o a la disciplina. En el Nuevo Testamento sólo aparecen datos sobre uno celebrado en Jerusalén en torno al año 49 d. de C (Hechos 15). La cuestión que debía debatirse es si los cristianos de origen no judío estaban obligados a circuncidarse y a guardar la ley de Moisés. La decisión, tomada por los apóstoles y aprobada posteriormente por la totalidad de la comunidad cristiana (Hechos 15, 22 ss.), consistió en afirmar que los cristianos gentiles ni estaban sujetos a la circuncisión ni a la Torah, pero que los que vivían en Antioquía, Siria y Cilicia debían someterse a una serie de normas destinadas a no causar escándalo a los judíos que se correspondían, al menos en parte, con los siete.* mandamientos de Noé: abstención de carne sin sangrar o arrancada de un animal vivo (que es la interpretación correcta de no tomar sangre), abstención de alimentos* sacrificados a los ídolos y abstención de *porneía,* un mandato que, seguramente, hace referencia a los matrimonios consanguíneos prohibidos por la Torah. Este concilio no puede en absoluto confundirse con la visita de Pablo a Jerusalén narrada en Gálatas 2, que debe ser identificada con la señalada en Hechos 11, 27 ss.

Bibl.: C. Vidal Manzanares, *De Pentecostés...;* E. M. Blaiklock, *The Acts...;* F. F. Bruce, *The Acts...*

CONFESIÓN. En hebreo *vidúi.* Declaración formal de reconocimiento de los pecados con la finalidad de pedir perdón de los mismos, sea individual o colectiva, jamás requiere la utilización de un intermediario, sino que siempre se realiza directamente con Dios. Debe realizarse antes de esperar la expiación (Números 5, 6-7). La fórmula recogida en la Mishnah (Yoma 3, 8) sigue siendo la oración básica de arrepentimiento y cuenta con una considerable antigüedad. La persona que se ve cercana a la muerte debe asimismo confesar sus pecados. En este caso la fórmula principal es: «que mi muerte sirva de expiación por todos los pecados, iniquidades y transgresiones de los que soy culpable ante Ti» (Sanh 6. 2).

En el Nuevo Testamento aparece también la idea de confesión con el contenido de proclamación pública de Cristo para salvación (Romanos 10, 9-10; Mateo 10, 32 y paralelos) y de reconocimiento de pecados con la finalidad de ser perdonado por Dios (1 Juan 1, 9). Esta última posibilidad puede ser realizada de manera recíproca con otros creyentes (Santiago 5, 16). La idea de un mediador humano que intervenga en la confesión de los pecados es ajena al texto del Nuevo Testamento e, históricamente, no aparece antes del Medievo.

Bibl.: César Vidal Manzanares, *De Pentecostés...*; Y. Newman, *Judaísmo...*

CONFIRMACIÓN. Sacramento de algunas confesiones cristianas, mediante el cual se pretende comunicar la gracia del Espíritu Santo y reafirmar los votos realizados por el padrino de bautismo. La práctica no aparece en el Nuevo Testamento y su aparición, no bien determinada en su origen, no parece anterior al siglo IV d. de C. La iglesia católica y las orientales administran este sacramento acompañado de una unción, pero si en la primera es necesario que el ministro sea un obispo, en las segundas suele serlo el sacerdote. En la iglesia anglicana, el sacramento lo administra un obispo, pero se limita a imponer las manos sin acompañar tal gesto de la unción.

CONJUROS. La Biblia condena este tipo de prácticas como una forma de brujería*. No obstante, el judaísmo posterior, especialmente el relacionado con la Cábala*, ha propiciado ocasionalmente esta práctica, también rechazada por el Nuevo Testamento. En el islam es muy corriente el uso de conjuros y tal costumbre puede retrotraerse al mismo Corán. Las dos últimas suras de esta obra presentan todas las características de haber sido compuestas con ese fin. Con el fin de obtener lo deseado se pueden usar los versículos de protección (*ayat al-Jifz*), los de curación (*ayat al-*

Shifa) y los de apertura o victoria (*futuh al-Quran*), que, presuntamente, garantizan la posesión de lo necesario. Son también muy comunes los encantamientos que utilizan los nombres de Dios o las letras de las 29 primeras suras, así como el empleo de los cuadrados mágicos, los nombres de los ángeles, los siete sellos y la espada de Alí. Escritos por personas experimentadas en este tipo de artes, los conjuros se suelen llevar cosidos en saquetes de cuero y colgados del cuello o atados a un miembro. Este tipo de práctica está indudablemente emparentada con la magia y encaja difícilmente con el monoteísmo estricto que, al menos en teoría, proclama el islam. Constituye por ello una clara manifestación del sincretismo que impregna la vivencia de buen número de musulmanes.

Bibl.: J. Robson, «The magical use of the Koran», en *TGUOS* 6, 1934, pp. 51 ss.; W. B. Stevenson, «Some specimens of Moslem charms», en *Studia Semitica et Orientalia*, 1920; *EI*, IV, pp. 409-17; Hughes, pp. 14 ss., 72-8; 303-5.

CORÁN. Libro sagrado del islam dotado de una extensión similar a la del Nuevo Testamento. Regla infalible de fe y conducta para el musulmán, contiene el conjunto de revelaciones recibidas por Mahoma* y comunicadas por éste a sus contemporáneos. Su redacción definitiva se produjo durante el tercer califato, gracias a la tarea de unificación de las siete lecturas del Corán realizada por Zayd b. Tabit y tres quraisíes. Esta redacción canónica implicó la destrucción de todos los demás textos y volúmenes coránicos, lo que, muy posiblemente, significó el abandono de algunos textos originales de Mahoma. Bajo el emir omeya de Irak Hadiadi ibn Yusuf (694-714) se estableció finalmente una *scriptio plena* del Corán. Compuesto por 114 capítulos, también denominados suras o azoras, que, a su vez, se dividen en versículos, ayas o aleyas, carece de un orden sistemático, aunque, generalmente, las primeras suras son más largas que las últimas. Los intentos por establecer un orden cronológico de aceptación general han resultado fallidos hasta la fecha. Cada sura lleva un nombre procedente de alguna palabra de la misma y comienza, salvo la novena, con la invocación «En el nombre de Dios, el misericordioso, el compasivo».

El libro es considerado por los musulmanes como revelación divina (42, 51) entregada a través del ángel Gabriel (42, 52; 2, 27) y similar a un libro guardado en el cielo (56, 77-80, 85, 21-22; 43, 4). Teóricamente, aunque en realidad no es así, el Corán pretende coincidir con las Escrituras anteriores (87, 18-9; 35, 51; 10, 37; 46, 12; 3, 3;

5, 48) tanto el Antiguo Testamento* como el Nuevo*. Dado su carácter sagrado, el Corán no puede ser tocado sin una purificación previa y el que desee leerlo debe estar en condiciones de poderlo recitar con cuidado y sin equivocaciones. Esta reverencia es la que explica asimismo que no hubiera traducciones del Corán a otras lenguas hasta la realizada en 1920 en Lahore, Pakistán. Con todo, estas versiones, que teóricamente deberían ser realizadas por musulmanes, no pueden utilizarse ni en la oración ni en el recitado oficiales. A esto contribuye asimismo el carácter bellísimo de su lengua, que se presenta como prueba de su inspiración divina. Las ofensas contra el Corán están castigadas generalmente con la muerte.

Bibl.: T. Nöldeke y F. Schwally, *Geschichte des Qorans*, 2 vols., Hildesheim, 1909 y 1919; R. Bell, *Introducción al Corán*, Madrid, 1987; E. Ihsanoghu, *World Bibliography of translations of the meanings of the Holy Quran*, Estambul, 1986; H. E. Kassis y K. I. Kobbervig, *Las Concordancias del Corán*, Madrid, 1987.

CORBAN. Ver: Sacrificio.

CREACIÓN. Puede decirse que la Biblia comienza con el relato de la creación por Dios (Génesis y 2), lo que puede dar una idea de la relevancia que este concepto tiene para su cosmovisión. Por ello, la referencia al Dios creador vuelve a repetirse a lo largo del Antiguo Testamento (Isaías 40, 26; Amós 4, 13; Salmo 148, 5; 104, 27-30), insistiendo en que sólo Dios es creador y que no había nadie a su lado en el momento de la creación (Isaías 45, 11-12).

Para el judaísmo posterior, la creencia en un Dios creador resulta decisiva y eso explica que sea uno de los Trece* artículos o principios de fe redactados por Maimónides como suma o compendio doctrinal del judaísmo. Por otro lado, el judaísmo del Segundo Templo empezó a manifestar su creencia en un principio creador —que era el mismo Dios pero que salvaba su trascendencia— y que era el que había llevado directamente a cabo la obra creadora. En ocasiones, se le denominó Memra («Palabra» o «Verbo» en arameo) —y se sustituyó con este término el nombre de Yahveh*— y en otras se le calificó como Logos («Palabra» o «Verbo» en griego). De estas ideas previas partirá el cristianismo para afirmar que la persona del Hijo intervino en la creación del mundo y es plenamente Dios (Juan 1, 1-3; Colosenses 1, 15 ss.). El judeo-cristianismo, según se recoge en la literatura rabínica, fundamentará incluso esta tesis en el hecho de los plurales empleados en el Antiguo Testamento por Dios para referirse a Sí mismo (Génesis 1, 26 ss.; 11, 6 ss.; Isaías 6, 8), que, a su juicio, indicaban la existencia de varias personas en el seno de la divinidad, es decir, de la trinidad* (Génesis Raba VIII. 9). Es precisamente del carácter creador de Dios del que pende, en primera instancia, la relación de sumisión que todo ser humano debe guardar ante El (Apocalipsis 4, 11).

Para el islam, la simple orden de Dios hizo que las cosas llegaran a existir (2, 111; 16, 42; 40, 70, etc.). Allah creó el cielo y la tierra en seis días (7, 52) y en Sus manos se halla el poder de la vida y la muerte (15, 16-25; 81, 12-19). En la mayoría de sus pasajes, el Corán sugiere una creación de la nada, pero 41, 10 parece referirse a una creación de los cielos a partir del humo.

Bibl.: A. Cohen, *Talmud...*; *ERE*, IV, pp. 151-5; *EI*, II, pp. 891-3; Wensinck, *Creed*; G. Eldon Ladd, *Apocalipsis...*; L. Morris, *Revelation...*

CREMACIÓN. Incineración de un cadáver hasta reducirlo a cenizas. Se considera inaceptable para un judío (Av. Zar 1, 3; Sanh 46b) en la medida en que puede considerarse una ofensa contra la dignidad humana y una negación de la creencia en la resurrección.

CRISTIANOS. Calificativo que se aplicó a los seguidores de Jesús –posiblemente en tono burlón– al menos una década después de la muerte de éste en Antioquía (Hechos 11, 26). Según Tácito (Anales XV, 44), el apelativo ya era bastante conocido en Roma hacia el año 64 d. de C. Históricamente, parece que durante los primeros años de su existencia los cristianos optaron por denominarse el Camino (Hechos 19, 9 y 23), hermanos (1 Corintios 7, 12; 8, 11-13; 15, 1-6; Gálatas 1, 2 y 11; Efesios 6, 23, Filipenses 1, 12 y 14, etc.) y discípulos (Hechos 6, 1-2; 9, 1, 19, 25; 11, 26; 18, 23 y 27, etc.). En las fuentes judías aparecen denominados despectivamente como *minim** (herejes, aunque, etimológicamente, quizá significa creyentes) y *nozrim* (nazarenos), siendo esta última una posible referencia a Jesús*. La visión judía de estos primeros cristianos (o, más correctamente, judeo-cristianos) es muy negativa en cuanto se presentan como discípulos del extraviador Jesús y se oponen a interpretaciones rabínicas de las Escrituras (Mishnah Eduyot 5, 6; Génesis Raba VIII. 9; Tosefta Hullin 2, 20-1). Para expulsarlos del seno del judaísmo, se recurrió finalmente a incluir en la amidah una maldición dirigida contra los minim y los nozrim. Los judeo-cristianos sólo podían o abandonar el judaísmo o apostatar de su fe en Jesús. Sólo el paso del tiempo ha ido moderando en algunos judíos –generalmente no pertenecientes a grupos ortodoxos– el juicio sobre los cristianos y Jesús.

El Corán es contradictorio en su visión de los cristianos. Así en 5, 85 son presentados como los más amigables, mientras que en otros lugares se les condena por enseñar que Jesús murió en la cruz (4, 156) o creer en la Trinidad (5, 77). Como en el caso de los judíos, el cambio de actitud de Mahoma pudo venir motivado por la experiencia de que no todos los cristianos le aceptaran como profeta de Dios. Originalmente se permitió a los cristianos practicar la religión y reparar sus lugares de culto aunque no edificar otros nuevos. Estaban sometidos a la autoridad y obligados a pagar un tributo o *jizya*.

Bibl.: P. Parshall, *Beyond...*; D. Stern, *Manifiesto...*; H. B. Mattingly, «The origin of the name Christiani», en *Journal of Theological Studies*, 9, 1958; César Vidal Manzanares, *De Pentecostés...*; *EI*, III, pp. 848-54; Hughes, pp. 53-6.

CRISTO. Lit. «ungido». Palabra griega que equivale al Mesías* hebreo. Los discípulos de Jesús* lo reconocieron como tal (Marcos 8, 27 ss.) y lo mismo sucedió con muchos de sus contemporáneos judíos. Las fuentes señalan igualmente que las palabras de Jesús –y, sobre todo, sus acciones, v.g. la entrada triunfal en Jerusalén, el vuelco de las mesas en el templo, etc.– denotaban que él mismo tenía esa pretensión. El término quedó asociado de una manera tan estrecha al nombre de Jesús que llegó a usarse como una especie de nombre personal y de ahí procede el popular término Jesucristo.

Bibl.: J. Klausner, *Jesús...*; D. Flusser, *Jesús...*; O. Cullmann, *Christology of the New Testament*, Londres, 1975; R. P. Casey, «The Earliest Christologies», en *Journal of Theological Studies*, 9, 1958; K. Rahner y W. Thüsing, *Cristología*, Madrid, 1975; César Vidal Manzanares, *De Pentecostés....*; ídem, *El Primer Evangelio...*

CRUCIFIXIÓN. Suplicio originario, probablemente, de Fenicia, que consistía en fijar los pies y las manos a los extremos de la cruz, bien atándolos, bien clavándolos posteriormente, con la finalidad de causar la muerte al condenado. Este castigo sería adoptado por los romanos para castigar a los esclavos, los extranjeros y los delincuentes de la más baja extracción social. De hecho, Tácito lo califica de *supplicium servile* (Historias, II, 72). Josefo ha recogido muchos casos de crucifixión practicados por los romanos contra los judíos y los Evangelios señalan que Jesús* fue asimismo ejecutado por los romanos en una cruz (Marcos 15, 15 ss. y paralelos) bajo el cargo de sedición. Las fuentes judías reflejadas en el Talmud* indican –y en esto armonizan con los Evangelios– que las verdaderas causas de la crucifixión de Jesús fueron religiosas y que ésta se produjo a instancias de cierto sector del judaísmo oficial opuesto a sus enseñanzas (Sanh. 107b; Sota 47b; TJ. Hag II, 2).

El islam niega rotundamente que Jesús muriera en la cruz (4, 156), aunque no existe unanimidad acerca de si fue sustituido por uno que se le parecía, por Judas o simplemente se desvaneció. Con todo, existen indicios de que en algún momento Mahoma* aceptó la muerte de Jesús en la cruz como parece desprenderse de 19, 33 (donde también habría una referencia a la resurrección de Jesús tras su muerte en la cruz), 5, 116-17 (donde *tauafaytani* –«me hiciste morir»– va referido a Cristo) y quizá 2, 87. Se ha especulado con la posibilidad de que tal doctrina fuera posteriormente rechazada por Mahoma bien por influjo de enseñanzas gnósticas, bien por el deseo de acentuar la diferenciación con el cristianismo y la originalidad de su revelación.

Bibl.: A. T. Khoury, *Islam...*; H. A. Shorrosh, *Islam...*; C. Vidal Manzanares, *De Pentecostés...*; J. Klausner, *Jesús...*

CRUZ. Instrumento de ejecución consistente en un madero transversal colocado sobre un poste, situándose al condenado con las manos y los pies sujetos (bien atándolos, bien clavándolos) hasta que se producía la muerte. Como signo religioso es anterior a Jesús*, v.g. la cruz *anj* de los egipcios, pero ninguna iglesia cristiana recurrió al culto de la misma antes del siglo v. Con todo, el cristianismo primitivo le otorgó un enorme valor espiritual en la medida en que la crucifixión* de Jesús era el medio a través del cual la humanidad entera podía obtener la redención (1 Corintios 1, 17 ss.; Gálatas 6, 14). Tal doctrina es retrotraída en las fuentes cristianas al mismo Jesús (Marcos 10, 45), que habría anunciado en repetidas ocasiones su propia muerte. Algunos autores han considerado que el mencionado pronóstico no fue formulado realmente por Jesús, sino por sus seguidores con posterioridad a la ejecución de aquél (sería pues un vaticinio *ex eventu*), pero el carácter de las fuentes y el análisis del texto en su forma original obliga a rechazar tal punto de vista. Jesús previó su muerte, la dotó de un significado de expiación y la afrontó como tal.

Bibl.: C. Vidal Manzanares, *De Pentecostés...*; A. Toynbee (ed.), *El crisol del cristianismo*, Madrid, 1988; H. Schürmann, *¿Cómo entendió y vivió Jesús su muerte?*, Salamanca, 1982; J. Klausner, *Jesús...*

CUATRO. 1. Copas de vino. En el judaísmo, las que se beben durante el seder de Pascua. Según el *midrash*, están asociadas con los cuatro aspectos de la salida de Egipto contenidos en

Exodo 6, 6-7: sacar, libertar, redimir y tomar como pueblo. El quinto aspecto (Exodo 6, 8) de llevar a la tierra se simboliza con la copa de Elías.

2. Especies. En el judaísmo, las plantas usadas en la fiesta de Sukot o los tabernáculos. Según Levítico 23, 40, son el fruto del árbol hermoso (*etrog*), las ramas de palmeras (*lulav*), las ramas de árboles frondosos (*hadás*) y los sauces de los arroyos (*aravá*). El tratado Suká del Talmud señala que han de usarse una cidra, una rama de palmera, dos ramitos de sauce y tres de mirto. En la finalización del servicio matutino en los siete días de Sukot —salvo *shabat*— se toma el *etrog* con la izquierda y las otras tres con la diestra, pronunciándose una bendición conjunta, no debiendo estar ninguna dañada.

3. Formas de pena capital. En el judaísmo van referidas a los delitos de extrema gravedad, como adulterio, idolatría, asesinato y profanación del *shabat*. Según el Talmud, los cuatro tipos de castigo capital (en hebreo *arba mitot bet-dín*) son lapidación, quema, muerte por espada y estrangulamiento. Con todo, la pena de muerte se aplicó muy rara vez durante la época del Segundo Templo (Mak 1, 10), factor al que contribuyó no poco el hecho de que los ocupantes romanos se reservaran tal autoridad. En situaciones de paréntesis de poder —como fue el caso de la ejecución de Esteban o de Santiago el hermano de Jesús— o de recuperación de tal prerrogativa —como fue el caso de la muerte de Santiago de Zebedeo— las autoridades judías no dudaron en utilizarlo contra adversarios religiosos. Ocasionalmente, los *malshinim* (delatores) fueron también ejecutados en la Diáspora desde la España medieval a la Rusia del siglo XIX. En el Estado de Israel, la pena de muerte sólo existe para casos de genocidio, crímenes de los nazis contra los judíos, terrorismo y alta traición en tiempo de guerra.

4. Partes de la Torah. En el judaísmo, pasajes bíblicos que se leen además de la *keriat Hatorah* semanal durante los cuatro sábados anteriores a la Pascua. También se conocen con este nombre los cuatro pasajes del Pentateuco donde se mencionan los *tefillím* (Exodo 13, 1-10; 11, 16; Deuteronomio 6, 4-9; 11, 13-21).

5. Preguntas. En el judaísmo, conjunto de cuestiones que son recitadas por el más joven de los comensales del seder pascual cuando se inicia la lectura de la Hagadáh, con la finalidad de cumplir el mandato de contar la historia del Exodo (Exodo 13, 8, 14-5). El texto actual sustituyó después del Segundo Jurbán al texto mencionado en la Mishnah (Pes 10, 4).

CUERPO. Ver: Carne.

CULTO. Para el judaísmo, ver: Amidah, Fiestas, Sinagoga. Para el cristianismo, ver: Bautismo, Carisma, Confirmación, Eucaristía.

En relación con el islam, el culto posee unas características muy especiales. Para empezar, existe una ausencia absoluta de clero*, factor al que se une la conmixtión de la vida secular con la cúltica (algo, por otro lado, teóricamente común con el judaísmo y el cristianismo). Tal unión queda de manifiesto especialmente en el apego a las columnas de la religión práctica*.

CURACIÓN. La idea de que Dios sana o cura es connatural con la Escritura. El Antiguo Testamento relata diversas curaciones a las que se atribuye un origen divino (Génesis 20, 17; 2 Reyes 5; Isaías 38; etc.) y, a la vez, indica que una de las bendiciones específicas de Dios es la de dar salud a sus fieles que, muchas veces, coartan tal bendición por su falta de arrepentimiento (2 Crónicas 7, 14; 30, 20). La enfermedad se atribuye muchas veces a la acción directa de Satanás (Job 2). De hecho, Dios es, por definición, el que sana todas las dolencias (Salmo 103, 3; 147, 3). Tal creencia ha persistido, al menos en parte, en el curso del judaísmo posterior y no es de extrañar que en la *amidah** una de las bendiciones vaya encaminada a reconocer y suplicar la acción del poder sanador de Dios. La figura del *tzadik**, propia de los movimientos *jasidim**, es una derivación de este principio, aunque se ha discutido mucho hasta qué punto no rompe con las tesis de un monoteísmo estricto.

El cristianismo primitivo dio aún mayor importancia, si cabe, al aspecto de las curaciones, e insistió en sus fuentes en las realizadas por Jesús* (Mateo 4, 23; 9, 35; 12, 15 y paralelos) —un testimonio confirmado por las fuentes judías contenidas en el Talmud*— que transmitió ese poder a sus discípulos (Mateo 10, 1; Lucas 9, 1 y 10, 9; Marcos 3, 15). De hecho, una de las características de la predicación del Evangelio es que debe ir acompañada de curaciones y expulsión de demonios (Marcos 16, 18). Al igual que sucede en el judaísmo de su época, el Nuevo Testamento atribuye algunas enfermedades —aunque no todas— a la acción de demonios (Lucas 13, 10-17), e insiste en el papel que la fe tiene en el proceso de curación (Mateo 15, 28; Lucas 5, 20; 7, 1 ss.; 18, 42; etc.), hasta el punto de afirmar que la incredulidad de sus contemporáneos impidió a Jesús en una ocasión realizar curaciones (Marcos 6, 1-6).

El judeo-cristianismo otorgó un papel de enorme importancia a la práctica de curaciones en el nombre de Jesús (Santiago 5, 14-5), hecho que aparece confirmado en algunos hallazgos arqueológicos y en las mismas fuentes judías del Talmud*. Según estas últimas, la práctica de los judeo-cristianos de sanar gente en el nombre de Jesús resultaba tan seductora para muchos judíos que los rabinos prohibieron, bajo pena de excomunión*, acceder a la misma, considerando preferible la muerte «en paz» a la curación por invocación del Mesías* cristiano (TJ. AZ 2, 2; TJ Sab 14.3 y Qoh. R. 1.8). En cuanto al cristianismo asentado en territorio gentil, consideró las curaciones como un carisma* del Espíritu Santo que actuaba de manera habitual en la comunidad. En todos los casos, se partía de la base de que la curación no provenía sino de Dios y que ésta era operada sólo en el nombre de Jesús (Hechos 4, 9 ss.). La noción de curaciones realizadas por la intercesión de santos* o invocando a un ser distinto de Dios es ajena totalmente al Nuevo Testamento y no parece, históricamente, que haya noticias de la misma anteriores, como mínimo, al siglo III d. de C.

El islam no parece haber hecho un énfasis inicial en los aspectos taumatúrgicos de la fe. De hecho, Mahoma* rechaza específicamente la comisión de un milagro*, desafío al que le sometieron infructuosamente sus detractores. Con todo, el islam popular no ha podido evitar ser impregnado por prácticas preislámicas y recurrir al uso de la magia* y los conjuros* con fines curativos. Es corriente asimismo el recurrir al un pir* o el visitar los sepulcros de ciertos personajes célebres con la finalidad de obtener curaciones.

Bibl.: P. Parshall, *Bridges...*; C. Vidal Manzanares, *De Pentecostés...*; Leon Morris, *The First...*; E. Testa, *L'huile de la foi,* Jerusalén, 1967.

D

DABBAT AL-ARD. Lit. «la bestia de la tierra». Uno de los signos de la resurrección. Aparecerá en relación con ese evento (27, 84) y señalará a los musulmanes y a los incrédulos distinguiendo a unos de otros. Se ha apuntado a la posibilidad de que el personaje haya surgido de una mala comprensión del libro cristiano del Apocalipsis (11, 7; 13, 11; 19, 19 ss.), donde la Bestia es un símbolo del anticristo. Algunos intérpretes musulmanes contemporáneos identifican a la bestia de la tierra con las naciones occidentales.

Bibl.: EI, II, p. 71; Hughes, pp. 64 y 539; Wensinck, p. 100.

DAF YOMI. Lit. «página cotidiana». Costumbre inaugurada por R. Meir Shapira (1887-1934) consistente en que todos los judíos del mundo lean la misma *daf* (doble página) del Talmud cada día. De esta forma se puede estudiar la totalidad del Talmud babilónico en siete años. La conclusión (*sium*) se festeja mundialmente.

Bibl.: Y. Newman, *Judaísmo*...

DANIEL. Profeta del Antiguo Testamento, cuyo libro –de contenido parcialmente identificable con la literatura apocalíptica– aparece con algunas adiciones apócrifas* en las versiones católicas de la Biblia. La obra ha sido objeto de considerables controversias en torno a su datación. Sin embargo, aunque buena parte de la crítica tiende a fecharlo en torno al 164 a. de C., lo cierto es que existe un considerable número de argumentos favorables a la fecha tradicional. Entre los mismos se encuentran la datación que a tal libro le proporcionan los rollos del Mar Muerto y la Septuaginta situándola no en el siglo II a. de C. sino en el VI; las menciones que del libro aparecen en 1 Enoc (comp. 1 Enoc 14, 18-22 con Daniel 7, 9-10) que sí fue escrito en el siglo II y es posterior a Daniel; la referencia de Ezequiel como contemporáneo suyo (Ezequiel 14, 14); la descripción correcta de las relaciones entre Baltasar y Nabonido, así como de otras circunstancias históricas; la correspondencia lingüística del libro con lo que conocemos del siglo vi a. de C. (pero no con lo que sabemos del ii), etc.

El islam popular venera la figura de Daniel (aunque es dudoso que disfrute de un conocimiento real de la misma) y sitúa el lugar de su tumba, que es objeto de veneración, en Alejandría.

Bibl.: R. F. Burton, *Mi peregrinación a Medina y la Meca,* vol. 1, Barcelona, 1989; F. F. Bruce, *Second thoughts on the Dead Sea Scrolls,* Grand Rapids, 1961; R. K. Harrison, *Introduction...*

DANZA. El baile parece haber tenido un lugar importante en las celebraciones judías (Jueces 11, 34; 1 Samuel 18, 6-7). Constituía un signo de alegría (Salmo 30, 11; Eclesiastés 3, 4) y se usó también en celebraciones de tipo religioso (Exodo 15, 20; Jueces 21, 21-3; 1 Samuel 6, 14-23; 1 Crónicas 15, 29), aunque el danzar ante imágenes* era considerado idolatría (Exodo 32, 19; 1 Reyes 18, 26). En el judaísmo posterior, la danza ha seguido gozando de un papel relevante en algunas fiestas* y en movimientos como los *jasidim**.

El Nuevo Testamento señala también la carga de alegría ligada a la danza (Lucas 15, 25) y la describe como un elemento habitual de la vida de la época (Mateo 11, 16-7; Lucas 7, 23). Con todo, no tenemos datos acerca de su utilización en reuniones de las comunidades cristianas, aunque, dada la influencia judía, tal posibilidad no se puede descartar de manera absoluta.

El islam ortodoxo no atribuye un valor específicamente espiritual a la danza, pero no sucede lo mismo con el sufismo*. En este último caso, sin embargo, parece más bien que nos hallamos ante un fenómeno de misticismo provocado emparentado con corrientes espirituales anteriores a Mahoma*.

Bibl.: P. Parshall, *Bridges...;* C. Vidal Manzanares, *De Pentecostés...*

DARKEI HAEMORI. Lit. «las costumbres de los amorreos». Indica en el judaísmo aquellas prácticas no judías que constituyen una forma de idolatría* o representan creencias extrañas que deben ser evitadas. Según Maimónides, incluían también el uso de vestidos y peinados de movimientos religiosos no judíos.

DARKEI SHALOM. Lit. «maneras pacíficas». En el judaísmo, los modos pacíficos para llegar a reconciliar a los esposos, miembros de una familia, etc. De acuerdo al Talmud*, se consideran dentro de éstas los mandatos relacionados con la alimentación de los pobres, la visita a los enfermos y el entierro de los difuntos por cuanto contribuyen a crear un clima de paz. Son aplicables tanto a judíos como a no judíos (Git 59b; Mish Shev 4, 3).

DECÁLOGO. Ver: Diez mandamientos.

DEMAI. Lit. «sospechoso, dudoso». En el judaísmo, producto agrícola sobre el que no hay seguridad de si fue o no separado el diezmo. Un tratado entero, denominado Demat, está dedicado a este problema en la Mishnah*, Tosefta* y Talmud* de Jerusalén.

DEMONIOS. Término derivado de la palabra griega *daimon* que, originalmente, sólo servía para designar a seres superiores, situados, al menos en algunas ocasiones, entre los dioses y los humanos. Actualmente, el término va referido a espíritus inmundos o ángeles caídos de carácter malvado, cuyos poderes se movilizan mediante la magia*. El Antiguo Testamento contiene diversas referencias a los demonios, a los que acusa de tener relaciones sexuales con mujeres (Génesis 6, 2-4) antes del Diluvio, y de estar capitaneados por Satanás (lit. «el adversario»), que es causante de enfermedades (Job 2) así como enemigo y acusador de los siervos de Dios (Zacarías 3, 1 ss.) y regente espiritual oculto de los poderes mundiales opuestos al pueblo de Dios (Daniel 10, 13 ss.). En el judaísmo del segundo templo era muy común la creencia en los demonios y en las posesiones realizadas por éstos. No sólo se les consideraba origen de muchas enfermedades, sino que además se afirmaba que ellos eran los que estaban detrás de las divinidades y de los poderes políticos del paganismo. Tales ideas no serán abandonadas —más bien fueron desarrolladas— en el judaísmo del Talmud* y de la Cábala*. En el judaísmo esotérico adquirió una notable importancia la creencia en el tipo de demonio conocido como *dibuk**.

El Nuevo Testamento es, en lo que a demonología se refiere, un fiel hijo del judaísmo del Segundo Templo. Como éste, afirma la creencia en que los demonios pueden poseer a las personas (Marcos 5, 1 ss. y paralelos, etc.), que Satanás —el diablo- controla los poderes políticos mundiales (Lucas 4, 5-8 y paralelo; 1 Juan 5, 19), cuyo punto máximo de inflexión será alcanzado por el anticristo o Bestia, hechura suya (Apocalipsis 12 y 13). Los demonios se hallan detrás de muchas situaciones de enfermedad (Marcos 9, 14-29), de la labor de médiums y adivinos (Hechos 16, 16-19) y, en realidad, son los poderes espirituales que actúan detrás de las falsas religiones (1 Corintios 10, 19-22). Pero los demonios no limitan su actividad a los no cristianos. De hecho, Satanás, su jefe, en su calidad de enemigo de los seguidores de Jesús, impulsa a éstos a mentir en el seno de la comunidad cristiana (Hechos 5, 3); tienta y acusa (Apocalipsis 12, 10); utiliza la mentira y la violencia (Juan 8, 44); incita a negar el perdón a los demás (2 Corintios 2, 10-11); pretende que se caiga en el orgullo (1 Timoteo 3, 16) y que se quede atrapado en sus lazos (2 Timoteo 2, 26). Pese a todo, el Nuevo Testamento insiste en que se produjo una clara derrota del diablo y sus demonios mediante el ministerio de Jesús* (Lucas 11, 20-23) y, especialmente, a través de su sacrificio* en la cruz* (Hebreos 2, 14-5; Colosenses 2, 13-15). Por ello, los cristianos deben oponerse (Santiago 4, 7; I Pedro 5, 8-9) a los ataques del diablo revistiéndose de la armadura de Dios (Efesios 6, 10 ss.) y conscientes de que su lucha es un combate espiritual contra fuerzas demoníacas (2 Corintios 10, 3-5) en la seguridad de que la victoria es suya, ya que Cristo la ganó para ellos. De hecho, la expulsión de demonios en el nombre de Jesús —algo muy distinto del concepto de exorcismo*— forma parte de la predicación del Evangelio (Marcos 16, 15-18).

La segunda venida de Cristo implicará la derrota del diabólico anticristo en Harmaguedón* (Apocalipsis 19, 11 ss.); Satanás (al que se denomina dragón y serpiente antigua) será encadenado por mil años en el abismo (Apocalipsis 20, 1-6), al término de los cuales se le permitirá tentar a las naciones para ser, esta vez de manera definitiva, derrotado y arrojado al lago de fuego y azufre donde será atormentado junto con el anticristo y el falso profeta (Apocalipsis 20, 10), circunstancia esta última que, según Mateo 25, 41 y 46, se verá unida al castigo eterno y consciente en el infierno* de los demonios y de los condenados.

El islam profesa también la creencia en los demonios. El Corán señala cómo hacen olvidar (5, 91; 6, 68; 12, 42; 58, 19), tientan (7, 200-2), incitan al mal a los infieles (19, 83) y se oponen a los profetas (6, 112). Con todo, carecen de poder contra los creyentes (16, 99), como queda de manifiesto en el caso específico de Jesús y de María (3, 36). Tanto el diablo (*Iblis*) como sus ángeles vivían originalmente en el paraíso, de donde fueron expulsados al manifestar su oposición a la creación de Adán (2, 30) y a postrarse ante éste (20, 116; 15, 31-2; 38, 74-6; 18, 50; 17, 61, etc.). Maldito de Dios (15, 34-5; 38, 77-8; 7, 13 y 18), se dedica junto con sus demonios a tentar al hombre (114, 1-5; 20, 117; 15, 39; 38, 32, etc.) con la finalidad de causar su ruina. No resulta clara en el Corán la naturaleza exacta del diablo. Si bien parecería originalmente haber sido un ángel, otros pasajes lo sitúan entre los genios o *jinn**

(38, 76; 18, 50; 7, 12), siendo esta última creencia quizá la aportación más original del Corán al campo de la demonología. El origen de la misma no se encuentra en la Biblia y quizá pueda enraizarse en creencias preislámicas.

Bibl.: M. I. Bubeck, *The Adversary*, Chicago, 1975; L. S. Chafer, *Satan...*; M. Harper, *Spiritual...*; J. L. Nevius, *Demon...*; J. E. Orr, *Demons...*; M. F. Unger, *Demonology;* C. Vidal Manzanares, *Diccionario...*; ídem, *De Pentecostés...*; ídem, *El Primer Evangelio...*; *ERE*, I, pp. 669 ss.; IV, 615-9; Hughes, pp. 84, 137 ss. y 196.

DERECHO. El judaísmo hace girar su vida espiritual en torno a dos textos fundamentales –la Torah* y el Talmud*– que podrían ser considerados eminentemente jurídicos.

En el Nuevo Testamento, sin embargo, el papel del derecho es prácticamente inexistente. Conscientes de no ser una nación –como Israel–, sino un conglomerado de gente de todo sexo, nación y condición social (Gálatas 3, 28), los primeros cristianos optaron por aceptar las normas legales existentes (Romanos 13, 1 ss.), que sólo debían ser cuestionadas y desobedecidas si les obligaban a violar principios cristianos de conducta (Hechos 5, 28-29). Hasta el siglo IV, por lo tanto, no se plantea siquiera la tesis de un derecho cristiano y sí resulta habitual que los cristianos se enfrenten con problemas legales emanados de su negativa a aceptar el culto imperial o a servir en el ejército, dada su postura generalizada de objeción* de conciencia.

El papel del derecho dentro del islam es de una enorme relevancia puesto que todas las esferas de la vida están comprendidas en el área de la ley religiosa. Los shiítas* dependen fundamentalmente del Corán y de su tradición, considerando que cualquier elaboración jurídica posterior sólo puede provenir de la inspiración divina del imán. Los sunnitas, por el contrario, admiten el desarrollo jurídico ulterior. En conexión con la Sunna*, existen cuatro escuelas de derecho islámico que derivan su nombre del creador de las mismas: hanafita (Abú Hanifa de Kufa), malikita (Málik ibn Anas), safiita (Muhammad ibn Idrís al-Shafii) y hanbalita (Ahmad ibn Hanbal). No fueron éstas las únicas escuelas surgidas del islam sunnita. Sin embargo, las restantes (la zahirita, de tipo literalista, etc.) fueron eliminadas. Las cuatro escuelas se reconocen entre sí como ortodoxas y habría que atribuir sus diferencias más a razones geográficas que teológicas. Así, la hanafita era preponderante en el Imperio turco y la India; la safiita, en el sur de Arabia, Indonesia, Alto Egipto y Africa oriental, y la hambalita, en Arabia central.

Bibl.: J. Neusner, *The Talmud...;* E. Malka, *Derecho...;* J. M. Hornus, *It is not lawful for me to fight,* Scottdale, 1980; J. Lasserre, *War and the Gospel,* Londres, 1962; C. Vidal Manzanares, *De Pentecostés...;* Y. Richard, *L'Islam...*

DEUTEROCANÓNICOS.
Ver: Antiguo Testamento, Canon.

DEVARIM.
Lit. «palabras», nombre hebreo del libro bíblico de Deuteronomio.

DÍA CONMEMORATIVO.
Ver: Fiestas.

DÍAS SAGRADOS.
Ver: Domingo, Fiestas, Sábado.

DIABLO.
Ver: Demonios.

DIÁCONO.
Ministerio cuyos orígenes quizá puedan remitirse al judeo-cristianismo primitivo (Hechos 6, 1-7) y cuya finalidad era la de atender a funciones de beneficencia y caridad. En el pasaje referido, del que no resulta muy claro si se refiere a los diáconos, los «ministros» son elegidos por toda la comunidad y confirmados después por los apóstoles mediante la imposición de las manos (Hechos 6, 5-6). El oficio fue desempeñado también por mujeres (Romanos 16, 1) y, al menos en el cristianismo paulino, se exigían unos mínimos requisitos para desempeñarlo (1 Timoteo 3, 8 ss.). Pese a todo lo anterior, el término no parece haber contado con ningun contenido jerárquico y se aplica indistintamente a todos los cristianos (Mateo 20, 26 y paralelos; Romanos 13, 4; 15, 8; 2 Corintios 3, 6, etc.).

Bibl.: D. Guthrie, *The Pastoral...;* L. Morris, *The First...;* C. Vidal Manzanares, *De Pentecostés...;* F. F. Bruce, *Acts...*

DIÁSPORA.
Término griego que significa «dispersión». En sentido estricto, los asentamientos judíos situados fuera de Israel. En hebreo se utilizan los términos *gola* y *galut,* teniendo este último un sentido peyorativo.

Bibl.: E. Schürer, *O.c.;* R. H. Pfeiffer, *History of the New Testament times,* Grand Rapids, 1954; E. P. Sanders, *Judaism...;* J. Juster, *Les Juifs dans l'Empire romain,* París, 1914.

DIBUK.
Lit. «adhesión». En el judaísmo designa a un demonio que invade el cuerpo de un ser vivo. La creencia judía en estos espíritus ya está documentada en el periodo del Segundo Templo y fue sustentada por los primeros cristianos; ahora bien, en el judaísmo recibió un impulso especial durante el siglo xvi en relación con la Cábala* de R. Isaac Luria.

DIEZ.
1. Mandamientos. El compendio de la ley divina entregado por Dios a Moisés en el Sinaí (Exodo 20, 2-14 y Deute-

ronomio 5, 6-18). Su contenido es el siguiente: 1) Reconocimiento de la soberanía de Dios; 2) Prohibición de hacer imágenes y rendirles culto; 3) Prohibición de la blasfemia y el perjurio; 4) Descanso semanal; 5) Amor y honra de los padres; 6) Prohibición del asesinato; 7) Prohibición del adulterio; 8) Prohibición de robar y secuestrar; 9) Prohibición de la calumnia, la difamación y el falso testimonio en los procesos judiciales, y 10) Prohibición de la codicia y de la envidia.

Este decálogo fue reconocido por el cristianismo primitivo si bien profundizando los preceptos relacionados con la violencia, la inmoralidad sexual o el uso de la palabra (Mateo 5-7) y con la única variación, entre los cristianos no judíos, de sustituir el descanso semanal del sábado* por el del domingo*. Posteriormente, la influencia de las artes plásticas del paganismo llevaría al cristianismo a desechar el segundo mandamiento que prohíbe la realización de imágenes y el rendirles culto. Esta circustancia es la que ha llevado a la Iglesia católica a desdoblar el mandamiento relativo a la inmoralidad sexual en dos de forma que el número total siga siendo de diez. En las Iglesias ortodoxas se sigue el orden judío, pero se considera que la prohibición de las imágenes sólo va referida a las esculturas y no a las pinturas, lo que, si bien aparentemente, parece dejar a salvo la letra del decálogo es dudoso que respete su espíritu. Las Iglesias protestantes mantienen el decálogo en su totalidad.

En cuanto al islam, aunque los preceptos del decálogo —incluida la prohibición de hacer imágenes y rendirles culto— están recogidos sustancialmente en el Corán, tiende a centrar más la obediencia religiosa en torno a las columnas de la religión práctica*.

2. Días de penitencia. En el judaísmo, periodo especial de Rosh hashaná* (año nuevo) a Yom Kippur (día de la expiación) reservados para la expiación individual, la confesión de pecados y el arrepentimiento.

Bibl.: C. Vidal Manzanares, *De Pentecostés...;* I. Petuchowsky, *Voz...;* J. Driver, *Militantes; ERE,* IV; R. de Vaux, *Historia...*

DIEZMO. El término hebreo *maaser* designaba inicialmente una entrega de tipo voluntario consistente en la décima parte de algo (Génesis 14, 20; 28, 22). Con posterioridad vino a designar: 1. El primer diezmo o *maaser rishon* entregado a los levitas y sacerdotes (Números 18, 21 y 24), 2. El *maaser min hamaaser* o diezmo de diezmo dado por los levitas a los sacerdotes de su propio diezmo (Números 18, 26-32, Mish. Bik. 2. 5), 3. El segundo diezmo o *maaser sheiní*, consistente en la décima parte de los ingresos del granjero que podía ser llevado a Jerusalén en especie o en dinero siendo consumido allí para alegrarse y dar gracias a Dios (Deuteronomio 14, 22-27), y 4. El diezmo del pobre o *maaser aní*, que reemplazaba al anterior cada tercer y sexto año siendo entregado a los necesitados y a los levitas. La Mishnah se ocupa del tema en sus tratados «Maasrot» y «Maaser sheiní». En el moderno estado de Israel se mantiene la costumbre de los judíos piadosos de entregar la décima parte del salario con finalidades de caridad.

DILUVIO. El tema del diluvio o catástrofe universal en la que el mundo se vio anegado en el agua y sólo sobrevivió una familia o grupo reducido de personas es absolutamente universal, contándose paralelos en Polinesia, China, India, Irán, América del Norte, etc. También la Biblia recoge el relato, que, no obstante, aparece desprovisto de típicas manifestaciones del paganismo como son el politeísmo o la ausencia de mensaje ético. Según Génesis 6-9, el diluvio fue ocasionado por Dios como consecuencia de la maldad del hombre. Con todo, no toda la especie humana fue destruida, sino que se salvaron Noé, su familia y parejas de todos los animales. Con estos supervivientes establecería Dios un pacto centrado en las siete* leyes de Noé que son de aplicación universal para todos los seres humanos.

El cristianismo del Nuevo Testamento afirma asimismo la creencia en el diluvio, al que se coloca como tipo del juicio final de Dios sobre la humanidad cuando Cristo venga por segunda vez (Mateo 24, 38-9; 2 Pedro 2, 5). Si en su día fue garantía de salvación la entrada en el arca, ahora lo es la conversión y la aceptación de Jesús como salvador personal.

El Corán no proporciona propiamente un relato detallado del Diluvio similar al contenido en el Génesis aunque sí refleja la creencia en el mismo (26, 105-22; 37, 75-82, etc.). Por el contrario, sí dota a la figura de Noé* de una notable importancia como profeta antecesor de Mahoma.

Bibl.: G. von Rad, *Génesis...*; P. Bonnard, *Evangelio...*; M. Green, *The second epistle of Peter and the epistle of Jude,* Grand Rapids, 1979.

DIOS. El judaísmo es una religión absolutamente monoteísta. Profesa la creencia en un solo Dios que, por su propia esencia, resulta imposible de describir. Provisto de varios nombres*, se nos dice de El, entre otras cosas, que antes y después Suyo no hubo otros dioses ni los habrá (Isaías 43, 10-11), que creó todo sin ayuda ni presencia de nadie (Isaías 44, 24; 45, 12), primero y último

(Isaías 44, 6), clemente y misericordioso (Salmo 111, 4), que cuida de los oprimidos (Salmo 113, 7), que sana de todas las dolencias y perdona todas las iniquidades (Salmo 103, 3), que entregó la Torah a Moisés en el Sinaí (Exodo 19-20) y estableció un pacto eterno con Israel como pueblo Suyo, que ha hablado a través de los profetas, que no puede ser representado mediante ningun tipo de imagen o figuración plástica (Exodo 20, 4 ss.). Este Dios enviará a Su Mesías y resucitará al final de los tiempos a justos e injustos, proporcionando recompensa eterna a los primeros y castigo vergonzoso y consciente a los segundos (Daniel 12, 2).

El Nuevo Testamento —al igual que el cristianismo posterior— acepta todas estas afirmaciones pero las tamiza mediante la doctrina de la Trinidad* que afirma una pluralidad de personas en el seno de la única divinidad. Existen precedentes de la creencia en la divinidad del Mesías en el judaísmo, así como de la actuación de Dios en varias personas. De hecho, el judeo-cristianismo —tal y como nos refiere el Talmud*— sólo tuvo que referirse a ellas para defender su esencia judía. Así, en el Antiguo Testamento se atribuye al Mesías* el título divino de El-Guibor (Isaías 9, 5-6); Dios se expresa en términos plurales (Génesis 1, 26-27; Isaías 6, 8); el *malak Yahveh* o ángel de Yahveh no es sino el mismo Yahveh (Jueces 13, 20-22), etc., circunstancias todas estas que fueron interpretadas como señales de la revelación de la trinidad.

El Nuevo Testamento denomina así Dios a Jesús* (Juan 1, 1; Juan 20, 28; Romanos 9, 5; Filipenses 2, 5 ss.; Colosenses 2, 9-10; Tito 2, 13; Hebreos 1, 8, etc.), así como Señor* (Romanos 10, 9); afirma que Hijo* de Dios es igual a Dios (Juan 5, 18); señala que era adorado por los primeros cristianos (Mateo 28, 19-20; Hebreos 1, 6) y que se invocaba su nombre (1 Corintios 1, 2) como Señor. El Espíritu Santo* asimismo también es denominado Dios (Hechos 5, 3-4) y Señor (2 Corintios 3, 17).

En relación con el islam, podemos decir que Allah era ya adorado en Arabia con antelación a Mahoma pero, como sucede en algunas confesiones cristianas actualmente, la creencia en el mismo como ser supremo quedaba opacado por los cultos locales dedicados a otros seres (13, 17; 29, 61 y 63; etc.). La teología islámica antigua desconoce una doctrina de los atributos divinos —ésta no será desarrollada hasta más tarde— y se limita con calificar a un dios que, no obstante, considera único y sustancialmente indescriptible. Así, el Corán lo presenta como el creador (2, 111; 6, 72; 16, 42; etc.) y como el único divino y no creado (42). Omnipotente (59, 23; 13, 17; 11, 69), compasivo y misericordioso (así comienzan todas las suras salvo la novena), providente (51, 58), amoroso (85, 14), perdonador (35, 27), tiene el poder de resucitar muertos (22, 5 ss.). Convoca al hombre a creer y ser justo (103, 2 ss.; 3, 127 ss.; 16, 34; etc.) y también determina sus acciones (6, 107; 10, 110; 16, 39 y 95; etc.), lo que, al menos en apariencia, resulta contradictorio. Recompensa a los creyentes y castiga a los infieles (2, 75 ss.; 4, 17 ss.; 7, 34 y 40; etc.). Allah es totalmente diferente y por ello el culto no puede implicar nunca la comunión con Él, sino sólo el servicio dirigido a Él. Esto explica, al menos en parte, la dificultad que tuvo la mística para introducirse en el islam y su carácter siempre sospechoso desde una perspectiva ortodoxa. Una tradición que se hace remontar a Abú Hurayra y que fue transmitida por Tirmidhí atribuye a Allah 99 nombres.

Bibl.: G. von Rad, *Teología del Antiguo Testamento*, 2 vols., Salamanca, 1982; *EI*, I, pp. 332 ss. y 714 ss.; Hughes, pp. 141 ss.; Wensinck, *Creed;* O. Cullmann, *Christology...*

DIVORCIO. Disolución del matrimonio* que permite a los cónyuges contraer uno nuevo. En hebreo recibe el nombre de *guerushín* y se formaliza mediante un contrato conocido como *guet* o *sefer keritut*. La mujer puede casarse a partir de entonces con cualquier hombre salvo aquel con el que mantuvo relaciones antes del divorcio o con un sacerdote o *cohen*. Generalmente se exige que el divorcio se desarrolle ante un *bet din* o tribunal formado por tres rabinos. El Talmud* dedica el tratado «Guitim» al procedimiento de divorcio. En cuanto a las causas del mismo, la escuela de Hil.lel era partidaria de admitir como tal cualquiera que desagradara al esposo, como que la esposa quemara la comida, mientras que la de Shammai lo limitaba a los casos de adulterio. En la Antigüedad el esposo podía divorciarse de su mujer contra el consentimiento de aquélla, pero tal práctica está proscrita desde el siglo XI entre los asjenazim salvo que se produzca apostasía, mala conducta flagrante o transtorno psíquico incurable. En el estado de Israel la legislación favoreció la tesis del divorcio por mutuo acuerdo.

El cristianismo parece haber tenido una postura más rígida que el judaísmo en relación con la permisividad del divorcio. Parece evidente que Jesús rechazó el mismo, ya que éste es evidencia de la dureza de corazón del ser humano (Marcos 10, 1-12; Lucas 16, 18). Con todo, dos pasajes de los Evangelios (Mateo 5, 32; 19, 9) permiten el divorcio «en caso de fornicación». La interpretación de este pasaje al menos hasta inicios de la Edad Media abogaba por permitir el divorcio cuando se había producido el adulterio de uno de los dos cónyuges. Con todo, otros autores —generalmente, católicos— tienden a explicarlo como una referencia al concubinato, es decir, el matrimonio es indisoluble pero no la relación de concubinato. Tal argumentación, si bien no es imposible lingüísticamente, presenta considerables dificultades desde un punto de vista histórico y contextual.

El cristianismo paulino contempló también la posibilidad de divorcio cuando el cónyuge no era cristiano e imposibilitaba con su conducta la paz conyugal (1 Corintios 7, 12 ss.). Tal causa de divorcio, conocida vulgarmente como «privilegio paulino», es admitida incluso por la Iglesia católica.

El islam implicó una dulcificación de los usos anteriores a Mahoma que permitían divorciarse de una mujer en cualquier momento. Así implantó la condición de esperar tres periodos menstruales o, si la esposa estaba embarazada, hasta que naciera la criatura, debiendo mantenerse a la mujer durante este tiempo. Se introdujo también un plazo para propiciar una reconciliación. Consumado el divorcio, el esposo no podía volver a tomar a la mujer hasta que ésta se hubiera casado con otro hombre y éste se hubiera divorciado de ella (2, 230). La Sunna* permite divorciarse de la esposa oralmente o por escrito. La Sharia reconoce el derecho al divorcio por parte de la esposa (*jul*) a cambio de un pago y previo consentimiento del marido. Los distintos países sociológicamente islámicos han ampliado estos supuestos a casos como impotencia, sevicias, abandono, etc., y también prevén pensiones limitadas para la mujer. Los shiítas* «de los doce» admiten un matrimonio temporal (*muta*), rechazado por los sunnitas y los shiítas «de los siete», a la conclusión de cuyo plazo se produce una extinción automática del mismo.

Bibl.: *EI*, IV, pp. 636-40; Y. Newman, *Judaísmo...*; L. Petuchowsky, *Voz...*; L. Morris, *The first...*

DOMINGO. El primer día de la semana. El Nuevo Testamento señala que los primeros cristianos de origen gentil no guardaban los días propios del judaísmo (Gálatas 4, 10; Colosenses 2, 16). De hecho, sus reuniones tenían lugar en domingo en lugar de en sábado (Hechos 20, 7) y en ellas realizaban las colectas destinadas a la beneficencia (1 Corintios 16, 2). El origen de esta costumbre, con todo, debe buscarse en los propios judeo-cristianos (Juan 20, 19 y 26) que, como ha indicado el erudito judío D. Flusser, optaron por reunirse precisamente en un día que no interfería con el culto sinagogal. En ello influyó también una serie de hechos relacionados con el domingo. En ese día se creía que Jesús había resucitado (Juan 20, 1), que se había aparecido por primera vez a los apóstoles (Juan 20, 26 ss.), que había sido recibido el Espíritu Santo (Hechos 2, 1 ss.), etc. De hecho, en una fecha tan temprana como los años sesenta del siglo I, la expresión «día del Señor» ya iba referida al Domingo (Apocalipsis 1, 10). Para finales del siglo I (Didajé XIV; Ignacio, Epístola a los magnesios IX, etc.), ya resultaba obvio que el sábado* era el día sagrado de los judíos, mientras que el de los cristianos era el domingo.

Bibl.: F. F. Bruce, *Acts...*; D. Flusser, «Tensions between Sabbath and Sunday», en *The Jewish roots of Christian liturgy,* Nueva York, 1990; L. Morris, *The first...*; C. Vidal Manzanares, *De Pentecostés...*

DRAGÓN. Ver: Demonios.

DUELO. Prácticas de tipo ritual que se celebran con ocasión del fallecimiento de algún familiar cercano. La Biblia cita costumbres de este tipo en el periodo patriarcal (Génesis 23, 2; 37, 34; 50, 10; Números 20, 29; Deuteronomio 34, 8). Debe ser guardado por los padres, hermanos, hijos y cónyuges así como por los medio-hermanos. El duelo se divide en cuatro fases: 1. *Aninut,* que va de la muerte al funeral y en que éste debe ser preparado; 2. *Shivá,* que dura siete días y en que el duelo se mantiene en el hogar ligado a ciertas restricciones; 3. *Sheloshim,* que dura treinta días manteniéndose todavía algunas restricciones, y 4. Primer año, que cubre doce meses desde la muerte y va aplicado al duelo por los padres. Durante 11 meses debe orarse el *kadish* u oración por los difuntos. Tras el primer año de duelo se observa anualmente el aniversario de la muerte del padre en el día de *yarzait.*

El Nuevo Testamento no recoge información específica acerca de cómo era contemplado el duelo en las comunidades cristianas primitivas.

En relación con el islam, ver: Luto.

E

EFOD. Prenda que formaba parte de las vestiduras del sumo sacerdote judío (Exodo 28, 6 ss.). En algunos pasajes da la impresión de ser un instrumento utilizado para averiguar la voluntad divina.

EGIRA. Del árabe *Hijra* (emigración). Es el término que designa el viaje de La Meca a Medina en el 622 d. de C., motivado por la cada vez más deteriorada situación en la primera ciudad. Inicialmente la migración afectó sólo a los seguidores de Mahoma* y, finalmente, éste, acompañado por Abú* Bakr, optó por la misma, habiéndose adornado el episodio posteriormente de muchos detalles legendarios. Omar ibn al Jattab decretó durante su califato (634-644) que el año de la Egira se contara como el primero de la era islámica empezando desde el 16 de julio. La fecha partía, pues, de un error, ya que Mahoma, que llegó a Medina hacia septiembre, salió de La Meca en una fecha posterior a la señalada.

Bibl.: *EI*, III, pp. 366 ss.; M. Lings, *Muhammad...*; C. Cahen, *Islam...*

ELECCIÓN. Ver: Predestinación.

ELOHIM. Ver: Nombres de Dios.

ELOHISTA. Dentro de los estudios relacionados con la redacción de los libros de Moisés*, término utilizado para designar a una de las supuestas fuentes literarias o documentos que contribuyeron a su redacción final. La fuente elohista debería su nombre al hecho de denominar a Dios* uniformemente con el nombre* de Elohim*, y se dataría en torno al siglo VIII a. de C. Este punto de vista, aunque muy extendido, dista mucho de estar generalizado. Entre sus mayores detractores se encuentran los estudiosos de la Escuela escandinava de Historia de las religiones y los autores judíos U. Cassuto e Y. Radai.

Bibl.: U. Cassuto, *A commentary on the book of Genesis,* Jerusalén, 1961; R. K. Harrison, *Introduction to the Old*

Testament, 1991; G. von Rad, *Teología...*

ELUL. Sexto mes del calendario judío.

ELYÓN. Ver: Nombres de Dios.

EMIGRANTES. En el islam el término *(muhajirun)* va referido a aquellos que debieron abandonar, antes de la Ejira*, La Meca en dirección a Medina como consecuencia de su fe en la predicación de Mahoma. El Corán se refiere a los mismos en términos elogiosos (2, 215; 8, 76; 9, 20). El título como tal concluyó con la toma de La Meca. A la muerte de Mahoma, se pensó en que este colectivo eligiera a su propio caudillo, pero, finalmente, se optó por elegir califa* a Abú Bakr*.

Bibl.: EI, III, p. 640; Wensinck, pp. 98 y 156 ss.

ENCARNACIÓN. De acuerdo con el Nuevo Testamento, la creencia en que la segunda persona de la Trinidad*, que era Dios*, se encarnó como Jesús* de Nazaret a fin de obtener la salvación* de la Humanidad.

Bibl.: O. Cullmann, *Christology...;* C. Vidal Manzanares, *De Pentecostés...*

ENFERMEDAD. En relación con el judaísmo, ver: Curación, Demonios y Tzedakah.

En lo referente al cristianismo, ver: Agape, Carisma, Curación y Demonios.

En el islam existe una obligación moral de visitar a los enfermos cuyo origen quizá sea un eco de Mateo 25, 42 ss. Con todo, la creencia en curaciones taumatúrgicas es muy reducida en relación al cristianismo, se manifiesta en la práctica de conjuros* y la realización de prácticas relacionadas con la magia*, y parece hundir sus raíces en creencias preislámicas.

Bibl.: P. Parshall, *Bridges...;* Hughes p. 658; Wensinck, p. 214.

ENTIERRO. Uno de los preceptos fundamentales del judaísmo. La Biblia contiene referencias al enterramiento (Génesis 23; Deuteronomio 21, 22-23) en cuevas y durante el periodo talmúdico resultaba ya habitual la utilización de osarios y nichos. El entierro ha de realizarse el mismo día de la muerte o el siguiente. El procedimiento inicial es lavar el cuerpo y cubrirlo con un sudario blanco que, en el caso del varón, se acompaña del manto de oraciones invalidado. La cremación y el embalsamamiento están prohibidos. Acompañar el cadáver hasta el lugar del entierro es considerado un acto de bondad. Tras la sepultura, se realiza una comida de consuelo.

El Nuevo Testamento no nos proporciona datos en cuanto a

ceremonias concretas de enterramiento relacionadas con las primeras comunidades cristianas. Es posible que existiera algún tipo de servicio que se ocupara de los menesterosos, pero las noticias no resultan todo lo claras que sería de desear (Hechos 5, 6 y 10; 8, 2).

El Corán no contiene tampoco instrucciones precisas acerca de la forma en que ha de realizarse un sepelio. Habitualmente, las mujeres se lamentan con gritos agudos y el cadáver se lava, se envuelve en una mortaja y se coloca su rostro en dirección a La Meca. Ocasionalmente el cadáver es llevado a la mezquita, pero también suele ser trasladado directamente al cementerio. Acompañar al cortejo fúnebre se considera una acción meritoria. El duelo suele ir acompañado de plegarias pronunciadas por un imán* y, tras un tiempo de rezo en silencio del acompañamiento, se da sepultura al cadáver con el cuerpo orientado hacia La Meca. Se recita dos veces la *fatija** y, posteriormente, se distribuyen alimentos a los pobres. Es habitual recitar después el Corán durante varias noches en casa del difunto como sufragio por su alma.

Bibl.: Hughes, pp. 44-47; C. Vidal Manzanares, *De Pentecostés...*; Y. Newman, *Judaísmo...*

EPÍSTOLAS CATÓLICAS. Conjunto de escritos del Nuevo Testamento que comprenden la carta de Santiago, 1 y 2 de Pedro, 1, 2 y 3 de Juan y Judas. El primero en denominarlas así fue Eusebio y se ha sugerido la posibilidad de que el agrupamiento indicara una colección de obras con ese nombre. El hecho de llamarlas católicas se ha querido explicar como una contraposición a las cartas de Pablo que sí tienen un destinatario concreto, sea individual o colectivo.

Bibl.: M. Green, *Second...*; César Vidal Manzanares, *De Pentecostés...*; J. A. T. Robinson, *Redating the New Testament*, 1976; J. Sttot, *The Epistles...*; R. V. G. Tasker, *The General Epistle of James*, Grand Rapids, 1979; G. Eldon Ladd, *Theology...*

EPÍSTOLAS PASTORALES. Denominación con que se conocen las cartas de Pablo dirigidas a Timoteo (1 y 2) y a Tito. A partir de los escritos de la Escuela de Tubinga, algunos autores han negado que las mencionadas cartas puedan realmente atribuirse a Pablo. Con todo, hasta la fecha, los argumentos contrarios a una autoría paulina distan mucho de ser definitivos, mientras que los favorables a la misma (que han partido, ocasionalmente, incluso del análisis por computador) resultan más convincentes, a la vez que coherentes con las fuentes históricas de que disponemos.

Bibl.: D. Guthrie, *The Pastoral...*; F. F. Bruce, *Paul...*; J. A. T. Robinson, *Redating...*; C. Vidal Manzanares, *De Pentecostés...*

EPÍSTOLAS PAULINAS. Ver: Pablo, Epístolas pastorales.

EPÍSTOLAS UNIVERSALES. Ver: Epístolas católicas.

ESCATOLOGÍA. Término derivado del griego *esjata* (las últimas cosas) con que se denomina la parte de la teología que se ocupa del final de la historia (escatología general) y del estado posterior a la muerte (escatología particular).

El judaísmo tiene un claro contenido escatológico que podríamos sintetizar en la creencia en la inmortalidad del alma*, en la resurrección* de los muertos para recibir un premio o un castigo eternos en el mundo por venir, en la vida* eterna y en el reino del Mesías*. Estos elementos han recibido diversos matices a lo largo de su historia pero son, en términos generales, comunes a todas las ramas del judaísmo anteriores al siglo XVII. Con la aparición del movimiento de la Cábala y, posteriormente, de los *jasidim**, se introdujeron en el judaísmo algunos elementos de tipo gnóstico, como la creencia en un mundo caído que puede verse redimido mediante el conocimiento o en la reencarnación. Por otra parte, el judaísmo reformado ha tendido a enfatizar la doctrina de la inmortalidad del alma hasta el punto de eliminar prácticamente la esperanza de la resurrección.

El Nuevo Testamento presenta una escatología que, en multitud de aspectos, es coincidente con la del judaísmo del Segundo Templo. Así profesa también la creencia en la inmortalidad del alma, de la recompensa de los salvos y del castigo, consciente y eterno, de los condenados en el Infierno*. A diferencia del judaísmo de su época —aunque no en contradicción con el mismo— el Nuevo Testamento señala la existencia de un periodo intermedio entre la muerte y la resurrección de Jesús* y su segunda venida o parusía* como juez cósmico y salvador de los suyos (Mateo 24 y 25). Tal concepción es retrotraída en los escritos del Nuevo Testamento al mismo Jesús.

De la misma forma, en el Nuevo Testamento se recoge la creencia —similar a la del judaísmo del Segundo Templo— en un periodo previo al triunfo final del Mesías* —la parusía*— que se caracterizará por un empeoramiento progresivo de las condiciones mundiales, la gran apostasía y el gobierno del anticristo (Mateo 24 y 25; Marcos 13; Lucas 21; 2 Tesalonicenses 2, 1 ss.; 2 Pedro 3; Apocalipsis, etc.). Tras la derrota de éste se producirá la resurrección de todos los muertos para recibir su destino definitivo, según hayan o no aceptado a Jesús como Señor y Salvador (Juan 5, 24-29; Romanos 10, 9 ss.). El autor de Apocalipsis (c. 20) intercala entre la derrota del anticristo y la resurrección general un reinado de mil años de Cristo sobre la tierra.

Con todo, para el Nuevo Testamento la escatología no se halla proyectada de manera total hacia el futuro. Jesús ya venció en la cruz a Satanás y sus demonios*, y con ello —y su ministerio anterior— ha dado inicio al Reino de Dios (Lucas 11, 20-23) que tendrá su consumación gloriosa al fin de los tiempos (Mateo 13 y paralelos).

La fe en el día del juicio final es clave en el islam (2, 177) hasta el punto de venir ligada a la creencia en Dios (2, 8, 126 y 232; 3, 114; 4, 162; 58, 22). Todos los seres humanos han de morir (21, 34-5) y, en el momento de la muerte, se hallan presentes tanto Izrail, el ángel de la muerte, como otros ángeles (32, 11; 16, 28 y 32-3; 4, 97). Llevada al cielo, el alma del justo conoce allí que Dios le ha perdonado sus pecados y que recibirá el paraíso. Tras ello, vuelve a su cuerpo en la tierra. En el caso del condenado, su alma no llega a penetrar en el cielo y es devuelta a la tierra (62, 8). Esta creencia aparece en paralelo con otra contradictoria que consiste en afirmar que en la tumba se produce un interrogatorio llevado a cabo por los ángeles Munkar y Nakir en el caso de los condenados, y Mubashshar y Bashir de los salvos. Las preguntas son: ¿Quién es tu Dios? ¿Quién es tu profeta? ¿Cuál es tu religión? y ¿Cuál es la dirección de tu plegaria? El que responde correctamente (Allah, Mahoma, el islam, La Meca) recibirá consuelo y la promesa del paraíso; el que no actúe así ya recibirá tormento en la tumba como anticipo del infierno (47, 27; 8, 50). En este estado intermedio, el alma se halla en una situación de semiinconsciencia similar a la de un beodo (10, 45; 20, 103-4; etc.).

Al producirse la gran catástrofe (79, 34) que tiene resonancias cósmicas horripilantes (46, 4; 73, 14; 22, 1; 81, 3; 52, 9; 69, 16; 77, 8; 81, 1; 21, 104, etc.), como posible eco del Antiguo Testamento y el Apocalipsis a través de las predicaciones de los cristianos sirios, se sabrá que el juicio final está cerca. Inicialmente parece ser que Mahoma enseñó que éste se hallaba muy próximo (53, 57-8; 78, 40; 70, 6-7; 54, 1; 71, 1), aunque, posteriormente, tal idea fue diluyéndose en la afirmación de que sería repentino e inesperado (19, 39; 21, 40; 27, 65; 7, 187). Habrá una resurrección* general (4, 87; 36, 79 y 81-3) y los creyentes recibirán su recompensa eterna en el paraíso (13, 20-24; 11, 108; 34, 8-9; 52, 17-24; 56, 10-40; 55, 46-78; 76, 5-22) (aunque ocasionalmente algunos deban pasar un periodo de purgatorio en los adarves, cf. 7, 46-7) mientras que los condenados sufrirán castigo eterno en el Infierno* (20, 127, 43, 74-7; 41, 28; 11, 106-7; 6, 128, etc.). Del disfrute del Paraíso no serán excluidas las mujeres (36, 56; 13, 23; 57, 12; 33, 35 y 73; 48, 5; 9, 72; 16, 97 y 4, 124).

Bibl.: J. Grau, *Escatología...;* C. Vidal Manzanares, *De Pentecostés...;* W. Barclay, *Revelation...;* R. Khoury, *Islam...;* G. Eldon Ladd, *Apocalipsis...;* idem, *El Evangelio del Reino*, 1985; C. Rowland, *Open...;* A. Toynbee, *Crisol...;* J. Jeremías, *Teología...* v. I.

ESCLAVITUD. El Antiguo Testamento conoce la institución de la esclavitud, si bien el esclavo israelita era tratado considerablemente mejor que los de las culturas coetáneas. En primer lugar, su esclavitud no podía exceder de los seis años —salvo que deseara servir a perpetuidad a su señor de manera voluntaria—, no se le podía causar malos tratos y en el momento de su libertad no podía ser despedido sin bienes. De la misma manera, en caso de caer en manos de un extranjero se procuraba el pago de un rescate por su libertad (Exodo 21, 2-6; Levítico 25, 43; 47-55; Jeremías 34, 8-16). El esclavo no israelita podía poseer bienes y estaba prohibido causarle la muerte (Exodo 21, 20-27; Levítico 24, 17 y 22). En caso de ser mujer, disfrutaba de derechos específicos (Deuteronomio 21, 10-14). Disfrutaban del descanso correspondiente al sábado (Exodo 20, 10; 23, 12) y participaban de las fiestas* (Exodo 12, 44; Levítico 22, 11, etc.). La Torah* proporcionaba además asilo al esclavo huido, que no debía ser devuelto a su dueño (Deuteronomio 23, 15-6).

El Nuevo Testamento igualó espiritualmente a los esclavos con sus dueños (Gálatas 3, 28; Colosenses 3, 11; 1 Corintios 7, 21-2; Filemón 10-16), pero no se opuso frontalmente a la institución de la esclavitud. Recomendó a los esclavos la sumisión a sus amos por amor a Cristo (Efesios 6, 5-8; Colosenses 3, 22-25; 1 Timoteo 6, 1-2; 1 Pedro 2, 18-21) y a éstos que trataran a sus siervos como hermanos puesto que eso es lo que eran a los ojos de Dios (Efesios 6, 9; Colosenses 4, 1). Paulatinamente aquella visión socavaría los cimientos de la esclavitud y no es de extrañar que, con la excepción de la Revolución francesa, todos los movimientos de emancipación de esclavos (W. Wilberforce, J. Newton, W. Knibb, etc.) hayan arrancado de premisas neotestamentarias.

Tanto el Corán como la tradición reconocen el derecho a

tener esclavos, que, en tiempos de Mahoma, eran generalmente prisioneros de guerra. El Corán ordena que sean tratados con humanidad (4, 40), aunque eso no implicaba, por ejemplo, que las esclavas no pudieran ser obligadas a mantener relaciones sexuales con sus amos. La manumisión era posible (24, 33) y algunos delitos se penaban con la concesión de libertad al esclavo (4, 94; 58, 4). Los esclavos podían casarse entre sí pero no tener más de dos esposas. Muerto el amo, y caso de no ser manumitidos, se convertían en propiedad de los herederos de aquél. Esta visión de la esclavitud determinó indudablemente el impulso de la trata y el papel que los países árabes desempeñaron en la misma, así como la tardía abolición de aquélla en su seno. No fue hasta el 6 de noviembre de 1962 que la esclavitud fue abolida en Arabia Saudí e incluso después el tráfico de esclavos no ha conseguido ser erradicado de algunos países islámicos.

Bibl.: *EI*, pp. 24-40; W. Arafat, «The attitude of Islam to slavery», en *Islamic Quarterly*, X, pp. 12-18.

ESDRAS. 1. Sacerdote y escriba judío del siglo v a. de C., reformador religioso muy influido por el profeta Ezequiel.
2. Título de un libro veterotestamentario que describe la reforma llevada a cabo por el mismo.
3. Libros de: el 1 (Septuaginta) es el mismo que el 3 Esdras (Vulgata) y consiste en un escrito datado entre el 200 y el 50 a. de C. En cuanto al 3 Esdras de la Septuaginta es similar al 4 Esdras de la Vulgata y se escribió, posiblemente, después del 70 d. de C.

Bibl.: R. H. Pfeiffer, *History of New Testament Times*, Grand Rapids, 1949; A. Díez-Macho, *Apócrifos del Antiguo Testamento*, vol. II, Madrid, 1983.

ESPIRITISMO. Conjunto de creencias y prácticas fundadas en torno a la posible comunicación con espíritus –que suelen considerarse pertenecientes a seres superiores o a fallecidos– realizada entre un receptor o médium y un emisor o emisores que son los espíritus. El Antiguo Testamento prohíbe expresamente ese tipo de prácticas (Levítico 19, 31; 20, 6 y 27; Deuteronomio 18, 11; 1 Samuel 28, 3 ss) y atribuye a las mismas la caída de Saúl (1 Crónicas 10, 13-4). El judaísmo posterior no ha mantenido este punto de vista de manera unánime. Así, mientras Maimónides se manifestó totalmente en contra apoyándose en las enseñanzas de la Torah* (Yad. Avodat Kojavim. 11. 13), R. Eleazar de Metz (m. 1198) considera el espiritismo permisible en algunos casos y en el mismo sentido se manifiesta el Shulján Aruj (Yoreh Deah 179. 14).

El Nuevo Testamento es tajante en cuanto al contacto con espíritus y señala como origen de estas actividades, vinculadas en ocasiones a la adivinación, a los demonios (Hechos 16, 16 ss.).

Mahoma aceptó la creencia en ángeles* y demonios* que, en parte, coincide con lo enseñado por el judaísmo y el cristianismo, y, en parte, ya existía antes en Arabia. En el islam popular, estas tesis están mucho más fuertemente asentadas y han dado lugar, ocasionalmente, a fenómenos espiritistas.

Bibl.: C. Vidal Manzanares, *Diccionario...*; K. Koch, *ABC...*; F. F. Bruce, *Acts...*; *ERE*, I, pp. 669 ss.; IV, pp. 615-9.

ESPÍRITU. Ver: Alma.

ESPÍRITU SANTO. El Antiguo Testamento se refiere en diversas ocasiones al Espíritu de Dios o Espíritu Santo (este término sólo aparece tres veces: Salmo 51, 11; Isaías 63, 10 y 11). De él se dice que participó en la creación (Génesis 1, 2; Salmo 139, 7) e impulsó a personajes a los que Dios designó para alguna misión concreta (Jueces 14, 6). No puede identificarse con una fuerza o energía impersonal toda vez que sus acciones denotan una inteligencia y una voluntad personales. Así, es fuente de vida (Génesis 6, 3; Job 32, 8; 33, 4; 34, 14; Salmo 104, 30); produce efectos sobrenaturales (1 Reyes 18, 12; 2 Reyes 2, 16); mora con el pueblo de Dios (Isaías 63, 11; Ageo 2, 5); proporciona fuerza (Jueces 3, 10; 14, 6, 19; 1 Samuel 11, 6; 16, 13; 1 Crónicas 12, 18), habilidad (Exodo 31, 3) y sabiduría (Números 27, 18); instruye al pueblo de Dios (Nehemías 9, 20); inspiró a los profetas (Números 24, 2; 1 Samuel 10, 6; Miqueas 3, 8; Zacarías 7, 12) y se enoja ante la incredulidad (Isaías 63, 10). Puede decirse que, en términos generales, el Espíritu Santo es identificado con el mismo Dios.

Este mismo enfoque es el que aparece en el Nuevo Testamento. En esta parte de la Biblia, el Espíritu Santo es un ser personal que enseña y recuerda (Juan 14, 26); da testimonio (Juan 15, 26; Romanos 8, 16); guía a la verdad (Juan 16, 13); glorifica (Juan 16, 14); dirige la evangelización (Hechos 16, 6); conduce (Romanos 7, 14); intercede (Romanos 8, 26-7); dirige a la comunidad cristiana (Hechos 13, 4; 15, 28; 20, 28); impulsa la profecía (Hechos 11, 27-8; 21, 11); ordena (Hechos 11, 12; 13, 2); da carismas* o dones (I Corintios 12, 7-11); revela (Lucas 2, 26); se expresa mediante frases coherentes (Hechos 8, 29); puede ser resistido (Hechos 7, 51), etc. De la misma manera se le identifica con Dios (Hechos 5, 3-4; 28, 25-6 con Isaías 6, 8-9; Hebreos 3, 7-11; 2 Corintios 3, 17), se puede blasfemar contra él (Marcos 3, 29) y tiene un nombre común con el Padre y el Hijo (Mateo 28, 19-20). Históricamente se ha tendido a hacer surgir el origen de la creencia en la Trinidad en la visión de Jesús* como encarnación* de Dios*. Sería seguramente interesante ahondar en la influencia que en el génesis de tal doctrina pudo tener la consideración del Espíritu Santo como el mismo Dios.

El Corán, posiblemente como residuo de los contactos de Mahoma con el cristianismo, contiene la expresión *ruj al-qudus* («espíritu santo»). No obstante, al mismo se le suele identificar con Gabriel. Este «espíritu santo» habría fortalecido a Jesús (2, 81; 2, 254; 5, 109), fue inspirado en María (21, 91; 46, 12) y tocó el corazón de Mahoma como *al-ruj al-amin* («el espíritu fiel»). En estos dos últimos casos, la identificación con Gabriel parece evidente y deja asimismo de manifiesto la comprensión defectuosa que el islam presenta en relación con determinadas enseñanzas bíblicas.

Bibl.: *EI*, III, p. 827; Hughes, p. 177; F. F. Bruce, *Acts...*; C. Vidal Manzanares, *De Pentecostés...*; L. Morris, *The first...*; E. Blaiklock, *Acts...*

ESPÍRITUS. Ver: Alma, Angeles, Demonios, Espiritismo, Espíritu Santo, Jinn.

EUCARISTÍA. Lit. «acción de gracias». Rememoración de la última cena compartida por Jesús* con sus discípulos. Parece indiscutible que esta cena fue una cena pascual no sólo por las propias palabras de Jesús (Lucas 22, 15; Mateo 26, 17; Marcos 14, 12), sino por la descripción que evidencia un *seder** pascual. Así hay referencias al inicio de la cena con una acción de gracias, se parte el pan como lo hace todo padre de familia judío en la cena pascual, se pasa la copa judía de las bendiciones (1 Corintios 10, 16; 11, 25), etc. Las únicas diferencias —importantísimas por otra parte— radican en el hecho de que Jesús asocia el pan que pasa con su cuerpo que va a ser entregado expiatoriamente en la cruz (Lucas 22, 19), dando así lugar al Nuevo Pacto anunciado por Jeremías 31, 27 ss.; y en que establece que la mencionada ceremonia se efectúe en «memoria» suya (Lucas 22, 19) hasta que él regrese en su reino (Lucas 19, 16-18; 1 Corintios 11, 25-6). Las fuentes nos refieren que, efectivamente, los primeros cristianos siguieron celebrando este ritual —al parecer, denominado partimiento del pan y cena del Señor— generalmente en domingo* (Hechos 20, 7) y unido a una comida fraterna (1 Corintios 11, 17 ss.). La eucaristía parece haber tenido un valor meramente conmemorativo, desprovisto de la idea sacrificial que se le daría durante la Edad Media que choca, por ejemplo, con tesis como las sustentadas en Hebreos 10, 10-14. Tampoco aparece en el Nuevo Testamento la idea de que se consuma la carne y la sangre de Cristo, una tesis bajo imperial que no será formulada dogmáticamente hasta el siglo XIII. Pablo establece que lo que se toma es realmente pan y vino (1 Corintios 11, 26-28), aunque reconoce que el hacerlo indignamente implica ofender al cuerpo y a la sangre de Cristo. De la misma manera, parece que creía en que la ingestión del pan y del vino provocaba alguna forma de comunión espiritual con el Jesús resucitado, en cierta medida similar a la que experimentaban con los demonios los paganos que practicaban su propia religión (1 Corintios 10, 20-22).

Bibl.: L. Morris, *The first...*; F. F. Bruce, *Paul...*; L. Deiss, *La Cena...*; C. Vidal Manzanares, *De Pentecostés...*

EVA. En hebreo Havvah, «vida» o «la que da vida». Nombre de la compañera de Adán, según el relato del Génesis 2, 21 ss. Fue creada de la costilla situada al lado del corazón del hombre (según una tradición rabínica, para que ni se enseñoree de él ni sea dominada por él, sino que comparta su vida con él). Engañada por la serpiente (un símbolo del diablo) fue causa de su caída* y de la de su esposo.

El Nuevo Testamento considera más culpable de la caída* a Adán puesto que éste actuó de manera voluntaria y consciente, mientras que ella fue seducida (1 Timoteo 2, 13-4).

El Corán no menciona específicamente a Eva, si bien de ciertas suras (2, 35-6; 4, 1; 7, 19-27; 20, 117-23) se desprende que el personaje era relativamente familiar a Mahoma* aunque no parece que conociera su nombre ni el papel exacto que desempeñaba en el relato del Génesis.

Bibl.: ERE, V; G. von Rad, *El libro...*; D. Guthrie, *Pastoral...*

EVANGELIOS. La palabra evangelio procede del griego *euanguelion,* que significa «buena noticia». El término se utilizó originalmente para referirse al mensaje predicado por Jesús* (Marcos 1, 1) y, posteriormente, pasó a designar los escritos en que se relataba la vida y obra de éste. El Nuevo Testamento comprende cuatro evangelios a los que se denomina canónicos que son Mateo, Marcos y Lucas (también conocidos como evangelios sinópticos) y Juan. Previamente a la redacción de los mismos es muy posible que existieran recopilaciones de dichos o de relatos relacionados con milagros de Jesús o con su muerte y resurrección. Existe discusión sobre la datación exacta de los mismos pero puede darse por seguro que Marcos se escribió antes del 70 d. de C., posiblemente en la década de los 60 del siglo I d. de C, aunque hay razones para situarlo en la de los 50 e incluso en la de los 40. La primera redacción de Juan y, seguramente, Lucas, ya que Hechos —al que antecede— se escribió con anterioridad al 63 d. de C., posiblemente podrían situarse también antes del 70 d. de C. En cuanto a Mateo, su redacción podría establecerse asimismo antes del 70 d. de C. En su conjunto, buena parte de la información que proporcionan los evangelios es fácilmente contrastable con otras fuentes históricas y fidedignas. Los retratos de los personajes históricos (Pilato, Anás, Herodes, etc.) se corresponden con lo que ya conocemos por otras fuentes y lo mismo puede decirse de las descripciones relativas al ambiente social, político y religioso en que discurre su acción.

Aparte de estos evangelios existieron otros denominados apócrifos porque fueron excluidos del canon bien por su carácter legendario (Evangelio de Nicodemo, de Santiago, etc.), bien porque eran vehículo de tesis heréticas, como fue el caso de los evangelios gnósticos (Evangelio de Tomás, de María, etc.).

El Talmud* ha recogido fuentes judías en las que se nos informa de la hostilidad que los rabinos manifestaron hacia los evangelios, a los que se denominó burlonamente *aven guilyon* (hojas de engaño) o *avon guilyon* (hojas de pecado) (Sab 116a). En algunos textos talmúdicos nos encontramos con ataques a ciertos pasajes concretos de los evangelios. Así, Sab 116 cuestiona Mateo 5, 13 y Bekorot 8b a Mateo 5, 13. Tosefta Hullin 2, 20-1 llega a acusar a los libros cristianos de ser como libros de brujería*. Con todo, las referencias talmúdicas confirman los datos evangélicos en lo relativo a las causas de la muerte de Jesús, la forma de ejecución, sus enseñanzas, la visión que tenía de sí mismo y la realización por éste de hechos milagrosos que se atribuyen al hecho de que Jesús era un hechicero (T Hul, II, 22-23; TB, Av. Zar 27b; TJ. Shab, 14; TJ. Av. Zar, 2. 2, etc.). Durante este siglo, algunos autores judíos han ido concediendo una mejor valoración a los evangelios tanto desde una perspectiva histórica como espiritual. Así, David Flusser ha escrito: «los discípulos de Jesús que relataron los hechos y las palabras del maestro... no podían por menos de aspirar a la máxima veracidad y exactitud, pues para ellos se trataba de la fidelidad a un imperativo religioso y no les era lícito apartarse de lo realmente sucedido; debían transmitir con la mayor exactitud las palabras del maestro... pues de no atenerse fielmente a los hechos hubieran puesto en peligro su salvación eterna. No les era lícito mentir» (*Jesús...*, p. 148).

El Corán* los menciona como una revelación anterior y verdadera procedente de Dios (3, 3, 48, 65; 5, 46-7, 66, 68, 110; 7, 157; 9, 111; 48, 29; 57, 27), pero no parece que el conocimiento que Mahoma tenía de los mismos pasara de lo superficial. Las evidentes contradicciones existentes entre los evangelios y el Corán son achacadas en el islam a la mala fe de los cristianos, que habrían alterado los textos sagrados; tal posibilidad es, siquiera en términos textuales, imposible si tenemos en cuenta el hecho de que contamos con centenares de textos, totales o parciales, de los evangelios anteriores al nacimiento de Mahoma*.

Bibl.: D. Flusser, *O.c.;* F. F. Bruce, *¿Son fidedignos los documentos del Nuevo Testamento?*, Miami, 1972; ídem, *The canon...*; J. Klausner, *Jesús...*; J. A. T. Robinson, *Redating...*; C. Vidal Manzanares, *El Primer Evangelio...*; J. Wenham, *Redating Mathew, Mark and Luke*, Londres, 1991.

EXCOMUNIÓN. Ver: Anatema, Jerem.

EXORCISMO. Ritual encaminado a expulsar del cuerpo de una persona al demonio o demonios* que lo poseen. En sentido estricto, no puede decirse que la Biblia contenga relatos de exorcismos, ya que, en ningún caso, se describe ningún ritual. En el Nuevo Testamento se nos dice que Jesús expulsaba demonios no a través de un ceremonial, sino simplemente ordenándolo en base a su propia autoridad (Mateo 8, 16; Marcos 1, 27). Sus discípulos están investidos de esta misma autoridad (Mateo 10, 1 y paralelos) y tampoco se nos refiere que usaran ningún ceremonial específico, sino que se limitaban a ordenar a los demonios en el nombre de Jesús que abandonaran a la persona (Lucas 10, 17-20; Hechos 16, 16 ss.; etc.). Si el antiguo poseso no llena su vida posteriormente con la aceptación de Jesús y su mensaje, los Evangelios advierten que se verá sometido a un ataque demoniaco aún peor (Lucas 11, 24-6).

El judaísmo talmúdico sí hace referencia propiamente al exorcismo y lo mismo podría decirse del islam popular.

Bibl.: P. Parshall, *Bridges...*; L. S. Chafer, *Satan...*; C. Vidal Manzanares, *De Pentecostés...*; M. I. Bubeck, *Adversary...*

EXPIACIÓN. Reconciliación efectuada entre Dios y los hombres sobre la base de la muerte de un ser inocente y perfecto, al que se le imputa la falta, en lugar del transgresor. Sobre esta base, se realizaban sacrificios en

Yom Kippur (Levítico 16, 23, 26-32; Números 29, 7-11) por los pecados del pueblo. El Antiguo Testamento señalaba incluso que el mesías*, conocido como siervo de Yahveh, sería cargado con los pecados de todo el pueblo (Isaías 53, 6) y muerto por ellos (Isaías 53, 5-10). Estas tesis fueron descartadas de manera casi general del judaísmo tras el Segundo Jurbán* en parte porque era imposible continuar con el sistema de sacrificios expiatorios del templo, en parte porque entroncaba con las tesis de los cristianos.

Según las fuentes, Jesús* se vio a sí mismo como el siervo mesiánico de Isaías 53 y concibió su muerte en términos expiatorios por los pecados de los hombres (Marcos 10, 45), tal y como manifestó en su última cena con los discípulos (ver: Eucaristía). Indudablemente, sus discípulos interpretaron la muerte de Jesús como la expiación, proporcionada por alguien perfecto e inocente, por los pecados del mundo (Hebreos 9, 1-12, 24-8). Esperaban que aquella muerte haría cesar, más tarde o más temprano, el sistema de sacrificios del templo de Jerusalén (Hebreos 8, 13) y el hecho de que así fuera debió confirmar la fe que tenían en la veracidad de su interpretación.

Del hecho de la expiación se desprendía que nadie podía salvarse por las propias obras –de ser así, Cristo no hubiera tenido que morir (Gálatas 2, 21)– y que el único camino de salvación era aceptar mediante la fe el sacrificio* expiatorio de Cristo en la cruz (Romanos 3, 19-31).

Para la visión del islam sobre el carácter expiatorio de la muerte de Jesús, ver: Crucifixión.

Bibl.: K. Barth, *Epistle...*; César Vidal Manzanares, *De Pentecostés...*; ídem, *El Primer Evangelio...*; L. Morris, *The cross in the New Testament*, Exeter, 1979; J. Denney, *The death of Christ*, Londres, 1970.

ÉXTASIS. Estado anormal de conciencia en que la persona queda aislada del entorno y absorta en una experiencia de la divinidad. En el Antiguo Testamento aparecen varios casos, generalmente relacionados con revelaciones proféticas (Isaías 6; Ezequiel 1, etc.). Lo mismo puede decirse del cristianismo neotestamentario (Apocalipsis 1, 10), donde además parece que tales estados eran relativamente frecuentes en relación con ciertos carismas* del Espíritu Santo* como en el caso del don de lenguas* o glosolalia. El Nuevo Testamento insiste en poner a prueba este tipo de experiencias cuyo origen no siempre es divino. Así, si el mensaje recibido en estado extático es contrario al Evangelio de la sola gracia predicado por Pablo (Gálatas 1, 6-10) o niega la divinidad de Cristo u otras verdades fundamentales (I Juan 4, 1 ss.) debe ser rechazado.

El islam conoce los fenómenos extáticos, ya que Mahoma* los experimentó y son relativamente frecuentes en el islam popular.

Bibl.: P. Parshall, *Bridges...*; L. Morris, *The revelation...*; ídem, *The first...*; J. Sttot, *Epistles...*; A. J. Heschel, *Los profetas,* vol. III, Buenos Aires, 1973.

EZEQUIEL. Profeta judío del siglo VI a. de C. Procedía de estirpe sacerdotal y los datos que nos proporciona su libro nos permiten conocer muy a fondo la espiritualidad judía en los primeros años del exilio en Babilonia. Ezequiel hace un hincapié muy especial en la responsabilidad personal y prevé una restauración espiritual de Israel como una teocracia. El libro que lleva su nombre contiene una de las primeras referencias bíblicas a la resurrección (c. 37).

Bibl.: R. K. Harrison, *Introduction...*; G. von Rad, *Teología...*, v. II; L. A. Schëkel y J. L. Sicre, *Profetas,* vol. II, Madrid, 1980; Y. Kaufmann, *The religion of Israel,* Nueva York, 1972.

F

FAMILIA. Honrar al padre y a la madre es uno de los Diez* mandamientos y constituye incluso el primero que lleva aneja una promesa de bendición divina (Exodo 20, 12; Deuteronomio 5, 16). Este mandato llevaba aneja la obligación de sostener económicamente a los padres cuando éstos lo necesitaran. Se consideraba como gravísima ofensa el injuriar a los padres (Levítico 20, 9). El matrimonio* era considerado como el estado ideal del ser humano. La esterilidad se veía como un mal de envergadura (1 Samuel 1, 5 ss.), mientras que la fecundidad era considerada como una bendición (Salmo 127, 3; 128, 3). Los primogénitos debían ser consagrados a Dios (Exodo 13, 1 ss.) y se consideraba obligación de la totalidad de los hijos el someterse a los padres y obedecerlos (Proverbios 13, 1), hasta el punto de que la Torah* prevé la ejecución del hijo rebelde (Deuteronomio 21, 18 ss.) y que el mismo es considerado una terrible desgracia (Proverbios 17, 25). Los padres tenían la obligación de instruirlos espiritualmente (Deuteronomio 4, 9 ss.; 6, 7 ss.) y educarlos, utilizando, si era preciso, un castigo corporal moderado (Proverbios 19, 18; 29, 17). Debían ser compasivos con los hijos (Salmo 103, 13). Los hermanos debían ayudarse entre sí, especialmente en medio de las dificultades (Proverbios 17, 17 y 18, 19) y, en caso de que un hermano varón falleciera sin dejar descendencia, resultaba de aplicación la institución del levirato* (Deuteronomio 25, 5 ss.). El judaísmo rabínico no llegó a aplicar nunca la norma contenida en Deuteronomio 21, 18 ss., e incluso expresó sus dudas en el sentido de que hubiera existido nunca un hijo que mereciera ese castigo. Con todo, en términos generales, se manifestó fiel a las normas contenidas en el Antiguo Testamento, aunque se sabe de algunos recursos jurídicos –el mecanismo de *corban*– para eludir la obligación de sostener económicamente a los padres.

Jesús* parece haberse mostrado acorde con el pensamiento del Antiguo Testamento y así manifestó su contrariedad ante el mecanismo jurídico del *corbán* que permitía eludir la obligación de ayudar a los padres si los bienes se consagraban a Dios (Mateo 15, 1 ss. y paralelos). Con todo, relativizó considerablemente los vínculos familiares al anteponer la relación con él a cualquier otra (Mateo 8, 21; 10, 37 y par.) y parece haber tenido una clara actitud de distanciamiento hacia su madre y sus hermanos, hasta el punto de considerar que tenían categoría de tales sólo aquellos que escuchaban la Palabra de Dios y la obedecían (Lucas 8, 19-21 y par; Juan 2, 1-4). Por otro lado, Jesús previó que aquellos que lo siguieran se encontrarían ocasionalmente con problemas causados por sus familiares (Marcos 13, 12 ss.). Es posible que el círculo íntimo de sus seguidores igualmente haya marcado distancias con sus familiares más cercanos al seguir a Jesús (Marcos 10, 28 ss.), aunque esto no es totalmente seguro. De hecho, la práctica totalidad de los apóstoles eran hombres casados que eran acompañados por sus esposas en sus viajes misioneros (1 Corintios 9, 5). También parece haber surgido de la enseñanza de Jesús la costumbre de los primeros cristianos de llamarse hermanos entre sí (Mateo 23, 8) simbolizando una nueva relación familiar —ésta de corte espiritual— en la que se recibe como padre al mismo Dios, cuando se acepta a Su Hijo Jesús (Juan 1, 12). Serían pues hijos de Dios no todos los seres humanos, sino sólo aquellos que han recibido a Cristo como su Salvador y Señor, así como la adopción de Dios sellada por el Espíritu Santo (Romanos 8, 14 ss.).

El Nuevo Testamento contiene instrucciones en relación con la vida de familia que son, en buena medida, herederas del pensamiento judío salvo en la negación de la poligamia que, por otra parte, ya era muy excepcional en la época. Se insiste en considerar la castidad* como un valor indispensable en el matrimonio; se estipula que las mujeres se sometan a sus maridos y éstos amen a sus esposas como Cristo lo hizo por su Iglesia (Efesios 5, 22-33; Colosenses 3, 18-19); se ordena a los hijos honrar, obedecer y cuidar de sus padres (Efesios 6, 1-3; Colosenses 3, 20; 1 Timoteo 5, 4) y a los padres que eduquen a sus hijos en disciplina y temor de Dios, sin irritarlos innecesariamente (Efesios 6, 4; Colosenses 3, 21). El llevar una vida de familia ejemplar —especialmente en lo que a relación con la esposa y los hijos se refiere— es indispensable para poder ser obispo (1 Timoteo 3, 1-5; Tito 1, 5-6), pues se considera que quien no atiende a su familia debidamente es peor que un no creyente (1 Timoteo 5, 8).

El Corán considera la familia como un don de Dios (16, 72) y el matrimonio* como un deber (24, 32) que se regula con relativa minuciosidad (2, 221-225; 4, 19-28, 35, 128-30; 33, 49). Aunque la poligamia es admitida (4, 3, 128-9) queda limitada a cuatro esposas legales, que deben ser tratadas con cortesía (33, 53-5). Los padres deben ser obedecidos ciegamente por sus descendientes (5, 104; 7, 28; 31, 21; 37, 69-74) y entre los mandamientos más importantes de Allah se halla el cuidado de los padres incluso aunque éstos hayan envejecido y puedan resultar molestos (17, 23-4; 29, 8; 31, 14-5; 46, 15-20; etc.).

Bibl.: P. Bonnard, *O.c.;* K. Barth, *O.c.;* C. Vidal Manzanares, *De Pentecostés...;* Y. Kaufmann, *O.c.;* H. W. Wolf, *Antropología del Antiguo Testamento,* Salamanca, 1975; K. Ahmad, *La familia islámica,* Madrid, 1990.

FAQUIR. Lit. «pobre». Los sufíes utilizan el término en un sentido espiritual, simbolizando con él a la persona que tiene el deseo de buscar a Dios. También se designa así al pordiosero que adopta esta posición por razones espirituales.

Bibl.: EI, II, p. 46; IV, p. 1239; Hughes, pp. 115 ss.

FARISEOS. Lit. «separados», aunque originalmente quizá significó «persas» como referencia al origen que los saduceos atribuían a algunas de sus interpretaciones. Sector interpretativo dentro de la religión de Israel correspondiente a finales del periodo del segundo templo que se caracterizaba por tener una *halajá** propia de interpretación de la Torah*. A diferencia de los saduceos —e igual que cristianos, esenios y sectarios de Qumran—, creían en la resurrección* de los muertos, los ángeles*, el libre albedrío y la providencia divina. Defensores de la importancia de la ley oral, muchos entraron a formar parte del judeo-cristianismo en un periodo comprendido, *grosso modo,* entre el 40 y el 62 d. de C. Desaparecieron como tal grupo con el Segundo Jurbán*, pero no puede dudarse de que fueron la base sobre la que se alzó el judaísmo oficial posterior y que su especial visión de las Escrituras es la recogida en la Mishnah* y el Talmud*.

Bibl.: L. Finkelstein, *The Pharisees,* 2 vols., Filadelfia, 1946; Schürer, *History...;* J. Neusner, *Judaism in the beginning of Christianity,* Londres, 1984; C. Vidal Manzanares, *El Primer Evangelio...;* H. Maccoby, *Judaism in the first century,* Londres, 1989; E. E. Urbach, *Sages...*

FATIJA. En árabe, «la que abre». Denominación atribuida a la primera sura del Corán, a la que se dispensa especial devoción. Se emplea en el culto, en la visita de santuarios, en las oraciones por los difuntos y en algunos tratos comerciales. Se utiliza también en conjuros*.

Bibl.: *EI*, II, p. 841; Hughes, p. 125; Nöldeke, pp. 110 ss.

FÁTIMA. Hija de Mahoma*, casada con Alí* ibn Abú Tálib. De este matrimonio descienden los imanes* shiítas*. A la muerte de su padre, se indispuso con Abú* Bakr, ya que éste le negó la posesión de una propiedad en Jaybar. Como consecuencia de esta acción, Alí no lo reconoció como califa hasta la muerte de Fátima. En Túnez existió un califato fatimita fundado por Ubaydallah que pretendía descender de Mahoma a través de Fátima. La dinastía, que se extendió por Egipto y Siria, fue derrocada por Saladino (1171). La figura de Fátima reviste especial relevancia para los shiítas. Junto con Mahoma y los doce imanes pertenece en el shiísmo al pleroma de los purísimos. Ciertos sectores del shiísmo le rinden una devoción similar a la que ortodoxos y católicos tributan a María, dirigiéndole oraciones y celebrando fiestas en su honor. Creen asimismo que será la primera en entrar en el Paraíso. Algunos amuletos que representan su mano son utilizados en los conjuros*.

Bibl.: *EI*, II, pp. 841-62; Hughes, p. 125.

FATIMITAS. Ver: Fátima.

FE. El asentimiento prestado a una creencia unido a la confianza en la misma. No puede identificarse por lo tanto con la mera aceptación mental de unas verdades reveladas. Resulta un principio activo en el que se combinan el entendimiento y la voluntad. Es este tipo de fe el que hizo que Abraham fuera considerado justo delante de Dios (Génesis 15, 6) y el que permite que el justo viva (Habacuc 2, 4).

Para el cristianismo del Nuevo Testamento, el término implica una importancia radical porque en torno al mismo gira toda su visión de la salvación humana. Mediante creer se recibe vida eterna y se pasa de muerte a vida (Juan 3, 16; 5, 24; Hechos 16, 29-31), ya que creer es la «obra» que uno debe realizar para salvarse (Juan 6, 28-29). Dado que el hombre no puede salvarse por sus propias obras y que por eso tuvo que morir Cristo como expiación* en su lugar (Gálatas 2, 15-21), la aceptación de ese sacrificio* se realiza mediante la fe (Efesios 2, 8-9). De hecho, es gracias a aceptar con fe a Jesús que uno se convierte en hijo de Dios (Juan 1, 12). Sin fe resulta imposible agradar a Dios (Hebreos 11, 6) y la fe es lo que subyace tras las acciones de los hombres y mujeres de Dios (Hebreos 11). Precisamente por lo que implica de confianza el concepto de fe, ésta no puede ir desligada de las obras –que son la prueba de que la fe existe– aunque la salvación es obtenida por la fe, sin las obras de la ley (Efesios 2, 8-10; Gálatas 3, 10-12). La fe actúa a través del amor (Gálatas 5, 6), vence a los poderes del mundo (1 Juan 5, 4), es el medio para recibir no sólo la salvación sino también la curación* milagrosa (Lucas 5, 20; 7, 50; 8, 48) y puede llegar a mover montañas (Mateo 17, 20 ss.). Ocasionalmente, el término es utilizado para designar el conjunto de verdades contenido en la predicación cristiana (Hechos 6, 7; 24, 24; Romanos 1, 5, etc.).

En el islam, la fe tampoco es la simple aceptación de ciertas creencias, sino que implica además la conducta armónica con aquéllas y, más concretamente, la obediencia a las columnas de la religión práctica*. Por ello, carece de valor esperar hasta la hora de la muerte para aceptar el islam (6, 159). Mientras que los jarijitas defienden que ningún pecador puede tener fe, los murjitas sostienen que el pecado no anula la fe. Pese a todo el aspecto voluntarista que parece tener el término «fe» en el islam, el Corán enseña paradójicamente que nadie puede creer si no le es concedido por Dios (10, 100).

Bibl.: A. Cole, *Epistle...*; K. Barth, *Epistle...*; F. F. Bruce, *La epístola...*; *EI*, II, pp. 474 ss.; Hughes, pp. 204 ss.; Wensinck, *Creed*, pp. 125 y 131 ss.

FECUNDIDAD. Ver: Familia.

FIESTAS. En el judaísmo existe una división clara entre fiestas mayores –en su mayoría dotadas de un antecedente bíblico– y menores. Pertenecen a las primeras la de año nuevo o Rosh hashaná (1 y 2 de Tishrei), la del día de la expiación o Yom Kippur (10 de Tishrei), la de los tabernáculos o Sukot (15 al 21 de Tishrei), la de Shemini Atzeret u octavo día de asamblea (22 de Tishrei), la de Simjat Torah o regocijo de la ley (22 de Tishrei en Israel, 23 en la Diáspora), la de Pesaj o Pascua (15 al 21 de Nisán en Israel, del 15 al 22 en la Diáspora) y la de Shavuot o Pentecostés o de las semanas (6 de Siván en Israel, 6 y 7 de Siván en la Diáspora). Son fiestas menores las de Janucá (ocho días desde el 25 de Kislev), la de Tu Bishevat o nuevo año de los árboles (15 de Shevat), la de Purim o suertes (14 de Adar y 15 en Jerusalén), la de la independencia de Israel o Yom Haatzmaut (5 de Iyar), la de Lag Baomer o 33 días del cálculo de omer (18 de Iyar) y la del día de Jerusalén o Yom Yerushalaim (28 de Iyar).

A estas festividades cabría añadirle los dos días de conmemoración: el día del Holocausto o Yom Hashoa (27 de Nisán en Israel, 17 de abril en la Diáspora) y el día de los caídos por la defensa de Israel o Yom Hazicarón (4 de Iyar).

Los judeo-cristianos* parecen haber guardado las fiestas del judaísmo regularmente, aunque con la sensación de que todo el sistema judío se hallaba abocado a un fin cercano (Hebreos 8, 13). En cuanto a los cristianos de origen gentil, resulta evidente que, desde un principio, no se hallaron vinculados a respetar las fiestas judías (Gálatas 4, 10; Colosenses 2, 16) y que tampoco guardaban el sábado*, sino que celebraban sus reuniones en domingo* (Hechos 20, 7). De hecho, el concilio* de Jerusalén (Hechos 15) no contiene ninguna disposición en el sentido de que debieran someterse a ninguna de las fiestas propias de la Torah*.

Para el islam, ver: Id al-adha* e Id al-fitr *.

Bibl.: C. Vidal Manzanares, *De Pentecostés...;* Y. Newman, *Judaísmo...;* C. Shepherd, *Jewish holy days,* 1988; J. Barylko, *Usos y costumbres del pueblo judío,* Buenos Aires, 1991; ídem, *Celebraciones judaicas,* Buenos Aires, 1990.

FILACTERIAS. Ver: Tefilim.

FIQH. Originalmente el término significa «conocimiento», pero, posteriormente, se aplicó a la jurisprudencia destinada a regular el culto y la fe, pero, igualmente, las leyes sociales, políticas, etc. Parte pues del principio, típico del islam, que afirma que todo ha de regirse por la ley religiosa.

Bibl.: EI, II, pp. 886-91.

G

GABAI. En el judaísmo, el guardián o tesorero de la sinagoga. En ocasiones, suele haber uno principal o *parnás* y otro subalterno.

GABRIEL. Palabra cuyo significado puede ser «Dios se ha mostrado fuerte». Angel de elevada categoría enviado a Daniel para interpretarle una visión (Daniel 8, 16-27) e indicarle la profecía de los setenta sietes o semanas (Daniel 9, 21-7). Hay referencias suyas también en el escrito apócrifo* o pseudoepigráfico* de 3 Enoc (1, 267).

El Nuevo Testamento lo relaciona con los anuncios de nacimiento de Juan el Bautista (Lucas 1, 11-22) y de Jesús (Lucas 1, 26-38).

El islam afirma que a través suyo le fue revelado el Corán a Mahoma, al que, según la tradición, se le apareció muchas veces. El Corán lo menciona por su nombre en dos ocasiones (2, 91; 66, 4), aunque muy posiblemente se refiera también a él mediante los títulos de «espíritu santo» (2, 81, 254; 5, 109; 16, 104), «espíritu fiel» (26, 193) y «terrible en poder» (53, 5).

Bibl.: EI, II, pp. 362-4; J. H. Charlesworth, *The Old Testament Pseudepigrapha,* 2 vols., Nueva York, 1983; Alejandro Díez-Macho, *Apócrifos...*

GÁLATAS. Destinatarios de una epístola paulina que lleva su nombre y a los que posiblemente se puede identificar con los mencionados en 1 Corintios 16, 1. Se ha discutido si la carta va referida a los gálatas del norte (étnicos) o a los del sur (administrativos). En favor de la segunda tesis está el hecho de que no tenemos noticia de comunidades cristianas en la zona norte hasta fecha muy tardía; Bernabé es relacionado en el libro de los Hechos con la zona sur; Pablo solía emplear calificativos administrativos antes que étnicos (1 Corintios 16, 19); es más lógico pensar que los judaizantes hubieran seguido a Pablo al sur de Galacia que no por la llanura norte de la misma; la lista de delegados paulinos de Hechos 20, 4 menciona personas del sur de Galacia pero no del norte y, finalmente, no encaja con la estrategia paulina el evangelizar zonas no especialmente pobladas y urbanas (el norte) en desprecio de otras que sí lo eran (el sur). La carta debe ser fechada c. 48 d. de C., y, desde luego, antes del concilio* de Jerusalén (Hechos 15), siendo la visita a esta ciudad (que se relata en el capítulo 2 de la misma) la mencionada en Hechos 11, 27-30. Los temas fundamentales desarrollados en esta obra son la afirmación de que la justificación se obtiene por la fe en el sacrificio de expiación* de Cristo y no por las obras de la ley (2, 15-21; 3, 11-13); la insistencia en que los cristianos gentiles no están sometidos a la Torah* o ley de Moisés (3, 19-29) y el llamado a la vida de libertad en el Espíritu* en contraposición a la esclavitud de la ley y a las obras de la carne* (Gálatas 5 y 6).

Bibl.: A. Cole, *Epistle...*; C. Vidal Manzanares, *De Pentecostés...*; F. F. Bruce *Paul...*

GEHENNA. Lit. «valle del Hinom», el lugar en Jerusalén donde se practicaba en la Antigüedad el sacrificio de niños en honor de Moloc (2 Reyes 23, 10). Durante el judaísmo del Segundo Templo comenzó a significar el Infierno o lugar donde los malos sufren tras la muerte un castigo consciente por sus pecados (Mish. Avot 1.5; 5.22, 23; Er. 19a). Este mismo es el significado que da a la palabra el Nuevo Testamento que describe como lugar de tormento eterno y consciente al Gehenna utilizando las expresiones descriptivas de «fuego eterno» (Mateo 18, 8); «gusano que no muere y fuego que no cesa» (Marcos 9, 47-8), etc. (Otros pasajes similares, en Mateo 3, 12; 5, 29-30; 8, 12; 13, 42; 24, 51; Marcos 9, 43; Lucas 16, 21-4, etc.)

El Corán utiliza también este término, común al judaísmo y al cristianismo, para referirse al Infierno* (2, 206; 3, 12; 4, 93; 7, 18, 179; 8, 16; 9, 73, 81; 14, 16; etc.). Dotado de siete puertas (15, 43-4), es el lugar donde serán castigados consciente y eternamente los condenados (2, 80-1; 3, 24).

Bibl.: J. Grau, *Escatología...*; C. Vidal Manzanares, *De Pentecostés...*; P. Bonnard, *Evangelio...*

GENIO. Ver: Jinn.

GLOSOLALIA. Ver: Lenguas.

GNOSTICISMO. Movimiento filosófico-religioso precristiano, fruto del posible sincretismo de elementos iranios con otros mesopotámicos y originarios de la tradición ocultista judía. Existió un gnosticismo judío que ha prevalecido en la Cábala* y en algunos escritos de los *jasidim** pero que, muy difícilmente, se puede decir que encaje con el pensamiento bíblico y rabínico posterior.

También existió un gnosticismo que se denominó cristiano aunque, en realidad, se enfrentaba con las doctrinas fundamentales del Nuevo Testamento. La carta paulina a los Colosenses, así como la 1 Juan, constituyen una apología cristiana contra el gnosticismo, estando la segunda dirigida a evitar una lectura gnóstica del Evangelio de Juan. Así, se caracterizaba fundamentalmente por la negación de la encarnación*, muerte y resurrección* de Jesús*; la consideración negativa de la creación material (atribuida a un dios perverso); la negación del canon completo de las Escrituras unida a la aceptación de algunos libros de corte gnóstico; y el rechazo de la ética, la sacramentología y la eclesiología cristianas en favor de la práctica de una serie de ritos de corte mágico y de la adquisición de la gnosis (conocimiento) que permitiría trascender de este mundo material a otro espiritual.

Ocasionalmente se ha hablado de una posible influencia gnóstica en la concepción cristiana del salvador que desciende del cielo. A tenor de las fuentes que nos son conocidas, tal supuesto es imposible, y, en todo caso, podría haberse dado el supuesto inverso, ya que, de hecho, el gnosticismo no conoce la idea de un salvador que desciende hasta el siglo II d. de C., y cuando entonces hace referencia a él se trata ya de un gnosticismo que se ha apropiado de algunas categorías cristianas.

Sólo de manera indirecta podríamos hablar de un gnosticismo en el islam que se identificaría, *grosso modo*, no sólo con el sufismo* sino también con numerosas prácticas, de origen anterior a Mahoma, relacionadas con la magia* y el ocultismo*.

Bibl.: C. Vidal Manzanares, *Los evangelios gnósticos*, Barcelona, 1991; ídem, *Diccionario de Patrística,* Estella, 1992; G. Scholem, *Major Trends...*

GOG Y MAGOG. Nombre con que se designa a los últimos enemigos de Dios que serán derrotados al fin de los tiempos (Ezequiel 39). El autor de Apocalipsis sitúa su ataque al final del milenio (Apocalipsis 20, 7 ss.).

El Corán también menciona a las huestes de Gog y Magog, a las que dota de un significado diferente al mencionado en la Biblia. Considera a las mismas como un ente histórico. Habrían sido confinadas por Alejandro Magno en un valle para impedir sus correrías (18, 93-7) y surgirán antes del fin del mundo (21, 96). Según una tradición, los ruegos de Jesús y de sus compañeros ocasionarán que Dios envíe una plaga de insectos que acabarán con Gog y Magog. Consumidos sus restos

GRACIA

por las aves del cielo, la tierra recobrará su fecundidad, las almas de los creyentes serán levantadas y los infieles seguirán en la tierra sin orden alguno. Entonces llegará la última hora.

Bibl.: J. Grau, *Escatología*...; G. Eldon Ladd, *El Apocalipsis*...; W. Barclay, *O.c.*; *EI*, IV, p. 1142; Wensinck, p. 263; Hughes, pp. 148 ss.

GRACIA. En el Antiguo Testamento implica los conceptos de fidelidad, benevolencia y favor (1 Samuel 20, 8-15). Es un atributo de Dios que caracteriza su actitud hacia los hombres (Exodo 34, 6 ss.). En el Nuevo Testamento, implica un favor inmerecido que no puede ser pagado ni comprado y ante el que sólo se puede responder aceptándolo y agradeciéndolo (Romanos 4, 1-5), algo que aparece claramente manifestado en parábolas de Jesús como las del hijo pródigo o la oveja perdida (Lucas 15, 1 ss.). La manifestación más clara de la gracia de Dios consiste en que, no pudiendo salvarse el hombre por sus propias obras (Gálatas 2, 15-21), Cristo murió en su lugar como expiación* por sus pecados (Romanos 3, 9-31). Esta salvación* por gracia sólo puede ser aceptada a través de la fe* (Efesios 2, 8-9).

No existe un concepto equivalente al cristiano de gracia en el islam.

Bibl.: K. Barth, *Epistle*... C. Vidal Manzanares, *De Pentecostés*...; A. Cole, *Epistle*...; F. F. F. Bruce, *La epístola*...

GUEMARÁH. Lit. «fin». Palabra aramea que denomina la segunda parte complementaria del Talmud* y que sirve de comentario de la primera o Mishnah*. Fue elaborada en un periodo de tiempo situado entre el 200 y el 500 d. de C. El término sirve también para referirse al estudio de la ley oral y como sinónimo de Talmud.

Bibl.: J. Neusner, *The Talmud*...; A. Cohen, *Talmud*...; Y. Newman, *Judaísmo*...

GUENIZÁH. Pieza o armario situado en la sinagoga, donde se colocan los libros sagrados u objetos que ya no se usan. En ocasiones sirve para ocultar libros heterodoxos o para depositar fragmentos de pergaminos o páginas donde aparece el nombre de Dios. Estos últimos son sagrados y la permanencia en la *guenizáh* propicia su desintegración por medios naturales.

GUERRA. El Antiguo Testamento relata numerosos conflictos bélicos en los que se encontró sumido el pueblo de Israel. Antes de entrar en uno, Israel consultaba a Dios para conocer su voluntad (Jueces 20, 23, 27-8; 1 Samuel 14, 37; 23, 2; 1 Reyes 22, 6) e invocaba Su ayuda si el mismo era inevitable (1 Samuel 7, 8-9; 13, 12, etc.).

Con todo, en el Antiguo Testamento se vislumbra una actitud hacia la guerra distinta de la expresada por otros pueblos contemporáneos. Para empezar, existían reguladas diversas razones de exención del servicio de armas (Deuteronomio 20, 2-9). Además se critican los intentos de instrumentalizar a Dios en la guerra (1 Samuel 4) y se descalifica a David para construir un templo a Dios precisamente por haber sido un hombre dedicado a la guerra (1 Crónicas 22, 8). La desaparición de la actividad guerrera es una de las características de la Era mesiánica (Isaías 2, 1 ss. y paralelos), cuyo rey es descrito, ocasionalmente, desde una óptica pacifista (Zacarías 9, 9 ss.) y sufriente (Isaías 52, 13-53, 12).

Esta línea va a ser retomada por parte del judaísmo del Segundo Templo y, desde luego, por Jesús*, aunque no necesariamente por el judaísmo rabínico que junto con representantes de una línea pacifista tuvo otros partidarios del alzamiento armado (rabí Akiva, etc.). El judaísmo considera lícito el empleo de la guerra con fines defensivos e incluso preventivos.

La enseñanza de Jesús niega legitimidad a toda forma de violencia (Mateo 5, 21-26; 5, 38-48, etc.), incluso la emprendida en defensa suya (Juan 18, 36), y rechazó claramente el recurso a la fuerza (Mateo 26, 52 ss.). En este sentido, los intentos de convertirlo en un revolucionario violento tienen que recurrir a un esfuerzo imaginativo, porque ni las fuentes cristianas ni las judías —que son claramente contrarias a él y podrían haber aprovechado tal circustancia para atacarlo— ni las clásicas contienen el más mínimo indicio que justifique tal tesis. De hecho, como han señalado algunos autores judíos, ésta es una de las características originales del pensamiento de Jesús, a su juicio, claramente irrealizables.

Sobre esta base, no es de extrañar que los primeros cristianos optaran por una postura de no violencia y objeción* de conciencia generalizada, tanto más cuanto que partían de la base de que todos los gobiernos humanos estaban controlados por el diablo (Lucas 4, 1-8; 1 Juan 5, 19, etc.). Esta actitud llegó históricamente hasta los inicios del siglo IV y aparece reflejada no sólo en el Nuevo Testamento (Romanos 13, 1-14, etc.), sino también en los primeros escritos disciplinarios eclesiásticos, en las actas de los mártires (muchos de ellos ejecutados por ser objetores de conciencia) y en los escritos patrísticos. La práctica de un cristiano, pues, en la guerra no puede nunca apelar al testimonio del Nuevo Testamento ni a la tradición cristiana de los tres primeros siglos, sino a elaboraciones posteriores como la teoría de la guerra justa elaborada por Agustín de Hipona y otros.

En relación con el islam, ver: Jihad.

Bibl.: W. Lasserre, *War...*; J. M. Hornus, *It is not lawful for me to fight*, Scottdale, 1980; César Vidal Manzanares, *De Pentecostés...*; J. Klausner, *Jesús...*

GUIMETRÍA. Palabra derivada de geometría y que sirve para designar una forma de numerología consistente en utilizar las letras como números y viceversa. Es una de las 32 reglas hermenéuticas de la interpretación hagádica de la Torah*. Este método fue utilizado por el midrash*, el Talmud*, la Cábala* e incluso los primeros cristianos como evidencia el libro de Apocalipsis* donde la Bestia* no recibe un nombre sino un número, el 666.

Bibl.: W. Barclay, *Revelation...*; G. Eldon Ladd, *El Apocalipsis...*; G. G. Locks, *The spice of Torah-Gematria*, Nueva York, 1985.

H

HABACUC. El octavo de los profetas menores. Se discute su cronología, que se ha situado entre el 643 y el 330 a. de C.; con todo, la fecha más probable estaría encuadrada en el siglo VII a. de C. Entre los documentos encontrados en el Mar Muerto, se encontró un comentario a este libro del Antiguo Testamento de acuerdo a la especial hermenéutica de los sectarios de Qumran.

Bibl.: H. Hailey, *Commentary*...; R. K. Harrison, *Instruction*...; L. A. Shöckel y J. L. Sicre, *Profetas*...

HABIRU. Nombre acádico que sirve para designar a diversos colectivos de composición diversa que figura en documentos oficiales de las potenciales medio-orientales desde 2.000 a. de C. Cabe la posibilidad de que el término no tuviera una connotación étnica, sino más bien social, sirviendo para designar a bandas marginales que alquilaban sus servicios, generalmente en calidad de soldados. Se ha especulado con la posibilidad de que esta denominación tenga relación con la de hebreos, pero tal opinión carece realmente de fundamento.

Bibl.: R. de Vaux, *Historia*...; J. Bright, *Historia*...; S. Hermann, *Historia*...

HADD. Lit. «límite». El término es aplicado en el Corán al castigo reservado por Dios para pecados como el adulterio (lapidación), la fornicación (cien golpes), la falsa acusación de adulterio (80 golpes), la apostasía (muerte), el robo de cierta entidad (amputación de la mano), beber alcohol (ochenta golpes), robo en descampado (amputación de manos y pies) y robo con homicidio (muerte). En metafísica y lógica, el término *hadd* equivale a definición.

Bibl.: *EI*, III, pp. 20-22; Hughes, pp. 153 y 476 ss.

HADES. Vocablo en lengua griega que equivale a *Sheol* y cuyo origen debe encontrarse en la traducción del Antiguo Testamento al griego conocida como Septuaginta*. Su significado es el de lugar adonde van los espíritus de los muertos y no debe confundirse jamás, como se ha hecho en alguna ocasión, con sepulcro (*queber* en hebreo; *mnemeion* en griego). El Antiguo Testamento muestra que en el Sheol o Hades se encuentran conscientes las almas* de los difuntos (Isaías 4, 9-10; Ezequiel 32, 21, etc.) y ya en el periodo del segundo templo se afirmaba que este lugar se hallaba dividido en dos zonas: la destinada a los justos (seno de Abraham) y la ocupada por los condenados (Gehenna*). Referencias a este punto de vista aparecen en el Talmud* y en autores judíos como Flavio Josefo (*Discurso a los griegos acerca del Hades*).

Este mismo punto de vista es el contenido en la enseñanza de Jesús que describe el Hades como un lugar de castigo consciente (Lucas 16, 21-24) y que en repetidas ocasiones hizo referencias al castigo eterno de los condenados (Mateo 25, 46) expresado en términos de llanto y crujir de dientes (Mateo 8, 12; 13, 42; 24, 51; 25, 30; Lucas 13, 28), oscuridad (Mateo 8, 12), fuego (Mateo 18, 8; Marcos 9, 47-8), etc. La idea del tormento eterno de los condenados aparece también en el resto del Nuevo Testamento (Apocalipsis 14, 11; 20, 10, etc.), utilizándose el término Hades en Apocalipsis como sinécdoque de los espíritus de los muertos que serán arrojados al lago de fuego y azufre (el Gehenna) (Apocalipsis 20, 13-5).

El Hades no es mencionado en el Corán pero éste sí se refiere al Infierno*.

Bibl.: G. Eldon Ladd, *Apocalipsis...*; J. Grau, *Escatología*; W. Barclay, *Revelation...*; C. Vidal Manzanares, *De Pentecostés...*

HADITH. Ver: Jadith.

HADLAKAT HANEROT. Lit. «encendido de luces». Ritual seguido en el judaísmo en honor del sábado* o de otras festividades. Las luces, generalmente velas, primitivamente lámparas de aceite, simbolizan la luz y la alegría del santo día (Exodo 20, 8; Deuteronomio 5, 12). La ceremonia suele realizarla la dueña de la casa, haciéndolo en su ausencia un varón adulto.

HAFTARÁH. Lit. «conclusión». Porción de los profetas que es leída en la sinagoga* después de la *sidráh* o sección obligatoria de la Torah*, en sábado*, fiestas* o días de ayuno*. Se ha especulado con la posibilidad de que esta costumbre arranque de la época de Antíoco IV Epífanes (siglo II a. de C.) en que se prohibió la lectura de la ley. Los rabinos la habrían sustituido por pasajes de los profetas que recordaron a los correspondientes de la Torah*.

HAGADÁH. Lit. «narración».
1. El libro que contiene las reglas para la celebración del *se-*

der* de Pascua*. Contiene un material derivado mayormente de la época del Segundo Templo consistente en el relato del Éxodo de Egipto, plegarias, bendiciones, salmos y canciones. Es posiblemente el texto ritual más antiguo que se use todavía hoy y el libro de oraciones que cuenta con más ediciones —a excepción de la propia Biblia.

2. Material no halájico que se encuentra en el Talmud* y el *midrash**. Cubre una enorme variedad de temas que van de la fábula a la medicina, pasando por máximas de los sabios y cuentos bíblicos. Recibe también el nombre de Agadá.

HAGBAHÁB. Lit. «elevación» o «ascensión» del *Sefer Torah* en la sinagoga. Tras leer la parte prescrita de la Torah se procede a elevar el rollo de la ley y exhibirlo. Debe ser alzado en posición vertical y abierto lo suficiente como para que se vean tres columnas de texto.

HAJNASAT ORJIM. Lit. «hospitalidad para con los viajeros». Uno de los diez actos benévolos según los rabinos. Da fruto en esta vida y proporciona recompensa en el otro mundo (Shab 127a). El ejemplo bíblico clásico es el de Abraham recibiendo a la triple teofanía (Génesis 18, 1-6) que el judaísmo identifica con ángeles y el cristianismo patrístico con la Trinidad. La obligación del tal conducta es recordada en la oración *Mi sheberaj* recitada los sábados por la mañana. Desde la Edad Media se constituyeron sociedades que cumplieran con este precepto.

HAKAFOT. Lit. «circuitos». Procesión circular o rodeo realizado por los congregados en la sinagoga durante las fiestas de tabernáculos o cabañas y Simjat Torah. Los reunidos cantan y bailan entre las procesiones y los niños suelen acompañarlas llevando banderas y rollos de la Torah en miniatura.

HAJEL. Asamblea de todo el pueblo de Israel en Jerusalén, el primer día de la fiesta de las cabañas o tabernáculos, tras la conclusión del año sabático. De origen bíblico (Deuteronomio 31, 10-3), la Mishnah desarrolló el ritual de la misma (Sot. 7.8). Su celebración estuvo suspendida desde el Segundo Jurbán* hasta la fundación del estado de Israel en que ha tomado la forma de una celebración.

HALAJÁ. También Halajáh. Lit. «procedimiento». Parte legal del Talmud distinta de la narrativa o Hagadá*. Originariamente, el término designaba una decisión jurídica sobre un aspecto concreto, obtenida tras la discusión de diversas opiniones emitidas por distintas autoridades. Con posterioridad, el término se ha aplicado a toda la ley, al sistema jurídico del judaísmo y a la ley oral. La primera colección conocida —seguramente no la primera en la historia— es la del rabí Akiba (50-135 d. de C.). Otras colecciones antiguas son la Mishnah* de Rabí Yehudá Na-Nasí (c. 200 d. de C.), la Toseftá* y el Midrash* Halajá (siglos IV-V d. de C.), el Sifrá de Levítico (siglo IV d. de C.) y Sifré de Números y Deuteronomio (siglo IV d. de C.). La codificación más célebre es el Shuljám Aruj (siglo XVI) de Rabí Iosef Caro, cuyo carácter es preceptivo.

HALVAYAT HAMET. Lit. «acompañamiento del muerto». Acto de benevolencia consistente en presentar los respetos al fallecido, merecedor de bendición y recompensa en el otro mundo (Mish. Pea 1. 1).

HANIF. Ver: Janif.

HANUKKÁ. Ver: Janucá.

HAQIQAT AL-MUHAMMADIYYA. Luz divina que, para los shiítas*, constituye la esencia de Mahoma. Esta misma luz desciende sobre cada imán. No hay rastros de tal concepción en el Corán y se ha apuntado la posibilidad de que su origen pueda ser incluso precristiano.

Bibl.: *EI*, II, p. 223 y III, p. 75; Hughes, p. 72.

HAQQ. Ver: Jaqq.

HARÂÂM Ver: Jarââm.

HARAM. Ver: Jaram.

HARIM. Ver: Jarim.

HARMAGUEDÓN. Lit. «monte de Megido o Maguedo». En Apocalipsis 16, 16 se designa con este nombre al lugar donde se enfrentarán las fuerzas del mal con Jesús*, el Mesías*.

Bibl.: W. Barclay, *Revelation*...; J. Grau, *Escatología*; G. Eldon Ladd, *Apocalipsis*...

HASAN IBN ALÍ. Ver: Jasán ibn Alí.

HASHGAJÁH. 1. En el judaísmo, inspección o supervisión de los alimentos para cerciorarse de su pureza.
2. También se utiliza para designar a la Divina Providencia.

HASIDIM. Ver: Jasidim.

HAVDALÁJH. Lit. «distinción» o «separación». Ceremonia judía que señala el término del *shabat* y de las fiestas. Su finalidad es, por una parte, indicar la separación entre el tiempo sagrado y el profano, y, por otra, consagrar a la persona para el trabajo de la semana que empieza. Su realización incluye pronunciar bendiciones sobre una copa de vino (o en su defecto una bebida del país que no sea agua), especies y una vela trenzada que dé más de una luz, a lo que siguen bendiciones de conclusión en que se indica la separación entre lo sagrado y lo profano, la luz y la oscuridad, Israel y las naciones, el sábado y el resto de la semana.

HEBREOS. 1. De acuerdo con la Biblia, hombres procedentes del otro lado del Eufrates (Génesis 12, 5 y 14, 13; Josué 24, 2-3). Se ha pensado en la posibilidad de que sea un patronímico derivado de Eber (Génesis 10, 21); en cualquier caso, no resulta del todo claro que esté relacionado con habiru*. La denominación se aplica a los israelitas en el Antiguo Testamento (Génesis 40, 15; 1 Samuel 4, 6; 13, 3; 2 Crónicas 11, 22). En el Nuevo Testamento, designa a veces a los judíos de habla hebrea o, más posiblemente, aramea (Hechos 6, 1) y otras simplemente a judíos (Filipenses 3, 5).

2. Nombre de una de las catorce epístolas atribuidas tradicionalmente a Pablo*. Lo más seguro es que este escrito no se deba al apóstol, aunque sí podría ser de algún judeocristiano involucrado en la misión entre la Diáspora como Bernabé. La obra, que es, sin duda, anterior a la destrucción del templo de Jerusalén en el 70 d. de C. y, muy posiblemente, a la persecución neroniana, tiene como temas principales la divinidad de Cristo, superior a los ángeles (1, 5-14); el valor de la salvación obtenida por Cristo (2, 1-18); la superioridad de Cristo sobre Moisés y el descanso del sábado* (Hebreos 3, 1-4, 13); el sacerdocio de Cristo según el orden de Melquisedec (4, 14-7, 28); el establecimiento de un nuevo pacto* basado en el sacrificio irrepetible de expiación*, realizado por Cristo, de una vez y para siempre (Hebreos 8, 1-10, 39) y el llamado a la perseverancia mediante la fe (11, 1-13, 19).

3. Se conoce también con este nombre un evangelio hoy perdido, salvo algunas citas, que era utilizado por los judeocristianos. Jerónimo (*De viris illustribus,* II) afirma haberlo traducido al griego y al latín, y refiere cómo en el mismo se hablaba de una aparición de Jesús* a su hermano Santiago*, hecho al que también se refiere el Nuevo Testamento (1 Corintios 15, 7).

Bibl.: F. F. Bruce, *La epístola...*; R. de Vaux, *Historia...*; J. Bright, *Historia...*; S. Hermann, *Historia...*; R. A. T. Robinson, *Redating...*

HECHOS DE LOS APÓSTOLES. Libro del Nuevo Testamento en que se relata la historia del cristianismo desde Pentecostés (c. 30) hasta la llegada de Pablo a Roma (c. 61). Es muy posible que su autor fuera el médico Lucas que acompañó a Pablo en alguno de sus viajes misioneros y, sin duda, es el mismo que el del Evangelio que lleva ese nombre. La obra debió escribirse antes del 62 d. de C., puesto que ni menciona el martirio de Santiago acaecido en esa fecha, ni la muerte de Pablo (c. 63-68), ni la destrucción del templo (70 d. de C.). Por otro lado, la visión que demuestra del poder romano hubiera sido más negativa de haberse redactado el libro tras la persecución neroniana. En este sentido se han manifestado, entre otros autores, F. Blass, R. B. Rackham, A. von Harnack, G. Edmundson, C. C. Torrey, P. S. Bihel, A. T. Robertson, E. M. Blaiklock, P. Parker, R.R. Williams, E. R. Goodenough, J. Munck, F. V. Filson, D. Guthrie, A. J. Mattill, B. Reicke, J. A. T. Robinson, R. E. Longenecker, J. Finegan, V. E. Vine, A. Wikenhauser, F. F. Bruce, I. H. Marhsall, T. W. Manson y C. Vidal Manzanares. Otros estudiosos prefieren, sin embargo, situar su redacción entre el 80 y el 90 d. de C., aunque ese trasfondo histórico no encajaría ya con la mentalidad expresada en la obra. La obra es fácil de armonizar con otros datos históricos que poseemos provenientes de fuentes diversas. La única contradicción que, supuestamente, se advertiría entre Hechos y las cartas paulinas parte de la base de considerar que Hechos 15 y Gálatas 2 narran el mismo suceso. Tal interpretación resulta insostenible a partir de una lectura cuidadosa de las fuentes, ya que el hecho mencionado en Gálatas 2 debe situarse en el contexto de Hechos 11, 27-30 y no en el del concilio* de Jerusalén de Hechos 15. Como fuente histórica, el libro de los Hechos es minucioso, exacto y fidedigno, soportando muy honrosamente la comparación con historiadores coetáneos. La obra dedica sus once primeros capítulos a la iglesia judeo-cristiana en Palestina y del doce hasta el final al ministerio de Pablo.

Bibl.: J. A. T. Robinson, *Redating...*; C. Vidal Manzanares, *De Pentecostés...*; F. F. Bruce, *Acts...*; ídem, *Paul...*; F. J. Foakes Jackson y K. Lake, *The beginnings of Christianity...*; E. Blaiklock, *Acts...*; C. J. Hemer, *The Book of Acts in the Setting of Hellenistic History*, Winona Lake, 1990.

HENOTEÍSMO. Neologismo ideado por Max Müller —igual que el de «katenoteísmo», al que dio el mismo significado— a partir de las palabras griegas *henos* (uno) y *zeos* (dios) para denominar una forma de religión que, aun aceptando la existencia de diversos dioses, sin embargo, adora sólo a uno, bien por considerarlo superior a los demás, bien por verlo como su representante. Esta visión espiritual se habría producido varias veces en la historia del

Egipto antiguo y algunos estudiosos han considerado que también se dio en las primeras etapas de la religión de Israel, si bien este último punto no ha podido ser demostrado convenientemente hasta la fecha.

Bibl.: J. Bright, *History...*; Y. Kaufmann, *Judaísmo...*; M. Müller, *Chips from a German Workshop*, I, 1867, pp. 27 ss. y 354 ss.

HERENCIA. La Torah* establece que la propiedad de un hombre debía ser dividida a su muerte entre sus hijos, recibiendo el primogénito el doble de los demás (Deuteronomio 21, 15-17). En caso de no haber hijos varones, la herencia pasaba a las hijas (Números 27, 1-8), que no podían, sin embargo, casarse con nadie que no perteneciera a su misma tribu (Números 36). Esta última regla registró excepciones, no obstante, siempre que los hijos del matrimonio siguieran perteneciendo a la tribu de la madre (1 Crónicas 2, 34-41; Esdras 2, 61). En caso de no haber hijos que pudieran heredar, los bienes pasaban a un hermano del difunto o parientes más cercanos (Números 27, 9-11). El vivir en la Diáspora influyó en una modificación de la herencia y para el siglo I —seguramente también antes— otorgar testamento era una práctica aceptada por muchos judíos (Hebreos 9, 16-7).

El Nuevo Testamento no manifiesta ningun interés por esta problemática y el mismo Jesús se negó a mediar en un problema relacionado con una herencia (Lucas 12, 13 ss.). Muy posiblemente, los primeros cristianos aceptaron la normativa legal del lugar donde residían (Romanos 13, 1 ss.) sin intentar crear una nueva. Por otro lado, el término aparece en los escritos del Nuevo Testamento, pero, generalmente, el mismo tiene un contenido espiritual referido a las bendiciones que los cristianos —como hijos de Dios— pueden esperar de su Padre celestial (Romanos 8, 17; Gálatas 3, 29; 4, 7; Efesios 1, 11 y 18; Colosenses 1, 12; 3, 24; Hebreos 1, 14; 11, 7; etc.), siendo su garantía el Espíritu Santo (Efesios 1, 14).

El Corán dedica considerable atención al derecho sucesorio. Así, regula el testamento en favor de padres y parientes próximos (2, 176-8), el legado de la viuda (2, 241), la herencia de los varones (4, 8-17) —que ha de ser el doble de la de las hembras— y los testigos del testamento (5, 105-7). Los legados fuera de la familia no pueden superar el tercio y se discute si los herederos pueden recibir o no legados, cuestión que los shiítas de los doce responden afirmativamente. Asimismo el derecho shiíta no admite a la herencia a los parientes varones agnaticios.

Bibl.: EI, III, pp. 508-14; IV, pp. 1132 ss.; F. F. Bruce, *La epístola...;* A. Cole, *Epistle...;* K. Barth, *Epistle...;* E. Malka, *Derecho tradicional de la familia judía* (inédito).

HERMANO. Ver: Familia.

HERODES. 1. El Grande. Fundador de la dinastía (c. 73-4 a. de C.). Despreciado por los judíos a causa de su origen no judío (era idumeo) y sus prácticas paganas (permitió que se le rindiera culto en los enclaves no judíos de su reino), reestructuró el Templo* de Jerusalén. Mateo 2, 1 ss. señala el nacimiento de Jesús durante su reinado (c. 6-4 a. de C.) y menciona el intento de Herodes de asesinarlo que se selló con la matanza de los inocentes. Este hecho no aparece mencionado en otras fuentes, pero encaja con lo que sabemos del carácter del monarca. A su muerte, la familia de Jesús regresó del exilio en Egipto (Mateo 2, 19-22).

2. Arquelao. Hijo de Herodes el Grande. Etnarca de Judea (4 a. de C. a 6. d. de C.). Tras ser depuesto, Judea pasó a depender directamente de la administración romana hasta el año 41 d. de C.

3. Herodes Antipas. Hijo de Herodes el Grande. Tetrarca de Galilea (4 a. de C. a 39 d. de C.). Ordenó decapitar a Juan el Bautista (Mateo 14, 1-12 y par.) e intervino en el proceso de Jesús* (Lucas 23, 6 ss).

4. Herodes Agripa I. Fue nombrado rey de Judea por el emperador Claudio en el 41 d. de C. Hábil político, supo atraerse el afecto de la población judía (las fuentes rabínicas suelen hablar de él en términos elogiosos), aunque fue simpatizante del paganismo de sus súbditos no judíos. En un intento de granjearse a cierto sector de la población, desencadenó una persecución contra los judeocristianos* de su territorio. En el curso de la misma fue martirizado Santiago (se especula si también su hermano Juan) y Pedro resultó encarcelado, salvándose de la ejecución al huir de la prisión en que estaba confinado (Hechos 12, 1 ss.). Murió repentinamente en el 44 d. de C.

5. Agripa II, hijo de Agripa I (17-100 d. de C.). Gobernador de Galilea y Perea, ante él compareció Pablo en el curso de un proceso (Hechos 25, 13 ss.).

Bibl.: C. Vidal Manzanares, *De Pentecostés...;* Schürer, *History...;* F. F. Bruce, *Acts...;* A. H. M. Jones, *The Herods of Judaea,* Oxford, 1938; S. Perowne, *The life and times of Herod the Great,* Londres, 1957; ídem, *The later Herods,* Londres, 1958; A. Schalit, *König Herodes,* Berlín, 1969.

HEXATEUCO. Lit. «seis libros». Término derivado de las palabras griegas *hex* (seis) y *teujos* (libro). Su origen se encuentra en la denominación que J. Wellhausen dio en 1876 a los seis primeros libros de la Biblia en la creencia de que contaban con las mismas fuentes que él atribuía al Pentateuco. Este punto de vista ha sido aceptado por algunos críticos del Antiguo Testamento, pero, en términos generales, es rechazado como carente de fundamento.

Bibl.: U. Cassuto, *Documentary...*; R. K. Harrison, *Introduction...*

HIJO DEL HOMBRE. Es difícil que pueda encontrarse hoy en día un título relacionado con la persona de Jesús* que haya provocado mayor controversia en cuanto a su significado exacto. La expresión ha sido interpretada de diversas maneras: 1. Perífrasis de «yo» (M. Black, G. Vermes): ciertamente tal significado podía ocasionalmente tener tal expresión en el siglo II d. de C., pero no existe ninguna base para pensar que ése fuera su contenido un siglo antes; 2. Hombre o ser humano (H. Lietzmann, J. Wellhausen): Efectivamente, «hijo del hombre» puede significar ocasionalmente sólo hombre, pero ni esto excluye un posible contenido aparte (P. Fiebig) ni agota el significado que la expresión tiene en labios de Jesús; 3. Mesías: con este significado aparece la expresión en 4 Esdras (6, 35; 13, 3; 45, 3; etc.) y en el Enoc etiópico (45, 3; 46, 4; 55, 4; 61, 8; 62, 2; 69, 27, etc.) derivando de Daniel 7, 13, que es donde aparece la expresión por primera vez como título en el Antiguo Testamento. 4. Siervo de Isaías: El Enoc etiópico conecta además a la figura del hijo del hombre con el siervo de Isaías (48, 4 con Isaías 42, 6 y 49, 6; 39, 6 y 40, 5 con Isaías 42, 1; 38, 2 y 53, 6 con Isaías 53, 11, etc.). Tal visión tiene paralelos rabínicos.. Lo mismo acontece en 4 Esdras, donde el hijo del hombre es llamado por Dios «mi siervo» (13, 32-7; 14, 9, etc.). Tal visión tiene paralelos rabínicos.

La interpretación que Jesús dio al título encaja precisamente con la que vemos expuesta en el Enoc etiópico y en 4 Esdras, así como en algunos textos rabínicos. Jesús se vio a sí mismo como el hijo del hombre que era el Mesías-siervo y que, por lo tanto, moriría en expiación* por los pecados (Marcos 10, 45 con Isaías 52, 13-53, 12), pero que regresaría un día triunfante para concluir su obra (Marcos 14, 62 con Daniel 7, 13). Su visión se enraizaba así con una interpretación genuinamente judía del término, pese a que la literatura rabínica posterior tendiera a obviar este aspecto a fin de no ceder a argumentos apologéticos procedentes de los cristianos.

Bibl.: O. Cullmann, *Christology...*; C. Vidal Manzanares, *De Pentecostés...*; ídem, *El Primer Evangelio...*; L. Morris, *The cross...*; G. Vermes, *Jesús el judío*, Barcelona, 1977; D. Flusser, *Jesús...*; A. Toynbee, *Crisol...*; F. F. Bruce, *New Testament History*, Nueva

York, 1980; A. Díez-Macho, «Hijo del hombre y el uso de la tercera persona en lugar de la primera en arameo», en *Scripta Theologica*, 14, 1982, pp. 159-202.

HILLEL. Ver: Bet Hillel.

HIPÓCRITAS. En la enseñanza de Jesús, el término sirve para calificar a diversos tipos de personas (siempre religiosas): 1. Aquellos que cumplen las normas externas de la religión por afán de destacarse (Mateo 6, 2 ss.; 6, 16 ss.); 2. Los que superponen a la revelación divina una tradición que invalida su espíritu (Mateo 15, 1-20 y paralelos); 3. Los que se consideran superiores espiritualmente a los demás (Mateo 7, 5 ss.); 4. Los que fingen ocultando un propósito perverso en sus corazones (Mateo 22, 18 ss.), y 5. Los que desarrollan un código de leyes religiosas estricto con el que luego son inconsecuentes ellos mismos (Lucas 13, 10 ss.). El discurso contenido en Mateo 23 (especialmente v. 13-27) supone un conjunto de dichos de Jesús donde se contienen ejemplos muy reveladores sobre su visión de la hipocresía.

En el islam esta calificación (en árabe *munafiqun*) se refiere fundamentalmente a un colectivo de Medina que no se inclinaban totalmente por apoyarlo a la espera de una conclusión definitiva de la situación. Parece que la expresión deriva de un verbo utilizado para indicar la acción del ratón que huye a su madriguera en busca de cobijo. El Corán los acusa de cobardía (3, 150; 59, 12 ss.), de ceguera (2, 8; 63, 5 ss.; etc.) y de duplicidad (8, 51; 63, 1 y 4). Ante ellos plantea la disyuntiva del infierno (2, 9; 4, 137; 59, 15, etc.) o de la conversión (4, 145; 9, 75).

Bibl.: P. Bonnard, *Evangelio...*; D. Flusser, *Jesús...*; J. Driver, *Militantes...*; *EI*, III, pp. 722 ss.; H. U. Stanton, *The teaching of the Qur'an*, Londres y Nueva York, 1919.

HOLOCAUSTO. Ver: Sacrificio, Shoah.

HOMBRE. Según el Antiguo Testamento, fue creado por Dios como varón y hembra (Génesis 1, 26-27) a Su imagen y semejanza y a partir de los materiales orgánicos que componen a todos los seres vivos (Génesis 2, 7; 6, 17; 7, 22; Job 10, 8-12; 27, 3; 33, 4). Fue investido de dominio sobre la creación (Génesis 1, 26-8) y recibió el mandato de crecer y multiplicarse. La caída* provocó en la especie humana una situación de alienación (Génesis 3). Está formado por alma* y cuerpo, aunque la visión exageradamente dicotómica de Platón no coincide con el pensamiento bíblico.

En el Nuevo Testamento persiste —incluso más acusada— la idea de que los seres humanos están compuestos de un cuerpo y un alma que sigue viva tras la muerte física (Mateo 10, 28; Lucas 16, 22 ss.; 2 Corintios 5, 1 ss., etc.), así como la de su alienación provocada por la caída (Romanos 5, 12 ss.). Todos los hombres se hallan en un estado de ruina espiritual del que no pueden salir mediante sus propias obras (Romanos 3, 9-20), pero que puede ser remontado a través de aceptar por fe* la expiación* realizada por Cristo en la cruz* (Romanos 3, 21-31). La consumación de ese proceso de reversión de las consecuencias de la caída se producirá con la parusía y la resurrección (1 Corintios 15, 19 ss.).

La enseñanza islámica acerca del hombre es bastante reducida posiblemente por el interés primordial y casi exclusivo que aquélla tributa a Allah y a la revelación predicada por Mahoma. El Corán enseña que el hombre ha sido creado por Dios (75, 37 ss.; 22, 5, etc.), frente al que es débil (4, 32) e ignorante (20, 109). Asimismo resulta ingrato (100, 6; 43, 14) y falto de fe (37, 12 ss.; 7, 144), lo que malogra su destino como jalifa de Dios sobre la creación (2, 28; 6, 165). Su destino se encuentra marcado por una decisión absolutamente arbitraria que procede de Dios (2, 99; 16, 39 y 95), lo que se contradice con el llamado a la conversión como si pudiera depender de la voluntad del hombre el obedecer o no. Se ha apuntado a la posibilidad de que este fatalismo predeterminista tenga un sustrato preislámico, pero la cuestión dista mucho de encontrarse resuelta.

Bibl.: K. Barth, *Epistle*...; H. Wolff, *Antropologie*...; H. B. Smith, «The Muslim doctrine of man», en *Muslim World*, 44, 1954, pp. 202 ss.

HOSHÁNA. Lit. «salva, te suplico», en hebreo. El grito fue dirigido por la multitud a Jesús cuando éste hizo su entrada en Jerusalén la última semana de su vida (Mateo 21, 9 y paralelos).

Bibl.: P. Bonnard, *Evangelio*...

HOSPITALIDAD. Para el judaísmo, ver Tzedakah.

El Nuevo Testamento da un valor muy importante a la hospitalidad, lo que es comprensible si tenemos en cuenta el carácter minoritario del movimiento y las presiones externas que recibía periódicamente. Jesús la describió como una de las señales que permitirían identificar a sus seguidores (Mateo 25, 31 ss.) y las demás fuentes neotestamentarias abundan en exhortaciones a la misma (Romanos 12, 13; Hebreos 13, 2; 1 Pedro 4, 9) y en testimonios de que se daba habitualmente en las primeras comunidades cristianas (Hechos 28, 7; Romanos 16, 23; etc.). Practicar esta conducta era indispensable para poder desempeñar algunas responsabilidades en el seno de la comunidad (Tito 1, 8; 1 Timoteo 5, 10).

El islam enseña la necesidad de tratar generosamente a los viajeros (2, 172 y 211; 4, 40; 30, 37). Aunque uno debe preocuparse en primer lugar de los padres y familiares, el cuidado ha de hacerse extensivo a toda la comunidad de fieles. El sustrato inicial de esta práctica se encuentra posiblemente en usos y costumbres anteriores a Mahoma.

Bibl.: P. Bonnard, *Evangelio...;* D. Guthrie, *Epistles...;* Hughes, p. 177; Wensinck, pp. 19-21.

HUSAYN IBN 'ALÍ. (626-680) Nieto de Mahoma y tercer imán * shíita. Su muerte, que tuvo lugar en Karbala, al negarse a rendirse a tropas de Yazid, califa omeya, el 10 de Muharram del 61 (10 de octubre del 680), es considerada desde entonces por los shíitas como un martirio dotado de características sacrificiales y la fecha como día de luto.

Bibl.: EI, II, p. 339; Hughes, pp. 185-7.

I

IBN ISHAQ. (704-768) Biógrafo de Mahoma, relacionado con la segunda generación de transmisores de tradiciones. Se le considera la autoridad máxima en relación con los acontecimientos de la vida de Mahoma, del que escribió la primera biografía completa *(Sira)*.

IBS MAJA MUHAMMAD IBN YAZID AL-QAZUINI. (824-886) Compilador de la sexta colección de tradiciones canónicas, según los sunnita. El juicio sobre su obra es muy dispar y se la ha acusado de haber dado crédito a personajes indignos del mismo.

Bibl.: EI, II, p. 400; *MS*, II, p. 262 ss.

IBN MASU'D 'ABDALLAH. (652-3) Autor de una de las primeras versiones del Corán*, desechada tras el establecimiento del canon* coránico de Otmán. Posiblemente, su texto no contenía las dos últimas suras ni tampoco la primera y variaba en un número considerable de lecturas en las restantes. Un par de siglos después todavía existía alguna copia de su versión, según testifica Ibn al-Nadim (m. 995).

Bibl.: EI, II, p. 403 ss.; Hughes, p. 189; Nöldeke, II, p. 39 ss. y III, p. 60 ss.

ID AL-ADHA. Comúnmente conocida como *al-id al-kabír* (la gran fiesta). Es la fiesta del sacrificio del 10 de Dhul Jijja. Aunque es parte esencial de los ritos de peregrinación, también se celebra en otras ocasiones. Siendo la única celebración sacrificial en el islam aparece conectada con el sacrificio* que Allah* ordenó a Abraham* efectuar en la persona de su hijo al que, lógicamente, se identifica no con Isaac* sino con Ismael*. El sacrificio ha de ser dividido en tres partes correspondientes a los familiares, los pobres y los dueños del animal.

Bibl.: EI, II, p. 444 ss.; Hughes, p. 192-4.

ID AL-FITR. Comúnmente conocida como *al-id al-saguir* (la fiesta pequeña), consiste en la celebración del término del ayuno* observado el 1 de Shauual, al concluir el Ramadán. En el curso de la festividad es común regalar comida a los amigos y dar limosnas.

Bibl.: EI, II, p. 445; Hughes, p. 194-96.

IDOLATRÍA. Ver: Imágenes.

IGLESIA. Palabra que deriva del término griego *ekklesia* o asamblea de ciudadanos reunidos con algún propósito concreto (Hechos 19, 32 y 41). En el Nuevo Testamento se sigue usando el significado de asamblea pero con un contenido específico. Se trata de una comunidad de conversos que han recibido el bautismo* (Marcos 16, 16), que cree en Jesús como Mesías*, Señor y salvador, que espera su regreso o parusía* (Filipenses 3, 20; 1 Tesalonicenses 1, 10) y que se reúne con fines espirituales (Hechos 2, 47; 5, 11; Efesios 5, 23-5). El término iba referido a todas las comunidades locales de cristianos (Hechos 9, 31; 15, 41; Romanos 16, 4; 1 Corintios 7, 17; 1 Tesalonicenses 2, 14, etc.) que no parecen haber contado con una autoridad central. Ciertamente, los apóstoles* desempeñaron un peso decisivo en el conjunto de las comunidades (Hechos 5, 2; 6, 6; 1 Corintios 12, 28; Efesios 2, 20; 2 Pedro 3, 2), pero la mayoría de las iglesias no fueron fundadas por ellos y el gobierno interno de las mismas estaba en manos de los ancianos* u obispos y diáconos* (estos últimos desempeñaban funciones más bien relacionadas con la beneficencia) (Hechos 14, 23; 20, 17; 1 Timoteo 3, 1 y 8; Tito 1, 5-9). El Nuevo Testamento señala que existían varios en cada iglesia y no tenemos fuentes históricas que refieran la existencia de un solo obispo por iglesia antes del siglo II d. de C., e incluso entonces la práctica no parece haber sido universal. En cuanto a la idea de un primado de una iglesia local sobre las otras no es anterior al periodo del Bajo Imperio. De hecho, aunque los apóstoles enviaban a veces colaboradores a las distintas iglesias, a juzgar por los datos que tenemos, la aceptación de éstos por parte de las comunidades locales dependía más de la buena voluntad de éstas que de la autoridad apostólica (1 Corintios 16, 10-1; 1 Timoteo 1, 3; Tito 1, 5).

Las reuniones eclesiales —que, desde muy pronto, se celebraron en domingo* (Hechos 20, 7)— parecen haber derivado en buena medida de las mantenidas en la sinagoga* del siglo I. Generalmente en las mismas había predicación (Hechos 20, 7; I Corintios 14, 19, 26-36), lectura de la Biblia (Santiago 1, 22; Colosenses 4, 16; 1 Tesalonicenses 5, 27), oración (1 Corintios 14, 14-16), canto (Efesios 5, 19; Colosenses 3, 16; posiblemente Filipenses 2, 5 ss.; Efesios 5, 14 y 1 Timoteo 3, 16 ss. sean himnos de la época), colectas para los necesitados (1 Corintios 16, 1-2) y eucaristía* (1 Corintios 11, 18-34). El clima parece haber sido muy espontáneo —lo que, ocasionalmente, provocó abusos— y ligado a manifestaciones libres de los diversos carismas* (enseñanza, lenguas*, profecía, etc.). Ocasionalmente, parece también que la práctica de la disciplina era comunitaria (Mateo 18, 15-22; 1 Corintios 5, etc.).

La iglesia de Jerusalén practicó por un tiempo una especie de comunismo* de bienes, pero no existen datos de que la costumbre fuera seguida en otras comunidades ni tampoco de que durara mucho en la misma. Con todo, los lazos fraternos entre las distintas iglesias parecen evidentes, v.g.: la colecta de Pablo en favor de las comunidades judeo-cristianas de Palestina (2 Corintios 8 y 9), así como las medidas tomadas en el seno de cada una para socorrer a los necesitados (Hechos 2, 43-47; 2 Corintios 8, 13-5; 1 Timoteo 5, 3 ss.; etc.).

Bibl.: A. Cole, *Epistles*...; F. F. Bruce, *Acts*...; ídem, *New Testament*...; C. Vidal Manzanares, *De Pentecostés*...; *ERE*, III; Blaiklock, *Acts*...

IJRAM. Término utilizado para describir al peregrino musulmán así como la vestidura que éste lleva. Esta formada por dos piezas de tela: una, *izar*, liada alrededor del pecho, y otra, *vida*, colocada sobre el hombro izquierdo y anudada al costado derecho.

Bibl.: *EI*, II, pp. 455-7.

IJAZ. Término derivado de la misma raíz que *mujiza* (milagro) que sirve para designar el carácter milagroso del Corán, imposible de imitar (52, 34; 11, 16; 10, 38 ss.).

IMÁGENES. El segundo de los Diez mandamientos prohíbe el culto a las imágenes así como su fabricación (Exodo 20, 3 y 6; Deuteronomio 4, 7-10). La importancia de este precepto en el judaísmo es tal, que los rabinos insisten en que la muerte por martirio es preferible a adorar una imagen o cometer incesto, adulterio o asesinato (San 74a) y en que la negación de los ídolos equivale a cumplir todos los mandatos de la ley de Dios (Hor. 8a). La pena por violación de este mandato tanto en la Biblia como en el Talmud es una de las cuatro* formas de pena de muerte. El tratado del Talmud titulado Avodá Zará se dedica al tema de la idolatría y considera incluida en la prohibición las oraciones dirigidas a los ángeles y constelaciones, aunque se consideren enviados de Dios.

Históricamente, el culto a las imágenes fue erradicado del pueblo de Israel durante el exilio en Babilonia. Con todo, los rabinos consideran que ciertos pecados sociales son equivalentes a la idolatría (Ber. 31b; Ket. 68a; Shab. 105 b.). La prohibición de la idolatría es considerada, en virtud de los siete mandamientos de Noé, también obligatoria para los no judíos.

El Nuevo Testamento no presenta signos de haber roto con esta visión propia del judaísmo. Las primeras representaciones icónicas cristianas que conocemos son posteriores a la época de los apóstoles e incluso entonces se limitan a representar no a la divinidad ni a personajes relacionados con la misma, sino motivos simbólicos como el ancla, el pez, etc. En cuanto a las imágenes esculpidas, no son anteriores en ningún caso al s. IV d. de C. e incluso entonces se produjeron muchas resistencias a la hora de admitirlas en el seno del cristianismo. Así, el concilio de Elvira (inicios del s. IV) reitera todavía la prohibición de pintar imágenes en el interior de las iglesias.

En armonía con la enseñanza de la Biblia y del judaísmo y cristianismo primitivo, el islam prohíbe la realización y utilización de imágenes en el culto. Estas no pueden ayudar ni dañar (25, 3 ss.) y resulta absurdo que puedan atreverse a representar a Allah, que resiste cualquier posibilidad de descripción.

IMAM. Ver: Imán.

IMÁN. La persona que dirige la celebración del culto en la mezquita y fuera de ella. No es un equivalente al sacerdocio clerical, ya que cuando varios se reúnen para orar alguno ha de realizar estas funciones. El hecho de que las mezquitas suelan contar con uno especialmente designado no altera lo señalado anteriormente. En Pakistán y la India, la denominación de imán va referida a los sabios. La figura tiene una relevancia especial para los shíitas, que dan este nombre a su dirigente y defienden la tesis de que el mismo ha de ser descendiente de Mahoma a través de Fátima. Este imán es considerado inmune al pecado. Los dos grupos principales dentro del shiísmo —existen varios grupos secundarios— son el de los doce imanes (mayoritario) y el de los siete. Ambos reconocen como primer imán a Alí ibn Abú Tálib*, pero mientras que el de los siete sostiene que el séptimo imán fue Ismail, hijo mayor de Jafar al-Sadiq, depuesto por embriaguez, y que con él concluye su número, el de los doce o imamíes sostiene que el duodécimo imán, denominado al-Muntazar, aún vive y dirige a los suyos, teniendo que regresar a su tiempo. Modernamente se ha llegado a afirmar que el parlamento iraní se había constituido bajo la dirección del imán oculto. La lista de los imanes según las dos tendencias principales es la siguiente:

1. Alí (m. 661)
2. Hasán (m. 669)
3. Husayn (m. 680)
4. Alí Zayn al-Abidín (m. 712)
5. Muhammad al-Báquir (m. 731)
6. Jafar al-Sádiq (m. 765)
7. Ismail (m. c. 765)
7. Musa al-Kázim (m. 799)
8. Alí al-Ridá (m. 818)
9. Muhammad al-Jauad (m. 835)
10. Alí al-Hadi (m. 868)
11. Hasán al-Askarí (m. 874)
12. Muhammad al-Muntazar (desaparecido c. 878).

Bibl.: EI, II, pp. 473 ss.; Hughes, pp. 203 ss.; Y. Richard, *Islam*...; J. Glubb, *Arab*...; R. Payne, *Islam*...

IMPUREZA. Ver: Cashrut.

INFIERNO. Ver: Hades, Gehenna.

INMACULADA CONCEPCIÓN DE MARÍA. Creencia que afirma que María fue preservada, por favor especial divino, de todo pecado desde su concepción. Fue definida como dogma por el papa en 1854 y se celebra su fiesta el 8 de diciembre. Realmente no existe ninguna base en el Nuevo Testamento para esta creencia (más bien lo contrario, puesto que se afirma el hecho de que todos los hombres pecaron, v.g.: Romanos 3, 9 ss.) que todavía durante la Baja Edad Media era rechazada por teólogos de la talla de Tomás de Aquino.

Bibl.: ERE VI; R. E. Brown, K. P. Donfried, J. A. Fitzmyer y J. Reumann, *María en el Nuevo Testamento*, Salamanca, 1986; M. Warner, *Tú sola entre las mujeres*, Madrid, 1991.

INMORTALIDAD. Ver: Alma, Resurrección.

IN SHAA LLAH. Lit. «si Dios quiere». Es origen del castellano «ojalá». Expresión utilizada por los musulmanes para indicar que el futuro está en manos de Allah. Su base está en el Corán 18, 23, donde se enseña que nadie debe decir que hará tal o cual cosa el día de mañana, sino que debe condicionar sus logros a que Dios quiera. Esta tesis muestra un claro paralelo con lo establecido en el Nuevo Testamento, en la carta de Santiago 4, 15.

INSPIRACIÓN. El Antiguo Testamento contiene un claro testimonio en favor de su inspiración. Por un lado, afirma que la Torah* fue dada a Moisés por el propio Dios (Exodo 20, 1 ss.) y por otro insiste en el carácter divinamente revelado del mensaje de los profetas, cuyo cumplimiento es garantía de veracidad (Deuteronomio 18, 21-2). El judaísmo, por otro lado, ha tendido —al menos en sus sectores más ortodoxos— a reconocer un carácter inspirado al Talmud*.

El Nuevo Testamento reconoce igualmente el carácter inspirado del Antiguo Testamento, en el que ve anuncios claros del mensaje cristiano (Mateo 1, 22; 2, 15; Hechos 13, 34; Romanos 1, 2; 1 Corintios 6, 16). Los autores de las Escrituras hablaron «en» el Espíritu Santo (Mateo 22, 43; Marcos 12, 36), del que fueron un medio de expresión (Hechos 1, 16; 4, 25; 28, 25). Es precisamente por ello por lo que las Escrituras poseen una autoridad que no puede ser obviada (Juan 10, 34-5; Gálatas 3, 16) y que sus profecías son seguras (Juan 19, 36; Hechos 1, 16; 2 Pedro 1, 20). Los escritos del Nuevo Testamento se consideran igualmente inspirados que los del Antiguo (1 Timoteo 5, 18; 2 Pedro 3, 16).

Aparte de esta inspiración, los autores del Nuevo Testamento reconocen la que opera en carismas* como el de profecía o lenguas*. Los mismos han de ser discernidos para ver si efectivamente proceden de Dios, no pudiendo considerarse como tales los que negaran el Evangelio de salvación por gracia a través de la fe* (Gálatas 1, 6-9) o el hecho de que Jesús* es el Señor (1 Corintios 12, 3).

El islam reconoce varias formas de inspiración. *Wajy* es la referida al Corán que fue dictado a Mahoma por Gabriel. Esta forma máxima de inspiración, generalmente acompañada de fenómenos corporales, puede darse en otros profetas. Esta inspiración evita el error religioso pero no coloca a la persona a salvo de otras equivocaciones. De menor relevancia es la denominada *ilham*, que queda en la mente aunque sin que se pueda identificar con el resultado de la meditación. Los santos pueden gozar de este tipo de inspiración que, en ocasiones, se entiende también como aquellos dones naturales que no proceden de un aprendizaje previo.

Bibl.: L. Morris, *The first*...; D. Guthrie, *Epistles*...; J. Sttot, *Epistles...; EI*, II, pp. 467 ss., y IV, pp. 1091-3; Hughes, pp. 213 ss.

INTERCESIÓN. El judaísmo rechaza por principio la existencia de mediadores entre Dios* y los hombres. La creencia de algunos *jasidim** en que su *tzadik** puede llegar a desempeñar este papel es, de hecho, vista con malos ojos por el resto de los sectores del judaísmo.

El Nuevo Testamento se hace eco de esta visión de la religión de Israel, aunque admite que Jesús* —y sólo él— puede ser mediador entre Dios Padre y los hombres (Juan 14, 6; 1 Timoteo 2, 5-6). La creencia en una mediación de María o de los santos es totalmente ajena, precisamente por eso, a la letra y al espíritu del Nuevo Testamento.

El islam rechaza la idea de un

intercesor entre Dios y los hombres, en lo que se asemejaría al judaísmo y al cristianismo primitivo. No obstante, partiendo del Corán 20, 108, algunos musulmanes sostienen que Mahoma* podrá interceder en el día del juicio y una tradición amplía tal oficio a los ángeles, los mensajeros, los profetas, los mártires y los santos. La intercesión es inútil para aquellos que creyeron en más de un dios. Los mutazilitas, basándose en el Corán 2, 45, rechazan la tesis de la intercesión de Mahoma. No obstante lo anterior, el islam popular reconoce y profesa la idea de una intercesión de los mártires * y, entre los shiítas*, de algunos de sus personajes especialmente relevantes.

Bibl.: R. E. Brown, K. P. Donfried, J. A. Fitzmyer y J. Reumann, *María en el Nuevo Testamento,* Salamanca, 1986; M. Warner, *Tú sola entre las mujeres,* Madrid, 1991; C. Vidal Manzanares, *De Pentecostés...; EI,* IV, pp. 250 ss; Hughes, pp. 214 ss.

ISAÍAS. Profeta judío del siglo VIII a. de C. que da nombre a uno de los libros del Antiguo Testamento. Se ha discutido si, efectivamente, todo el libro se debió al propio Isaías o a otros autores. Las posturas podrían dividirse entre los favorables a considerar todo el libro como obra de Isaías (G. L. Robinson, Margoliouth, Lias, Ridderbos, Kaminka, Wordsworth, Kissane, Allis, Young, Slotki, R. K. Harrison, Gozzo, Mariani, Vaccari, Möller, Baron, Spadafora, etc.), los que consideran que los caps. 1-39 fueron obra de Isaías y los 40-66 de otro autor (Torrey, F. F. Bruce, König, Glahn, Smart, etc.); y los que creen que los capítulos 1-39 se deben a Isaías, los 40-55 a otro autor (Deutero isaías) y los 56-66 a uno (Tritoisaías) o varios (A. Schöckel). Ciertamente, por lo que se desprende de un manuscrito hallado en Qumran, en el siglo II a. de C., como mínimo, la obra era considerada como procedente de un solo autor. La cuestión de la autoría —y consecuentemente la de la datación— en términos científicos dista mucho de verse zanjada.

La obra como tal tiene una enorme importancia en la configuración del cristianismo en la medida en que contiene referencias al siervo* de Yahveh que inspira la visión del Mesías* propia de Jesús* y de la Iglesia* primitiva.

Bibl.: R. K. Harrison, *Introduction...;* L.A, Schöekel y J. L. Sicre, *Profetas...*

ISLAM. Nombre con el que se conoce la religión fundada por Mahoma. Deriva de la raíz árabe para «someterse» e incluye la idea de rechazar cualquier otro objeto de culto. Se ha querido ver también una relación etimológica con la palabra «paz» *(salam),* pero la misma es muy

ISMAEL. Hijo de Abraham a través de Agar, sierva de su esposa Sara. Su nacimiento es atribuido por el Génesis a desconfianza en la promesa de Dios de recibir un hijo de Sara. Precisamente por ello y por su actitud desdeñosa hacia Sara e Isaac, Ismael, junto con su madre Agar, fueron arrojados de la casa de Abraham al año de nacer Isaac, el hijo de la promesa (Génesis 21, 5). Con el tiempo se casó con una egipcia, compatriota de su madre (Génesis 21, 3-21). Tuvo una hija que fue esposa de Esaú (Génesis 28, 9; 36, 10). Participó en el entierro de su padre (Génesis 25, 9), falleciendo él a los 137 años (Génesis 25, 17) y siendo antepasado de príncipes (Génesis 25, 12-16).

El Nuevo Testamento coincide con la visión que de Ismael da el Antiguo. Pablo utiliza su figura para simbolizar a aquellos que pretenden obtener las promesas de Dios por sus propias obras en vez de esperar con fe que El actúe (Gálatas 4, 22-31).

El Corán presenta un retrato de este personaje que difícilmente puede decirse que concuerde con el bíblico. Se le considera profeta (19, 55) y se le menciona junto a Abraham, Isaac, Jacob, Moisés, Jesús y otros profetas (3, 78; 2, 134). Se afirma que ayudó a Abraham a reconstruir la Caaba (2, 119 ss) y que él fue el hijo —y no Isaac— cuyo sacrificio ordenó Dios a Abraham.

Bibl.: A. Cole, *Epistle...;* G. von Rad, *El libro de...; EI,* II, pp. 543 ss; Hughes, pp. 216-20.

ISMAILITAS. Colectivo shiíta* que defiende la existencia de un sentido esotérico en el Corán*, que sólo se comunica a aquellos que pertenecen a los grados superiores de iniciación, los cuales, según sus detractores, negarían ya toda religión y moral. Lograron establecer una dinastía en Túnez que fue origen de la fatimita de Egipto. Insisten en la necesidad de conocer al imán* que se manifiesta a través de un mediador, conocedor de todos los misterios, al que se denomina *jujja* («prueba»). Reconocen a siete profetas (el último fue Muhammad ibn Ismail) y entre cada dos de los mismos hay siete imanes, razón por la cual son denominados «de los siete». Han recibido también los nombres de *ghulat* (fanáticos), *batiniyya* (de *batin,* esotérico) y *talimiyya* (de *talim,* doctrina). A ellos pertenecía la secta de los asesinos.

Bibl.: C. Cahen, *Islam...;* R. Payne; *Islam...;* Y. Richard, *Islam...*

ISRA'. El viaje nocturno realizado por Mahoma* (17, 1) desde la mezquita sagrada hasta la mezquita lejana *(al-aqsa)*. Existen divergencias acerca de si el viaje fue en espíritu durante el sueño o si se realizó corporalmente. El hecho de que también se discuta si la mezquita lejana es una referencia al cielo, a Jerusalén (donde se habría encontrado con Abraham, Moisés y Jesús) o a una mezquita cercana a La Meca ha hecho sospechar a algunos estudiosos si en el relato se ha producido una mezcla de un hecho real (un sueño, o un viaje cerca de La Meca) con elementos fabulosos.

Bibl.: EI, II, pp. 553 ss.; Hughes, pp. 351 ss.

ISRAEL. Nombre otorgado a Jacob tras luchar con Dios en Jaboc (Génesis 32, 29). Derivado de la raíz *sará* (luchar, regir), contiene el significado de victoria y podría traducirse por «el que ha luchado con Dios» o «el luchador de Dios». Posteriormente el nombre sería aplicado a los descendientes de Jacob (Exodo 1, 9) y, tras la división del pueblo a la muerte de Salomón, vino a designar la monarquía norteña constituida por todas las tribus salvo Judá y Leví, y destruida por Asiria el 721 a. de C. El término sirve también para designar el territorio prometido por Dios a los patriarcas y a sus descendientes (Génesis 13, 14-17; 15, 18; 17, 18; 26, 3-4; 28, 13; 35, 12; 48, 3-4; 1 Samuel 13, 19) que, tras la derrota de Bar Kojba en el 135 d. de C., sería llamada por los romanos Palestina en un intento de ridiculizar a los judíos y recordando a los hacía ya mucho tiempo desaparecidos filisteos. El término haría fortuna entre los no judíos, salvo los árabes, que no lo utilizarían sino posteriormente, por razones políticas y sin conexión con la denominación islámica clásica. Hoy en día la palabra designa al estado judío soberano nacido el 14 de mayo de 1948 al finalizar el mandato británico sobre el mencionado territorio.

Bibl.: Y. Kaufmann, *Religion...*; M. Noth, *Historia...*; J. Bright, *History...*; S. Hermann, *Historia...*; F. F. Bruce, *Israel y las naciones,* Madrid, 1979.

J

JACOB. En el Antiguo Testamento, hijo de Isaac y Rebeca a través del cual se transmitieron las promesas hechas por Dios* a Abraham*, padre de los doce patriarcas de los que procederían las doce tribus de Israel. Su vida es narrada en Génesis 25, 21-50, 13.

El Corán menciona explícitamente la figura de Jacob, al que reconoce, como en el Antiguo Testamento, como uno de los patriarcas (2, 133-40; 3, 84; 4, 163; 6, 84; 11, 71; etc.). Tal mención resulta, no obstante, incoherente, ya que Mahoma desplaza la atención que el Génesis proporciona a Isaac a la figura de Ismael y que Jacob fue hijo de Isaac.

Bibl.: G. von Rad, *El libro*...; N. M. Sarna, *Génesis*...

JADITH. Lit. «relato». Tradición dotada de contenido religioso cuyo origen se hace remontar hasta Mahoma. Su recopilación comienza hacia el siglo VIII. La garantía de su veracidad viene establecida por la existencia de una cadena de autoridades (*isnad*) que aparecen indicadas antes del texto (*matn*) de cada *jadith*. Dado que muchas de las tradiciones fueron inventadas para suplir lagunas del Corán* o para apoyar puntos de vista heréticos, aquéllas aparecen clasificadas en *sajih* (coherentes), *jasan* (buenas) y *daif* (débiles) según su grado estimado de veracidad.

Los sunnitas* consideran que hay dos libros de tradiciones dignos de confianza total. Estos reciben el nombre de *Sajijs* y fueron compilados por Bujari (m. 870) y Muslim (m. 875). Aparte de estas dos obras, existen otras cuatro que no son consideradas dignas del mismo grado de confianza, las de Abú Daud (m. 889), Tirmidhi (m. 892), Nasa'i (m. 915) e Ibn Maja (m. 889). Estos libros presentan el material dispuesto temático y de ahí su denominación de *musannaf* (clasificados). En otras obras, generalmente más antiguas, la información aparece sistematizada según el compañero que comunicó la tradición (*musnad*).

Los shiítas* cuentan asimismo con sus propias colecciones elaboradas por Kulini (m. 939),

Qummí (m. 991) y Tusi (m. 1067). Todas ellas se clasifican entre las *musannaf* y se retrotraen a la familia de Alí.

Aunque este conjunto de tradiciones es aceptado de manera generalmente acrítica en el seno del islam, lo cierto es que diversos arabistas, como Goldziher, han puesto de manifiesto la irregularidad de su transmisión.

Bibl.: J. Horovitz, «Alter und Ursprung der Isnad», en *DI*, 8, 1918, pp. 39 ss.; J. Fück, «Die Rolle des Traditionalismus im Islam», en *ZDMG*, 93, 1939, pp. 1 ss; J. Robson, «Ibn Ishaq's use of the isnad», en *BJRL*, 38, 1956, pp. 449 ss.; A. Houdas-W. Marcais, *El-Bokhari, Les traditions islamiques*, 4 vols., 1903-14.

JADIYA. Viuda de La Meca de posición acomodada que dio trabajo a Mahoma* como agente de una de sus caravanas enviada a Siria. Teniendo ella cuarenta años y Mahoma venticinco, le propuso matrimonio, a lo que él accedió. Mahoma le profesó un profundo amor y no tomó otra esposa mientras ella vivió. Fue una de sus primeras conversas.

Bibl.: EI, II, pp. 860 ss.; M. Lings, *Muhammad...*

JAHILIYYA. Término con que se denomina el periodo de historia árabe anterior al surgimiento del islam y que podría traducirse por «tiempos de ignorancia» o «tiempos de barbarie».

Bibl.: EI, II, pp. 383 ss.; *MS*, I, pp. 1 ss. y 219 ss.

JALÁ. 1. Parte de la masa que debe entregarse al sacerdote o *cohen* (Números 15, 19-20). Desde el Jurbán, el precepto sólo se realiza de manera simbólica al separar el ama de casa una cantidad pequeña de masa (Mish. Shab. 2. 6).

2. Nombre de un tratado de la Mishnah y del Talmud de Jerusalén relacionado con esta práctica.

3. Hogaza centrada sobre la que se recita la bendición hamotzí en *shabat* y fiestas.

JALITZÁ. Ver: Levirato.

JANIF. El término aparece una docena de veces en el Corán, dos de ellas en forma plural (*junafa*). Etimológicamente parece ser que la expresión era aplicada primitivamente a los paganos. Tal aplicación ya había variado en la época de Mahoma, sirviendo para calificar a los monoteístas que no eran ni cristianos ni judíos. En el Corán, el calificativo es aplicado preeminentemente a Abraham y se recomienda a todos que se conviertan en *junafa*, es decir, aquellos monoteístas que renuncian al culto a las imágenes y a los astros. En 98, 4 parece identificarse el hecho de ser *janif* con el de ser musulmán.

Bibl.: Bell, «Who were the Hanifs?», en *MW,* 20, 1930, página 4.

JANUCÁ. Lit. «consagración» o «dedicación». Fiesta de ocho días de duración que se inicia el 25 de Kislev y que celebra la lucha de los Macabeos contra Antíoco IV Epífanes (siglo II a. de C.). Recibe también el nombre de Jag Haurim o fiesta de las luces, ya que, según el Talmud (Shab. 21 b), al entrar de nuevo los judíos en la reconquistada Jerusalén hallaron sólo una vasija de aceite puro necesario para mantener encendida la lámpara perpetua o *ner tamid* del Templo. Pese a contener sólo la proporción de un día, duró milagrosamente durante ocho, permitiendo con ello que se lograra el aprovisionamiento de aceite de oliva puro. El precepto más importante de esta fiesta es el encendido de luces: una, la primera tarde; dos, la segunda, y así sucesivamente.

Bibl.: J. Barylko, *Celebraciones*...; Y. Newman, *Judaísmo*...; C. Shepherd, *Jewish*...

JAQQ. Lit. «lo fijo». Es el número 51 de Dios en el islam. Los sufíes aplican esta denominación a la esencia divina. Secundariamente la palabra puede significar también «verdad», «deber» y «un derecho».

JARÂÂM. Lit. «prohibido». En el derecho islámico, los actos que merecen un castigo concreto.

Bibl.: EI, IV, pp. 322 ss.; Hughes, p. 163.

JARAM. Lit. «sagrado». El calificativo se aplicaba a los espacios que rodeaban los santuarios de la Arabia preislámica en cuyo interior regía el derecho de asilo. En el islam merecen esta consideración las áreas que rodean La Meca y Medina, así como la explanada en torno al Domo de la Roca en Jerusalén.

Bibl.: EI, III, pp. 173-5; Hughes, p. 163.

JARIM. Término que deriva etimológicamente de la palabra árabe utilizada para «sagrado». Se utiliza para designar las partes de la casa vedadas a los extraños (en sentido restringido, las de las mujeres y las mismas mujeres).

Bibl.: EI, III, p. 209; Hughes, pp. 163-7.

JARIYÍES. Antiguos partidarios de Alí* que se pronunciaron en favor de decidir la cuestión de la sucesión del califato mediante un arbitraje. Se ha especulado con la posibilidad de que el nombre derive del Corán (9), donde se habla de los que se marcharon *(jaraya)* para combatir en el camino de Dios. Durante un tiempo implicaron un factor de desestabilización por cuanto sostenían que cualquiera podía ser califa* si su conducta era digna y, *a contrario sensu,* que el que no mostrara la misma debía ser depuesto. Se consideraban los únicos musulmanes auténticos (de hecho, afirmaban que los musulmanes que murieran sin arrepentirse irían al Infierno*) y aunque sus sectas se extinguieron en su mayoría, todavía quedan algunas, como los ibaditas de Argelia, Trípoli, Omán y Zanzíbar.

Bibl.: *EI,* II, pp. 904-8; Wensinck, *Creed.*

JASÁN IBN ALÍ. Nieto de Mahoma y tercer imán* de la Shia*. Sucedió a su padre cuando éste fue asesinado, pero pronto abdicó en la persona de Muauiya. Este le concedió una cuantiosa renta que le permitió vivir espléndidamente en Medina. Casado, según la tradición, más de cien veces, no parece que destacara por su virtud. Con todo, los shiítas le atribuyen la realización de muchos milagros y en las fiestas de Muharram su nombre es cantado junto con el de su hermano al-Husayn. Murió envenenado hacia el 669, probablemente por una de sus esposas.

Bibl.: Y. Richard, *Islam*...; R. Payne, *Islam*...; C. Cahen, *Islam*...

JASIDIM. Lit. «piadosos». Los judíos piadosos que dedican su vida a una observancia estricta de la Halajá y de la tradición. En la literatura rabínica hay muchas referencias a los *jasidim* primeros (*jasidim harishonim*) que iban más allá del cumplimiento de la letra estricta de la ley. Los situados en la época del Segundo Templo situaron las buenas acciones por encima de la sabiduría (Mish. Avot 3, 12), aunque insistieron en que nadie que fuera ignorante podía ser *jasid* (Avot 2. 6). Tras la destrucción del templo, el término se aplicó a aquellos que aceptaban voluntariamente sufrimientos corporales e incluso la muerte por la santificación del nombre de Dios o Kidush Ha-Shem. Durante el siglo XIII apareció en Alemania otro movimiento de *jasidim* que unía a la idea de martirio y de normas éticas elevadas el interés por la mística y la práctica del ascetismo. Hoy en día, el jasidismo se identifica con un movimiento nacido durante el siglo XVIII en Europa Oriental cuyo fundador fue Israel ben Eliezer, conocido como Baal Shem Tov («señor del nombre bueno o divino») o por su acróstico Besht. Los *jasidim* seguidores de Besht enfatizaron la plegaria extática, la humildad, la alegría, el optimismo, la comunión con Dios, la redención personal y el amor al prójimo, por encima del estudio y el conocimiento del Talmud*. Aunque fueron duramente atacados por figuras de la talla del Gaón de Vilna y se cuestionaron sus tesis gnósticas —como la creencia en la reencarnación* o el culto a la persona del maestro o *tzadik*– lo cierto es que, finalmente, se vieron aceptados por el resto del judaísmo. El siglo XIX asistió a un declive de esta forma de espiritualidad que fue prácticamente aniquilada durante el Holocausto. El movimiento ha experimentado un cierto avivamiento en Estados Unidos e Israel, pudiendo hablarse incluso de una popularización de algunas de sus ideas merced a las obras de autores como Martin Buber, Eli Wiesel o Chaim Potok.

El término sirve también para designar a los no judíos justos (*jasidei umot ha-olam* o «piadosos de entre las naciones del mundo») que participarán en el siglo venidero (Tosef. San. 13: 2). Maimónides, el Shulján Arúj y la Cábala identificaron a éstos con aquellos que cumplen los siete mandamientos de Noé.

Bibl.: M. Buber, *Tales of the Hasidim*, Nueva York, 2 vols., 1975; idem, *The legend of the Baal-Shem*, 1969; H. Ben-Sasson, *History*...

JAVER. Lit. «compañero». Originalmente el término servía para designar a los componentes de las hermandades religiosas judías que, durante la época del Segundo Templo, se dedicaban a observar estrictamente las ordenanzas relativas a la *terumah*, el diezmo y la pureza ritual. En femenino, *javerah*, el término sirve para designar a una mujer intelectual (Sanh 9b). En la actualidad, la denominación se aplica al miembro de la congregación que es convocado a la Torah, a los miembros de ciertas organizaciones judías, a los componentes de un kibutz y a los miembros del parlamento israelí.

JEHOVÁ. Ver: Nombres* de Dios.

JERARQUÍA. En relación con el judaísmo ver: Sacerdotes, Rabino.

Con referencia al cristianismo, ver: Ancianos, Apóstoles, Iglesia, Papa.

El islam desconoce el concepto de jerarquía religiosa, no pudiendo considerarse manifestaciones de ésta ni la institución del califa* ni la del imán*.

JEREM. Excomunión en el judaísmo. Originalmente el término implicaba la destrucción de una cosa por estar dedicada sólo a Dios (Levítico 27, 28) o de una persona por estar incursa en causa de pena capital (Levítico 27, 29; Deuteronomio 3, 6; 13, 16). En tiempos de Esdras comienza a aplicarse el *jerem* como mera excomunión del seno de la comunidad sin implicar la muerte (Esdras 10, 8). Durante el periodo talmúdico existieron diversas clases de excomunión que buscaban, fundamentalmente, el arrepentimiento del condenado. En la época posttalmúdica, los rabinos sólo hicieron uso de la excomunión conocida como *nidúi* dirigida especialmente contra los herejes. Si el pecador se convertía en *baal teshuvá**, el *bet din* o tribunal que lo había condenado se veía obligado a levantar la condena de él.

JEREMÍAS. Profeta judío del siglo VI a. de C., autor del libro del Antiguo Testamento que lleva su nombre. Para el cristianismo, es una obra relevante en la medida en que señala el hecho de que Dios realizará con Israel un nuevo pacto (Jeremías 31, 27 ss.) que es identificado con el concluido por Jesús* sobre la base de su sacrificio* en la cruz*.

Bibl.: R. K. Harrison; *Introduction*...; G. von Rad, *Teología*..., v. II; L. A. Schöckel y J. L. Sicre, *Profetas*..., v. II.

JERUSALÉN. Su nombre se ha interpretado como «ciudad de la paz». Aparece citada por primera vez en la Biblia como Salem (Génesis 14, 18). La ciudad parece haber sido tomada por los israelitas que conquistaron Canaán a su salida de Egipto pero no fue conservada en su poder. Hacia el año 1000 a. de C., David la tomó de manos de los jebuseos, convirtiéndola en su capital (2 Samuel 5, 6 ss.; 1 Crónicas 11, 4 ss.) dado que ocupaba un lugar central en la geografía de su reino. Salomón construyó en ella el primer templo, con lo que la convirtió en centro religioso y lugar de peregrinaje anual de todos los fieles para las fiestas de Pascua, Semanas y Cabañas. En el año 586-7 a. de C. se produjo el Primer Jurbán o destrucción del templo por parte de las tropas de Nabucodonosor. Regresados del exilio en el 537 a. de C., los judíos emprendieron la reconstrucción del templo bajo el estímulo de los profetas Ageo, Zacarías y Malaquías, pero realmente la gran restauración del templo sólo se produjo con Herodes y sus sucesores, que lo ampliaron y engrandecieron. En el año 70 d. de C. tuvo lugar el Segundo Jurbán o destrucción del templo, esta vez, a manos de las legiones del romano Tito. Expulsados de Jerusalén tras la revuelta de Bar Kojba (132-5 d. de C.), los judíos de todo el mundo nunca dejaron de esperar el regreso a la ciudad, de forma que, a mediados del siglo XIX, la mayoría de la población jerosilimitana era judía. Tras la Guerra de la Independencia (1948-9), la ciudad fue proclamada capital del estado de Israel aunque siguió dividida en dos zonas, árabe y judía, hasta 1967.

En el 637 la ciudad cayó en manos de los musulmanes, que la consideran también una ciudad santa (la tercera, después de La Meca y Medina) a causa de sus conexiones con el Antiguo

Testamento y con la *isra'**. Sobre el lugar que antaño ocupaba el templo de Herodes edificaron dos mezquitas conocidas como el Domo de la Roca y *al-aqsa*. Desde 1099 a 1187 la ciudad estuvo bajo el control cruzado, pasando después al musulmán hasta 1917, en que las tropas británicas de Allenby expulsaron de la misma a los turcos. En 1948, con ocasión de la fundación del estado de Israel, la ciudad quedó dividida en una zona árabe y otra israelita, cayendo en la primera la explanada del templo y el muro de las Lamentaciones. Aunque en 1967 la ciudad cayó totalmente en manos del estado de Israel, los lugares de culto mencionados han permanecido bajo control musulmán.

Para el cristianismo, reviste una especial importancia porque en ella murió Jesús y además tuvo su asiento la primera comunidad judeo-cristiana (Hechos 1-11).

Bibl.: J. Jeremías, *Jerusalén en tiempos de Jesús*, Madrid, 1985; D. Lapierre y L. Collins, *Oh, Jerusalén*, Barcelona, 1989; C. Vidal Manzanares, *De Pentecostés...*; idem, *El Primer Evangelio...*

JESÚS. Las fuentes judías son especialmente negativas hacia la figura de Jesús, aunque, indirectamente, vienen a confirmar los datos suministrados por los autores cristianos. En el Talmud se afirma que realizó milagros —aunque eran fruto de la hechicería— (Sanh. 107; Sota 47b; J. Hag. II, 2); que sedujo a Israel (Sanh 43 a) y que por ello fue ejecutado por las autoridades judías, que lo colgaron la víspera de Pascua (Sanh 43 a). Se nos dice asimismo que se proclamó Dios y anunció que volvería por segunda vez (Yalkut Shimeoni 725). Dado su carácter de falso maestro (se le acusa, por ejemplo, de relativizar el valor de la ley) que le hizo merecedor de la pena de muerte, algun pasaje del Talmud le representa en el otro mundo condenado a estar entre excrementos en ebullición (Guit. 56b-57a). Con todo, este juicio no es unánime. Así, por ejemplo, se cita con aprecio alguna de sus enseñanzas (Av. Zar. 16b-17a; T. Julin II, 24). El Toledot Ieshu, una obra judía anticristiana, cuya datación general es medieval pero que podría ser anterior, insiste en todos estos mismos aspectos denigratorios de la figura de Jesús, aunque no se niegan los rasgos esenciales presentados en los Evangelios sino que se interpretan bajo una luz distinta. Esta visión fue común al judaísmo hasta el siglo XIX y así en las últimas décadas se ha ido asistiendo junto a un mantenimiento de la opinión tradicional a una reinterpretación de Jesús como hijo legítimo del judaísmo aunque negando su mesianidad (J. Klausner), su divinidad (H. Schonfield) o aligerando los aspectos más difíciles de conciliar con el judaísmo clásico (D. Flusser). De la misma manera, los últimos tiempos han sido testigos de la aparición de multitud de movimientos que, compuestos por judíos, han optado por reconocer a Jesús como Mesías y Dios sin renunciar por ello a las prácticas habituales del judaísmo («Jews for Jesus», «Messianic Jews», etc.).

El Nuevo Testamento presenta en conjunto un retrato coherente de Jesús, cuya fuente principal son los Evangelios*, y nos proporciona un número considerable de datos para reconstruir históricamente su enseñanza así como la parte final de su vida. Su nacimiento debe situarse algo antes de la muerte de Herodes* el Grande (4 a. de C.) (Mateo 2, 1 ss.). El mismo se produjo en Belén (aunque algunos autores prefieren pensar en Nazaret como su ciudad natal) y los datos que proporcionan los Evangelios en relación con su ascendencia davídica deben tomarse como ciertos, puesto que cuando Domiciano decidió acabar con los descendientes del rey David hizo detener también a algunos familiares de Jesús. No obstante, los autores que reconocen la historicidad de su ascendencia davídica (D. Flusser, R. E. Brown, J. Jeremías, C. Vidal Manzanares, etc.) parecen inclinados a relacionarla con una rama no especialmente importante de esta estirpe. Exilada su familia a Egipto (un dato que se menciona también en el Talmud y en otras fuentes judías), regresó a la muerte de Herodes pero, por temor a Arquelao, sus familiares fijaron su residencia en Nazaret, donde se mantendría durante los años siguientes (Mateo 2, 22-3). Salvo breves referencias en Lucas 2, 21 ss., no volvemos a tener datos suyos hasta pasada la treintena, cuando le vemos acudiendo a ser bautizado por Juan el Bautista (Mateo 3 y paralelos). Durante su bautismo, Jesús tuvo una experiencia que confirmó su autoconciencia de filiación divina así como de mesianidad (J. Klausner, D. Flusser, J. Jeremías, J. H. Charlesworth, M. Hengel, etc.). De hecho, en el estado actual de las investigaciones (1993), la tendencia mayoritaria de los investigadores es la de aceptar que, efectivamente, Jesús se vio a sí mismo como Hijo de Dios —en un sentido especial y distinto del de cualquier otro ser— y Mesías. La tesis, sostenida por algunos neobultmanianos, en el sentido de que Jesús no utilizó títulos para referirse a sí mismo resulta, en términos meramente históricos, absolutamente insostenible, como han puesto de manifiesto los estudios más recientes (R. Leivestadt, J. H. Charlesworth, M. Hengel, D. Guthrie, F. F. Bruce, I. H. Marshall, J. Jeremías,

C. Vidal Manzanares, etc.). Queda por establecer cómo era concebida por Jesús su mesianidad. Desde los estudios de T. W. Manson, parece haber pocas dudas de que ésta fue captada y expresada en términos del siervo* de Yahveh (Mateo 3, 16 y par.) y del Hijo del hombre (en el mismo sentido, F. F. Bruce, R. Leivestadt, M. Hengel, J. H. Charlesworth, J. Jeremías, I. H. Marshall, C. Vidal Manzanares, etc.). Muy posiblemente, como ya hemos indicado, esta autoconciencia fue anterior al momento del bautismo y sólo entonces se vio fortalecida. Los sinópticos nos relatan un periodo de tentación posterior al bautismo (Mateo 4, 1 ss. y par.). En el mismo, de nuevo, nos hallamos ante un relato histórico –quizá referido por Jesús a sus discípulos– en el que se evidencia, desde un principio, las tentaciones que sintió de prostituir su especial visión mesiánica por otra que tuviera una perspectiva política o revolucionaria (J. Jeremías, D. Flusser, C. Vidal Manzanares, etc.). Tras este periodo dio comienzo una primera etapa de su ministerio, que transcurrió fundamentalmente en Galilea. En ella se produjeron diversos milagros (especialmente curaciones y expulsiones de demonios*), que aparecen confirmados por las fuentes hostiles del Talmud, realizados por él. Una vez más, la tendencia generalizada entre los historiadores hoy en día es la de considerar que, al menos, algunos de los relatados en los Evangelios acontecieron realmente (J. Klausner, M. Smith, J. H. Charlesworth, C. Vidal Manzanares, etc.). Asimismo, empezó a predicar un mensaje radical que chocaba con las interpretaciones de algunos sectores del judaísmo (Mateo 5-7). Esta época concluyó, en términos generales, con un fracaso (Mateo 11, 20 ss.). Sus hermanos no creían en él (Juan 7, 1-5) y junto con su madre intentaron apartarle de su misión (Marcos 3, 31 ss. y par.). De manera similar reaccionaron sus compatriotas (Mateo 13, 55 ss.). El hecho de que su predicación se centrara en la conversión o cambio de vida en razón del Reino, la dura advertencia de las terribles consecuencias que se seguirían de rechazar este mensaje divino y la negativa a convertirse en un mesías político, debieron contribuir no poco al rechazo que experimentó (Mateo 11, 20 ss.). El ministerio en Galilea –que presumiblemente se vio entreverado por varias subidas a Jerusalén, con motivo de las fiestas* judías, que nos han sido narradas sobre todo en el Evangelio de Juan*– fue seguido por un ministerio de paso por Perea (narrado casi exclusivamente por Lucas) y la bajada última a Jerusalén (seguramente el 30 d. de C, menos posiblemente el 33 d. de C.), donde entró en medio del entusiasmo de buen número de peregrinos que habían bajado a celebrar la Pascua. Resulta difícil negar que Jesús contaba con morir violentamente. De hecho, la práctica totalidad de los historiadores dan hoy por seguro que esperaba que así sucediera y que así se lo comunicó a sus discípulos más cercanos (M. Hengel, J. Jeremías, R. H. Charlesworth, H. Schürmann, D. Guthrie, D. Flusser, F. F. Bruce, C. Vidal Manzanares, etc.). El haber experimentado un episodio, que, convencionalmente, se denomina la Transfiguración pudo muy bien confirmarle en su idea de bajar a Jerusalén fueran cuales fueran las consecuencias. Aunque en los años 30 del presente siglo, R. Bultmann pretendió explicar este suceso como un retrotraimiento en los relatos evangélicos de lo que habría sido una experiencia postpascual, lo cierto es que tal tesis resulta inadmisible —pocos la mantendrían hoy— y que lo más lógico es aceptar la historicidad del hecho (D. Flusser, W. L. Liefeld, H. Baltensweiler, C. Vidal Manzanares, etc.) como un momento relevante en la determinación de la autoconciencia de Jesús. En este, como en otros aspectos, las tesis de R. Bultmann parecen confirmar las palabras de R. H. Charlesworth, que lo considera una rémora en la investigación sobre el Jesús histórico. Para este periodo de la vida de Jesús, parece indiscutible que éste había concitado contra sí la oposición de un amplio sector de las autoridades religiosas judías, que consideraban su muerte como una salida aceptable e incluso deseable (Juan 11, 47 ss.) y que no vieron con agrado la popularidad de Jesús entre los asistentes a la fiesta. Durante algunos días, Jesús fue tanteado por diversas personas en un intento de atraparlo en falta o quizá sólo de decidir su destino final (Mateo 22, 15 ss. y par.). En esa época, aunque posiblemente también con anterioridad, Jesús pronunció profecías de destrucción del Templo de Jerusalén que se verían cumplidas en el año 70 d. de C. Durante la primera mitad de este siglo, se tendió a considerar que Jesús nunca había anunciado la destrucción del Templo y que las mencionadas profecías no eran sino un *vaticinium ex eventu*. Hoy en día, por el contrario, existe un considerable número de investigadores que tiende a admitir que las mencionadas profecías sí fueron pronunciadas por Jesús (D. Aune, C. Rowland, R. H. Charlesworth, M. Hengel, F. F. Bruce, D. Guthrie, I. H. Marshall, C. Vidal Manzanares, etc.) y que el relato de las mismas contenido en los Sinópticos —como ya señaló en su día C. H. Dodd— para nada presupone que el Templo ya hubiera sido destruido. En realidad, el hecho de que

Jesús hubiera limpiado el Templo a su entrada en Jerusalén apuntaba ya simbólicamente la destrucción futura del recinto (E. P. Sanders), como señalaría a sus discípulos en privado (Mateo 24 y 25, Marcos 13 y Lucas 21) y, por otro lado, la fuente Q*, que es anterior al año 70 d. de C., cuando fue arrasado el Templo, ya contiene profecías de Jesús sobre la destrucción de aquél (C. Vidal Manzanares). Aprovechando la noche y valiéndose de la traición de uno de sus discípulos más cercanos, las autoridades del templo —en su mayor parte saduceas*— se apoderaron de Jesús en la víspera de la Pascua (Mateo 26, 1 y par.). El interrogatorio, lleno de irregularidades, ante el Sanhedrín intentó esclarecer si había motivo para condenarlo a muerte (Mateo 26, 57 ss. y par.). La cuestión se decidió afirmativamente sobre la base de testigos que aseguraban que Jesús había anunciado la destrucción del Templo (algo que tenía una clara base real) y sobre el propio testimonio del acusado, que se identificó como el mesías-hijo del hombre de Daniel 7, 13. El problema fundamental surgía en relación con la imposibilidad por parte de las autoridades judías de aplicar la pena de muerte. Cuando el preso fue llevado ante Pilato (Mateo 27, 11 ss. y par.), éste comprendió que se trataba de una cuestión meramente religiosa que a él no le afectaba y eludió comprometerse en el asunto. Posiblemente fue entonces cuando los acusadores comprendieron que sólo una acusación política podría lograr la condena que buscaban, de modo que indicaron a Pilato que Jesús era un sedicioso (Lucas 23, 1 ss.). Pero aquél, al averiguar que Jesús era galileo, remitió la causa a Herodes (Lucas 23, 6 ss.). Este no parece haber encontrado peligroso a Jesús y, posiblemente, no deseando hacer un favor a las autoridades del templo apoyando su punto de vista, se lo devolvió a Pilato. El romano le aplicó una pena de flagelación con la idea de que sería suficiente escarmiento (Lucas 23, 13 ss.), pero se encontró con la clara oposición de las autoridades judías a que Jesús fuera liberado. Cuando les propuso soltarlo acogiéndose a una costumbre —de la que también nos habla el Talmud— según la cual se podía liberar a un preso por Pascua, una multitud, posiblemente reunida por los sacerdotes*, pidió que se liberara a un delincuente llamado Barrabás en lugar de a Jesús (Lucas 23, 13 ss. y par.). Ante el temor de acarrearse problemas con el emperador, Pilato condenó a Jesús a ser crucificado. Este se hallaba tan extenuado, que tuvo que ser ayudado a llevar la cruz (Lucas 23, 26 ss. y par.) por un extranjero, cuyos hijos serían cristianos posteriormente (Marcos 15,

21; Romanos 16, 13). Crucificado junto con dos delincuentes comunes, Jesús murió al cabo de unas horas. Sus discípulos habían huido a esconderse y uno de ellos, Pedro, le había negado en público varias veces. Depositado en la tumba de un amigo, que recogió el cuerpo valiéndose de un privilegio concedido por la ley romana relativa a los condenados a muerte, nadie volvió a ver a Jesús muerto. Al tercer día, algunas mujeres, que habían ido a llevar aromas para el cadáver, encontraron el sepulcro vacío (Lucas 24, 1 ss. y par.). Cuando anunciaron a los otros discípulos que Jesús había resucitado, éstos no las creyeron (Lucas 24, 11). Con todo, la visita de Pedro al sepulcro (Lucas 24, 12; Juan 20, 1 ss.) parece que le convenció de la veracidad de lo que éstas afirmaban. En espacio de horas, varios discípulos afirmaron haberlo visto, aunque los que no compartieron la experiencia se negaron a creer en ella hasta que atravesaron por una similar (Juan 20, 24 ss.). El fenómeno no se limitó a los seguidores de Jesús, sino que trascendió los límites del grupo. Así, Santiago, el hermano de Jesús, que no había aceptado con anterioridad las pretensiones de éste, pasó ahora a creer en él como consecuencia de una de estas apariciones (1 Corintios 15, 7). Para entonces, Jesús se había aparecido ya a más de quinientos discípulos a la vez, de los cuales muchos vivían todavía un par de décadas después (1 Corintios 15, 6). Lejos de ser una mera vivencia subjetiva (R. Bultmann) o una invención posterior de la comunidad que no podía aceptar que todo hubiera terminado (D. F. Strauss), las fuentes apuntan a la realidad de las apariciones así como a la antigüedad de la tradición de la tumba vacía (C. Rowland, J. P. Meier, C. Vidal Manzanares, etc.). Una interpretación existencialista del fenómeno no puede hacer justicia al mismo, si bien el historiador no puede dilucidar si las apariciones fueron objetivas o subjetivas, por más que esta última posibilidad resulte altamente improbable (implicaría un estado de enfermedad mental en personas que sabemos que eran equilibradas, etc.). Con todo, le resulta difícil negar que éstas resultaron decisivas en la vida de los seguidores de Jesús. De hecho, aquellas experiencias concretas provocaron un cambio radical en los hasta entonces atemorizados discípulos que, sólo unas semanas después, se enfrentaban valerosamente con las mismas autoridades que habían orquestado la muerte de Jesús (Hechos 4). Las fuentes narran que las apariciones de Jesús concluyeron unos cuarenta días después de su resurrección. Con todo, Saulo, un antiguo perseguidor de los cristianos, experimentó una de las mismas con posterioridad y, como consecuencia de ella, se convirtió a la fe en Jesús (1 Corintios 15, 7 ss.) (M. Hengel, F. F. Bruce, C. Vidal Manzanares, etc.). Sin duda, aquella experiencia –que afectó según las fuentes a centenares de personas, de las cuales algunas no creyeron en Jesús en vida de éste– resultó decisiva para la continuidad del grupo de discípulos, para su crecimiento ulterior, para que éstos se mostraran dispuestos a afrontar la muerte por su fe en Jesús y para fortalecer su confianza en que Jesús regresaría como Mesías* victorioso.

En las últimas décadas ha pasado a tener una enorme importancia el estudio sobre la autoconciencia de Jesús (¿qué pensaba Jesús de sí mismo?) y sobre el significado que vio en su muerte. El elemento fundamental de la autoconciencia de Jesús parece haber sido su convicción de ser Hijo de Dios en un sentido que no podía ser compartido por nadie más y que no coincidía con visiones previas del tema (rey mesiánico, hombre justo, etc.) aunque pudiera también englobarlas. Su originalidad en denominar a Dios como *Abba* (lit. «papá») (Marcos 14, 36) no encuentra eco en el judaísmo hasta la Edad Media y viene a indicar una relación singular que se vio confirmada en el bautismo y en la transfiguración (una experiencia anterior a su muerte de cuya historicidad no podemos dudar). Es a partir de este sentimiento que podemos entender lo que pensaba Jesús de sí mismo. Precisamente por ser el Hijo de Dios –y dar a tal título el contenido que le proporcionaba (Juan 5, 18)–, Jesús es acusado en las fuentes talmúdicas de hacerse Dios, y a partir de ahí también es de donde Él tuvo la constancia de que era el Mesías*, pero no un mesías guerrero, sino un mesías que se expresaba con las categorías teológicas propias del Hijo* del hombre y del Siervo* de Yahveh. Como ya hemos señalado, esta conciencia de Jesús de ser el Hijo de Dios es admitida hoy en día por la mayoría de los historiadores (F. F. Bruce, D. Flusser, M. Hengel, J. H. Charlesworth, D. Guthrie, M. Smith, I. H. Marhsall, C. Rowland, C. Vidal Manzanares, etc.) aunque se discuta el contenido delimitado de la misma. Lo mismo cabría decir en cuanto a su mesianidad.

Jesús esperaba evidentemente su muerte. No sólo los anuncios al círculo de sus íntimos (Mateo 16, 21 ss. y par.), sino sus actos, revelan que no albergaba esperanzas de concluir su misión de otra manera. Sabía que moriría como un criminal que no es ungido (Marcos 14, 3-9 y par.) y de ese mismo presagio se halla preñada la última cena (ver Eucaristía*) que compartió con sus discípulos (Mateo 26, 17 ss. y par.). Que el sentido que proporcionó a su muerte era plenamente expiatorio es algo que se desprende de las propias afirmaciones de Jesús acerca de su misión (Marcos 10, 45), así como del hecho de que se identificara con el siervo* de Yahveh (Isaías 52, 13-53, 12) cuya misión es llevar sobre sí la carga de pecado de los descarriados y morir en su lugar de manera expiatoria (M. Hengel, H. Schürmann, F. F. Bruce, T. W. Manson, D. Guthrie, C. Vidal Manzanares, etc.).

A partir de estos datos seguros sobre su vida y autoconciencia podemos reconstruir las líneas maestras fundamentales de la enseñanza de Jesús. En primer lugar, su mensaje se centraba en la creencia en que todos los seres humanos se hallan en una situación de extravío o perdición (Lucas 15 y paralelos en el Documento Q). Precisamente por ello, él pronunciaba un llamado al arrepentimiento* o conversión porque el Reino llegaba con él (Marcos 1, 14-5). Esta conversión implicaba un cambio espiritual radical cuyas señales características aparecen recogidas en enseñanzas de Jesús como las contenidas en el sermón del monte (Mateo 5-7) y tendría como marco el Nuevo Pacto* que había profetizado Jeremías y que se inauguraba con la muerte expiatoria del Mesías (Marcos 14, 12 ss. y par.). Dios venía en Jesús a buscar a los que se habían extraviado (Lucas 15), dando su vida en rescate por ellos (Marcos 10, 45). Actuando de esta manera, cumplía su misión como siervo* de Yahveh. Todos podían ahora —independientemente de su presente o de su pasado— acogerse a la llamada. Esta implicaba reconocer que todos eran pecadores y que ninguno podía presentarse como justo ante Dios (Mateo 16, 23-35; Lucas 18, 9-14, etc.). Se abría entonces un periodo de la historia —de duración indeterminada— en el que la gente sería invitada a aceptar el mensaje de Buenas Nuevas del reino y en el que el diablo se ocuparía de sembrar cizaña (Mateo 13, 1-30 y 36-43 y par.) para entorpecer la predicación del Evangelio. Durante este periodo, el Reino seguiría creciendo desde sus insignificantes comienzos (Mateo 13, 31-3 y par.) y concluiría con el regreso del Mesías y el juicio final. Este concepto no fue, como han señalado algunos autores, un subterfugio del cristianismo primitivo para explicar la muerte de Jesús en la cruz. Por el contrario, como han puesto de manifiesto acertadamente F. F. Bruce, D. Flusser y C. Vidal Manzanares, entre otros, brota de cierta visión mesiánica propia del judaísmo de la época que contemplaba la existencia de un periodo intermedio entre la aparición del

Mesías y su triunfo final, en cuyo tiempo se produciría la desaparición de aquél. Frente a la proclamación de Jesús, la única postura lógica que cabía tener era la de aceptar el reino (Mateo 13, 44-6; 8, 18-22) por muchas renuncias que eso implicara. No había posibilidad intermedia, «el que no estaba con él, estaba en su contra» (Mateo 12, 30 ss. y par.) y el destino de los que lo hubieran rechazado, el final de los que no hubieran manifestado su fe en Jesús, no sería otro sino el castigo eterno, arrojados a las tinieblas externas, en medio de llanto y crujir de dientes, independientemente de su filiación religiosa (Mateo 8, 11-2 y par.).

A la luz de los datos históricos de que disponemos –y que no se limitan a las fuentes cristianas sino que incluyen otras abiertamente hostiles a Jesús y al movimiento derivado de él– se puede observar lo absolutamente insostenible de muchas de las versiones populares que sobre Jesús han circulado. Ni la que lo convierte en un revolucionario o en un dirigente político, ni la que hace de él un maestro de moral filantrópica que llamaba al amor universal y que contemplaba con benevolencia a todos los seres humanos (no digamos ya aquellas que lo convierten en un guru oriental o en un extraterrestre) cuentan con base histórica. Jesús afirmó que tenía a Dios por padre en un sentido que ningún ser humano podría atreverse a emular, que era el hijo del hombre y el siervo de Yahveh, que moriría expiatoriamente por los pecados humanos y que, frente a esa muestra del amor de Dios, sólo cabía la aceptación encarnada en la conversión o el rechazo que desembocaría en la ruina eterna. Tal radicalismo sobre el destino final y eterno de los hombres –un radicalismo que no aparece en ninguno de los fundadores de religiones, incluyendo a Mahoma– exige una respuesta que no es tan evidente en otras formas de pensamiento y sirve para darnos una idea de las reacciones que provocaba (y provoca) el mismo y de las razones, muchas veces inconscientes, que mueven a emascularlo con la intención de obtener un producto que ni interpele tanto ni se dirija tan al fondo de la condición humana. Por otro lado, la autoconcepción de Jesús resulta tan descomunal, en relación con otros personajes históricos, que, como señaló acertadamente el británico C. S. Lewis, de él sólo cabe pensar que era un loco, un farsante o, precisamente, quien decía ser. La respuesta a tal cuestión excede, sin embargo, de la mera investigación histórica y entra ya en el terreno de la conciencia y la decisión personales de cada individuo.

El islam tiene en gran consideración la figura de Jesús. El

Corán* lo menciona 25 veces con el nombre de Isa. De él se dice que es el Mesías (*al-Masiaj*) –pero limitando tal mesianidad a los judíos–, hijo de María, siervo, profeta, mensajero, palabra, espíritu, testigo, justo, bendito, eminente, el que se ha aproximado, superior a todos salvo a Mahoma. En la formación de tal visión han intervenido fuentes bíblicas –posiblemente conocidas de manera indirecta– y apócrifas. Así se nos habla de la anunciación (3, 37ss; 19, 16 ss.), de la concepción virginal (19, 22 ss.) y de diversos milagros de Jesús (3, 43; 5, 109 ss.). Se niega que Jesús sea Dios e incluso aquél confiesa que ni él ni su madre son Dios (5, 76; 5, 116 ss.), algo que evidencia la confusión de Mahoma* en relación con la doctrina de la Trinidad*. Asimismo se insiste en que anunció la llegada de Mahoma (61, 6). Inicialmente parece que el Corán enseñó que Jesús –como consta en la doctrina cristiana– había muerto y resucitado (19, 34) y que esa muerte y resurrección entraban en el propósito de Dios (3, 48). Una sura posterior, correspondiente al periodo medinés, muestra un cambio en la enseñanza de Mahoma –quizá de influencia gnóstica– al indicar que Jesús no murió y que en su lugar fue ejecutado otro (4, 156 ss.). La tradición enseña su segunda venida como juez justo en la que romperá las cruces (como símbolo de idolatría), matará a los cerdos y abolirá la *jizya*. Aparecerá en el minarete blanco al oriente de Damasco y matará al anticristo o monstruo de un solo ojo (*al-dajjal*) en la puerta de Ludd. Según otra tradición, contraerá matrimonio, tendrá hijos y morirá tras vivir en la tierra cuarenta y cinco años. Será sepultado en la tumba de Mahoma y resucitará entre Abu Bakr y Omar en la resurrección. En la literatura islámica posterior se irá asimilando su figura a la de un asceta riguroso, lo que se contradice con las noticias evangélicas.

Bibl.: R. Dunkerley, *Beyond...*; D. Flusser, *Jesús...*; J. Klausner, *Jesús...*; A. Edersheim, *Life...*; C. Vidal Manzanares, *De Pentecostés...*; ídem, *El Primer Evangelio: el Documento Q*, Barcelona, 1993; A. Kac (ed.), *The messiahship of Jesus*, Grand Rapids, 1986; J. Jeremías, *Abba*, Salamanca, 1983; ídem, *Teología...*; O. Cullmann, *Christology...*; F. F. Bruce, *New Testament...*; ídem, *Jesus and Christian Origins Outside the New Testament*, Londres, 1974; A. J. Toynbee, *Crisol...*; M. Hengel, *The Charismatic Leader and His Followers*, Edimburgo, 1981; M. Asín Palacios, «Logia et Agrapha Domini Jesu apud Moslemicos Scriptores, asceticos praesertim, usitata», en *Patrologia Orientalis*, XIII y XIX.

JIHAD. Lit. «esfuerzo». Puede referirse a la guerra contra los infieles o al esfuerzo para convertirlos mediante la persuasión. El Corán* prescribe la guerra contra los infieles vecinos (8, 39 ss.; 9, 124) y contra los judíos y cristianos hasta que se sometan al impuesto o *jizya* (9, 29). La *jihad* constituye un deber pero no para todos ya que se considera cumplido cuando en la misma hay comprometidos hombres suficientes para su realización. Los intentos modernos destinados a demostrar que la *jihad* sólo tenía una finalidad defensiva o que debe entenderse sólo en sentido espiritual necesitan para defenderse recurrir a descartar algunos textos del Corán que parecen indicar precisamente lo contrario.

Bibl.: Cheragh Ali, *A critical exposition of the popular «Jihad» showing that all wars of Mohammad were defensive*, Lahore, 1885; R. Arnaldez, «La guerre sainte selon Ibn Hazm de Cordoue», en *Études d'orientalisme dédiées à ala mémoire de Levi-Provençal*, II, 1962, pp. 445 ss.; D. Pipes, *Islam...*

JINN. Posiblemente, la aportación más original del islam a la angelología y demonología. Traducido generalmente como «genio», el término hace referencia a unos seres espirituales creados del fuego (15, 27; 55, 14), de los cuales algunos se volvieron infieles (6, 130) y trataron de sugerir ideas falsas en Mahoma (6, 112). De ellos, algunos se arrepentirán (72, 1 ss.) pero otros serán lanzados en el Infierno* (6, 110; 11, 120; 32, 13). Salomón supuestamente tuvo a su servicio un ejército de *jinn* (27, 17 y 29; 34, 11), aunque lo cierto es que pueden ejercer influjos malignos sobre las personas (114, 6) y están conectados con la adivinación* y la magia*.

Bibl.: A. S. Tritton, «Spirits and demons in Arabia», en *JRAS*, 1934, 714 ss.

JIZYA. Impuesto pagado por los pueblos protegidos que se hallan bajo gobierno musulmán. Estaban exentos del mismo los monjes, ermitaños, pobres y esclavos, pero existía controversia en cuanto a si debía ser abonado por mujeres y niños. La conversión al islam anulaba la obligación de pagar la *jizya* pero, a cambio, debía darse la limosna estipulada (*zakat*) y cabía la posibilidad de ser condenado a muerte en caso de apostasía*.

Bibl.: *EI*, II, pp. 559-67; Hughes, p. 248.

JUAN. 1. El Bautista. Predicador y profeta judío del siglo I d. de C. ejecutado por Herodes Antipas a causa de los ataques dirigidos contra su persona tachándolo de adúltero. De estirpe sacerdotal, se ha discutido su posible vinculación con la secta del Mar Muerto. Lo cierto es, sin embargo, que las diferencias entre ambos son considerables y dificultan aceptar la veracidad de esta hipótesis. Los Evangelios* lo presentan como un precursor de Jesús, al que bautizó (Mateo 3, 1 ss. y par.), y sobre cuya mesianidad tuvo dudas al saber que su mensaje no preveía un juicio inmediato (Mateo 11, 1 ss. y par.). Lo cierto, sin embargo, es que esto no provocó el rechazo de Jesús (Mateo 11, 7 ss. y par.) y que algunos de los discípulos de Juan se convirtieron en discípulos de Jesús (Juan 1, 35 ss.; Hechos 19, 1 ss.).

2. *Evangelista*. Tradicionalmente (desde el siglo II), se ha atribuido el cuarto evangelio al hijo de Zebedeo de nombre Juan. Aunque buen número de los autores modernos rechazan tal hipótesis, hay razones, que, recientemente, han sido reconsideradas por R. A. T. Robinson, para considerar muy posible tal punto de vista. El autor del cuarto evangelio conoce de manera cercana el ministerio de Galilea e incluso nos da información sobre el mismo que no conocemos por otros Evangelios. Por otro lado, la situación acomodada de los hijos de Zebedeo —cuyo padre contaba con varios asalariados— permite creer que fuera «conocido» del Sumo Sacerdote. Además, describe con impresionante rigor la Jerusalén anterior al 70 d. de C., algo lógico en un personaje que fue, según Pablo, una de las columnas de la comunidad judeo-cristiana de aquella ciudad (Gálatas 2, 9). A todo lo anterior hay que añadir el testimonio unánime de los autores cristianos posteriores en lo que a la atribución de la autoría del cuarto evangelio se refiere. En cualquier caso, y sea cual sea la identidad del cuarto evangelista, lo cierto es que recoge una tradición sobre la vida de Jesús muy antigua, fidedigna e independiente de la sinóptica. Su redacción fue anterior al 70 d. de C., aunque algunos autores prefieren situarla hacia el 90 d. de C. El autor del cuarto evangelio es el mismo que el de las tres epístolas de Juan que figuran en el Nuevo Testamento, constituyendo la primera una guía interpretativa del evangelio destinada a evitar que el mismo se leyera en clave gnóstica.

3. *Teólogo*. Según algunos estudiosos, el autor del Apocalipsis*, cuya tumba se conservaba en Éfeso. De ser un personaje distinto de Juan el Evangelista y del hijo de Zebedeo, es posible que emigrara a Asia Menor al estallar la guerra del 66-73 d. de C. contra Roma. Su obra es, desde luego, anterior al 70 d. de C., y resulta una valiosa fuente para estudiar la teología judeo-cristiana de la época.

Bibl.: K. Stendhal, *The Scrolls*... C. Vidal Manzanares, *De Pentecostés*...; C. H. Dodd, *Interpretation*...; ídem, *Historical tradition*...; R. E. Brown, *Evangelio según san Juan*, 2 vols., Madrid, 1975; ídem, *La comunidad del discípulo amado*, Salamanca, 1983; F. Manns, *L'Evangile de Jean*, Jerusalén, 1991; J. A. T. Robinson, *Redating*...; ídem, *The Priority*...

JUDAÍSMO. Sistema cultural, religioso y espiritual relacionado con el pueblo de Israel. Descrito convencionalmente no como una religión sino como una forma de vida (algo que copiaría el cristianismo primitivo), incluye la ley escrita y la ley oral (Talmud) así como otras fuentes antiguas. Esto obliga, según algunos autores, a no hablar de judaísmo antes del final del siglo I d. de C., pues fue entonces cuando las ramas del pueblo de Israel que no se identificaban con la interpretación farisea de la ley desaparecieron (esenios, saduceos, etc.) o fueron expulsadas (judeo-cristianos), pasando el monopolio de la interpretación bíblica a los fariseos fundamentalmente de inspiración hillelita. Todo lo anterior explica que el judaísmo en buen número de casos reelaborara sus puntos de vista en un proceso de enfrentamiento dialéctico-bíblico con el cristianismo al que deseaba negar la legitimidad. El judaísmo cree, básicamente, en un solo Dios, creador y regidor del universo, y en la entrega de su ley a Israel en el monte Sinaí, circunstancias que obligan a vivir de acuerdo a un conjunto concreto de normas. En el siglo XII, Maimónides compendió la religión judía en 13 principios básicos (Dios creador y regidor de todos los seres; Dios único; Dios incorpóreo; Dios primero y último; Dios único al que deben dirigirse las oraciones; veracidad de todas las palabras de los profetas; veracidad de la profecía de Moisés, padre de todos los profetas anteriores y posteriores; identidad de la Torah actual con la entregada a Moisés; inmutabilidad de la Torah; Dios conocedor de todos los hechos humanos; Dios recompensador de justos e injustos; venida del Mesías y resurrección de los muertos). Los desarrollos posteriores del judaísmo han venido relacionados con los *posekim* o codificadores medievales de la Halajá, con las controversias contra los caraítas (siglo X), con la Cábala clásica y la luriánica, con los jasidim, con la reflexión sionista, con el Holocausto o Shoah y con la fundación del estado de Israel.

Bibl.: Y. Kaufmann, *O.c.*; W. F. Albright, *De la Edad de piedra al cristianismo,* Santander, 1959; L. Baeck, *Essence of judaism,* Nueva York, 1948; J. Bright, *History*...; S. Hermann, *Religion*...; R. de Vaux, *Historia*...; J. Neusner, *Judaism*...; A. Cohen, *Talmud*...; R. Donin, *Ser*...; Y. Newman, *Judaísmo*....

JUDAIZANTES. Sector del cristianismo primitivo caracterizado por querer imponer a los conversos provenientes de la gentilidad la práctica de la ley mosaica con la pretensión de que la misma era necesaria para obtener la salvación. No deben confundirse ni con los judeocristianos*, ni con los seguidores de Santiago*, ni tampoco con aquellos judeo-cristianos que consideraban que la ley era obligatoria para todos los cristianos, pero que no cuestionaban la tesis de la salvación por gracia (Hechos 15, 1 ss.). El término propiamente debe aplicarse a judíos y gentiles —quizá provenientes de una conversión al judaísmo— que pretendían sustituir la doctrina de la justificación* por la fe, sin las obras de la ley, por la de la salvación por las obras de la ley. En relación con este tema, escribió Pablo la carta a los gálatas.

Bibl.: F. F. Bruce, *Paul*...; A. Cole, *Epistle*...; C. Vidal Manzanares, *De Pentecostés*...

JUDAS ISCARIOTE. El discípulo que traicionó a Jesús*, entregándolo al Sanhedrín por treinta monedas de plata (Marcos 14, 10 ss. Comparar con Zacarías 11, 12-3). Al parecer se suicidó (Mateo 27, 3 ss.; Hechos 1, 16 ss.), tras haber devuelto el dinero de la traición a los sacerdotes judíos, que adquirieron con él un campo, posiblemente, destinado a dar sepultura a gente pobre. Se ha intentado identificar a Judas con un zelote* (O. Cullmann) desilusionado con Jesús, pero el que no existieran zelotes en aquella época desprovee a tal tesis de fundamento. La secta gnóstica de los cainitas lo veneró.

Bibl.: O. Cullmann, *El estado en el Nuevo Testamento*, Madrid, 1966; S. G. F. Brandon, *Jesus and the zealots*, Manchester, 1967; C. Vidal Manzanares, *De Pentecostés*...; H. Guevara, *Ambiente*....

JUDEO-CRISTIANOS. Aquellos de entre los primeros cristianos que, originalmente, habían pertenecido al judaísmo. Aunque se ha intentado presentar a este colectivo como un sector del cristianismo de corte mesiánico (incluso zelote) que creían en Jesús como mesías, pero no como Dios, y que se oponían a Pablo* y a la entrada de no judíos en las filas del cristianismo, tales tesis se encuentran totalmente en contra de la evidencia histórica que proporcionan las fuentes. Tanto de los Hechos y de las cartas de Pablo, como de las fuentes judías recogidas en el Talmud* y de los testimonios patrísticos, se desprende que creían no sólo en la mesianidad de Jesús, sino también en su divinidad. De hecho, el libro de Apocalipsis, que es una de sus fuentes principales, atribuye a Jesús los títulos que el Antiguo Testamento otorgaba a Yahveh e insiste en rendir los mismos honores al Cordero (Cristo) que al Padre (Apocalipsis 4, 10-11 con 5, 12-4, etc.). Por otro lado, fueron precisamente judeo-cristianos como Pedro* y Santiago* los que decidieron en el concilio* de Jerusalén que los gentiles no fueran obligados a guardar la ley de

Moisés, ya que la salvación era por gracia y no por obras. Hasta los años 40, la jefatura del judeo-cristianismo estuvo en manos de Pedro (Hechos 1-11), pasando después a una especie de triunvirato formado por este último, Santiago y Juan (Gálatas 2, 9). La marcha de Pedro (muy posiblemente con fines misioneros) así como la desaparición de Juan (posiblemente enviado a evangelizar fuera de Palestina) otorgaron la jefatura a Santiago (Hechos 15) que no sólo supo tratar con habilidad el problema de los gentiles conversos al cristianismo, sino que también evitó que el movimiento —que gozaba de gran predicamento entre los judíos (Hechos 21, 17 ss.)— se deslizara durante los años 50 y 60 del siglo I hacia posturas nacionalistas (Santiago 5, 1-8), abogando por una no violencia paciente y anclada en la fe en la Providencia. A su muerte en el año 63, causada por la casta sacerdotal, el movimiento se encontró en una situación difícil que debió de agudizarse aún más cuando estalló la guerra contra Roma. Los judeo-cristianos se negaron a participar en el levantamiento judío y huyeron de Jerusalén a Pella, con lo que la comunidad se salvó de los horrores del conflicto y pudo sobrevivir al mismo. La destrucción del templo (70 d. de C.) canalizó la vida espiritual del judaísmo en torno al ala hillelita del movimiento fariseo y ésta no tardó en eliminar del seno de aquél a todos aquellos que no compartían su interpretación de las Escrituras. Mediante la introducción de la *bircat ha-minim* (bendición, en realidad maldición, de los minim) introducida en la *amidah**, los fariseos consiguieron que los judeo-cristianos quedaran excluidos del judaísmo. Aquélla consistía en una maldición contra los cristianos (*notzrim* y *minim*) que debía ser pronunciada tres veces al día en las oraciones sinagogales. Ante esta medida, los judeo-cristianos sólo podían apostatar o verse excluidos del judaísmo. La disposición causó una tremenda repercusión en el colectivo. Algunos siguieron practicando la ley de Moisés (circuncisión incluida), creyendo en la divinidad y mesianidad de Jesús, predicando al mismo a sus compatriotas y sanando en su nombre. A ellos se refiere el Talmud como *minim* o *notzrim*, y tenemos datos sobre los mismos al menos hasta el siglo IV. De ellos proceden todos los escritos del Nuevo Testamento salvo las cartas de Pablo —que, no obstante, no contradicen el credo judeo-cristiano— y las obras de Lucas (el evangelio que lleva su nombre y el libro de los Hechos). Otros se vieron seducidos por construcciones gnósticas y se apartaron de la tradición histórica del movimiento, como fue el caso de los elkasaitas. Finalmente otros, como los ebionitas, redujeron las pretensiones del movimiento con la intención de seguir siendo aceptables para el resto de los judíos. Así siguieron afirmando la mesianidad de Jesús —aunque, a veces, se limitaron a apuntar al mismo como sólo un maestro— pero negaron su divinidad. Estas dos últimas opciones tuvieron menos eco aún que la primera. Esta, conocida en escritos posteriores como nazarenos, provocó sentimientos ambivalentes en los cristianos gentiles de los primeros siglos, ya que, por un lado, compartían sus doctrinas —cristología incluida— mientras que, por otro, repudiaban su fidelidad a la ley de Moisés.

Bibl.: C. Vidal Manzanares, *De Pentecostés*...; ídem, *El Primer Evangelio*...; (para mariología judeo-cristiana, ver: María); H. Guevara, *Ambiente*...; D. Juel, *Messianic Exegesis*, Filadelfia, 1988; R. N. Longenecker, *The Christology of Early Jewish Christianity*, Grand Rapids, 1981; F. F. Bruce, *New Testament*...; B. Bagatti, *The church from the circumcision*, Jerusalén, 1984; E. Testa, *Nazaret giudeocristiana*, Jerusalén, 1969; A. del Agua, *El método midrásico y la exégesis del Nuevo Testamento*, Estella, 1985; I. Mancini, *Archaeological discoveries relative to the Judeo-Christians*, Jerusalén, 1984; F. Manns, *Essais sur le judéochristianisme*, Jerusalén, 1977; I. Grego, *I Giudeo-cristiani nel IV secolo*, Jerusalén, 1982.

JUDÍO. 1. Súbdito del reino de Judá compuesto por las tribus de Judá y Leví.

2. El nacido de padres judíos (específicamente de madre judía) o que acepta el judaísmo a través de la conversión *(guiur)* de acuerdo con la Torah escrita y oral. El nacido de matrimonio mixto en que sólo es judío el padre no es considerado judío. Aunque este procedimiento es multisecular lo cierto es que muchos judíos no practicantes o judíos practicantes pertenecientes al sector del judaísmo reformado no lo siguen. La Halajá afirma que el judío agnóstico o ateo, y el que haya pecado, sigue siendo judío (San. 44a). Según el grado de observancia de las leyes religiosas, los judíos del estado de Israel son divididos en *datí* (religioso u ortodoxo), *jaredí* (ultraortodoxo), *masoratí* (tradicional), *jiloní* (secular) y *jofshí* (librepensador o no practicante). En la Diáspora, especialmente en Estados Unidos, se suelen dividir en ortodoxos, conservadores y reformados (liberales), existiendo también un movimiento judío que reconoce a Jesús como Mesías y que se autocalifican como «mesiánicos». Este último grupo es comúnmente rechazado por los otros.

El Corán utiliza el término *yahud* sólo en ocho ocasiones, siempre en suras medinenses, y una el de *yahudi*. La expresión *Banu Israel* (hijos de Israel) aparece 40 veces en suras mequíes y medinesas. Aunque inicialmente Mahoma presenta una visión de los mismos positiva, posiblemente porque pensaba ganarlos para su fe, posteriormente cambió radicalmente de actitud, lo que repercutió, entre otras cosas, en el cambio de dirección para las oraciones que ya no serían hacia Jerusalén sino hacia La Meca. Aunque constituían en teoría un pueblo protegido, tras la batalla de Badr, Mahoma inició una política sistematizada contra los judíos de Arabia (posiblemente árabes convertidos al judaísmo) que en algun caso, como los de Qurayza, implicó la muerte de todos los varones. Durante el califato de Omar fueron expulsados de Arabia. En otros países de gobierno musulmán atravesaron por períodos alternos de tolerancia y persecución. El establecimiento del estado de Israel implicó el exilio, muchas veces en penosas condiciones, de cerca de un millón de judíos que vivían en países árabes.

Bibl.: *EI*, IV, pp. 1146-8; Hughes, pp. 235-43.

JUICIO FINAL. La idea de un juicio final en que los salvos recibirán una recompensa eterna y los condenados un castigo eterno y consciente aparece ya en la escatología* del Antiguo Testamento (Daniel 12, 2 ss.) y tiene su reflejo en la contenida en el Talmud*.

También el cristianismo cree en un juicio final de todos (Mateo 25, 31 ss.; Juan 5, 28-9) pero hizo especial hincapié en un juicio particular que se realiza en el momento de la muerte y donde uno ya recibe el castigo (Lucas 16, 19 ss.) o el premio (Filipenses 1, 21-3; Lucas 23, 43). Con todo, las almas de los salvos (Apocalipsis 6, 9 ss.) que están conscientes delante de Dios no cuentan durante el periodo intermedio, que va de su muerte a la parusía, con un estado de felicidad plena. El mismo sólo será alcanzado tras la resurrección*.

La enseñanza acerca del juicio final reviste una importancia considerable en el islam. Extendidas durante el mismo las páginas del Libro (81, 10), cada uno podrá leer sus obras (18, 47) no quedando nada oculto (82, 4 ss.; 99, 6 ss.) y siendo escudriñadas aquéllas en balanzas*. Concluido el juicio, al que habrá concurrido toda la humanidad desnuda, descalza e incircuncisa en una gran llanura, Dios sacará del Infierno a los que tengan algo de fe. Asignados los destinos eternos de los juzgados, la muerte será aniquilada, lo que aumentará la alegría de los salvos y el pesar de los condenados.

Bibl.: A. Cohen, *Talmud*...; J. Grau, *Escatología*...; D. Sourdel, «Le jugement des morts dans l'Islam», en *SO*, 4, 1961; *EI*, II, pp. 1048-51; Hughes, pp. 541-4; Wensinck, *Creed*.

JURAMENTO. El Antiguo Testamento permite el juramento siempre que el mismo no sea en falso (Levítico 19, 12), pero insiste en la gravedad de hacer juramentos a la ligera (Levítico 5, 4). En la práctica, los mismos quedan reservados para ocasiones especialmente solemnes y tiende a omitirse el mencionar a Dios. Jesús se opuso frontalmente a la práctica del juramento en cualquiera de sus modalidades (Mateo 5, 33 ss.), considerando que el mismo carece realmente de fuerza y que suele denotar la falta de veracidad en el trato que lleva a reforzar la palabra mediante fórmulas de ese tipo. En el mismo sentido se definió el cristianismo primitivo (Santiago 5, 12). Como otras de las enseñanzas radicales de Jesús, ésta ha sido obviada por la mayoría de las iglesias cristianas salvo algunas excepciones puntuales como los valdenses, los menonitas y los cuáqueros.

A diferencia de la enseñanza de Jesús, el Corán permite jurar *(ayman)* por el cielo (86, 1), la aurora (89, 1), el sol y la luna (91, 1 ss.), el Corán (36, 1; 38, 1; 44, 1). Con todo, se advierte contra la ligereza en los juramentos (2, 225; 5, 91) y se indica la gravedad del perjurio así como las penas ligadas al mismo (16, 93; 3, 71). En los casos de lesiones donde no existen pruebas suficientes se admite el juramento como prueba absolutoria. En las causas de asesinato, el número de juramentos ha de ser de cincuenta pronunciados por el acusado o por otros. La negativa a prestar juramento determina la condena inmediata. De manera tradicional, el islam ha ido siendo permeado por la práctica de juramentos en el nombre de algun santo, especialmente en relación con sus tumbas. Algunos shiítas* juran por al-Husayn en Karbala o Alí en Najaf, e incluso no es inhabitual que algunos musulmanes consideren poco fiable el juramento en nombre de Dios pero vean como digno de confianza el realizado en nombre de un santo.

Bibl.: J. Driver, *Militantes...*; C. Vidal Manzanares, *De Pentecostés...*; *EI*, II, pp. 783-5; Hughes, pp. 437-9.

JURBÁN. Lit. «ruina», «destrucción». Específicamente se refiere a las experimentadas por el templo de Jerusalén en el 586-7 a. de C. por Nabucodonosor *(Jurbán Bait Rishón* o destrucción de la primera casa) y en el 70 d. de C. por Tito *(Jurbán Bait Sheiní* o «destrucción de la segunda casa»). Según la tradición, ambos desastres sucedieron el 9 de Av, uno de los dos días de ayuno más importantes y el punto culminante de las tres semanas de duelo.

JUSTICIA. En relación con el judaísmo, ver: Siete mandamientos de Noé y Tzedakah.

En relación con el cristianismo, el término reviste diversos contenidos: 1. El comportamiento justo de una persona (Mateo 6, 1 ss.; Romanos 6, 13 ss.), que nunca debe ser practicado con fines exhibicionistas, y que reviste una especificidad concreta entre los seguidores de Jesús (Mateo 6, 33) y que es fruto del arrepentimiento*. Tal y como la practican las personas religiosas —como los escribas y fariseos— es insuficiente para entrar en el reino de los cielos (Mateo 5, 20). 2. El propósito salvador de Dios que permite perdonar al pecador injusto gracias a la muerte expiatoria de Jesús (Romanos 3, 25 ss.). 3. La justificación o declaración que Dios hace de que un pecador es justo al aceptar por la fe el sacrificio* de Cristo en la cruz* (Gálatas 2, 21; 3, 21). Esta justificación no se produce nunca por nuestras obras (Tito 3, 5), sino por la gracia de Dios, que nos apropiamos a través de la fe en Jesús (Romanos 5, 1; Gálatas 2, 16-21).

En relación con el islam, ver: Derecho.

Bibl.: K. Barth, *Epistle*...; J. Driver, *Militantes*...; C. Vidal Manzanares, *De Pentecostés*...

JUSTIFICACIÓN. Ver: Justicia.

JUTBA. Lit. «sermón». Predicación de los viernes en las mezquitas, durante la oración del mediodía.

Bibl.: EI, II, pp. 980-3; Hughes, pp. 274-7.

K

KÁBALA. Ver: Cábala.

KADISH. Lit. «santo» (en arameo). Oración de consagración y alabanza que sólo se recita cuando hay *minyán*, en ocasiones especiales, en la sinagoga, duelo o entierros, etc. Existen cuatro formas de *kadish* escritas todas en el arameo del exilio babilónico. Para muchos, el *kadish* es identificado con la oración de la persona en duelo aunque, realmente, proclama la supremacía de Dios y la permanencia de Israel y no la muerte de un pariente cercano ni la creencia en la vida eterna.

KÁZAROS. Tribu de origen turco o finés que constituyó un reino en la península de Crimea durante los siglos VIII-X d. de C. Sus monarcas y muchos de sus nobles adoptaron el judaísmo como religión oficial, constituyendo con ello el primer estado judío desde el Segundo Jurbán*. Desaparecieron como consecuencia de la invasión tártara de 1237.

Bibl.: *Atlas*...; A. Eban, *Heritage*...; H. Ben Sasson, *History*...

KEARÁH. Plato o bandeja ornamentales utilizada en la celebración casera del *seder* de Pascua. La primera mención histórica que tenemos de la misma es del periodo mishnaico. Los objetos colocados en la misma son —siguiendo la dirección de las manecillas del reloj— *zeróa* (hueso), *jaroset* (una especie de mermelada), *karpas* (vegetales, perejil) y *beitzáh* (huevo duro) con *maror* (hierbas amargas) en el centro. A menudo existe un sexto lugar para situar el *maror* picado, que se come con la *matzáh* o pan ácimo en forma de bocadillo de acuerdo a una práctica atribuida a Hillel el anciano (siglo I). En algunas *kearot* (plural de *keará*) hay estantes para colocar los tres panes ácimos o *matzot*.

KEDUSHÁH. Lit. «santidad» o «santificación». En el judaísmo, 1. El modo de vida justo que refleja el carácter de Dios (Levítico 19, 2).

2. Oración antifonal del culto sinagogal, incluida en la tercera bendición durante la repetición de la *amidah*. Existen tres clases de *kedusháh*: una para

los servicios matutinos (*shajarit*) y vespertinos (*musaf*) de los días ordinarios; otra para el servicio matutino de *shabat* y fiestas; y una tercera, durante el *musaf*. Debe pronunciarse de pie y sólo cuando hay *minyán*.

KERIAT HATORAH. En el judaísmo, la lectura de una porción específica del Pentateuco a partir del libro de la ley o *Sefer Torah* en la sinagoga. La lectura pública tiene lugar los sábados por la mañana y por la tarde, los lunes y jueves por la mañana, en Rosh Jodesh, en días de ayuno, fiestas y días reverenciales. Su invención se atribuye a Esdras (siglo v a. de C.). El Pentateuco es cubierto en un año iniciándolo y concluyéndolo en *Keriat hatorah*.

KETUBÁH. Contrato matrimonial escrito y firmado por dos testigos (*edim*) antes de la ceremonia de Kidushín. Se entrega a la novia (*caláh*) ya sea bajo el dosel nupcial o *jupáh*, ya después de la boda. El documento contiene las obligaciones del esposo hacia la mujer, así como estipula la cantidad que debe pagarse a la misma en caso de divorcio o fallecimiento. La lectura de la *ketubáh* en arameo, en voz alta, por el rabino oficiante y ante los celebrantes constituye la característica central de la ceremonia nupcial. El tratado Ketubot de la Mishnah y del Talmud se ocupa de los aspectos legales de este tipo de contrato.

KIDUSH. Lit. «santificación». En el judaísmo, bendición recitada sobre el vino antes de la comida vespertina y antes del servicio matutino en *shabat* y festividades (Exodo 20, 8). En caso de no haber vino disponible, se recita sobre dos hogazas de pan. La finalidad del rito es consagrar el día santo, dar testimonio de la creación de Dios, de Su benevolencia y de Su amor.

KIDUSH HASHEM. Lit. «santificación del nombre». Originalmente el término servía para designar la disposición al martirio demostrada por los judíos piadosos que preferían el sufrimiento y la muerte antes que la apostasía. Con su padecimiento, ocasionalmente hasta la muerte, aquellos fieles santificaban el nombre de Dios. Hubo casos de este tipo de martirio durante la persecución desencadenada por Antíoco Epífanes (siglo II a. de C.), la ocupación romana, durante y después de la destrucción del templo* en el 70 d. de C., durante la Edad Media y las Cruzadas, en la época de las matanzas de judíos realizadas por el cosaco Schmielnicky en Polonia y Ucrania (siglo XVII) y durante el Holocausto nazi o *Shoah**.

El término sirve también para referirse a cualquier acto

que indica el honor del judaísmo o del judío, por ejemplo cuando un estadista israelí honra públicamente el sábado*.

KIPÁH. Casquete o solideo usado por los varones judíos durante la oración. La práctica no está prescrita en la Biblia, pero ya se hace referencia a la misma en el Talmud* (Kid. 31a), donde se dice que los sabios no caminaban más de cuatro codos sin usarla a causa de la presencia divina o *Shejináh** que había sobre sus cabezas. Durante la Edad Media, la práctica se generalizó en parte como reacción contra la costumbre cristiana de asistir con la cabeza descubierta al culto religioso. Los judíos observantes suelen cubrirse la cabeza para rezar, estudiar la Torah*, recitar bendiciones, comer y beber, etc. El mantener la cabeza cubierta de forma continua es el signo no oficial de la juventud religiosa judía *(dor hakipot haserugot)*.

KISLEV. Noveno mes del calendario judío.

KOL NIDREI. Lit. «todos los votos». Palabras iniciales de la fórmula aramea que se pronuncia en las sinagogas el día de Yom Kippur. El *kol nidrei* sirve para anular los votos que la persona haya hecho de manera involuntaria o impulsiva de un Yom Kippur a otro. En la antigüedad muchas de las autoridades religiosas judías cuestionaron la legalidad de esta práctica y la misma fue utilizada por apóstatas y adversarios cristianos para cuestionar el valor de la palabra de un judío. Es muy posible que en su aceptación generalizada influyera el consuelo que podía proporcionar a aquellos que se habían mostrado débiles en la práctica de su fe y que incluso, externamente (como en el caso de los marranos), habían apostatado de la misma.

KYRIOS. Ver: Señor.

L

LAG BAOMER. Fiesta* menor del judaísmo que tiene lugar el trigésimo tercer día de la cuenta del Omer, el 18 de Iyar. La fecha es asociada con la guerra de Bar Kojba (132-5 d. de C.), cuando una plaga que asolaba a los discípulos del rabí Aquiba cesó de forma milagrosa. Esa es la razón por la que se celebra como «fiesta de los sabios».

LAMED VAV TZADIKIM. Lit. «treinta y seis justos». Según el Talmud (San 97b) permanecen anónimos en cada generación y mediante sus méritos salvan al mundo de la destrucción. La tesis fue extendida por la Cábala* y gozó de mucho predicamento entre los *jasidim**.

LEVIATÁN. Monstruo marino que aparece en la Biblia y en la literatura rabínica. En el salmo 104, 26 parece referirse a una ballena, igual que en el hebreo moderno. En Job 40, 15-41, 26 se relaciona más bien con el cocodrilo. De acuerdo con la Hagadah*, Dios sacrificará un día tanto al leviatán como al *shor habar* (el buey salvaje) dando un banquete a los justos con su carne (B B 74b-74a). Lo que sobre se venderá en los mercados de Jerusalén. Maimónides relacionó esta historia con los tiempos mesiánicos.

LEVIRATO. En hebreo *jalitzah*. El término significa literalmente «extracción» y se refiere al zapato que se quita en la ceremonia en la que participan una viuda sin hijos y el hermano de su marido fallecido. Según la Biblia (Deuteronomio 25, 5-6), en el caso de que un hombre muera sin descendencia, uno de sus hermanos supervivientes ha de casarse con la viuda para que el nombre del fallecido «no sea borrado de Israel». Los hijos, pues, de este segundo matrimonio *(yibum)* se consideran del fallecido. En caso de que ningún hermano esté dispuesto a casarse con la viuda, ésta es reprobada públicamente sacándose el zapato (Deuteronomio 25, 7-10). La mujer puede entonces casarse con cualquiera salvo con un sacerdote *(cohen)*. El libro bíblico de Rut (4, 5-10) describe una *jalitzah* clásica. En el periodo talmúdico, se prefería liberar a la viuda mediante la *jalitzah* que realizar el *yibum*, pero éste aún se sigue practicando en algunas comunidades judías de Marruecos, Túnez, Persia y Yemen.

LEVITAS. Descendientes de Leví, tercer hijo del patriarca Jacob, pero no de Aarón. Originalmente sirvieron en el tabernáculo (Números 3, 5 ss.). Tras la conquista de la tierra por Josué, no se les entregó territorio salvo cuarenta y ocho ciudades en el de las otras tribus (Josué 21). Durante el Primer y el Segundo Templo, realizaron tareas de canto y música en el templo y eran mantenidos mediante el diezmo o *maaser* de la comunidad. Hoy en día perduran de sus privilegios el ser convocados para la *aliyah latorah* después de un *cohen* y lavar las manos de éste antes de que recite la bendición sacerdotal sobre la congregación reunida en la sinagoga* o *bircat cohanim*. Los levitas pueden ser identificados por su apellido Leví, Levy, Levene, Levin, Lowy, etc., o por el acróstico de *según leviá* (delegado levítico), como Segal, Siegel, Chagall, etc.

LEY. Ver: Torah.

LEY ORAL. En hebreo *Torah shebeal peh*. Se aplica tal nombre a las tradiciones supuestamente entregadas al pueblo de Israel de forma verbal al mismo tiempo que la ley escrita o Torah*. Tradicionalmente, se afirma que la misma tiene su origen en el mismo Sinaí, aunque históricamente no es así según se desprende no sólo de las diferentes escuelas interpretativas existentes ya un siglo antes de Cristo (farisea, saducea, esenia, etc.), sino del hecho de que la tradición oral consagrada en el Talmud* es, casi de manera exclusiva, la farisea de tipo hillelita.

LIBRO DE LA VIDA. El Antiguo Testamento contiene referencias a un libro donde están anotados los nombres de aquellos que forman parte del pueblo de Dios (Exodo 32, 32 ss.). Posteriormente, el término irá referido a aquellos que se salvarán de los juicios de Dios (Isaías 4, 3). Ideas similares se perpetuaron en el judaísmo posterior y así todavía hoy se cree que la fiesta* de Yom Kippur* permite a la persona la posibilidad de enmendar aquello que Dios* haya escrito como destino suyo.

El Nuevo Testamento hace también referencia a los nombres de los salvos que están escritos en el cielo (Lucas 10, 20; Hebreos 12, 23). En Apocalipsis existen referencias concretas al libro de la vida del Cordero donde están inscritos los salvos (13, 8) así como a otros libros donde se anotan las obras de los que serán juzgados por Dios (20, 12).

En el Corán* (17, 14 ss.) se

hace mención de un libro donde está anotada la vida de cada individuo.

Bibl.: S. G. F. Brandon, *The judgement*...; J. Grau, *Escatología*...; G. Eldon Ladd, *El Apocalipsis*...

LIMOSNA. En relación con el judaísmo, ver: Tzedakah.

Jesús recomendó practicar la limosna (Lucas 11, 41; 12, 33), por encima de las aparentes posibilidades (Lucas 21, 2 ss.), criticando con dureza la ostentación que pudiera acompañar a la misma (Mateo 6, 1 ss.). El cristianismo primitivo dio una enorme importancia a la limosna. Se menciona frecuentemente en las cartas de Pablo* (1 Corintios 16, 2) y en los escritos judeo-cristianos* como Santiago* (1, 27) y Hebreos* 13, 16. De hecho, la institución de los diáconos parece haber estado motivada por la necesidad de administrar las limosnas (Hechos 6, 1 ss.). Este impulso humanitario daría lugar posteriormente a multitud de instituciones (orfanatos, asilos, hospitales, etc.) que hoy se encuentran en buena medida controladas por la administración estatal o sometidas a empresas privadas, pero que, inicialmente, arrancaban de una visión cristiana de la existencia.

El islam reconoce dos tipos de limosna. La denominada *zakat* consiste en un impuesto sobre la propiedad superior a un determinado patrón disfrutada al menos durante un año. La *sadaqa* es mencionada en el Corán (9, 60) al indicar a quien va referida la limosna legal (los pobres y menesterosos, los recaudadores de *zakat*, los neófitos, el rescate de esclavos, los deudores, la *jihad* y los viandantes). Generalmente, se atribuye a esta última modalidad un contenido voluntario, mientras que la primera se considera como legal. Aparte de estas dos modalidades, muchas personas dan la limosna conocida como «ruptura del ayuno» *(zakat al-fitr)*, consistente en entregar comida a los necesitados durante la fiesta que sigue al Ramadán. Las propiedades exentas del impuesto-limosna son el equipo necesario para el *jihad*, los libros de teología y algunos bienes primarios. Los estados de mayoría musulmana actuales han adoptado modelos tributarios semejantes a los occidentales, razón por la que no se exige el pago de estas limosnas. Sin embargo, muchos musulmanes piadosos las entregan igualmente.

Bibl.: F. F. Bruce, *La epístola*...; *ERE*, III, pp. 380-391; *EI*, IV, pp. 1202-5.

LITERATURA SAPIENCIAL. Título con que se denomina al conjunto de escritos canónicos y deuterocanónicos* del Antiguo Testamento* en que se aborda una reflexión de todas las facetas de la vida desde la perspectiva de la sabiduría. Esta se identifica fundamentalmente con el temor de Dios* (Job 28, 28). Estos libros son los de Job, Proverbios y Eclesiastés (más los deuterocanónicos de Eclesiástico y Sabiduría), y algunos autores han especulado con la posibilidad de incluir entre ellos al Cantar de los Cantares y secciones de los salmos. El género tiene paralelos en Egipto y Mesopotamia, aunque, generalmente, en estos casos suele ser más desacralizado que en el de Israel.

Bibl.: R. K. Harrison, *O.c.*; R. Michaud, *La literatura sapiencial*, Estella, 1985; ídem, *Qohelet y el helenismo*, Estella, 1988; G. Archer, *Survey*...; R. J. Coggins, *Introducing*...

LITURGIA. Ritos prescritos para la realización del culto religioso. El equivalente en el judaísmo es el *sefer tefilot* u orden de las oraciones. Los comienzos de la liturgia judía pueden ser retrotraídos al periodo del templo en que los levitas interpretaban salmos. Existen algunos ritos de considerable antigüedad como la recitación de los diez mandamientos (suprimida como reacción frente al judeocristianismo), la *Shemá*, el *Hodú* (Salmo 136, 1), la oración conocida como *Shmoné Shré* o *amidah* y la bendición sacerdotal o *bircat cohanim*. La participación de la congregación aparece en el Talmud pero es, sin duda, anterior. Tras la destrucción del templo por Nabucodonosor (siglo VI a. de C.) llevó a los judíos a reunirse en grupos en shabat y fiestas, lo que sería el origen de la sinagoga y sentaría las bases para el establecimiento de una liturgia.

Bibl.: R. Donin, *Rezar*...; E. Barylko, *Celebraciones*...; L. Deiss, *La misa*...; ídem, *La Cena*...; C. Shepherd, *Jewish*...

LUCIFER. Uno de los nombres atribuidos al diablo*, a partir de Isaías 14, 12 y Lucas 10, 18.

LUTO. El judaísmo cuenta con una regulación específica del duelo*, que se divide en cuatro fases y cuya duración ronda los doce meses.

El Nuevo Testamento no cuenta con una regulación específica del luto.

En el islam la duración oficial del luto es breve. Los allegados visitan a los familiares del difunto, se reza y se lee el Corán varias noches. Es costumbre visitar las sepulturas aunque, ocasionalmente, se prohíbe hacerlo a las mujeres para evitar que se alteren demasiado. La tradición condena los llantos y lamentaciones excesivos, aunque tal conducta es común antes del sepelio.

Bibl.: Hughes, p. 366.

M

MACABEOS. Ver: Asmoneos.

MAGIA. Ver: Brujería.

MAHDI. Lit. «el guiado». El duodécimo imán* shiíta*, Muhammad al-Muntazar, que desapareció c. 878 y que, supuestamente, permanece oculto actualmente hasta el momento en que regrese para revitalizar el islam y dominar el mundo. Tales eventos serán seguidos por un periodo de bienestar general que llegará hasta el último día. Los ismailíes* creen que Isma'il, hijo del sexto imán, regresará como *Mahdi*. Los sunnitas* creen en el *Mahdi* también pero no consideran esta enseñanza tan relevante como los shiítas. Algunas tradiciones señalan que el *Mahdi* pertenecerá a la familia de Mahoma* y que reinará durante un periodo de siete años, pero los sunnitas generalmente atribuyen a Jesús* la tarea de hacer triunfar al islam al final de los tiempos. Periódicamente han surgido diversos individuos que se han atribuido la condición de *Mahdi*.

Bibl.: EI, III, pp. 111 ss.

MAHOMA. Según el islam, el enviado de Dios*. Nació en La Meca c. 570. Hijo póstumo y fallecida su madre cuando él tenía cinco o seis años, fue recogido por su abuelo Abd al-Muttalib. A la muerte de éste, poco después, fue su tío Abú* Tálib el que se ocupó de cuidar del muchacho. Aunque hay relatos tradicionales de tipo milagroso relacionados con su infancia y juventud, lo cierto es que los datos históricos que poseemos sobre esta parte de su vida son muy escasos. Parece que viajó a Siria por razones comerciales conociendo en esas ocasiones a monjes cristianos como Bahira*, y a los venticinco años casó con una viuda rica, Jadiya*, lo que mejoró económicamente su suerte hasta el punto de permitirle retirarse con relativa frecuencia a la cueva de un monte para dedicarse a meditar. Hacia los cuarenta años se le presentó un ser angélico que le ordenó recitar, posiblemente, la sura 96 del Corán. Habiendo insistido su esposa Jadiya en que se trataba de una experiencia procedente de Dios, Mahoma la aceptó como tal aunque es indiscutible que, originalmente, abrigó dudas al respecto y que la revelación se produjo en medio de una situación de malestar espiritual y psicológico que estuvo acompañado, ocasionalmente, de tentaciones de suicidio. Tal episodio ha sido, a veces, explicado como producto de la insania mental, la epilepsia o algún tipo de desarreglo psicológico. No obstante, tales explicaciones distan de ser totalmente convincentes. Por otro lado, pocas dudas pueden haber en relación con la sinceridad de Mahoma. Su predicación de estos primeros tiempos se centró en proclamar a Allah —al que los árabes tenían como su dios más importante— como único Dios, que recompensa y castiga a los seres humanos, en insistir en la necesidad de ser honesto en la vida y en lo obligatorio de ayudar a los pobres. Muy posiblemente, se incluía en esta primitiva predicación el anuncio de un próximo fin del mundo. En términos generales pues, no era original y sí muy similar a la de ciertos monoteístas que entonces había en Arabia. El factor diferenciador más claro era la identificación de Mahoma con el enviado de Allah. En esa época, algunas personas escucharon a Mahoma pero, a la vez y pese a su actitud no violenta, se ganó la hostilidad de los quraisíes. Cuando c. 619 murieron Jadiya y Abú Tálib, Mahoma se encontró sin ningún protector. Sobre estos años parece haber ido añadiendo a la predicación inicial elementos tomados —aunque diferenciados— del cristianismo (creencia en el infierno y en el paraíso, aceptación de Jesús* como mesías*, etc.) y del judaísmo (el reconocimiento de sus patriarcas y profetas, la prohibición de comer cerdo o la oración en dirección a Jerusalén). No obstante, no parece que llegara a conocer ninguna de estas dos fes en profundidad. Las relaciones que tenía con gente de Medina le impulsaron a enviar allí a algunos de sus fieles (otros ya habían huido previamente a Abisinia), a los que siguió, acompañado de Abú* Bakr, el año 622. Esta huida, *hijra* o égira* sirve de inicio de la era islámica. La obtención del poder político paralela al rechazo de los judíos* —que acusaban las incoherencias entre el Antiguo Testamento y la predicación de Mahoma— marcaron un punto de inflexión en la predicación de Mahoma. Ahora adoptó una postura no sólo de ruptura (la oración se haría en dirección a La Meca, etc.), sino de abierta hostilidad que, ocasionalmente, rayó en el semi exterminio de los judíos y en el empleo de la violencia —incluyendo no sólo la guerra sino también el asesinato— dirigida contra sus enemigos. En esta parte de su vida resulta obvio que Mahoma tenía ya un mensaje espiritual bien definido y distinto del presentado por el judaísmo y el cristianismo, del que también se había ido desmarcando, negando, por ejemplo, la muerte y resurrección de Jesús*, aunque existe la posibilidad de que, inicialmente, creyera en ambas. De este periodo proceden asimismo aquellas suras del Corán que se manifiestan hostiles a judíos y cristianos. Su creciente influencia política y militar le permitió hacia el 628 firmar una tregua con los quraisíes, tras amagar con una posible peregrinación a La Meca. Dos años después, tomando como pretexto la petición de ayuda de sus aliados *juza'a*, Mahoma se dirigió con un ejército contra La Meca, a la vez que ofrecía una amnistía general. La ciudad optó por abrirle las puertas y se evitó casi totalmente el derramamiento de sangre. Aliado ahora con multitud de tribus, Mahoma convirtió La Meca en centro espiritual del islam tras proceder a la destrucción de las imágenes de culto que había en la misma. El mismo, no obstante, siguió establecido en Medina. En el 632 encabezó la «peregrinación de la despedida», pronunciando en el monte 'Arafat un sermón en el que declaró suprimidas muchas de las doctrinas anteriores al islam, llamó a la gente a tratar con benevolencia a las mujeres e insistió en que se dejaran guiar por el Corán. Pocos meses después fallecía en Medina posiblemente como consecuencia de las secuelas de un intento de envenenamiento realizado por una de sus esposas, judía, que deseaba vengar las persecuciones que el profeta había desencadenado contra su pueblo. Según una tradición, Omar anunció que el profeta no había muerto, sino que resucitaría en unos días. Fue Abú Bakr el que negó tal extremo y ordenó a la gente que volviera su atención sólo hacia el Dios que nunca muere.

Establecer un juicio sobre Mahoma no resulta tarea fácil. Para los musulmanes, es el enviado de Dios, el mayor y último de los profetas, y su revelación, contenida en el Corán, es asimismo la final y definitiva. Lógicamente, tal visión no es aceptada ni por judíos ni por cristianos. Para los primeros, resulta evidente que Mahoma conocía mal e insuficientemente el Antiguo Testamento y no se puede negar que el Corán presenta contradicciones importantes con éste como el sustituir a Isaac por Ismael en lo relativo a las promesas, el identificar a la María*, hermana de Moisés, con la madre de Jesús, etc. El hecho de que Mahoma desencadenara una política dura contra las tribus judías de Arabia, sin duda, no contribuyó a mejorar tal opinión.

En el caso del cristianismo, el juicio sobre Mahoma no puede ser sino de rechazo de sus pretensiones. El Nuevo Testamento acepta la posibilidad de que se reciban mensajes procedentes de ángeles pero se insiste en que los mismos no deben ser jamás aceptados si se contradicen con la enseñanza del Evangelio de la justificación por la fe (Gálatas 1, 6-9), puesto que el mismo Satanás puede disfrazarse como ángel de luz (2 Corintios 11, 14). Partiendo de esa base metodológica, y aun admitiendo que Mahoma recibiera una revelación angélica, desde el punto de vista cristiano, ese ángel no habría procedido de Dios y una de las pruebas sería, como se alega en el caso del judaísmo, las evidentes contradicciones entre el Corán y el Nuevo Testamento. Así, el islam se opone frontalmente a muchas de las enseñanzas esenciales del cristianismo contenidas en el Nuevo Testamento como es la divinidad de Jesús, su muerte en la cruz y su resurrección, y lo mismo podría decirse de algunas de sus orientaciones éticas (la permisividad de la poligamia, del divorcio o del uso de la violencia) que son condenadas explícitamente en el Nuevo Testamento. El islam ha tratado de explicar estas discrepancias señalando que las escrituras reveladas a judíos y cristianos fueron alteradas por éstos para rechazar al profeta. El argumento es absolutamente inadmisible si tenemos en cuenta que el texto fijado del Antiguo Testamento es anterior en varios siglos al nacimiento de Mahoma y que ha sido confirmado por hallazgos arqueológicos como los manuscritos del Mar Muerto. En cuanto al Nuevo Testamento, contamos con más de mil quinientos textos, que lo reproducen en todo o en parte, datados entre el siglo I al IV, es decir, varios siglos antes también del nacimiento del profeta del islam. No existe pues la más mínima prueba —más bien, todo lo contrario— de que este argumento islámico sea cierto.

Humanamente, puede decirse que la figura de Mahoma estaba dotada de cualidades notables. No mostró jamás deseos de enriquecerse aunque pudo hacerlo y murió en una condición económica modesta. Asimismo suavizó, en relación con la Arabia preislámica, la condición de la mujer limitando la poligamia y prohibiendo el infanticidio, que se cebaba, sobre todo, en las niñas. De la misma manera, insistió en la creación de una comunidad de creyentes de la que, por definición, quedaba excluido el racismo y en la que se pretendían paliar las diferencias sociales, ideales ambos, no obstante, que no se han alcanzado históricamente. También deben contarse en su haber la preocupación por los desvalidos, la institución de la limosna y la insistencia por proporcionar a la oración un papel muy relevante en la vida espiritual. Sin embargo, otros rasgos de su carácter resultan muy discutibles, especialmente para los nacidos en un trasfondo judeo-cristiano. Entre ellos se halla la utilización de la guerra con fines religiosos (algo que influiría en la creación del concepto de cruzada dentro del catolicismo y que chocaba frontalmente con el mensaje no violento de Jesús); su pasión por las mujeres, que le llevó a superar el máximo permitido a sus seguidores, a desposarse con una niña de ocho-nueve años y a tomar como mujer a la esposa de un familiar; su recurso político a la violencia casi ilimitada como en el semiexterminio de algunas de las tribus judías de Arabia o en las órdenes de asesinar a algunos de sus enemigos políticos; su tendencia al engrandecimiento personal como se evidencia en las suras de Medina (2, 279; 9, 3; 24, 49), donde aparece la expresión «Dios y su mensajero»; y la articulación de un mensaje que, aunque pretende emanar del judaísmo y del cristianismo, y presenta elementos muy positivos, contradice, sin embargo, frecuente y profundamente el contenido de ambos.

Bibl.: M. Lings, *Muhammad*...; T. Andrae, *Mahoma*...; J. Vernet, *Mahoma*...; I. Shorrosh, *Islam*...; F. M. Pareja, *Islamologie*...

MAMZER. En el Antiguo Testamento, el bastardo que no puede entrar en la asamblea del Señor (Deuteronomio 23, 3), es decir, casarse con judíos de descendencia legítima. El *mamzer* es el nacido de una unión ilícita ya sea incesto o adulterio de mujer casada. Sólo puede contraer matrimonio con otro *mamzer* o converso, pero ahí concluyen sus desventajas. Según los rabinos (Mish. Hor. 3.8), un *mamzer* que conoce la ley es preferible a un sumo sacerdote que la desconoce.

Bibl.: E. Malka, *Derecho*....

MANDAMIENTOS. Ver: Diez mandamientos.

MARÍA. La madre de Jesús de Nazaret. Algunas de las fuentes judías son especialmente denigratorias en sus afirmaciones relativas a la misma. A inicios del siglo II ya era acusada de adúltera y de haber tenido a Jesús de las relaciones sexuales mantenidas con un soldado extranjero llamado Pantera o Pandera (Tosefta Hullin II, 22-3; TJ Aboda Zara 40d y Sabbat 14d). En la Mishnah Yebanot 4, 13, se contiene la afirmación de un rabino de inicios del siglo II, Simeón ben Azzai, de que Jesús era «ilegítimo, nacido de una mujer casada». Tal tradición persistió en el periodo amoraítico y en las leyendas medievales judías del Toledot Yeshú. Cabe la posibilidad de que semejantes acusaciones ya surgieran en vida de Jesús (Juan

8, 41), aunque los autores judíos contemporáneos (J. Klausner, etc.) tienden a desechar cualquier posible base histórica y atribuyen el origen de tales afirmaciones a la controversia teológica. Como he señalado ya anteriormente en otras publicaciones, los ataques judíos tuvieron un papel primordial a la hora de impulsar a algunos judeo-cristianos a afirmar la virginidad perpetua de María en el Proto-Evangelio de Santiago, una circunstancia que, en realidad, es desmentida por fuentes anteriores.

En el Nuevo Testamento, María es un personaje muy secundario. Aunque Mateo y Lucas la presentan como madre virgen de Jesús (Mateo 1, 18 ss.; Lucas 1, 26 ss.) —un desarrollo posible del texto griego de Isaías 7, 14— tal concepto no se menciona en ningún otro de los escritos del Nuevo Testamento. De hecho, María y los hermanos de Jesús parecen haber intentado disuadirle de continuar su ministerio y, precisamente por ello, Jesús no les concedió ninguna relevancia especial (Marcos 3, 31-5 y par.). Lo más posible es que los hermanos y hermanas de Jesús (Mateo 13, 55 ss.; Marcos 6, 3 ss.; Juan 7, 5 ss.) fueran hijos suyos y así opinaban padres de la iglesia como Tertuliano, Hegesipo y otros. Con todo, la cuestión se ha visto enturbiada en su análisis por la existencia del dogma de su virginidad perpetua. El hecho de que los mencionados hermanos no creyeran en él fue, sin duda, lo que determinó a Jesús a encomendar el cuidado de su madre a un discípulo (Juan 19, 26 ss.). Semanas después de la muerte de Jesús —y según 1 Corintios 11, 1 ss., como consecuencia de haber visto a éste resucitado— María aparece acompañada por los hermanos de Jesús y formando parte de la comunidad de Jerusalén (Hechos 1, 14). No sabemos nada más de su vida posterior y lo más posible —si atendemos a algunos restos arqueológicos del siglo I— es que fuera sepultada en Jerusalén y su tumba profanada a inicios del siglo II d. de C. La historia de una estancia suya en Efeso acompañando a Juan, el hijo de Zebedeo, carece realmente de base histórica.

El Nuevo Testamento no le atribuye ningún papel mediador —éste queda reservado de manera exclusiva a Cristo (1 Timoteo 2, 5)— ni tampoco contiene referencias a su impecabilidad, virginidad perpetua o asunción*. De hecho, estas dos últimas creencias se originaron en el seno del judeo-cristianismo como un intento, la primera, de responder a las acusaciones de adulterio que formulaban los judíos contra ella y que están recogidas en el Talmud, y, la segunda, nacida en el seno del judeo-cristianismo herético, como una manera de afirmar que su cuerpo no había sido profanado, junto con su tumba, por los romanos durante la época de la rebelión de Bar Kojba (132-5 d. de C.). Las tesis mencionadas iban en contra de la realidad histórica pero tendrían un eco posterior considerable en la teología católica y oriental.

El Corán se refiere en repetidas ocasiones a María, la madre de Jesús, (3, 33-63; 4, 156 y 171; 5, 17, 72 y 116; 19, 16-40; 21, 91; 23, 50; 66, 12), cuya concepción virginal defiende calurosamente oponiéndose a sus detractores (4, 156). Se opone a su culto —dentro de una lógica propia del monoteísmo— y se manifiesta contrario a su inclusión en el seno de la Trinidad, detalle este último que evidencia la errónea comprensión que de tal doctrina tenía Mahoma y, a la vez, el tinte idolátrico que el profeta percibía en la veneración que los cristianos que él conocía tributaban a la misma. Al rechazar la idea de la mediación de María y de su culto, y no deja de ser paradójico, el Corán se halla más cerca de la visión de María que aparece en el Nuevo Testamento de lo que se encuentran los desarrollos teológicos que al respecto han experimentado la Iglesia católica y las Iglesias orientales.

Bibl.: C. Vidal Manzanares, «La figura de María en la literatura apócrifa judeo-cristiana de los dos primeros siglos», en *Ephemerides Mariologicae*, vol. 41, Madrid, 1991, pp. 191-205; ídem, «María en la arqueología judeo-cristiana de los tres primeros siglos», en *Ephemerides mariologicae*, vol. 41, Madrid, 1991, pp. 353-364; ídem, «La influencia del judeo-cristianismo de los dos primeros siglos en la liturgia mariana», en *Ephemerides mariologicae*, vol. 42, Madrid, 1992, pp. 115-126; ídem, «María en el Corán», en *Ephemerides mariologicae*, vol. 43, Madrid, 1992; ídem, *El Primer Evangelio...*; M. Warner, *Tu sola...*; R. E. Brown y otros, *María...*; A. T. Khoury, *Islam....*

MÁRTIR. En relación con el judaísmo, ver: Kidush hashem.

En el Nuevo Testamento, el término no posee más que el contenido específico de «testigo» (Hechos 1, 8 y 22). Posteriormente la palabra serviría para designar también a los que dieron testimonio hasta la muerte y, finalmente, sólo a éstos.

En el islam, la palabra *shahid* («mártir») parece tener la connotación de «testigo» —como el término original en griego— o de «aquel que ve». Así Dios, que ve las acciones de todos los hombres, puede ser llamado *al-Shahid*. Tradicionalmente se tiene por mártir al que muere en la *jihad** contra los infieles y, en algunos casos, a las mujeres fallecidas al dar a luz, a los muertos violentamente por ladrones o fieras, en un naufragio o circustancias analógicas. La sepultura *(mashhad)* del mártir suele convertirse en lugar de peregrinación. Algunos musulmanes aceptan a los mártires como intercesores ante Dios.

Bibl.: W. H. C. Frend, *Early...*; ídem, *Martyrdom and persecution in the Early Church,* Oxford, 1956; C. Vidal Manzanares, *De Pentecostés...; EI,* IV, pp. 259-61; Hughes, pp. 327 ss.

MASORAH. Lit. «tradición». También se utiliza el término *masoret.* El término se usa para indicar: 1. La entrega de la Torah y de todo el judaísmo como una tradición auténtica (Mish. Avot 1.1; TJ San 11.7). 2. El texto exacto del Antiguo Testamento tal como quedó establecido en los comentarios tradicionales. El establecimiento del texto masorético —imprescindible por cuanto el hebreo carece de vocales— así como el sistema de puntos vocales que fue creado entre los siglos VI y IX d. de C. por los *baalei hamasorah* o masoretas. El texto masorético incluye las variantes del mismo y ha sido, en términos generales, confirmado por hallazgos arqueológicos como los manuscritos del Mar Muerto. Con todo, algunas antiguas versiones del Antiguo Testamento, como la Septuaginta, ocasionalmente permiten acceder a una lectura mejor de pasajes concretos.

MATRIMONIO. En el judaísmo, el matrimonio fue instituido por Dios a partir de la primera pareja (Génesis 2). Contraerlo constituye, por lo tanto, una de las obligaciones religiosas de todo ser humano. Esta visión explica el hecho excepcional del celibato en la cultura judía. La ceremonia matrimonial o *kidushín* ha de ser realizada en presencia de dos testigos competentes. El oficiante o *mesader kidushín* debe conocer el procedimiento matrimonial aunque no necesita ser rabino. Los textos sagrados del judaísmo consideran el matrimonio como el único estado correcto para el hombre y la mujer, y afirman que la familia es el marco ideal para el ser humano. A inicios del periodo rabínico, el matrimonio incluía la ceremonia de compromiso *(erusín o kidushín)* y el casamiento *(nisuín o jupáh)* que se celebraba con posterioridad hasta un término de un año. En la Edad Media se combinaron las dos ceremonias y se le agregaron algunos aspectos como el sermón del rabino. No pueden celebrarse matrimonios en *shabat*, fiestas, durante las tres semanas de duelo ni el periodo del *omer*. La ceremonia ha de ser precedida de la firma de la *ketubah** o contrato matrimonial. La Mishnah y el Talmud tratan en su tratado Kidushín acerca del matrimonio.

Para el Nuevo Testamento, ver: Divorcio, Familia.

En el islam, el matrimonio *(nikah)* consiste en una relación contractual donde la esposa recibe una dote *(mahr)* en contraprestación por los deberes conyugales (4, 3 ss.; 24, 33; 5, 7). Ambos contrayentes han de mostrar su consentimiento, estando asistida la mujer (especialmente si es virgen) por un tutor o *uali*. De no existir el mismo, tal función debería ser desempeñada por el *qadi*. El matrimonio ha de ser celebrado ante dos testigos competentes y, aunque quedan excluidos ciertos grados de parentesco (4, 27), puede ser contraído entre menores que no hayan llegado a la pubertad. Con todo, los países de mayoría islámica han tendido contemporáneamente a fijar edades mínimas para los contrayentes que se sitúan ya en la adolescencia. La fiesta matrimonial —una de cuyas finalidades es dotar de carácter público al matrimonio— se ha ido convirtiendo tradicionalmente en un rito casi obligatorio. El Corán 4, 3 parece permitir contraer matrimonio hasta con cuatro esposas a la vez, a condición de que se atienda a las mismas debidamente. De hecho, y visto desde su perspectiva histórica, tal enseñanza constituye una limitación considerable de la poligamia y, en la práctica, son raros los musulmanes que tienen más de una esposa. El musulmán puede contraer matrimonio con judía o cristiana, pero la mujer sólo puede hacerlo con un musulmán. El matrimonio se disuelve por muerte o divorcio* y, en el caso de los shiítas, es aceptable la práctica del matrimonio por un plazo conocido como *muta*.

Bibl.: J. Robson, «Muslim wedding feasts», en *TGUOS,* 18, 1961, pp. 1 ss.; R. B. Serjeant, «Recent marriage legislation from al-Mukalla with notes on marriage customs», en *BSOAS,* 25, 1962, pp. 472 ss.

MATZÁH. Pan sin levadura (plural: *matzot*) que se come durante la fiesta de Pascua, cuando está prohibido el consumo de levadura (Exodo 12, 8 y 39). Su comida sirve como recordatorio de la liberación de la esclavitud de Egipto experimentada por Israel.

MECA, LA. Ciudad de Arabia situada a 75 km del Mar Rojo, convertida por Mahoma* en la primera ciudad sagrada del islam.

Bibl.: EI, III, pp. 437-48; R. Burton, *Peregrinación...*

MEDIACIÓN. Ver: Intercesión.

MEGUILLÁH. Lit. «rollo». En el judaísmo, 1. Cualquiera de los cinco rollos o *jamesh meguillot* que se leen en la sinagoga durante las fiestas prescritas; 2. El rollo de Ester que se lee en la fiesta de Purim; 3. Nombre del tratado de la Mishnah y del Talmud que se ocupa de la lectura litúrgica de los cinco rollos y, especialmente, del de Ester.

MEMRA. Término arameo que significa «palabra» o «verbo». En los *targumim* se utilizó como sustituto de Yahveh*. Es muy posible que el calificativo de Palabra o Verbo (en griego, *logos*) que Juan atribuye en su Evangelio al Hijo (1, 1) provenga de esta concepción. Desde luego, es evidente que para Juan el Hijo es Dios (Juan 1, 1; 20, 28) y que utilizar tal título es hacerse igual a Dios (Juan 5, 18).

Bibl.: R. Longenecker, *Christology*...; C. Vidal Manzanares, *De Pentecostés*...; D. Muñoz Alonso, *Dios-Palabra: menrá en los targumim del Pentateuco*, Valencia, 1974.

MENORÁH. Candelabro de siete brazos que simboliza de manera tradicional la fe de Israel. La *menoráh* original de oro fue colocada en el tabernáculo del desierto (Exodo 25, 31-40; 37, 17-24; Números 8, 2-4) y, quizá, fue trasladada al templo de Salomón (1 Reyes 7, 49; 2 Crónicas 4, 7). Tras el Primer Jurbán*, desaparecieron todos los objetos del templo, de forma que el Segundo Templo contó ya con otra *menoráh*. Esta parece haber sido llevada a Roma —según se ve en el arco de Tito— tras el Segundo Jurbán. Los rabinos prohibieron su reproducción en altorrelieve (Av. Zar. 43b) aunque se siguió utilizando en mosaicos, etc. La *menoráh* ha contado con diversas interpretaciones posteriormente: la redención última y la llegada del Mesías, los diez *sefirot* en la Cábala, etc. Actualmente se considera emblema del estado de Israel y del parlamento israelí o *kneset*. También se denomina *menoráh* al candelabro de ocho brazos utilizado en Janucá, aunque su nombre correcto es el de *janukiáh*.

MESÍAS. Lit. «ungido». Primitivamente, la persona consagrada con aceite para una tarea divina. El término era aplicado pues al monarca y al sumo sacerdote. Posteriormente, el término se referirá a un rey de la casa de David (2 Samuel 22, 51) que establecerá la justicia y el juicio, obtendrá la salvación de Israel y las naciones, e incluso contará con características divinas (Isaías 9, 5-6; 11, 1-10; etc.). El hecho de que el Antiguo Testamento presente a este Mesías en ocasiones como siervo sufriente (Isaías 52, 13 a 53, 12) y en otras como rey triunfante, llevó a algunos sectores judíos —como la secta del Mar Muerto— a creer en la venida de dos mesías, uno de los cuales moriría por los pecados del pueblo. Obviamente, fue esta última categoría mesiánica la proclamada por Jesús (Marcos 10, 45) y sus discípulos (Hechos 2, 22 ss.), trasladando su triunfo a una futura venida. La idea de un mesías sufriente que expiaría con su muerte los pecados de los demás aparece referida en multitud de fuentes del judaísmo (Midrash a Rut 2, 14; Sanhedrín 98b; Yoma 5a; Lukot Habberit 242a; etc.) pero su similitud con los detalles de la muerte de Jesús y el partido que de tal hecho sacaban los judeocristianos explican que el judaísmo posterior fuera rechazando las interpretaciones mesiánicas tradicionales de pasajes como Isaías 53 o Zacarías 12, 10. Así o Isaías 53 se reconoció como texto mesiánico pero se le quitó el contenido sufriente (Targum de Isaías 53), o se aceptó el carácter mesiánico del mismo pero se lo sustituyó por una aplicación al pueblo de Israel para evitar favorecer a los cristianos (Rashi, Maimónides, etc.). Algo similar sucede con las afirmaciones de divinidad del Mesías que son propias del judaísmo (*metatron, memra**, etc.) y que fueron descartadas asimismo como reacción frente al cristianismo. Paradójicamente, el concepto mesiánico del cristianismo se enraíza claramente en el judaísmo bíblico y del Segundo Templo, mientras que el denominado «clásico» dentro del judaísmo ha pasado por el desarraigo de tradiciones interpretativas multiseculares que, de ser mantenidas, hubieran facilitado la labor de proselitismo de los cristianos. La ocupación romana agudizó considerablemente el ansia judía de venida del Mesías, lo que llevó, por ejemplo, a rabí Aquiba a proclamar como tal a Bar Kojba, que fue derrotado (132-5 d. de C.) por Adriano. Las persecuciones y la aparición del Zohar (siglo XIII) también sirvieron para despertar una clara especulación mesiánica al igual que aconteció en relación con la expulsión de los judíos de España y Portugal (siglo XV), la persecución de los marranos (siglo XVI y XVII), la Cábala luriánica de Safed (siglo XVI) y las matanzas en Europa oriental que cristalizaron en la aparición del pseudo-mesías llamado Shabetai Tzeví (siglo XVII). Aunque la fe en la venida del Mesías es uno de los principios teológicos del judaísmo formulados por Maimónides, lo cierto es que se han producido diversas tendencias a identificar al mismo con una influencia humana en una era de paz universal. Para algunos sionistas seculares, el movimiento sionista cumple con las expectativas mesiánicas; mientras que muchos sionistas religiosos consideran que el establecimiento del estado de Israel y la vuelta de los judíos a su tierra es una señal del inicio de la redención mesiánica.

Como ya hemos indicado, el cristianismo parte de la identificación del Mesías con el siervo* de Yahveh. Ahora bien, este siervo —y en esto sigue corrientes judías anteriores— es también el Hijo* del hombre y el

Hijo de Dios, y resulta identificado históricamente con Jesús*.

Para el islam, sin duda por influencia cristiana, el Mesías es Jesús*, pero, y en esto se aparta del cristianismo, al mismo no se le reconoce ni cualidades divinas, ni se afirma su muerte expiatoria y su resurrección, aunque existen indicios de que, inicialmente, ambas fueron sostenidas por Mahoma.

Bibl.: S. Mowinckel, *He...*; J. Klausner, *The Messianic idea...*; C. Vidal Manzanares, *De Pentecostés...*; ídem, *El Primer Evangelio...*; A. Kac, *The Messiaship...*; ídem, *The Messianic hope*, Grand Rapids, 1985; D. Juel, *Messianic...*; O. Cullmann, *Christology...*; R. Longenecker, *Christology...*; T. W. Manson, *The Servant-Messiah*, Cambridge, 1953.

METEMPSÍCOSIS. Ver: Reencarnación.

MEZUZÁH.
Lit. «jamba». Rollo de pergamino que contiene versículos bíblicos específicos (Deuteronomio 6, 4-9; 11, 13-21) que se coloca a la entrada y en las jambas de la puerta de una casa judía. En la parte de atrás del pergamino se escribe *Shadday* (Todopoderoso), que se interpreta como acróstico de *Shomer Daltot Israel* (Guardián de las puertas de Israel). Junto con los *tefilim* y *tzitzit* es considerada en el Talmud como una defensa moral esencial (Men. 43b). Debe ser inspeccionada dos veces cada siete años por un *sofer*.

MIDRASH.
Lit. «estudio», «interpretación». El término denomina tanto el método de interpretación de la Torah como la literatura de importancia. La raíz etimológica de la palabra es *darash*, que significa inquirir, investigar, exponer, predicar, interpretar, etc., y todos estos sentidos aparecen relacionados con *midrash*. Históricamente la literatura midráshica se extiende desde el siglo I hasta el siglo XIV. El *midrash* halájico es aquel que se ocupa fundamentalmente de aspectos legales, v.g.: Mejilta de Exodo, Sifra de Levítico, Sifre de Números y Deuteronomio. El *midrash* hagádico se centra más en los aspectos homiléticos y narrativos, v.g.: Midrash Rabá sobre el Pentateuco y los cinco rollos, Tanjúmah o Yelamedenu, Midrash Tehillim sobre los salmos y Yalkut Shimoní.

Bibl.: *ERE*, VIII; A. del Agua, *El método...*

MIGUEL.
En la Biblia, el ángel que protege al pueblo de Dios enfrentándose con las huestes de demonios* (Daniel 10, 21; 12, 1; Apocalipsis 12, 7-9).

MIKVEH.
Lit. «colección». Baño nutrido de agua natural no procedente del grifo, cuyo uso permite a la persona obtener la pureza ritual o *tohorah*. Debe tener capacidad mínima

para 762 litros de agua y profundidad suficiente como para permitir al adulto sumergirse por completo. Durante el período del templo era usada por los sacerdotes que habían adquirido impureza ritual. Hoy en día es usada fundamentalmente por las mujeres judías antes de contraer matrimonio, tras la menstruación y después del parto. También se utiliza para sumergir al converso al judaísmo (*tevilah*) en señal de su aceptación del mismo y para limpiar ritualmente los utensilios de cocina adquiridos de no judíos. Los jasidim* y algunos judíos suelen usarla también en vísperas de sábado, fiestas* y en Yom Kippur*. La regulación de estos baños especiales es descrita en el tratado Mikvaot de la Mishnah*.

Bibl.: A. Kaplan, *Las aguas del Edén*, Bilbao, 1988.

MILAGROS. El Antiguo Testamento contiene repetidas referencias a milagros, que manifiestan el poder de Dios y el amor de Este hacia Su pueblo (Exodo 10, 13 y 19; Salmo 78, 43 y 46, etc.). La autenticidad de los mismos debe ser probada por cuanto también pueden ser realizados por los paganos (Exodo 8, 7). Para que un milagro provenga de Dios tiene que estar en armonía con Su revelación (Deuteronomio 13, 1-3). El judaísmo posterior ha seguido creyendo en la existencia de milagros, si bien en algunos casos, como en el de los *jasidim**, se ha otorgado a los mismos una mayor relevancia.

El Nuevo Testamento relata treinta y siete milagros específicos de Jesús*, aparte de incluir algunos compendios milagrosos en los que se habla de curación* y liberación de la posesión de demonios*. No cabe duda de que en los mismos existe una base histórica —y así lo reconocen hoy la mayoría de los historiadores— por cuanto son mencionados también en el Talmud*, aunque en ese caso concreto, se atribuyen a la hechicería. El papel que desempeñaron en el cristianismo primitivo parece haber sido muy relevante. Son consignados entre los carismas* del Espíritu Santo, se consideran una de las señales de la evangelización (Marcos 16, 16 ss.), se esperaban de manera regular en el seno de la comunidad (Santiago 5, 14 ss.) y provocaron el suficiente eco como para que el Talmud recoja las prohibiciones de acudir a los cristianos para recibir sanidad. Los milagros no aparecen asociados nunca con seres humanos, sino que siempre son realizados por el poder (nombre) de Jesús que actúa en la comunidad (Hechos 4, 9-12).

El islam distingue entre *mu'jiza* (portento o milagro realizado por un profeta) y *karama* (carisma o milagro realizado por un santo). En el Corán aparece además la expresión *aya* (signo) que también se usa para designar a sus versículos. Los milagros sólo pueden ser realizados porque Allah así lo disponga (29, 49), pero no por ello son garantía de que la gente llegue a creer (6, 109). El Corán hace referencia a los milagros de Moisés, Salomón y Jesús, pero no se atribuye ninguno a Mahoma (10, 21). Tal circunstancia debió causar una cierta incomodidad a los seguidores del profeta e incluso a éste. De hecho, se intenta buscar una explicación teológica a tal carencia señalando que la incredulidad de la gente es la que hace que Allah ya no conceda el poder de realizar milagros (17, 61). La tradición, por otra parte, pronto empezó a atribuir a Mahoma la realización de hechos milagrosos como la llegada de la lluvia, la multiplicación de agua para que mil quinientos hombres realizaran sus abluciones, etc. El hecho de que tales datos no tengan eco coránico —más bien todo lo contrario— hace dudar de su base histórica. El islam ha atribuido también posteriormente la realización de milagros a algunos santos no sólo en vida sino también desde sus tumbas.

Bibl.: C. Vidal Manzanares, *De Pentecostés...*; A. Richardson, *Las narraciones evangélicas sobre milagros*, Madrid, 1974; *ERE*, VIII; *EI*, II, p. 744; III, p. 624; Hughes, pp. 850 ss.

MINIM. Ver: Judeo-cristianos.

MINYÁN. Lit. «número». Quórum de oración constituido por diez varones adultos exigido para poder realizar un culto público. Se ha pretendido retrotraer el origen de esta norma a pasajes bíblicos (Génesis 18, 32; Salmo 68, 27; Rut 4, 2), pero el mismo es casi con seguridad rabínico (Ber. 6a). Las oraciones realizadas con *minyán* no tienen necesariamente que tener lugar en una sinagoga.

MISHNAH. Lit. «repetición», «estudio», «enseñanza».

1. Tradiciones religiosas de corte legal que parten de la ley oral y que constituyen la base del Talmud. Incluyen enseñanzas de los hombres de la Gran Asamblea (*Anshei kneset haguedolah*), los escribas (*soferim*) y los rabinos de los dos primeros siglos d. de C. (*tanaitas*). Su redacción definitiva se debe a rabí Yehudá hanasí y fue realizada en torno al 200 d. de C. Contiene los elementos básicos de la Halajá y parte de la Hagadá. Unida a la Guemará constituye el Talmud. La Mishnah comprende 63 tratados divididos en seis órdenes.

2. Cada párrafo de Halajá contenido en cada capítulo de un tratado de la Mishnah.

Bibl.: C. del Valle, *La misná*, 1981;

J. Neusner, *The Talmud*...; F. Manns, *Pour lire*...

MILENARISMO. Ver: Quiliasmo.

MILENIO. Ver: Quiliasmo.

MITZVÁH. Lit. «mandamiento» (plural: *mitzvot*).

1. Precepto de cumplimiento obligatorio para un judío siempre que tenga más de 13 años si es varón y de 12 si es mujer. Según la tradición rabínica (Mak 23b), hay 613 mandamientos bíblicos: 248 –el número de miembros del cuerpo humano– positivos y 365 –el número de días del año solar– negativos. Muchos de los mandamientos quedaron sin posibilidad de cumplimiento tras la destrucción del templo y hoy sólo son aplicables 270: 48 positivos y 222 negativos. De acuerdo con la denominación bíblica, pueden dividirse en *torot* (instrucciones), *jukim* (estatutos), *mishpatim* (juicios) y *edot* (testimonios). También pueden dividirse en los que se refieren a la relación con Dios (*mitzvot ben adam lamakom*) y con el prójimo (*mitzvot bein adam lejaveró*).

2. Buenas acciones que reporten beneficio al prójimo.

MOISÉS. Levita, de la casa de Amram (Exodo 6, 18, 20), hijo de Yocabed. Según el Antiguo Testamento, debería haber muerto como consecuencia del decreto genocida del faraón (probablemente Tutmosis III, aunque otros lo han identificado con Ramsés II) que ordenaba la muerte de los varones israelitas. Confiado a las aguas del Nilo por su madre, fue recogido por una hermana del faraón que lo educó (Exodo 2). Tras matar a un egipcio, que maltrataba a unos israelitas, tuvo que exilarse, yendo a vivir a tierra de Madián (Exodo 2, 11-5). Allí, siendo pastor y teniendo esposa e hijos, recibió una revelación de Dios que le enviaba a Egipto a liberar a Israel (Exodo 3). Descendió allí, y en compañía de su hermano Aarón, intentó convencer al faraón (posiblemente Amenhotep II, Menreptah, según otros) para que dejara marchar al pueblo, algo que éste hizo sólo tras una serie de plagas y, especialmente, tras la última en que murió su primogénito (Exodo 5-13). La persecución emprendida posteriormente por el monarca egipcio concluyó en un desastre para su ejército en el mar de las Cañas. La marcha de Israel por el desierto les llevó hasta el Sinaí, donde Moisés recibió los Diez* mandamientos, así como un código de leyes destinado a regir la vida del pueblo (Exodo 20; 32-4). Según la interpretación del Talmud*, fue también entonces cuando recibió la ley oral. La falta de fe del pueblo –que se manifestó, por ejemplo, en la adoración de una imagen en forma de becerro mientras Moisés estaba en el monte– malograría la entrada en la tierra prometida, poco después. Moisés moriría sin entrar en ella y lo mismo sucedería con la generación liberada de Egipto salvo Josué y Caleb. La figura de Moisés es de una enorme importancia y a él cabe atribuir la formación de un pueblo cuya vida estaría centrada en el futuro, con altibajos ciertamente, en torno al monoteísmo.

En el Nuevo Testamento, Moisés posee una clara importancia pero, sobre todo, en la medida en que señala al Mesías (Juan 5, 39-47; Hechos 3, 22 y ss., etc.) y muestra cómo los hombres de Dios –igual que Jesús– fueron generalmente rechazados en vida por el pueblo de Israel (Hechos 7, 20-44 y 51-60). El pacto concluido entre él y Dios se considera, lógicamente, abolido a partir del nuevo pacto celebrado sobre la base del sacrificio* de expiación* de Cristo (Hebreos 9-11).

El Corán lo menciona repetidamente con el nombre de Musa tanto en las suras mequíes como en las medinesas (2, 44-69; 7, 101-163; 10, 76-93; 20, 8-98; 26, 9-68; 27, 7-14; 28, 2-43; 37, 114-122; 44, 16-32; 79, 15-26). De él se refiere su infancia, su salvación de las aguas por la familia del faraón que lo entregaría a su hermana (lo que no se corresponde con el relato del Exodo), cómo mató al egipcio, su huida y vida en Madián, los episodios de la zarza ardiente, del bastón convertido en serpiente y de la mano blanca, las plagas, el paso del Mar Rojo, la llegada al Sinaí, la entrega de la revelación, la adoración del becerro de oro, los cuarenta años de errar por el desierto y la muerte de Coré (Qarun). Las divergencias con el relato bíblico son numerosas. Así, la esposa del faraón es la que salva a Moisés (28, 8); Coré aparece con el faraón y Hamán como uno de los personajes a los que fue enviado Moisés (29, 38; 40, 25) y se le representa como un rico orgulloso (28, 76-82); los magos egipcios proclaman su creencia en el Dios de Moisés (7, 118 ss.; 20, 73 ss.); el fabricante del becerro de oro es llamado, anacrónicamente, el samaritano (20, 87 y 96); la montaña sobre la que Dios se manifiesta queda reducida a polvo (7, 139); Moisés recibe el libro y el *furqan* (2, 50) en lugar de las dos tablas; etc. Todo ello parece indicar el conocimiento defectuoso que Mahoma tenía del relato bíblico, al que quizá sólo tuvo acceso oral. Con todo, la figura de Moisés es una de las más armónicamente recogidas en el Corán en relación con la Biblia.

Bibl.: J. Bright, *History*...; S. Hermann, *Historia*...; F. F. Bruce, *Israel y*...; F. F. Bruce, *Acts*...; *EI*, III, pp. 73 ss.; II, pp. 780 ss.; Hughes p. 281

y 356-66; C. Vidal Manzanares, *El Hijo de Ra*. Barcelona, 1992.

MONACATO. Ver: Abad.

MONOTEÍSMO. Creencia en un solo Dios*. Aunque se ha especulado ocasionalmente con la posibilidad de que la religión de Israel haya girado primitivamente en torno al henoteísmo*, lo cierto es que la confesión mosaica es clara y tajantemente monoteísta (Exodo 20, 1 ss.; Deuteronomio 6, 4). Lo mismo cabe decir del cristianismo, en el que, no obstante, el monoteísmo es contemplado desde el punto de vista de la doctrina de la Trinidad*, es decir, ese único Dios existe en una pluralidad de personas.

El islam es, por su propia naturaleza, monoteísta, pues afirma la creencia en un solo dios al que se denomina Allah. Con todo, se han señalado indicios de que Mahoma* pensó en algún momento en contemporizar con sus vecinos de La Meca admitiendo la existencia subordinada de otras deidades que aquéllos adoraban. Tal pensamiento fue rechazado de inmediato y recibió el nombre de «versos satánicos», pues su inspiración no podía ser atribuida a Dios sino a su enemigo por antonomasia.

Bibl.: R. Pettazzoni, «Das Ende der Urmonotheismus», en *Numen,* 3, 1956; Y. Kaufmann, *Religion*...; L. Baeck, *Essence*...

MUECÍN. *(Mu'adhdhin.)* Lit. «el que llama a la oración». Según una tradición, su utilización comenzó cuando Mahoma pidió al converso negro Bilal que convocara a la oración a los creyentes. Otra tradición atribuye tal práctica a una visión que tuvo un musulmán, confirmada después por el profeta.

Bibl.: EI, III, pp. 373-5; I, pp. 187 ss.; Hughes, pp. 366 ss.

MUERTE. Ver: Alma, Cielo, Gehenna, Hades, Juicio final, Resurrección.

MUFTÍ. Jurisconsulto de derecho islámico. Sus decisiones recibían el nombre de *fatua* y eran recopiladas como precedentes interpretativos. Bajo los sultanes turcos, el intérprete supremo de la ley islámica o *shari'a** era el Gran Muftí o Shayj al-Islam, prevaleciendo sus *fatuas* incluso en contra de la voluntad del sultán. La supresión del califato en 1924 por Kemal, así como la promulgación del código civil de 1926 y el código penal de 1929 en Turquía, tuvieron como consecuencia la pérdida de relevancia del personaje.

Bibl.: EI, II, p. 92; Hughes, p. 367.

MUJER. Según el relato del Génesis, junto con el varón forma el género humano. Es la ayuda idónea (Génesis 2, 21-4) para el hombre. La ley de Moisés proporcionaba a las mujeres una situación mejor que la de las culturas contemporáneas en aspectos como el matrimonio*, la herencia* o la familia*. Se la debía honor y estima (Proverbios 5, 18; 18, 22; 31, 10-12, etc.), aunque no podía evitar verse sometida a tabúes relacionados con el sexo*, como el derivado de la menstruación, y a exclusiones de la vida religiosa, como, por ejemplo, no poder acceder al sacerdocio, aunque hubo profetisas de importancia (Jueces 4; 2 Reyes 22, 12 ss., etc.). En este sentido, el judaísmo posterior continuó en buena medida la línea marcada por el Antiguo Testamento. En algunos grupos se consideraba que la mujer no debía estudiar el Talmud* y el acceso a la posición de rabino* sólo es planteable en algunas sinagogas* del judaísmo* reformado.

El Nuevo Testamento afirma la igualdad entre hombre y mujer (Gálatas 3, 28) –postura que arranca de Jesús y que llamó la atención de sus mismos discípulos (Juan 4, 27)– y en la comunidad cristiana primitiva hubo mujeres que ejercieron el oficio de diácono* e incluso de apóstol*. Pablo indica que el esposo es cabeza de la mujer, pero del contexto se desprende que tal tesis no puede ser desarrollada para argumentar una superioridad masculina (1 Corintios 11, 8-9) como tampoco el dar a luz implica una superioridad femenina. Parece ser que, ante el peligro de enseñanzas heréticas, se tendió a limitar el papel de la mujer en la congregación –en este contexto debería leerse 1 Timoteo 2, 12– circunstancia de la que tomarían pie desarrollos posteriores del cristianismo para excluirla casi por completo de la vida eclesial.

Sin duda, el islam significó un avance para la mujer si partimos del contexto árabe anterior a Mahoma, y el mismo Corán (2, 228) señala que las mujeres disfrutan de los mismos derechos que se ejercen sobre ellas. Con todo, tal afirmación es desmentida por la enseñanza coránica sobre el tema, y visto desde un trasfondo judeo-cristiano es difícil no contemplar su situación como discriminada. Así, las mujeres tienen derecho a una parte de la herencia y a la mitad que los herederos varones. Si no es posible encontrar dos testigos varones, pueden prestar testimonio un varón y dos mujeres (2, 282). El esposo –que tiene obligación de mantener a su cónyuge– dispone de autoridad sobre sus esposas pudiendo amonestarlas, negarles el débito conyugal e incluso golpearlas (4, 34). La sumisión de la esposa zanjaría esta situación, pero caso de no ser así, y puesto que esto podría llevar a un conflicto irreversible, habría que recurrir a mediadores de las dos familias (4, 38 ss.). No mucho mejor para la mujer es la normativa relativa al divorcio*, ni la permisividad de la poligamia en el matrimonio*. La mujer —salvo que sea una anciana (24, 59)— está obligada a cubrir su rostro y no debe exhibir adornos ni dejarse ver salvo por su esposo, parientes cercanos, esclavos, criados viejos y niños (24, 31). Si una mujer actúa de manera indecente y hay cuatro testigos que lo confirmen, deberá ser recluida en su casa hasta que muera o hasta que Dios muestre otra cosa (4, 19). A todo lo anterior hay que añadir el hecho de que, durante su menstruación, la mujer es impura, no tomando parte en las oraciones ni pudiendo participar en el ayuno, días estos últimos que recuperará una vez terminado su periodo. Se discute acerca de si la mujer puede o no participar en las oraciones de las mezquitas. Algunos ulemas son contrarios a ello, mientras que otros permiten que lo hagan pero en un sector de la mezquita diferente al ocupado por los varones. Este tipo de normativa, debido a la influencia occidental, ha sido dulcificado en algunos países árabes en tiempos contemporáneos.

Bibl.: A. Cole, *Epistle...*; D. Guthrie, *Epistles...*; N. Asaf, *«Woman in Islam»*, en *IL*, 1967, pp. 5-24.

MUSAF. En el judaísmo, oración o culto adicional que conmemora los sacrificios adicionales ofrecidos en el templo en sábado*, fiestas* y Rosh* Jodesh. Tras la destrucción del templo*, se añadió a la liturgia* judía un servicio adicional que sustituye las antiguas prácticas en forma de *amidah** especial y de diversas oraciones de conclusión.

NATALIDAD, REGULACIÓN DE. El Antiguo Testamento carece de referencias a los métodos anticonceptivos y tal laguna (históricamente, fácil de explicar) ha provocado considerable controversia, sobre todo, entre los rabinos* ortodoxos. El judaísmo considera un deber religioso tener hijos (Mishnah, Yevamot 6. 6), pero esto no implicaría necesariamente un argumento contrario al control de la natalidad si el matrimonio cuenta ya con descendencia. El Talmud* babilónico (Yevamot 12b) contiene una discusión acerca de tres mujeres que utilizaron un *moj* (absorbente) durante el coito. Se trataba de una menor, una embarazada y una nodriza, y en los tres casos se consideraba peligroso el embarazo. Rabí Meir abogaba por permitir el uso del *moj* para evitar el embarazo, pero los sabios optaron por contaminar que las mujeres tuvieran relaciones sexuales sin él y confiaran en que el cielo tendría misericordia de ellas. Se discute si el punto de vista de los sabios implica una permisividad que no es obligatoria (pueden usarlo, pero no necesariamente han de hacerlo) o si debe interpretarse como una negativa. De acuerdo a una interpretación estricta, los rabinos de inicios del siglo XIX prohibieron el uso de anticonceptivos, pero hoy en día la mayoría lo interpretan como permitiéndolo cuando el embarazo pueda dañar la salud. Los rabinos ortodoxos no consideran permisibles las razones económicas o sociales para consentir en el uso de anticonceptivos. Por el contrario, los reformados y conservadores admiten las mismas.

En cuanto al Nuevo Testamento, ciertamente no existe ningún tratamiento del tema y, en principio, del mismo no se puede deducir ningún argumento a favor ni en contra. Históricamente, los posteriores desarrollos de las iglesias cristianas han demostrado ser contradictorios entre sí. Tomás de Aquino defendió la posibilidad de esterilización forzosa de una persona por decreto estatal; el Consejo ecuménico de iglesias se manifestó favorable (1959) al control de la natalidad, y la Iglesia católica («Humanae vitae») ha reiterado la prohibición que pesa sobre sus fieles de utilizar medios anticonceptivos físicos y químicos.

En relación con el Corán, no existen tampoco referencias concretas a esta problemática, dándose diversas posibilidades interpretativas actualmente.

Bibl.: D. M. Feldman. *Birth control in Jewish law*, 1968; L. Jacobs, *What...*

NAVIDAD. Fecha en la que se celebra el nacimiento de Jesús y que corresponde con el 25 de diciembre. La primera mención a la misma aparece en el calendario filocaliano, lo que indica que ya era festejada en Roma hacia el 336. En las iglesias orientales, la fecha no fue adoptada hasta el siglo v. Es muy posible que la elección del día concreto pretendiera acabar con la celebración pagana del sol invicto sustituyéndola.

Bibl.: ERE, III, pp. 601-10; J. M. Bernal, *Introducción al año litúrgico*, Madrid, 1984.

NAZARENO. 1. Sobrenombre de Jesús quizá derivado de su procedencia de Nazaret (Marcos 1, 24; Mateo 2, 23), aunque también puede subyacer un juego de palabras que lo relacionen con el *nazir* o descendiente de David que sería Mesías* (Isaías 11, 1).
2. Sobrenombre de los judeo-cristianos* (Hechos 24, 5).
3. Denominación de los cristianos* en el Corán*.
4. Una de las denominaciones de los cristianos en el Talmud* y otras fuentes judías.

NAZIREO. En el judaísmo, persona que realiza voto de abstenerse de uvas, vino, alcohol y de cortarse el cabello por un periodo de tiempo determinado (Números 6, 1-21). Concluido el periodo de tiempo concreto, se realizaban ofrendas de sacrificio. Los judeo-cristianos practicaron este tipo de rito (Hechos 21, 23 ss.). Tras el segundo jurbán*, la práctica cayó en desuso y la mayoría de los sabios del Talmud no se manifestaron favorables a la misma. El tratado Nazir de la Mishnah y del Talmud se ocupa de este tema.

Bibl.: ERE, IX; Y. Newman, *Judaísmo...*; C. Vidal Manzanares, *De Pentecostés...*

NECROMANCIA. Ver: Adivinación.

NIDAH. En el judaísmo, mujer en estado de menstruación. No pueden mantenerse relaciones sexuales con la misma (Levítico 20, 18; 15, 19-32). Según la Halajá, la prohibición se extiende hasta siete días después de concluida la menstruación, debiendo evitarse cualquier forma de contacto físico. Concluido el tiempo, la mujer debe bañarse en una *mikveh**, tras lo cual puede mantener relaciones sexuales con su esposo. El tener relaciones sexuales con una mujer no purificada en *mikveh* constituye una ofensa religiosa grave. El tema es estudiado en el tratado Nidah de la Mishnah y del Talmud.

NISÁN. Primer mes del calendario judío.

NOMBRES DE DIOS. En el judaísmo, Dios recibe una pluralidad de nombres con los que se pretende expresar el conjunto de Sus cualidades. Entre ellos destacan los siguientes: 1. *El*. Se discute si tal nombre debe ser traducido por Dios o por Poderoso (Exodo 34, 6). En cualquier caso, son comunes sus formas compuestas como *El Shadday* (Dios Todopoderoso) (Ex 6, 3), *El Olam* (Dios Eterno) (Génesis 21, 33), *El Elohei Israel* (El Dios, Dios de Israel) (Génesis 33, 20), *El Elyon* (Dios Altísimo) (Deuteronomio 32, 8) y *El-Guibor* (Dios Fuerte) (Isaías 10, 20-1). Este último título se aplica también al Mesías (Isaías 9, 5 ss.) y constituye uno de los argumentos utilizados por los cristianos para afirmar que la creencia en la divinidad del Mesías tiene sus raíces en el Antiguo Testamento. 2. *Elohim* (lit. «Dioses»). El término aparece más de 2.000 veces en la Biblia y ha sido utilizado por la apologética cristiana para señalar la pluralidad de personas en la divinidad. 3. *Eloha* (Dios). Aparece escasamente (Deuteronomio 32, 15; Salmos 10, 22). 4. *Adonai* (lit. «Señores»). Al igual que en el caso de Elohim, tal nombre ha sido utilizado por los apologistas cristianos para apoyar la creencia en la Trinidad. 5. *YHVH*. Posiblemente Yahveh, pero, con toda seguridad, no Jehová, que es una pronunciación errónea. Aparece en ocasiones con el complemento *Tzebaot* («de las huestes» o «de los ejércitos», seguramente una referencia a los ángeles o a la creación) o en la forma abreviada Yah. Este nombre –que algunos derivan del *«Yo soy el que soy»* o *«Yo soy»* de Exodo 3, 14– era pronunciado en la época del Segundo Templo por el sumo sacerdote y sólo en el día de Yom Kippur (Mish. Yoma 6. 2) así como en la *bircat cohanim*. Hacia el siglo III a. de C. el nombre había dejado de utilizarse y en la Septuaginta fue sustituido por Kyrios («Señor», en griego) o Adonai. Hoy en día, fuera de la sinagoga y aparte de la oración, los judíos evitan incluso utilizar Adonai y la sustituyen por Ha-Shem («el nombre») y, litúrgicamente, por Aloshem. Esta última fórmula es incorrecta y no tiene razón de ser. Aparte de estos nombres, el Antiguo Testamento utiliza otros menos comunes para referirse a Dios, como *Pajad Itzjak* (Temor de Isaac) (Génesis 31, 42 y 53), *Avir Yaacov* (poderoso de Jacob) (Génesis 24), *Kedosh* (santo) (Isaías 1, 4; 5, 19). En las fuentes rabínicas son comunes nombres como *Memra* (Verbo o Palabra, propio de los targumim como sustitución de YHVH), *Melej haolam* (rey del universo), *hamakom* (el lugar, en el sentido de omnipresente), *harajaman* (el misericordioso), *Ein Sof* (infinito, típica de la cábala), etc.

El Nuevo Testamento recoge en su seno la creencia en el monoteísmo pero, a la vez, enseña que ese monoteísmo se desarrolla en tres personas: Padre, Hijo y Espíritu Santo, en cuyo nombre común se administra el bautismo (Mateo 28, 19-20). Por el Talmud sabemos que tal concepción no provenía de los cristianos, de origen gentil, sino de los judeo-cristianos que además extraían sus argumentos del texto hebreo del Antiguo Testamento que, por ejemplo, llamaba a Dios con nombres plurales como *Elohim* o *Adonai*. Esto explica el hecho de que Jesús sea nombrado precisamente con los nombres de Dios que aparecen en el Antiguo Testamento. Así, se le llama Dios (Juan 1, 1; 20, 28; Romanos 9, 5; Filipenses 2, 5 ss.; Tito 2, 13; 1 Juan 5, 20, etc.); Señor (Romanos 10, 9 ss.; Filipenses 2, 9 ss.; etc.); Yo soy (Juan 8, 24); Primero y último o Alfa y Omega (Apocalipsis 22, 12-16), Señor de Señores (Apocalipsis 19, 13-6), Verbo o Palabra (Juan 1, 1; Apocalipsis 19, 13-6), etc. De la misma manera, el Espíritu Santo es llamado Señor (2 Corintios 3, 17) y Dios (Hechos 5, 3-4).

El islam denomina por antonomasia a Dios con el nombre de Allah, pero, aparte de este nombre, utiliza otros 99 que se corresponden con algunas de sus cualidades (el justo, el misericordioso, el clemente, etc.).

NUEVO TESTAMENTO. Escrito de conjuntos cristianos pertenecientes a la era apostólica y redactados durante el siglo I, que son considerados inspirados por Dios por los cristianos y dotados de un lugar en el canon* de la Biblia, al igual que el Antiguo* Testamento. Su nombre deriva del hecho de considerar que el nuevo pacto* (testamento) sellado por el sacrificio* de expiación* de Jesús* es el profetizado por Jeremías 31, 27 ss. Está compuesto por cuatro evangelios* (Mateo, Marcos, Lucas y Juan), el libro de los Hechos de los Apóstoles*, las cartas de Pablo* (Romanos, 1 y 2 Corintios, Gálatas, Efesios, Filipenses, Colosenses, 1 y 2 Tesalonicenses, 1 y 2 Timoteo, Tito, Filemón), Hebreos*, las epístolas* católicas (Santiago, 1 y 2 Pedro, 1, 2 y 3 Juan, Judas) y Apocalipsis*.

Bibl.: F. F. Bruce, *The canon*...; C. Vidal Manzanares, *De Pentecostés*...; Robinson, *Redating*...

O

OBISPO. Ver: Ancianos, Papa.

OBJECIÓN DE CONCIENCIA. Ver: Guerra.

OCULTISMO. Ver: Adivinación, Brujería, Gnosticismo, Magia, Sufismo.

OMAR. Segundo califa* (634-644). Aunque inicialmente era contrario a Mahoma*, aceptó su predicación años antes de la Egira*. Entregó a su hija Hafsa a Mahoma para que la tomara como esposa y a la muerte del profeta, según una tradición, afirmó que resucitaría en pocos días, tesis de la que le disuadió Abú* Bakr. Sustituyó el título de califa (sucesor) por el de *Amir al-mu'minim* («comendador de los creyentes»). Estableció el calendario islámico cuyos años comienzan a contarse desde la Egira *, introdujo oraciones* nuevas durante el Ramadán*, expulsó de Arabia a los no musulmanes, creó el oficio de *qadi* e introdujo penas severísimas contra los delincuentes. No llegó empero a fijar una edición canónica del Corán* –algo que él había recomendado a Abú Bakr– existiendo durante su califato no menos de siete ediciones distintas del mismo. El islam se extendió considerablemente bajo su califato, circustancia que no aprovechó Omar para enriquecerse de manera personal. Asesinado por un esclavo cristiano, fue sepultado junto a Mahoma y Abú Bakr.

Bibl.: *EI*, III, pp. 982 ss.; Hughes, pp. 650 ss.; C. Cahen, *Islam*...; J. Glubb, *Arab*...; J. Vernet, *Orígenes*...

OMEYAS. El primer califato de corte dinástico (661-750). Fue instaurado por Mu'auiya, gobernador de Siria, tras la muerte de Alí * y la abdicación de al-Hasán. Aunque el segundo califa omeya, Yazid, no pudo evitar que 'Abdallah ibn al-Zubayr se proclamara califa en el Hijaz, este califato paralelo tuvo escasa duración y bajo los omeyas el dominio islámico se extendió desde el Atlántico hasta China. La subversión desencadenada por los abasíes o abasidas* y los alidíes tuvo como consecuencia la caída –y exterminio– de la dinastía. No obstante, un Abderramán llegaría a España proclamándose emir.

Su sucesor Abderramán III constituyó un califato con sede en Córdoba (929) que llegaría hasta el 1031, aunque su decadencia se había iniciado con anterioridad bajo Alhaquem II.

Bibl.: *EI*, IV, pp. 998-1012; C. Cahen, *Islam*...; J. Glubb, *Arab*...; J. Vernet, *Orígenes*...

ORACIÓN. Comunicación verbal o simplemente mental con Dios. Según el Antiguo Testamento, la oración del inicuo —salvo que proceda del arrepentimiento*— es abominación para Dios (Proverbios 15, 29; 28, 9). La oración presenta diversas manifestaciones (adoración, acción de gracias, confesión, petición, etc.) (Nehemías 1, 4-11; Daniel 9, 3-19), pero el denominador común a las mismas es que de ella se espera obtener la bendición divina (1 Reyes 9, 3; Ezequiel 36, 37). Durante el periodo del segundo templo —y aunque la oración espontánea nunca ha dejado de tener su lugar en el judaísmo— se fue produciendo un proceso de fijación de los textos de oración. El punto final de esa evolución es la aparición del *Sidur**, donde se recoge el texto de la *amidah**, *musaf** y demás oraciones de fiestas* y sábado*.

En el Nuevo Testamento, la oración es considerada como algo espontáneo —el mismo «padrenuestro» de Mateo 6 no parece haber sido concebido como una fórmula— que debe practicarse preferentemente en lo íntimo y eludiendo el exhibicionismo (Mateo 6, 5-15). Permite —más bien exige— la intercesión* de Jesús* (Juan 14, 13; 1 Timoteo 2, 5) y debe ser realizada según la voluntad de Dios (1 Juan 5, 14). En el curso de la misma se invocaba a Jesús (1 Corintios 1, 2) y se insiste en el tremendo poder ligado a ésta que debe ser canalizado, entre otras cosas, a la curación* de enfermos (Santiago 5, 13 ss.).

El árabe contiene dos términos —*salat* y *du'a*— para expresar la idea de oración, refiriéndose el primero al culto y el segundo a la noción de súplica. La oración debe realizarse cinco veces al día (poco después de la puesta del sol, de noche, poco antes de la salida del sol, poco después de mediodía y por la tarde). En todos los casos, el rostro ha de estar dirigido a La Meca. Esta oración diaria no puede ser omitida nunca. La lengua utilizada para la oración obligatoria es el árabe, aunque no es preceptivo si no es el idioma común y, ocasionalmente, ha sido sustituido por otros como el turco. La forma de orar es la siguiente: tras la ablución* ritual, el creyente indica su intención (*niya*) así como el tiempo que destinará a la misma. La oración se divide en *rak'as* —de una raíz que significa postrarse—, que se realizan tres veces en la oración de la puesta del sol, cuatro en la de la noche, dos en la del amanecer y cuatro en las del mediodía y la tarde. En el curso de la oración se alaba a Dios, se recitan algunas *aleyas* del Corán, la oración pidiendo bendiciones sobre Mahoma y la sura primera del Corán (*fatija*). La oración exige un cambio continuo de posturas. De pie y con las manos a los costados para expresar la intención, con los pulgares sobre los lóbulos de las orejas y los dedos separados al pronunciar la fórmula inicial «*Allah akbar* («Dios es el más grande»), de pie y con la mano derecha sobre la izquierda delante del vientre al pronunciar la alabanza a Dios y los pasajes coránicos, con el cuerpo inclinado y las manos sobre las rodillas para expresar la grandeza de Dios; de pie y con las manos a los costados al proclamar que Allah escucha al que le suplica, postrado sobre la frente tocando el suelo al ensalzar la santidad de Dios, sentado sobre los talones para decir que «Dios es el más grande», postrado de nuevo proclamando la grandeza de Allah. La primera *ra'ka* concluye poniéndose los fieles en pie y colocando los pulgares sobre los lóbulos de las orejas. Cada dos *ra'kas*, los fieles se sientan sobre los tobillos y dicen *Allah akbar* («Dios es el más grande»). Se indica entonces que todas las palabras y obras se hacen por amor de Dios y luego se invocan las bendiciones sobre Mahoma. Se alza entonces el dedo índice de la mano diestra afirmando que Dios es único y que Mahoma es su siervo y mensajero. A continuación viene una oración a fin de que Allah bendiga a Mahoma y a su familia como hizo con Abraham y los suyos, y otra en que se pide bendición en este mundo y en el otro y salvarse del infierno. Después se dice «la paz sobre ti» saludando a izquierda y derecha. Tal fórmula va dirigida a los otros creyentes pero también a los ángeles y difuntos, puesto que se pronuncia incluso cuando uno está a solas. Así concluye la oración, pero si alguien desea realizar alguna petición concreta puede hacerlo entonces, manteniendo las manos extendidas y las palmas hacia arriba.

Bibl.: R. H. H. Donin, *Rezar como judío...; EI*, IV, pp. 96-105; Hughes, pp. 464-71; Wensinck, *Creed*.

ORDENACIÓN. En el judaísmo es el acto mediante el cual se otorga autoridad rabínica a una persona. El ritual habitual era la imposición de manos (*semijáh*) que se hacía retrotraer hasta Moisés (Números 27, 18-23) y que, supuestamente, habría sido utilizada hasta la época del Segundo Templo (Números 11, 16-7, 24-5). Poseer la *semijáh* era requisito indispensable para formar parte del Sanhedrín y de un *bet dín* o tribunal (San. 5b).

El florecimiento de la comunidad babilónica durante el siglo IV d. de C. llevó a una ruptura de la línea de sucesión, con lo que se suspendió la *semijáh*. A partir de entonces se dieron certificados de nombramiento como *dayán* (juez), *rav* (maestro) o *jajam* (sabio). Actualmente, muchos seminarios rabínicos amplían su campo de estudios no sólo al Talmud y códigos sino también a otro tipo de materias, otorgando una titulación de nivel universitario.

El Nuevo Testamento desconoce la existencia de un clero*, pero en su seno existieron personas que desempeñaron la función de apóstol*, anciano* y diácono*. Aunque parece ser que lo que prevalecía era la posesión de algun carisma* para el desempeño de tal tarea, lo cierto es que fue habitual la imposición de manos (tomada, sin duda, de la *semijáh* judía) como forma de respaldo y reconocimiento de su labor (Hechos 6, 6; I Timoteo 4, 14).

P

PABLO DE TARSO. Autor de buen número de los escritos del Nuevo* Testamento y uno de los personajes más importantes en la historia del cristianismo primitivo. Nacido con el nombre de Saulo o Saúl (10 d. de C.?) en Tarso, dotado de la ciudadanía romana y perteneciente a la tribu de Benjamín, estudió en Jerusalén con el rabino Gamaliel y perteneció al grupo estricto de los fariseos (Filipenses 3). Cerca del año 33 participó en el linchamiento del cristiano Esteban (Hechos 7), partiendo poco después hacia Damasco comisionado por el Sanhedrín para proceder a la detención de los cristianos de esta ciudad (Hechos 9, 1 ss.). Camino de esta ciudad experimentó una visión de Jesús* resucitado que le ganó para la nueva fe (1 Corintios 15, 7 ss.) que comenzó inmediatamente a predicar. Sólo la ayuda de algunos de sus correligionarios le salvó ahora de la muerte (Hechos 9). Hacia el año 35 bajaría a Jerusalén y pudo comprobar que su comprensión del cristianismo era similar a la de los dirigentes judeo-cristianos de esta ciudad (Gálatas 1, 18 ss). Del 35 al 46, Pablo estuvo en Siria y Cilicia (Gálatas 1). Establecido en la comunidad cristiana de Antioquía, hacia el año 46 volvió a descender a Jerusalén (Hechos 11, 29-30; Gálatas 2, 1 ss.), donde tanto él como Bernabé recibieron el beneplácito de los judeo-cristianos para ocuparse de la evangelización entre los no judíos. Esto daría origen al primer viaje misionero de Pablo (47-8) por Chipre (Bernabé era chipriota) y Galacia. No tardarían mucho en producirse problemas al visitar diversos judaizantes* a las comunidades de Galacia e insistir entre los conversos en la idea de que la salvación exigía circuncidarse y obedecer la ley de Moisés. Pablo se enfrentó a esta situación escribiendo (c. 48 d. de C.) la epístola a los gálatas*, en la que deja de manifiesto que: 1. La salvación es por fe sin las obras de la ley y que los cristianos no judíos no están sometidos a esta última; 2. Que este punto de vista es compartido por los judeo-cristianos de Palestina, y que 3. El mismo Pedro aceptaba ese punto de vista, aunque en algún caso no hubiera sido consecuente con el mismo por razones de estrategia misionera, lo que había provocado una discusión en Antioquía con Pablo (Gálatas 2, 11 ss.). Hacia el año 49 volvió a plantearse el problema de la ley en relación con los cristianos procedentes de la gentilidad, y la Iglesia antioquena decidió enviar a Pablo y a Bernabé a Jerusalén a tratar el asunto con los apóstoles*. Fruto de esta situación fue el concilio* de Jerusalén (49), en el cual volvió a insistirse en que la salvación era por gracia y no por las obras de la ley (Hechos 15, 8-11) y que, por tanto, los gentiles no estaban obligados a guardar la ley de Moisés, aunque sería conveniente que las iglesias de Antioquía, Siria y Cilicia adoptaran ciertas medidas destinadas a evitar el escándalo de los posibles conversos del judaísmo (Hechos 15, 22-31). En aquel mismo año, Pablo iniciaría su segundo viaje misionero, esta vez acompañado de Silas, por Asia Menor hacia Macedonia y Acaya (Hechos 16-17). Hacia el año 50 escribió las dos cartas a los tesalonicenses, y desde ese año hasta el 52 estuvo en Corinto (Hechos 18). En esa fecha descendió a Jerusalén (Hechos 18, 19-21) quizá con la finalidad de informar sobre su obra misionera a los dirigentes cristianos de esta ciudad, e inmediatamente dio inicio a su tercer viaje misionero. Del 52 al 55 se dedicó a la evangelización de Efeso (Hechos 19) y en los dos años siguientes recorrió misionalmente Macedonia, Ilírico y Acaya (Hechos 20). Las cartas a los corintios (cuatro en total, dos de ellas conservadas) se escribieron en 55-56 y la dirigida a los romanos a inicios del 57. En mayo del 57 tuvo lugar la cuarta y última visita de Pablo a la comunidad judeo-cristiana de Jerusalén. Llevaba consigo donativos de las comunidades fundadas por él y, posiblemente, concebía el viaje como el primer acto de su último viaje misionero que le llevaría hasta España en los confines del orbe (Romanos 15, 24). En el itinerario había recibido mensajes proféticos en diversas comunidades que intentaron disuadirle sin éxito de tal viaje (Hechos 21, 11 ss.). La comunidad judeo-cristiana de Jerusalén lo recibió calurosamente y le rogó que para acallar los ataques que se le hacían de llevar a los judíos a apostatar de la ley, que procediera a pagar los votos de unos jóvenes nazireos* (Hechos 21, 1-16). Pablo aceptó la posibilidad, pero en su visita al templo fue atacado por la multitud que lo acusaba de introducir no judíos en el recinto sagrado (Hechos 21, 17 ss.). La intervención de los romanos y su traslado a Cesarea salvaron su vida (Hechos 22-3), si bien tuvo que permanecer encarcelado en esta ciudad hasta el año 59, como consecuencia de las corruptelas de la administración romana de justicia (Hechos 24). Vista su causa por el procurador Festo, en presencia del rey Agripa, Pablo podría haber sido liberado, pero su apelación al césar decidió su traslado a Roma, hacia donde partió en septiembre del 59 (Hechos 25-6). Tras un accidentadísimo viaje (Hechos 27, 1-28,10) —que incluyó un naufragio— Pablo llegó a Roma en febrero del 60 (Hechos 28, 11 ss.). Hasta el año 62 estuvo sometido a arresto domiciliario y, durante ese periodo, escribió las cartas de la cautividad (Efesios, Filipenses, Colosenses y Filemón). A partir de ahí, los datos sobre el final de su vida son especulativos en buena medida. Según algunos estudiosos, habría sido ejecutado por esa fecha después de escribir las epístolas* pastorales (1 y 2 Timoteo, Tito) en el supuesto de que las mismas fueran auténticas. Otra posibilidad es que fuera liberado hacia el 62 por prescripción de la causa y hubiera visitado España en torno al 65. Detenido por esa fecha (en el 64 fue el incendio de Roma), habría sido trasladado a Roma, donde sufrió el martirio. La datación de las pastorales se fijaría entonces en torno al 65.

La figura de Pablo ha sido frecuentemente contrapuesta, a partir de los estudios de la escuela de Tubinga en el siglo XIX, a la de Pedro y demás dirigentes judeo-cristianos*, insistiéndose en que éstos defendían la figura de un Jesús* simplemente Mesías* y una estricta obediencia a la ley de Moisés, mientras que Pablo paganizó el cristianismo adoptando la tesis de la divinidad de Cristo y de su muerte expiatoria como eco de las religiones mistéricas, y negando el valor de la ley. Merced a esta postura, Pablo sería el verdadero fundador del cristianismo posterior. Este punto de vista —muy condicionado por el hegelianismo al ver a Pedro como tesis, a Pablo como antítesis y al catolicismo como síntesis— es, históricamente hablando, totalmente insostenible y su repetición sólo puede explicarse por un desprecio absoluto hacia el estudio histórico de las fuentes acompañado de la asunción de apriorismos procedentes de la filosofía y no de la ciencia histórica. Para empezar, no contamos con ningun dato que abone la tesis de un enfrentamiento paulino con los judeocristianos. Salvo una disputa ocasional con Pedro en Antioquía, el panorama generalizado de las fuentes habla de que coincidían en la vigencia de la ley para los judíos, en predicar primero a los judíos (Romanos 1, 16), en la no aplicabilidad de la misma para los cristianos gentiles, en la necesidad de evitar escándalo a los judíos (Pablo llegó a circuncidar a Timoteo para evitarlo, Hechos 16, 1 ss.)

y en la idea de la salvación por gracia mediante la fe y no por obras. De hecho, la literatura judeo-cristiana (1 Pedro 1, 4-5 y 9; 1, 18-19; 2, 24; 3, 18; 4, 1; Hebreos capítulos 9-11) insiste unánimemente en la idea del sacrificio* de expiación* de Jesús* en la cruz*, que permite la salvación* de aquellos que lo aceptan por fe. No es menos cierto que los escritos judeocristianos presentan la persona de Cristo con un contenido de divinidad, ya sea aplicándole títulos propios de Yahveh o prodigándole el mismo tratamiento de adoración que al Padre (Apocalipsis 4, 11 con 5, 13), ya sea calificándolo como tal y presentándolo como objeto de adoración de los ángeles (Hebreos 1, 6-8), ya sea identificándolo con el Yahveh del Antiguo Testamento (1 Pedro 2, 8 con Isaías 8, 14-5). No olvidemos que el mismo himno de Filipenses 2, 5 ss. donde se afirma la preexistencia y divinidad de Cristo es de origen judeocristiano y no paulino. En cuanto a la escatología paulina (representada, por ejemplo, en las dos cartas a los Tesalonicenses) está descrita en términos que tienen clarísimos paralelos con la apocalíptica* judía (incluso no cristiana) del período. Pablo fue, en muchos aspectos, un pensador original y brillante, pero hoy poca duda puede haber de que su originalidad está más referida a la forma que al fondo, a la expresión que al contenido, porque tanto el contenido como el fondo eran judeo-cristianos, no debían nada a las religiones mistéricas (entre otras cosas porque éstas no tienen peso en el imperio antes del siglo II d. de C. y porque la idea del descenso de un redentor a este mundo no está documentada en estas formas de espiritualidad antes de ese mismo siglo II d. de C.), parten generalmente de categorías de pensamiento judías que tienen paralelos rabínicos y además se podían retrotraer a conceptos ya presentes en la enseñanza de Jesús.

Bibl.: F. F. Bruce, *Paul...*; ídem, *Acts...*; ídem, *Paul and Jesus,* Grand Rapids, 1982; W. D. Davies, *Paul...*; César Vidal Manzanares, *De Pentecostés...*; J. A. Fitzmyer, *Teología de san Pablo,* Madrid, 1975; E. P. Sanders, *Paul...*; ídem, *Paul, the Law...*; M. Hengel, *The Pre-Christian Paul,* Filadelfia, 1991.

PACTO. Acuerdo entre dos o más personas. En la Biblia hay referencias a diversos pactos (Génesis 21, 27; 1 Samuel 18, 3; 23, 18; 1 Reyes 20, 34). En el caso de los pactos de Dios con el hombre, siempre se da una concesión basada en el amor de Dios que tiene una contrapartida —nunca considerable como pago— por parte del hombre. Así, en el Antiguo Testamento tenemos noticia del pacto con Adán (Génesis 2, 16-7), con Noé (Génesis 6, 18; 9, 12 y

15-6), con Abraham (Génesis 13, 17; 15, 18; etc.) y con Israel (Éxodo 31, 16), etc., así como el anuncio de un nuevo pacto (Jeremías 32, 40 ss.). El Nuevo Testamento señala que este nuevo pacto es el basado en la sangre derramada por Jesús* como expiación* por los pecados (Mateo 26, 28 y par.). Este nuevo pacto se basa en la gracia de Dios, que aprehendemos mediante la fe, y no por las obras de la ley (Gálatas 3 y 4).

PADRE. Ver: Dios, Familia, Jesús, Trinidad.

PAPA. Término derivado del griego *papas* (latín: *papa*) que significa «padre». El término no aparece en la Biblia y hasta 1073 era de aplicación a todos los obispos, ordenando en esa fecha Gregorio VII que se reservara exclusivamente al de Roma. La figura del papa está ligada a las tesis de un primado de Pedro, sucesivo y ligado al obispo de Roma. Las fuentes históricas parecen conceder un cierto papel de relevancia a Pedro (Mateo 16, 13-20; Lucas 22, 31-34; Juan 21, 15-19), pero el mismo no parece responder en absoluto a las pretensiones papales. El poder de atar* y desatar les fue concedido a todos los apóstoles* e incluso a la comunidad como tal; las iglesias* del primer siglo parecen haber funcionado con una ausencia total de poder central; el gobierno de la iglesia madre de Jerusalén era ejercido ya en exclusiva por Santiago* en los años 50 del siglo I y la idea de una supremacía romana sobre la iglesia pertenece en sus orígenes al medievo.

Bibl.: J. M. R. Tillard, *El obispo de Roma*, Santander, 1986; H. Küng, *¿Infalible?*, Buenos Aires, 1972; K. Rahner, *La infalibilidad de la Iglesia*, Madrid, 1977; U. von Balthasar, *El complejo antirromano*, Madrid, 1981; C. P. Thiede, *Simon Peter...*

PARAÍSO. En el judaísmo, el lugar de bendición en el mundo por venir.

En el Nuevo Testamento equivale al Cielo* (2 Corintios 12, 1-4; Apocalipsis 2, 7 y 22, 2; Lucas 23, 43).

En el Corán el término comúnmente usado es el de *al-janna* (el jardín), cuyo plural es *jannat*. *Al-Firdaus* (Paraíso) sólo aparece en dos ocasiones (18, 107; 23, 11). La expresión *Illiyun* (83, 18 ss.) es dudosa, puesto que podría referirse al documento donde constan los nombres de los que irán al Paraíso o al área más elevada de éste. Los fieles, vestidos espléndidamente (18, 30; 22, 23; 35, 30; 76, 12 y 21), disfrutarán de un paraíso que es descrito en términos materiales: jardines surcados por ríos de leche, agua, miel y vino (47, 16 ss.), en que se bebe un licor que no produce embriaguez servido por doncellas de ojos grandes (37, 41 ss.), esposas purificadas (2, 23; 3, 13) o huríes (44, 54; 52, 20; 55, 72; 56, 22). Los *jadith* o tradiciones han multiplicado los elementos descriptivos de este lugar de bienaventuranza.

Bibl.: J. Grau, *Escatología...*; *EI,* II, pp. 447-52; Wensinck, *Creed...*

PARTO VIRGINAL. La idea de un parto (en realidad, más bien una concepción) virginal suele retrotraerse al pasaje de Isaías 7, 14. El término usado en hebreo *(almah)* equivale a doncella, si bien la palabra tiene, como en castellano hasta hace poco, la connotación de virginidad. Así fue entendido por los traductores judíos de la Septuaginta*, que vertieron *parzenos* (virgen), y por el evangelista Mateo, que interpretó la profecía como una referencia a la concepción virginal de Jesús*, el Mesías* (Mateo 1, 22 ss.). La idea, lejos de ser extraña al judaísmo, cuenta con paralelos en el del Segundo Templo (Enoc 106; Génesis apócrifo de Qumran, columna 2; Filón, De los querubines 40-47; el Melquisedec del Enoc eslavo, etc.).

El islam, por influencia del relato evangélico, acepta el hecho de que la concepción de Jesús* por parte de María* fue virginal.

Bibl.: A. Toynbee, *Crisol...*; J. Klausner, *Jesús...*; A. Kac, *The messianic...*; C. Vidal Manzanares, *De Pentecostés...*

PARUSÍA. Término griego que significa «presencia» o «venida». En el Nuevo Testamento se utiliza para referirse a la segunda venida de Cristo. La idea aparece ya en los apocalipsis sinópticos (Mateo 24-5; Marcos 13 y Lucas 21), así como en las parábolas donde se prevé un periodo intermedio de tiempo entre el inicio de la predicación de Jesús y la consumación del reino (Mateo 13, 24-43). Tal doctrina ha sido explicada en ocasiones como un intento cristiano de paliar el fracaso de la cruz; lo cierto, sin embargo, es que su origen se halla en el judaísmo, donde existen paralelos de un Mesías* que aparece, desaparece y es retenido en el cielo hasta que es reconocido como tal por Israel (Midrash Rabbah Lamentaciones, 41; Midrash Rut, 5, 6, etc.). Por otro lado, la creencia en la parusía era ya de enorme importancia en los primeros años del cristianismo, como se desprende de escritos tanto de Pablo* (1 y 2 Corintios, 1 y 2 Tesalonicenses, etc.) como de judeocristianos* (Santiago, Hebreos, etc.). En el Nuevo Testamento, la parusía ha de ser precedida por la predicación universal del Evangelio y una gran tribulación experimentada por los seguidores de Jesús* ocasionada por el gobierno del anticristo*. Tras esta última, Cristo regresará para vencer a los enemigos de Dios y se producirá la resurrección* de los muertos y el juicio* final. En la visión escatológica de Apocalipsis*, entre la victoria de Cristo sobre el anticristo y la resurrección y el juicio final se interpone el milenio*, razón que ha llevado a algunos autores a considerar el mismo en términos simbólicos.

El Corán registra una creencia en relación con Jesús* que parece emanar de la doctrina cristiana de la parusía. De acuerdo con la misma, Jesús ha de volver antes del juicio final*, vencer al anticristo* y extender el islam por todo el mundo. La creencia no es generalizada y, por ejemplo, algunos sectores del shiísmo atribuyen estas funciones al *Mahdi*.

Bibl.: J. Grau, *Escatología...*; C. Rowland, *The open...*; C. Vidal Manzanares, *De Pentecostés...*; G. E. Ladd, *Theology of the New Testament...*

PASCUA. La primera de las tres fiestas* de peregrinaje que los judíos celebran anualmente. Comienza en vísperas del 15 de Nisán y dura siete días en Israel y ocho en la Diáspora. Conmemora el Exodo o salida de Israel de la esclavitud de Egipto y se caracteriza por ritos especiales como el de la prohibición de consumir levadura durante toda la fiesta. Asimismo se celebra la comida pascual conocida como *seder pesaj*. La Mishnah* y el Talmud* se ocupan de la regulación de esta fiesta en su tratado Pesajim. Sobre la base de su celebración se fundamenta la Eucaristía* cristiana.

Bibl.: Y. Kaufmann, *Judaísmo...*; L. Deiss, *La Cena...*; C. Shepherd, *Jewish...*; J. Barylko, *Celebraciones...*

PECADO. En el judaísmo es cualquier ofensa contra Dios, acción contraria a Su voluntad o quebrantamiento de alguno de Sus mandamientos. El transgredir un precepto rabínico que deriva de la Torah tiene también consecuencias negativas sobre la persona separándola del amor de Dios. El pecado no pasa indiscriminadamente de los padres a los hijos pero sí va creando un efecto acumulativo que va de generación en generación de forma fatal a menos que se detenga el proceso. El judaísmo actual no conoce la idea de un pecado original, aunque sí estaba presente la misma en el judaísmo del Segundo Templo y de ahí la tomó el cristianismo. Los tres pecados más graves son la idolatría, el asesinato y el adulterio en el que se incluyen otros pecados sexuales. Ninguno de ellos tiene perdón. Incluso los pecados involuntarios exigen expiación y cuando aún existía el sistema de sacrificios en torno al templo, estaba determinada una ofrenda concreta por ese tipo de falta. Ningún pecado puede ocultarse de forma indefinida (Avot 2, 1) y toda persona tendrá que rendir cuentas ante Dios por los suyos (Avot 3. 1, 4.29). Hasta la destrucción del Templo, la religión de Israel otorgaba valor expiatorio por los pecados a los diversos sacrificios que se realizaban en el templo. La desaparición del lugar sagrado en el 70 d. de C. pareció colocar en un grave aprieto teológico al judaísmo, que lo resolvió desplazando el modo de perdón del sacrificio expiatorio unido al arrepentimiento al simple arrepentimiento. El practicado en el día de Yom Kippur permite reconciliar al hombre con Dios y le prepara para restaurar la relación con su prójimo, si bien no es sustituto de la reconciliación con él.

En el Nuevo Testamento, el pecado es cualquier quebrantamiento de la ley de Dios revelada en las Escrituras o en el corazón del hombre (Romanos 2, 1-29). Esto hace que todos los hombres deban ser declarados pecadores (Romanos 3, 9-20), circunstancia que se confirma al comparar sus obras con lo señalado en la ley de Dios, y que estén sujetos al castigo divino. El hombre no puede esperar salvarse por sus obras. Sólo tiene posibilidad de verse libre de la condenación divina aceptando por fe el sacrificio* de expiación* de Jesús*, que murió por los pecados de toda la humanidad (Romanos 3, 21-8).

El islam define el pecado como una desobediencia a los mandatos divinos sin establecer una clara delimitación jurídica de los mismos. Para definir una acción como pecaminosa se atiende más pues a la voluntad divina que a unos principios concretizados. El Corán se refiere al pecado de Adán* (20, 118 ss.; 7, 18 ss.) que provocó, junto con Eva, su expulsión del Paraíso. Aunque el islam cree que el hombre fue creado débil (4, 32), no parece que la idea del pecado original encuentre un paralelo claro en esta fe. Con todo, resulta evidente que el pecado de Adán trajo consigo la desgracia de la Humanidad. El pecado es castigado en este mundo y en el venidero (24, 18 ss. y 23; 5, 37) y cuando el mismo consiste en asociar a Dios con otra cosa resulta imperdonable (4, 51 y 116). No obstante, Dios es misericordioso y perdona a aquellos que se arrepienten y hacen el bien (20, 84; 8, 29; 3, 129). No pueden, sin embargo, contar con ese perdón aquellos que esperan a la muerte para arrepentirse (4, 22). El Corán hace referencia a pecados de especial gravedad (3, 9; 8, 54; 91, 14), pero la clasificación en mayores y menores es posterior a Mahoma.

Bibl.: K. Barth, *Epistle...*; R. Donin, *Ser...*; Y. Newman, *Judaísmo...*; *EI*, II, pp. 925 ss.; Hughes, pp. 594 ss.; Wensinck, *Creed*.

PEDRO. Versión griega del arameo *Cefas* (roca). Discípulo de Jesús al que también se le denomina Simón o Simeón (Hechos 15, 14; 2 Pedro 1, 1). Hijo de Juan (Juan 1, 42) o Jonás (Mateo 16, 17), se dedicaba con su hermano Andrés a la pesca en Galilea (Mateo 4, 18). Al parecer, había nacido en Betsaida (Juan 1, 44), pero residía con su familia en Cafarnaum o Capernaum (Mateo 8, 14; Lucas 4, 38). Existen indicios de que estuvo vinculado con Juan el Bautista (Juan 1, 35-42) antes de seguir a Jesús. Formó parte del grupo de los doce y, más específicamente, de los tres discípulos más cercanos a aquél (Mateo 17, 1; Marcos 5, 37; 9, 2; Lucas 8, 51, etc). Convencido de la mesianidad de Jesús, se resistió, sin embargo, a la visión del Mesías* sufriente que aquél tenía (Mateo 16, 18 ss.) e incluso llegó a negar a su maestro cuando se produjo su detención (Mateo 26, 69 ss. y par.). Según las fuentes, Pedro no creyó inicialmente en el anuncio de la resurrección de Jesús (Lucas 24, 11), pero la visión de la tumba vacía (Lucas 24, 12; Juan 20, 1-10) y una aparición de Jesús en el domingo de resurrección (Lucas 24, 34; 1 Corintios 15, 5), así como otras en las que se hallaba con otros discípulos, cambiaron radicalmente su vida. Apenas unas semanas después de la ejecución de Jesús, Pedro se ha convertido en un personaje dispuesto a enfrentarse con las autoridades judías que, durante la época de Herodes Agripa, estuvieron a punto de ejecutarlo (Hechos 12). Aunque la comunidad judeo-cristiana* de Jerusalén parece haber estado regida por todos los apóstoles en sus primeros tiempos, no cabe duda de que Pedro actuaba como portavoz de la misma (Hechos 2-4). Fue él, junto con Juan, quien legitimó las obras de evangelización situadas fuera de Judea (Samaria, Hechos 8; la costa, Hechos 9, 32 ss.) y el que dio el primer paso de evangelización de los no judíos (Hechos 10-11). Sus relaciones con Pablo* parecen haber sido buenas (Gálatas 1-2) salvo en el caso de un incidente de Antioquía en que Pedro actuó en contra de sus convicciones por no causar escándalo a los judíos. Durante los años 40 y 50, la iglesia de Jerusalén estuvo bajo la dirección de Santiago y no de Pedro (Hechos 12, 17; 15, 13; 21, 18; Gálatas 2, 9 y 12), aunque Pedro apoyó en el concilio* de Jerusalén las tesis de Pablo. Tenemos muy pocos datos sobre este periodo final de su vida (casi un cuarto de siglo). Desarrolló con seguridad un ministerio misionero en el que le acompañaba su esposa (1 Corintios 9, 5). Posiblemente, durante el mismo trabajó en Corinto (1 Corintios 1, 12) y, desde luego, debió concluir en martirio (Juan 21, 19). La posibilidad de que visitara Roma es considerable, aunque no parece probable que fuera él quien fundara la comunidad en esta ciudad. Sí es plausible la tradición que lo considera ejecutado durante la persecución neroniana. De las obras que se le han atribuido es, sin duda, suya la primera epístola que lleva su nombre. En cuanto a la autenticidad de la segunda ha sido cuestionada, pero lo cierto es que el escrito del Nuevo Testamento con el que tiene mayores coincidencias es precisamente la primera carta de Pedro y no deberían obviarse tampoco las lógicas diferencias que dependen no tanto de la diferencia de autores como de género literario (la primera carta es una epístola, la segunda está concebida como un testamento). Algunos análisis sobre la autoría de las dos cartas realizados mediante sistemas informáticos denotan la existencia de un solo autor para ambas, aunque no puede descartarse que la segunda fuera debida a Pedro pero recibiera su forma final de la pluma de un amanuense. En cuanto a los Hechos de Pedro, el Apocalipsis de Pedro y el Evangelio de Pedro son claramente escritos pseudoepigráficos.

Bibl.: C. P. Thiede, *Simon Peter...*; W. H. Griffith Thomas, *El apóstol...*; F. F. Bruce, *Acts...*; ídem, *New Testament...*; César Vidal Manzanares, *De Pentecostés...*; O. Cullmann, *Peter*, Londres, 1966; R. E. Brown y otros, *Pedro...*

PENTATEUCO. Denominación correspondiente a los cinco primeros libros del Antiguo Testamento (Génesis, Exodo, Levítico, Números y Deuteronomio). También conocido como Torah*.

Bibl.: R. K. Harrison, *Introduction...*; U. Cassuto, *Documentary...*; G. Archer, *Survey...*; R. J. Coggins, *Introducing...*

PENTECOSTÉS. En el judaísmo se denomina a esta fiesta Shavuot («semanas») y es la segunda de las tres fiestas de peregrinación*. Se celebra anualmente el 6 de Siván en Israel y el 6 y 7 de Siván en la Diáspora. Su nombre hebreo deriva del mandato bíblico de contar siete semanas desde la segunda noche de pascua* al día siguiente del día de descanso (Levítico 23, 15-6 y 21) y de ahí viene también su nombre no judío de Pentecostés (día cincuenta, en griego). La fiesta conmemora en el judaísmo, por un lado, las primicias que eran llevadas al Templo* (Números 28, 26; Exodo 34, 22; 23, 16; Levítico 23, 17), así como la entrega de la Torah* en el Sinaí.

En el cristianismo, la fiesta reviste un especial interés por haber sido en un domingo* de Pentecostés cuando, según el relato de Hechos 2, descendió el Espíritu* Santo sobre los primeros cristianos (que recibieron el carisma* de hablar en lenguas) y se obtuvieron los primeros conversos para la nueva fe (las primicias).

Bibl.: J. Barylko, *Celebraciones...;* F. F. Bruce, *Acts...;* C. Vidal Manzanares, *De Pentecostés...;* C. Shepherd, *Jewish...*

PEREGRINACIÓN. En el judaísmo existen tres fiestas* de peregrinación: Pascua* o Pesaj; Cabañas, Tabernáculos o Sucot*, y Pentecostés* o Shavuot.

Los judeo-cristianos* parecen haber celebrado algunas de estas fiestas en Jerusalén*. No parece, sin embargo, que sucediera lo mismo entre los cristianos de origen gentil.

El islam tiene como uno de sus deberes religiosos principales la peregrinación a La Meca (*jajj*), al menos una vez en la vida, siempre que el fiel sea mayor de edad, tenga buena salud y cuente con los medios económicos para viajar. Cuando no puede hacerse la peregrinación personalmente, es permisible nombrar un sustituto cuyos gastos han de ser abonados íntegramente. El sustituto no adquiere ningún mérito con tal acción. Esta peregrinación sólo puede hacerse en los días señalados del Dhul Hijja, el último mes del calendario musulmán. Las ceremonias realizadas en La Meca, que reciben el nombre de *'umra* o peregrinación menor, pueden tener lugar en cualquier época del año. Ambas peregrinaciones cuentan con antecedentes pre-islámicos purificados por Mahoma*.

Bibl.: J. Barylko, *Celebraciones...; EI,* III, pp. 31-8; R. Burton, *Peregrinación...* C. Shepherd, *Jewish...*

PERIODO INTERMEDIO. Ver: Juicio final.

PIR. En ciertos grupos sufíes, el maestro espiritual. A la figura del mismo —a la que se atribuyen poderes paranormales— se tributa una sumisión total. Se le considera capacitado para realizar intercesión ante Dios y se le rinde un culto cercano a la adoración. Muy posiblemente esta figura ha sido influida por la del guru hinduista. Modernamente, muchos han sido acusados de crear sectas para su propio beneficio personal.

Bibl.: P. Parshall, *Bridges...*

PIRQE ABOT. Lit. «capítulos de los padres». Tratado de la Mishnah del orden de Nezikin que alcanzó un lugar de especial preponderancia en la liturgia judía. Desde el siglo VII d. de C., esta obra tuvo el honor de ser la única incorporada en su totalidad en el *Sidur* o libro de oraciones judías. En este compendio de aforismos de los sabios se establece el principio de autoridad de la ley oral a la que se retrotrae históricamente al momento de la entrega de la ley escrita en el Sinaí.

Bibl.: F. Manns, *Pour lire...;* J. Neusner, *The Talmud...*

POSEKIM. Lit. «árbitros».

1. Codificadores de la ley judía en los siglos que siguieron a la conclusión del Talmud. Los que desarrollaron su labor entre los siglos VI y XV (Alfasi, Maimónides, Yosef Caro) son denominados *posekim rishonim* (primeros codificadores) y su obra cumbre es el *Shulján Aruj* de Yosef Caro; los de periodos posteriores son conocidos como *posekim ajaronim* (últimos codificadores).

2. Corpus rabínico destinado a esclarecer los problemas de la Halajá. Los códigos más antiguos son denominados *rishonim*, y los más modernos, *ajaronim*.

POSESIÓN. Ver: Demonios.

PREDESTINACIÓN. Punto de vista teológico que afirma que Dios ha determinado la salvación, e incluso la condenación, de una persona antes del nacimiento de ésta. El Antiguo Testamento y, en general, el judaísmo no sostienen la doctrina de la predestinación. En la literatura de Qumran —que es lo que más se acercaría a esta concepción— se afirma, empero, que los hijos de la luz obtendrán la salvación como colectivo pero se admite asimismo que algunos de ellos, como individuos, puedan apartarse de la fe y perderse.

Un concepto similar es el que aparece en el Nuevo Testamento. El cristianismo primitivo creía que Dios había predestinado antes de todos los tiempos a los cristianos*, como colectivo, para recibir salvación (Efesios 1, 3 ss.) en virtud de la obra de Cristo. Al mismo tiempo, enseñaba la posibilidad de apostasía* de un creyente individual y de su subsiguiente perdición. Con ello, obtenía un claro equilibrio entre el concepto de la soberanía infinita de Dios* y el de la libertad humana, equilibrio que no ha sido guardado, en términos generales, por las definiciones doctrinales de buena parte de las iglesias cristianas.

En el islam se ha producido históricamente una discusión sobre la predestinación que presenta paralelos con el cristianismo del periodo de la Reforma y Contrarreforma. Durante el primer siglo islámico, los qadaritas insistieron en la creencia en el libre albedrío, mientras que los jabritas (*jabr* = coacción) insistieron en defender la tesis de la predestinación en un sentido extremo. Posteriormente, se ha intentado conjugar la idea de la libertad humana con la de la total soberanía de Dios mediante la denominada teoría de la adquisición (*kasb*). Según ésta, cada ser humano realiza (se apropia) sus actos personales pero el agente primero es Allah. Ciertamente el Corán* parece dar pie para cualquiera de los dos puntos de vista así como las tradiciones ulteriores.

Bibl.: J. Calvino, *Epístola...*; K. Barth, *The Epistle...*; C. Vidal Manzanares, *De Pentecostés...*

PRIMICIAS. Según la Biblia, el agricultor israelita estaba obligado a entregar al templo una ofrenda de su primer fruto maduro (Exodo 23, 19; 26, 1-11), dejándose la cantidad exacta a la generosidad del donante (Mish. Peah 1, 1). Con posterioridad, los rabinos limitaron esta norma a las siete especies con los que Israel está bendecido: trigo, cebada, uvas, higos, granadas, aceitunas, dátiles o miel (Deuteronomio 8, 8). Pese a la desaparición del templo, algunas comunidades, por ejemplo en Kurdistán, siguieron manteniendo la costumbre de dar las primicias a los sacerdotes o *cohanim*. El opúsculo Bikurim de la Mishnah y el Tratado Bikurim del Talmud se ocupan de las leyes relacionadas con las primicias.

El Nuevo Testamento no contiene enseñanza en relación con las primicias, pero utiliza el término en sentido teológico al situar el descenso del Espíritu* Santo en Pentecostés* y al calificar a Jesús* como las primicias de la resurrección* (1 Corintios 15, 20).

Bibl.: J. Barylko, *Celebraciones...*; C. Shepherd, *Jewish...*

PRIVILEGIO PAULINO. Ver: Divorcio.

PROFETA. En el judaísmo, el profeta es el elegido por Dios para proclamar Su palabra en forma de exhortación y, ocasionalmente, de advertencia de castigo. El mensaje profético no estaba necesariamente ligado al anuncio del porvenir. Aunque Moisés* fue el más grande de los profetas (Deuteronomio 34, 10), el periodo principal de actividad profética se extiende desde Samuel (siglo XI a. de C.) hasta Malaquías (siglo V a. de C.). Las fuentes señalan dos tipos de profetas. El primero (Samuel, Natán, Elías, Eliseo) no dejó obras escritas y, ocasionalmente, vivió en hermandades proféticas conocidas como «hijos de los profetas». El segundo (Amós, Isaías, Jeremías, etc.) dejó obras escritas. La labor profética se extendía también a las mujeres como fue el caso de María (Exodo 15, 20), Débora (Jueces 4, 4) y Hulda (2 Reyes 2, 14) y a no judíos como Bilaam, Job, etc. Según los rabinos, la presencia de Dios o *Shejináh* abandonó Israel tras morir el último profeta (Yoma 9b), desapareciendo el don de profecía tras la destrucción del templo (BB 12b).

El Nuevo Testamento acepta el contenido profético del Antiguo (2 Pedro 1, 20) y además considera que el carisma* de profecía está indisolublemente ligado al hecho de la fe cristiana (Hechos 2). Este era muy común en la iglesia* primitiva

(Hechos 13, 1; Romanos 12, 6; 1 Corintios 12, 10; 13, 2; 14, 39; 1 Tesalonicenses 5, 20; 1 Timoteo 1, 18; 4, 14, etc.) tanto en hombres como en mujeres* (Hechos 21, 9).

El Corán distingue entre *rasul* (mensajero) y *nabi* (profeta). El primero es superior porque es enviado a un colectivo concreto con un mensaje escrito, mientras que el segundo se limita a proclamar. El Corán menciona como mensajeros a Abraham*, Noé*, Lot, Ismael*, Moisés*, Jetró (Shu'aib), Hud, Salí y Jesús*, y como profetas, a Idris (Enoc), los patriarcas, Aarón *, David*, Salomón *, Elías, Eliseo y Zacarías*. José recibe una sura entera (12). El Corán no pretende que los profetas estén exentos de pecado, como han hecho tradiciones islámicas posteriores, aunque sí les atribuye ocasionalmente la capacidad de hacer milagros.

Bibl.: L. A. Schökel, *Profetas...*; A. Heschel, *Profetas...*; I. I. Mattuck, *El pensamiento de los profetas*, 1971; G. von Rad, *Teología...*, vol. II; F. F. Bruce, *Acts...*; L. Morris, *The first...*; *EI*, III, pp. 802 ss.; Wensinck, *Creed*.

PROSÉLITO. Palabra de origen griego que designa al no judío que se convierte al judaísmo, aceptando la observancia de la Torah* y mandamientos (*mitzvot*). La designación hebrea del prosélito es *guer* (varón) o *guioret* (mujer) que, originalmente, servían para denominar al residente extranjero. Durante el periodo del Segundo Templo*, muchos no judíos se convirtieron al judaísmo* en parte como reacción frente al politeísmo pagano, en parte como consecuencia de la actividad misionera de los judíos. Algunos incluso llegaron a considerar que una de las finalidades del exilio judío tras el Jurbán* era lograr conversiones (Pes. 87b). El crecimiento progresivo del cristianismo entre los conversos potenciales del judaísmo así como la dificultad de aceptar una fe crecientemente ritualizada tras la victoria en su seno del ala farisaica implicó un descenso radical del número de conversiones gentiles al judaísmo. Progresivamente, los rabinos fueron desanimando la conversión de gentiles y optaron por una autopreservación del judaísmo. Los gentiles debían sólo guardar los siete mandamientos de Noé. Con todo, durante la Edad Media y posteriormente se produjeron casos notables de conversos al judaísmo que llegaron a aceptar el martirio por su nueva fe. El procedimiento para aceptar a un prosélito implica inicialmente una advertencia con propósitos de disuasión. En caso de que la persona insista, aunque su finalidad sea el matrimonio, finalmente es bienvenido, instruido e iniciado (Yev. 47a, 24b). El varón debe obligarse a cumplir todos los preceptos, ser circuncidado –en caso de ya estarlo, ha de derrarmarse al menos una gota de sangre– y sumergirse en la *mikvéh*. Si es mujer, sólo debe someterse al baño en la *mikvéh*. En ambos casos, el prosélito recibe un certificado de conversión *(guiur)* emitido por un *bet-din* o tribunal compuesto por tres rabinos, rompe sus lazos con su familia anterior, es considerado como nacido de nuevo y recibe un nombre hebreo. El converso varón puede casarse con la hija de un *cohen* o sacerdote, pero una mujer no puede hacerlo con un *cohen* a menos que se convirtiera con menos de tres años (Kid. 73a, 78a).

El Nuevo Testamento critica la estrategia de captación de prosélitos del judaísmo del segundo templo que no iba acompañada de una profundidad espiritual (Mateo 23, 15) y utiliza el término con el mismo contenido que el expresado en el judaísmo (Hechos 13, 43).

Bibl.: P. Bonnard, *Evangelio...*; F. F. Bruce, *Acts...*; Schürer, *History...*; E. P. Sanders, *Judaism*, Filadelfia, 1992; S. Sandmel, *Judaism and Christian Beginnings*, Oxford, 1978.

PSEUDOEPIGRÁFICOS.

Libros religiosos judíos que no forman parte del canon ni de los apócrifos. Se datan, en su mayoría, en la época del Segundo Templo* aunque algunos aparecen en los primeros siglos del cristianismo. Solían conectar su redacción con personajes de importancia con la finalidad de legitimar su aceptación (Enoc, Asunción de Moisés, Testamento de los doce patriarcas, etc.). No están desprovistos de valores morales ni de contenido ético, aunque su énfasis predominante suele ser el apocalíptico. Dado su enfoque específico, fueron rechazados en términos generales por los rabinos.

Bibl.: Charlesworth, *Old Testamt...*; Schürer, *History...*; S. Sandmel, *Judaism...*

PURGATORIO. Lugar intermedio donde se expiaban los pecados veniales de los que no se hubieran arrepentido los difuntos antes de su fallecimiento. Con la finalidad de ayudar a las almas* que se encontraban en este lugar se instituyeron las indulgencias. La doctrina del purgatorio carece de paralelos en el Antiguo Testamento, el judaísmo posterior y en el Nuevo Testamento. De hecho, este último sólo conoce dos lugares (Cielo* e Infierno*) adonde van las almas* tras la muerte*. Sí existen paralelos entre esta doctrina y algunas procedentes del budismo. Su origen no es anterior a la Edad Media.

Bibl.: J. Grau, *Escatología...*; J. Le Goff, *El nacimiento del purgatorio*, Madrid, 1985; E. Mitre Fernández, *La muerte vencida*, Madrid, 1988.

PURIM. Una de las fiestas* menores del calendario judío, que se celebra en el 14 de Adar y en el año embolismal en el 14 de Adar Sheiní. Fue instituida para festejar la liberación de los judíos del intento de exterminio maquinado contra ellos por Hamán, virrey del monarca persa Asuero (Ester 9, 20 ss.).

Bibl.: C. Shepherd, *Jewish...*; J. Barylko, *Celebraciones...*; E. Schürer, *History...*

Q

Q. Nombre que recibe entre los especialistas del Nuevo Testamento, un supuesto documento utilizado por Mateo y Lucas para la redacción de sus respectivos Evangelios*. La mencionada obra, anterior al año 70 d. de C., estaría formada, fundamentalmente, por dichos de Jesús y algunas narraciones de milagros. En ella, Jesús es presentado con categorías típicamente judías como las del Siervo*, el Hijo del hombre* o la Sabiduría (una hipóstasis de Dios), profetiza la futura destrucción del Templo de Jerusalén y llama a los hombres a la salvación* mediante la aceptación de él. En 1992, la mencionada obra fue reconstruida y traducida al castellano por C. Vidal Manzanares.

Bibl.: C. Vidal Manzanares, *El Primer Evangelio: El Documento Q*, Barcelona, 1993 (con abundante bibliografía sobre el tema).

QUERUBÍN. Ser angélico mencionado por primera vez en Génesis 3, 24 como guardián del jardín del Edén. Según la descripción de Ezequiel 1, 6 ss.; 10, 14 y 21, poseen cuatro alas y cuatro caras. Representaciones en oro de estos seres estaban situadas sobre el Arca del Pacto en el tabernáculo (Exodo 25, 18-22) y en el templo salomónico (1 Reyes 6, 23-8; 8, 7). El Salmo 18, 11 describe a los querubines como carro divino. Maimónides, al enumerar diez lugares de importancia entre los ángeles, asigna el noveno al querubín (Yesodei Hatorah, 2, 7).

QIBLA. Dirección hacia la que oran los fieles del islam, es decir, La Meca y, más concretamente, la Caaba*. Las mezquitas se construyen de forma que el *mijrab* esté en esa dirección. Históricamente, Mahoma* varió en diversas ocasiones la dirección de la oración. Mientras residió en La Meca, oró en dirección a la Caaba, después de la Egira* señaló que la dirección correcta —quizá para granjearse el favor de los judíos— era Jerusalén; finalmente, al cabo de cerca de año y medio, volvió a cambiar la dirección, esta vez en dirección a La Meca. Algunos autores han interpretado la sura 2, 109 como muestra de que Mahoma pensaba en modificar por cuarta vez la *qibla*, habiendo fallecido antes de hacerlo.

Bibl.: EI, II, pp. 985-89; Hughes, pp. 480 ss.

QUILIASMO. Doctrina que enseña el reinado del Mesías* por un periodo de mil (en griego, *jilia*) años. Aunque el origen de la misma se halla en el judaísmo del Segundo Templo, lo cierto es que su mayor eco se produjo a partir de su inclusión en el libro de Apocalipsis (capítulo 20). Hasta el siglo IV, los autores cristianos tomaron este pasaje de Apocalipsis como literal, si bien, tras el periodo de paz entre la Iglesia y el imperio inaugurado por Constantino, se tendió progresivamente a darle un contenido simbólico.

Bibl.: W. Barclay, *Revelation...*, vol. 2; G. E. Ladd, *Apocalipsis...*; L. Morris, *The revelation...*; N. Cohn, *En pos del milenio*, Madrid, 1985; C. Vidal Manzanares, *De Pentecostés...*

QURAISÍES. Tribu árabe a la que pertenecía Mahoma. Hacia la mitad del siglo V d. de C., se apropiaron del terreno sacro en torno a la Caaba. Inicialmente se opusieron a Mahoma pero, finalmente, y tras la toma de La Meca por éste, comprendieron que la nueva fe en nada mermaba su importancia. La mayoría de los sunnitas sostiene que el califa ha de ser descendiente de esta tribu y la totalidad de los imanes shiítas, salvo Alí, han sido descendientes de Mahoma.

Bibl.: M. Lings, *Muhammad...*; *EI*, II, pp. 1122-26.

R

RABINO. Persona calificada en virtud de ordenación* para enseñar la Torah*, aplicar la Halajá* y dirigir una comunidad religiosa judía. El título de *rabí* o rabino (lit. «mi maestro») se aplicaba a los maestros de Israel que habían recibido la imposición de manos o *semijá*. Fue normal hasta la Edad Media que el estudio de la Torah estuviera unido a algún trabajo o profesión práctica (Mish. Avot 2.2) y aceptar alguna recompensa por la enseñanza se consideraba una profanación del Nombre divino o *jilul HaShem*. A partir del siglo xiv, se desarrolló la costumbre de abonar un estipendio a los rabinos a fin de que pudieran realizar sus funciones religiosas sin problemas de tiempo. Los *jasidim* rebajaron la figura del rabino en relación con la del *tzadik**. En el Imperio británico surgió durante el siglo xix la figura del «reverendo», llamado así seguramente por influencia protestante, que desempeñaba un ministerio religioso aunque no podía formar parte de un *bet dín*. En los seminarios no ortodoxos no se exige un conocimiento experto del Talmud y de los *posekim*, por lo que el título de *rabí* conferido por ellos es considerado por muchos judíos meramente honorífico. Eso convertiría, por ejemplo, y desde el punto de vista ortodoxo, a los rabinos reformados no en rabinos sino en ministros religiosos. Naturalmente, tal visión es rechazada por el judaísmo reformado.

Bibl.: G. Alon, *The Jews...*; S. Sandmel, *Judaism...*; J. Neusner, *Talmud...*; E. P. Sanders, *Judaism...*

RAMADÁN. Noveno mes del año islámico. Durante el mismo se observa el ayuno* anual. Mahoma recibió también durante este mes sus primeras revelaciones.

Bibl.: *EI*, III, pp. 1111; Hughes, pp. 533-5.

RECONCILIACIÓN. Hacer las paces con alguien. El concepto, que se origina en ideas veterotestamentarias como la expiación* en la fiesta* judía de Yom* Kippur, cuenta con una especial importancia para el cristianismo. En la enseñanza de Jesús*, la reconciliación con el hermano antecede a cualquier deber religioso (Mateo 5, 24). Asimismo, Dios nos reconcilia con él sobre la base de la muerte de Cristo en la cruz* (Romanos 5, 10; 2 Corintios 5, 18-9, etc), pero esta reconciliación no sólo tiene dimensiones antropológicas, sino también cósmicas (Colosenses 1, 20-1).

Bibl.: K. Barth, *Epistle...*; H. Carson, *The epistles of Paul to the Colossians and Philemon*, Grand Rapids, 1979; J. B. Lightfoot, *The epistles of st. Paul*, vol. III, Londres, 1927; R. V. G. Tasker, *The second epistle of Paul to the Corinthians*, Grand Rapids, 1979; P. Bonnard, *Evangelio...*; J. Driver, *Militantes...*

REENCARNACIÓN. Paso del alma de un cuerpo a otro tras la muerte. También se utilizan los términos «transmigración» y «metempsicosis». La idea es totalmente ajena al judaísmo* (salvo en algunas de las creencias gnósticas* de los *jasidim*), que cree en un solo destino eterno posterior a la muerte*. De la misma manera, el cristianismo es incompatible con la creencia en la reencarnación (ver: Alma, Cielo, Infierno) y en el Nuevo Testamento se afirma específicamente que los seres humanos sólo mueren una vez, teniendo lugar a continuación un juicio que decide su destino eterno (Hebreos 9, 27). La idea está absolutamente ausente del islam salvo, también, en algunas formulaciones de tipo gnóstico.

REINO. El ámbito de soberanía de Dios. En el Antiguo Testamento y la literatura intertestamentaria la idea del Reino aparece conectada con una intervención de Dios* en la historia a través de su Mesías*. Esta misma idea se ha perpetuado en el judaísmo* posterior. La creencia en la venida del reino constituye una de las doctrinas básicas del Nuevo Testamento. Según la enseñanza de los Evangelios, el mismo se ha manifestado ya con la venida de Jesús* realizando milagros y arrojando demonios* (Lucas 11, 20; 10, 8-9). Ha comenzado de manera modesta (Mateo 13, 31-33) pero tendrá, pese a las dificultades provocadas por el diablo* y sus agentes (Mateo 13, 24-30 y 36-43), un final glorioso que coincidirá con la parusía* de Jesús y que será posterior a un periodo de gran tribulación y a la predicación del mismo en todo el mundo (Mateo 24, 14). Entonces desaparecerá el dominio del diablo sobre el mundo, tendrá lugar la resurrección y desaparecerá la muerte (1 Corintios 15). Todos estos aspectos coinciden con tesis sustentadas por el judaísmo del Segundo Templo. Desde ahora todos los hombres son invitados a entrar en él como una alternativa especialmente valiosa (Mateo 13, 44-6). Su normativa, manifestada, por ejemplo, en el «sermón del monte» (Mateo 5-7), es totalmente distinta de cualquier normativa humana y ha sido calificada, con justicia, de inaplicable en una sociedad civil. Si puede vivirse es gracias al amor de Dios y a su aplicabilidad entre personas que comparten esa misma perspectiva. El Reino no puede —como ha sucedido en desarrollos teológicos posteriores— ser confundido con la Iglesia*, aunque en ésta debería vivirse la vida del Reino.

Bibl.: G. E. Ladd, *El evangelio del reino*, Miami, 1985; ídem, *Theology...*; ídem, *Crucial questions about the kingdom of God*, 1952; J. Grau, *Escatología...*; J. Bright, *The kingdom...*; C. H. Dodd, *The parables...*; J. Jeremías, *Teología...*, v. I; N. Perrin, *The kingdom of God in the teaching of Jesus*, Londres, 1963; C. Vidal Manzanares, *El Primer Evangelio...*

RESURRECCIÓN. Creencia en que los seres humanos recibirán una nueva vida física en el futuro. El Antiguo Testamento presenta signos de esta creencia (Isaías 26, 19; Ezequiel 37, 1-14; Daniel 12, 2-3) ligándola ya a la idea de un premio y un castigo, eternos y conscientes, para los salvos y condenados. Con todo, fue durante el periodo del segundo templo cuando la doctrina fue perfilándose más detalladamente constituyendo uno de los puntos de controversia entre los saduceos —que la negaban— y el resto del judaísmo (fariseos, esenios, judeo-cristianos, etc.). La visión judía del tema adquirió una formulación específica en la Mishnah*, en buena medida por oposición al cristianismo. Así, frente a la idea de que sólo los que han aceptado por fe el sacrificio expiatorio del salvador podrán obtener redención del castigo eterno, los rabinos sostuvieron que todo Israel tendría parte en el mundo venidero, salvo los que niegan la creencia en la resurrección de los muertos (Mish. San. 10. 1), pudiendo también los no judíos piadosos esperar parte en la vida futura (Tosef. San. 13: 2). La creencia en la resurrección es uno de los trece principios de la fe judía elaborados por Maimónides.

El Nuevo Testamento considera la resurrección como una de sus doctrinas centrales en la que puede creerse porque la resurrección de Cristo, de la que hubo centenares de testigos, la garantiza plenamente (1 Corintios 15). Todos los seres humanos serán resucitados cuando Cristo vuelva (Juan 5, 28-9; 1 Tesalonicenses 4, 16), aunque primero lo harán los que creyeron en él. El Apocalipsis, al introducir la creencia en un reino milenario, desdobla el proceso de la resurrección en dos: una primera fase en la que sólo resucitarán los mártires* que tendrá lugar antes del milenio (Apocalipsis 20, 5) y otra tras el mismo en que recibirán vida el resto de los seres humanos a fin de ser premiados o castigados de manera consciente por toda la eternidad (Apocalipsis 20, 10).

El Corán* enseña la creencia en un día (*yaumul-qiyama* en 2, 79 y 107; *yaumul ba't* en 30, 56, etc.) en que todos los muertos resucitarán y serán sometidos al juicio de Dios. La resurrección será corporal (30, 57), tras dos toques de trompeta (39, 68), y tendrá su origen en Allah, que levantará de sus tumbas a los muertos (46, 32; 36, 78 ss.; 30, 24; etc.) dotándoles de un nuevo cuerpo que, según la tradición, surgirá del hueso de la rabadilla del difunto regado con agua. Tal dogma fue objeto de mofa por parte de muchos mequíes en vida de Mahoma (23, 84).

Bibl.: J. Grau, *Escatología...*; L. Morris, *The first...*; idem, *The revelation...*; G. E. Ladd, *El Apocalipsis...*; H. U. Stanton, *The teaching of the Qu'ran*, Londres y Nueva York, 1919; C. Vidal Manzanares, *De Pentecostés...*; *EI*, II, pp. 1048-51; Hughes, pp. 537-44; Wensinck, *Creed*.

REVELACIÓN. El judaísmo cree en una revelación general entregada al pueblo de Israel y contenida en el Antiguo Testamento así como en el Talmud*. El Nuevo Testamento acepta como revelación divina asimismo la enseñanza de Jesús y de los apóstoles, si bien la creencia en una tradición apostólica que tenga valor de revelación no es anterior al siglo II-III. Aparte de eso, se admite la existencia de revelaciones particulares otorgadas en forma de carisma* de profecía, lenguas, etc.

El islam admite la existencia de varias revelaciones entregadas por los profetas* de Dios anteriores a Mahoma*. No obstante, el Corán* constituye la revelación última y definitiva de Dios.

Bibl.: S. Sandmel, *Judaism...*; E. P. Sanders, *Judaism...*; C. Vidal Manzanares, *De Pentecostés...*

RIQUEZA. Entre las promesas dadas por Dios al pueblo de Israel si obedecía sus mandatos está la de abundancia material (Deuteronomio 8). Por otro lado, en el Antiguo Testamento son corrientes las referencias a personajes cercanos a Dios (Abraham, Jacob, Job, etc.) que disfrutaron de una considerable abundancia material y se afirma que la misma procede de Dios (1 Crónicas 29, 12). Al mismo tiempo, existen severas advertencias contra colocar el corazón en las riquezas (Salmo 49, 6; 52, 7; 62, 10; Proverbios 11, 28), se ataca la opresión cuya finalidad es obtener riqueza (Jeremías 17, 11; etc.) y se considera deseable no tener riqueza ni pobreza para que ninguna de las dos circustancias aparten al hombre de Dios (Proverbios 30, 8). El judaísmo posterior mantendrá el equilibrio necesario entre todos estos puntos de vista. Por un lado, seguirá considerando que las bendiciones de Dios tienen también su lado material, pero, a la vez, insistirá en oponerse a la opresión económica, en condenar la avaricia y el colocar el corazón primeramente en la búsqueda de las riquezas y en asistir al necesitado mediante la limosna* y la *tzedakad*.

El Nuevo Testamento dista mucho, pese al énfasis en este sentido de algunas corrientes teológicas, de presentar un mensaje radical en relación con la riqueza. Ciertamente advierte de que es imposible servir a Dios y a las riquezas (Mateo 6, 24), de que éstas pueden ser engañosas y ahogar el mensaje del reino (Mateo 13, 22 y ss.) y de que es difícil que los que las poseen entren en el reino (Lucas 18, 24 y par.), pero, a la vez, muestra a Jesús teniendo amistad con ricos (Lucas 19, 1 ss.) cuya vida espiritual se alaba y afirmando que Dios suplirá todas las necesidades precisamente por medio de sus riquezas (Filipenses 4, 19) si se busca primero el reino de Dios y su justicia (Mateo 6, 25-34). Desde luego, es obvio que Jesús tuvo discípulos ricos como Zaqueo, Nicodemo o el mismo José de Arimatea en cuya tumba fue sepultado. El Nuevo Testamento rehúye así tanto una visión justificativa de la riqueza como el pauperismo que ha caracterizado a algunos movimientos cristianos históricamente. Los bienes materiales tienen su lugar en esta vida, serán suplidos por Dios a aquellos que le sirvan y debe atenderse a aquellos que no disfrutan de ellos mediante instituciones como la limosna* o el servicio de los diáconos*.

La visión del Corán* en relación con la riqueza es ambivalente. Por un lado, la misma es presentada como una disuasión para creer en Dios (11, 116; 21, 13; 23, 64 ss.; 34, 34 ss.; 56, 41 ss.) y de los ricos se afirma que son una de las causas del castigo divino (17, 16) como aconteció con Coré (28, 76 ss.) así como los principales opositores a los enviados de Dios (43, 23). Esta visión —cuyo origen quizá pueda atribuirse a la influencia de los monjes sirios sobre Mahoma así como al rechazo que éste experimentó por parte de las clases pudientes— explica la extrema sencillez de vida que caracterizó al profeta y a algunos de sus seguidores como Omar.

Bibl.: R. Gnuse, *Comunidad y propiedad en la tradición bíblica*, Estella, 1987; J. Driver, *Militantes...*; M. Hengel, *Property and Riches in the Early Church*, Filadelfia, 1976; C. Vidal, *De Pentecostés...*

RITO. Ver: Carisma, Eucaristía, Fiestas, Liturgia, Oración, Peregrinación.

ROBO. Privar ilegalmente a otra persona de una propiedad.

En el judaísmo también se incluye en esta categoría el rapto y aparece prohibido en el octavo de los Diez mandamientos*, según el cómputo judío y protestante. Este pecado incluye todas las formas de robo (*guenevah*) y de fraude (*guenevat daat*), como la estafa o el plagio.

En el Nuevo Testamento, la prohibición de robar se considera mandato divino (Mateo 19, 18 y par.) y se ordena que aquel que hurtaba no debe hacerlo ya más, sino que tiene que entregarse al trabajo a fin de poder ayudar con sus bienes al que nada tiene (Efesios 4, 28). En lógica derivación del judaísmo, también se entiende como robo conductas injustas como la retención de salarios de los trabajadores (Santiago 5, 4).

El islam lo denomina con el término *sirqa*. Es castigado (5, 42) con la amputación de la mano del ladrón, hombre o mujer, esclavo o libre, sin referencia a la cuantía del robo. Esta pena ha sido objeto de una considerable discusión jurisprudencial en relación a su literalidad, al montante de la cantidad robada, etc. Para algunos, los robos a partir del segundo deben ser sancionados con la amputación del pie izquierdo, la mano izquierda y el pie derecho sucesivamente. Para los shiítas el cuarto robo ha de ser castigado con la muerte. En términos generales, puede decirse que en la mayoría de los países árabes no se aplica esta norma coránica.

Bibl.: EI, IV, p. 173; Hughes, pp. 284 ss.

ROSARIO. El origen del rosario y de su utilización se encuentra en la India. No hay referencias a este instrumento en el judaísmo, Nuevo Testamento ni cristianismo primitivo. Entre los musulmanes hay referencias a su uso desde inicios del siglo IX, aunque los teólogos islámicos tendieron a no juzgarlo favorablemente y en algún caso consideraron que debería prohibirse. Los primeros en utilizarlo con profusión en el seno del islam fueron los sufíes*, lo que no resulta extraño dado el carácter sincrético de muchas de sus creencias. El rosario islámico tiene cien cuentas, lo que permite pronunciar los 99 nombres de Dios más Allah o repetir diversas jaculatorias (33 veces Gloria sea a Dios; 33 veces Alabado sea Dios; 34 veces Allah akbar o Dios es el más grande). El rosario católico carece de un origen cristiano. En realidad, procede del musulmán y fue traído por los cruzados de Oriente, adaptando tal instrumento al culto mariano.

Bibl.: ERE, X; *EI*, IV, p. 492; Hughes, p. 546; Goldizher, «Le rosaire dans l'Islam», en *RHR*, 21, pp. 295 ss.

ROSH HASHANÁ. Lit. «cabeza de año». Fiesta del año

nuevo judío que tiene lugar los dos primeros días de Tishrei, aunque la Torah establece una fiesta de un solo día (Levítico 23, 24; Números 29, 1). Esta fiesta señala el advenimiento de las fiestas o festividades solemnes e inicia los diez días de penitencia anuales.

Bibl.: C. Shepherd, *Jewish...*; J. Barylko, *Celebraciones...*; J. Good, *Rosh HaShanah and the Messianic Kingdom to Come,* Port Arthur, 1989.

ROSH JODESH. Lit. «cabeza del mes». Comienzo de un nuevo mes hebreo o luna nueva.

S

SÁBADO. Día de descanso ordenado por Dios. El mandamiento central y más característico del judaísmo*. El mismo, que es el séptimo día de la semana, se reserva para la oración* y el descanso. Comienza a la caída del sol o viernes por la tarde y concluye a la caída del sol del sábado. El mandamiento va referido únicamente a Dios y el pueblo de Israel (Exodo 31, 16-7) y no tiene aplicación para los no judíos salvo que sean prosélitos* o que trabajen para un judío. La Halajá* prohíbe 39 clases de trabajo (*avot melajáh*), así como sus derivados, en sábado, al igual que cualquier actividad que rompa la atmósfera sagrada del sábado. Este es recibido por la mujer de la casa prendiendo las dos velas o lámparas (*nerot shabat*). Ella misma también coloca una mesa de fiesta con un mantel blanco, el mejor juego de mesa y dos hogazas de pan trenzado para la bendición. Durante las comidas de *shabat* se cantan himnos de mesa (*zemirot*) y tras recitar la acción de gracias a su término, suele estudiarse la porción de la Torah* (*sidráh*) semanal y el padre examina el conocimiento de los hijos. El *shabat* implica cultos sinagogales especiales y, finalmente, tras el vespertino (*maariv*) concluye el sábado al recitarse la *havdaláh* sobre el vino, las especias y una vela trenzada, tanto en la casa como en la sinagoga.

El *jilul shabat* (profanación del sábado) es una ofensa muy grave. sobre todo si se realiza en público, pero las prohibiciones sabáticas se excluyen si existe peligro de muerte o para la salud. Según la tradición rabínica (Ioma 85b), el sábado fue hecho para el hombre y no el hombre para el sábado. El tratado Shabat de la Mishnah y del Talmud se ocupa de esta temática.

Aparte del sábado —séptimo día, el judaísmo conoce diversos sábados como el *shabat hagadol* (gran sábado) anterior a la Pascua; el *shabat jazón* (sábado de la visión) que precede al ayuno de Tishá Beav; el *shabat najamú* (sábado de consuelo) que sigue al ayuno de Tishá Beav; el *shabat shuváh* (sábado del retorno) que tiene lugar durante los diez días de penitencia entre *Rosh Hashanáh* y Yom Kippur; el *shabat be-*

reshit (sábado del Génesis) que sigue a la fiesta de Simjat Torah y marca el comienzo del ciclo anual de lectura de la Torah; el *shabat shirá* (sábado de la canción) que es el sábado en que se lee Exodo 13, 17-17, 16; el *shabat mevarejim* (sábado de la bendición) que precede a la semana en que hay luna nueva o *Rosh* Jodesh;* el *shabat rosh jodesh* (sábado de la luna nueva) que coincide con *Roosh Jdesh* y el *shabat jol hamoed* (sábado intermedio) que tiene lugar durante *jol hamoed* entre los días santos de Pascua y Sucot. Asimismo desde el sábado que precede al mes de Adar, o coincidiendo con el *Rosh Jodesh* de Adar si éste cae en sábado, hasta el fin de mes hay un ciclo de cuatro sábados especiales: el *shabat shekalim* (sábado del impuesto) que precede al mes de Adar; el *shabat zajor* (sábado del recuerdo) que precede a Purim; el *shabat parah* (sábado de la novilla roja) que se da tres semanas antes de Pascua y una antes del *shabat ha-jodesh;* y el *shabat ha-jodesh* (sábado del mes) que precede al mes de Nisán o coincide con el *Rosh Jodesh* de Nisán, cuando éste cae en sábado.

Aunque los judeo-cristianos* parecen haber guardado el sábado, si bien aceptando la interpretación del mismo dada por Jesús, los cristianos de origen gentil no hicieron lo mismo y celebraban sus reuniones en domingo*. Parece también evidente que no guardaron el resto de sábados (Gálatas 4, 10 ss.; Colosenses 2, 16).

Bibl.: J. Barylko, *Celebraciones...;* J. Neusner, *Judaism...;* A. J. Heschel, *El Shabat y el hombre moderno,* Buenos Aires, 1964; C. Vidal, *De Pentecostés...*

SACERDOTE. En el judaísmo, miembros de la tribu de Leví, descendientes de Aarón y sus hijos, autorizados para la realización de la liturgia del tabernáculo y del templo. Son denominados *cohen* (singular) y *cohanim* (plural). La institución del sacerdocio se remonta a la época de Moisés* (Exodo 28, 1 ss.). Aarón* fue el primer gran o sumo sacerdote *(cohen gadol)* (Levítico 8, 1 ss.). Esta figura gozaba de una consideración semiregia (Números 35, 28) y era el único que podía atravesar el velo *(parojet)* del santísimo del templo, una vez al año, en el día de Yom Kippur (Levítico 16, 2 ss.). Carentes de tierra por herencia, los sacerdotes estaban además sujetos a leyes estrictas de pureza ritual *(tohorah).* Tras el Segundo Jurbán*, su situación quedó lógicamente alterada. No obstante, persisten residuos de aquel estatus típico. Así, hoy en día les sigue estando vedado el casarse con una divorciada, una prosélita, una viuda que ha recibido *jalitza** o una mujer de mala reputación. Si la boda se lleva a cabo el matrimonio* es válido, pero el hijo está «manchado» *(jalal)* y no puede acceder al sacerdocio. De la misma manera, los *cohanim* no pueden tener contacto con muertos ni asistir a servicios fúnebres, aunque se admite una excepción en el caso de familiares próximos. Si un *cohen* está presente en una sinagoga*, recibe el honor de ser convocado el primero a la lectura de la ley y, en ciertas ocasiones, recita la *bircat cohanim*. La descendencia sacerdotal se transmite por vía masculina y puede deducirse —aunque no siempre— de apellidos como Cohen, Kagan, Kahn, Kohn, Katz, etc.

El Nuevo Testamento no recoge la noción sacerdotal que existía, por ejemplo, en el Antiguo Israel. Por un lado, considera que el único sacerdote que hoy en día oficia eficazmente ante Dios es Cristo (Hebreos 9-11); por otro, considera que todos los creyentes son reyes y sacerdotes (Apocalipsis 1, 6; 5, 10). Sus congregaciones locales estaban gobernadas por ancianos*.

La noción de clero sacerdotal es desconocida en el islam, no pudiendo considerarse ni a imanes* ni a ulemas* como sacerdotes.

Bibl.: F. Murphy, *World...*; S. Sandmel, *Judaism...*; E. P. Sanders, *Judaism...*

SACRAMENTO. Palabra latina empleada para describir el juramento de fidelidad que prestaban los soldados. En la versión latina del Nuevo Testamento se utilizó para traducir el griego *mysterion*. El concepto teológico que considera como tal una «forma visible de la gracia invisible» es ajeno al Nuevo Testamento y no se formula antes del Bajo Imperio. Debe por otro lado mucho de su contenido a formulaciones procedentes del helenismo. Desde luego, ni el bautismo* ni la eucaristía* son contemplados en los escritos neotestamentarios desde esa perspectiva y sólo en un sentido muy impropio puede hablarse de sacramentos o de sacramentología en el Nuevo Testamento. En cuanto a su fijación en número de siete, propia de la teología católica, no aparece hasta el siglo XII con Pedro Lombardo.

El concepto de sacramento es desconocido en el islam.

Bibl.: L. Deiss, *La Cena...*; ídem, *La Misa*, Madrid, 1990; G. Barth, *El bautismo en el Nuevo Testamento*, Salamanca, 1986; C. Vidal, *De Pentecostés...*

SACRIFICIO. Ofrenda de animales u otros productos a Dios. El ejemplo más antiguo se retrotrae en la Biblia a Caín y Abel (Génesis 4, 3-5). Los patriarcas ofrecieron sacrificios animales y lo mismo hizo el pueblo de Israel en Silo y otros lugares (1 Samuel 1, 3, etc.). Con David, se centralizaron los sacrificios en Jerusalén (2 Samuel 6, 12 ss.), aunque la institucionalización de tal práctica no tuvo lugar hasta la construcción del templo por su hijo Salomón. Existían diversos tipos de sacrificio: *olah* (ofrenda quemada), *minjah* (ofrenda de comida), *nesej* (libación), *shejar* (ofrenda de bebida alcohólica), *jatat* (ofrenda por el pecado), *asham* (ofrenda por la culpa), *nedavah* (ofrenda voluntaria), *neder* (ofrenda de voto), *tenufah* (ofrenda mecida), *terumah* (ofrenda de óbolo) y *shelamin* (ofrenda de paz). Los profetas no se manifestaron en contra del sistema de sacrificios como tal pero sí contra la ritualización de la fe (Isaías 1, 1 ss.) que excluía el elemento espiritual de la misma para dejar sólo el ceremonial. Durante el Segundo Templo, el sistema de sacrificios se desarrolló de manera muy sistematizada aunque ello sirviera para crear corruptelas entre las clases sacerdotales ocasionadas por motivos económicos. En esta época se aceptaron sacrificios ofrecidos por no judíos y en honor de gobernantes paganos como los emperadores romanos. Con el Segundo Jurbán*, dejó de existir el sistema de sacrificios. Esto provocaba un claro problema teológico, ya que buena parte de los sacrificios tenían como finalidad la expiación de los pecados mediante la muerte de un ser perfecto e inocente. Los rabinos optaron por considerar la oración como un sustituto claro del sacrificio pese a lo indicado en la bendición 17 de la *Amidah**. En general, se considera que el sistema de sacrificios volverá a darse en el futuro si bien como consecuencia de una intervención divina y no de un suceso político. Recordatorios de los sacrificios son hoy en día el hueso asado (*zeroah*) del *seder* de Pascua que recuerda al antiguo cordero pascual y la oración de *musaf*.

El Nuevo Testamento considera abolido el régimen de sacrificios del Antiguo (Hebreos 9-11) en virtud del sacrificio de expiación* realizado por Jesús* en la cruz* que es irrepetible y cuya perspectiva arranca de conceptos teológicos judíos anteriores al cristianismo. Tal interpretación puede considerarse retrotraíble al propio Jesús, que anunció la destrucción del Templo y ya aparece con claridad en los primerísimos años de historia del cristianismo (M. Hengel).

En el islam la noción de sacrificio se halla prácticamente limitada al *Id al-Adha**.

Bibl.: *ERE*, XI, pp. 1-39; Y. Kaufmann, *Religion...*; G. Rendtorff, *Studien zur Geschichte des Opfersinn Alten Israel*, 1967; M. Hengel, *The Pre-Christian Paul*, Filadelfia, 1991; C. Vidal Manzanares, *De Pentecostés...*; ídem, *El Primer Evangelio...*

SADUCEOS. Sector interpretativo dentro de la religión de Israel cuyo nombre, posiblemente, deriva del sumo sacerdote Sadoc (2 Samuel 8, 17). En buena medida pertenecían a la aristocracia sacerdotal y se mostraron bien dispuestos a colaborar con Roma con la finalidad de mantener la estabilidad política y social. Teológicamente, aceptaban únicamente la Torah* escrita, rechazando la ley oral; negaban la resurrección, la existencia de ángeles y espíritu (Hechos 23, 8). Mantuvieron una postura muy hostil hacia el cristianismo, desempeñando un papel muy relevante en la muerte de Jesús (Juan 11, 45 ss.) y en la persecución de los judeocristianos (Hechos 3 y 4). El jurbán* del año 70 les privó de la base fundamental de su influencia y desaparecerían antes de finales del siglo I.

Bibl.: Schürer, *History*...; F. F. Bruce, *New Testament*...; C. Vidal Manzanares, *De Pentecostés*...; ídem, *El Primer Evangelio*...; A. J. Saldarini, *Pharisees*....

SALVACIÓN. El concepto de salvación en el judaísmo no es similar al de las otras religiones monoteístas. Ciertamente, su escatología* afirma la existencia de la resurrección* y del infierno*, por citar sólo dos ejemplos, pero, teológicamente, la idea de salvación carece del lugar central del que disfruta en otras religiones. En términos generales, puede decirse que todo el pueblo de Israel —salvo los que niegan la resurrección— tendrá parte en el mundo venidero (Mish. San. 10. 1.) y que también los no judíos piadosos pueden esperar tener parte en la vida futura (Tosef. San. 13: 2). Con todo, tal creencia presenta contradicciones con el Antiguo Testamento —y también con el judaísmo del segundo templo— donde la salvación parecía estar ligada más a la fidelidad a Dios que a la pertenencia a una etnia concreta (Ezequiel 14, 6 ss.; Daniel 12, 2-3, etc.).

El Nuevo Testamento parece estar más relacionado con esta última visión que con ninguna otra. Su enfoque es rotundamente radical al afirmar que sólo hay salvación en el nombre de Jesús (Hechos 4, 11-2) y que sólo creyendo en él se puede obtener vida eterna (Juan 3, 16; 5, 24; 20, 31; Romanos 10, 9). La salvación deriva de la aceptación mediante la fe* del sacrificio* de Cristo, unida a la perseverancia (Mateo 10, 22; 24, 13; Marcos 13, 13). Esta salvación es por gracia, a través de la fe, y no por obras (Efesios 2, 8-9; Tito 3, 5). Tal anuncio constituye el núcleo de la predicación evangélica (Marcos 16, 16).

El islam se presenta obviamente como una religión de salvación, lo que está en armonía con sus raíces judías y cristianas. La misma está garantizada a aquellos que en la tumba respondan correctamente a las preguntas relativas a su dios, su profeta, su religión y el lugar hacia el que oran (41, 30; 16,

32). Estos fieles experimentarán la resurrección* y tras la misma gozarán de la bienaventuranza del Paraíso*. En términos generales, parece que la salvación queda garantizada para aquellos que son musulmanes, prácticamente por el hecho de serlo, aunque eso no les excusa de evitar el pecado, ya que éste siempre es castigado (6, 120). Con todo, algunas tradiciones de la Sunna* indican que los que se hayan separado de la misma irán al infierno, mientras que la Shi'a* exige como condición indispensable de salvación el amor a sus imanes*. En cuanto a los judíos* y los cristianos*, el Corán resulta contradictorio. Si bien en una primera época Mahoma parece haber reconocido la posibilidad de su salvación con tal de que obedecieran a la revelación que ya tenían (2, 111 y 135; 4, 47; 3, 84; 5, 82-5; etc.); posteriormente el Corán recoge fuertes ataques contra los mismos y los amenaza de condenación ya que no han creído en Mahoma (2, 41, 91 y 101; 4, 155; 5, 41; 3, 78; 5, 82). Todos los que no aceptan el islam deben ser pues combatidos hasta que paguen la capitación y estén humillados (9, 29). En cuanto a los paganos y los que adoran imágenes, su fin sólo puede ser el Infierno*.

Bibl.: K. Barth, *The Epistle*...; L. Baeck, *The Essence*...; C. Vidal Manzanares, *De Pentecostés*...; ídem, *El Primer Evangelio*...; G. E. Ladd, *Theology*...; E. P. Sanders, *Paul and*...

SAMARITANOS. Descendientes de los antiguos israelitas, unidos posiblemente a un elemento no hebreo (2 Reyes 17, 29), que forman un colectivo de características religiosas específicas. Negaban autoridad al Templo de Jerusalén y consideraban que el único válido era el suyo propio, situado sobre el monte Garizim. Aceptan únicamente el Pentateuco* como escritura. Su enemistad con los judíos del periodo del Segundo Templo era notoria. Los judeocristianos se extendieron también misionalmente por Samaria* (Hechos 8, 4 ss.), quizá como consecuencia de un ministerio anterior de Jesús por esa zona (Juan 4). Hoy en día, son sólo una comunidad pequeña en Nablus.

Bibl.: C. Vidal Manzanares, *De Pentecostés*...; Schürer, *History*...; E. P. Sanders, *Judaism*...; A. Montgomery, *The Samaritans*, Filadelfia, 1907; H. G. Kippenberg, *Garizim und Synagogue*, Berlín, 1971; L. Poliakov, *Los samaritanos*..., Madrid, 1992.

SANHEDRÍN. En el judaísmo, tribunal supremo de justicia que desempeñó sus funciones durante la ocupación romana en Israel desde finales del Segundo Templo al siglo v d. de C. La palabra es un préstamo del griego *synedrion* (consejo) y se aplicó específicamente al gran sanhedrín *(sanhedrín guedoláh)* o gran *bet dín* que tenía 70 jueces o ancianos, un presidente *(nasí)* y un vicepresidente *(av bet dín).* Su composición es señalada en la Mishnah* (San 1. 6). El gran sanhedrín administraba justicia, promulgaba legislación, constituía la máxima autoridad en lo que a Halajá se refería y se ocupaba de los temas de importancia nacional. Se reunía diariamente en la cámara de piedra tallada del Templo *(lishcat hagazit)* salvo en sábado y fiestas. El *Sanhedrín ketanah* administraba justicia —incluyendo la pena capital hasta que Roma le privó de esta competencia— en algunas ciudades de Judea y estaba compuesto por 23 miembros. El tratado Sanhedrín de la Mishnah y del Talmud* se ocupa de los aspectos penales y procesales de esta institución. Los intentos modernos de restaurar el gran sanhedrín han resultado fallidos.

En el Nuevo Testamento, el Sanhedrín aparece descrito como lugar del proceso y condena religiosa de Jesús (Mateo 26, 57 ss. y par.), así como una de las instituciones que intentó limitar las actividades de los judeo-cristianos*.

Bibl.: ERE XI; Schürer, *History...;* C. Vidal Manzanares, *De Pentecostés...;* ídem, *El Primer...;* S. Sandmel, *Judaism...;* E. P. Sanders, *Judaism...;* Catchpole, *Trial...;* J. Blinzler, *Trial...*

SANGRE. Símbolo de la vida. El derramamiento de sangre exige un castigo inmediato (Génesis 9, 6). Los sacrificios* del Antiguo Testamento exigían en buen número de casos el derramamiento de sangre (Levítico 17, 10-4; Deuteronomio 12, 15-6). El consumo de la sangre —incluyendo animales sin desangrar— se consideraba prohibido a los israelitas (ver: Cashrut), pero no a los no judíos que vivían entre ellos (Deuteronomio 12, 16-24; 14, 21).

El Nuevo Testamento recoge el sentir veterotestamentario de que no hay posibilidad de expiación* sin derramamiento de sangre (Hebreos 9, 22). El sacrificio* de Cristo es expresado así con la expresión «sangre» en multitud de ocasiones (1 Corintios 10, 16; Efesios 2, 12; Hebreos 9, 14; 10, 19; 1 Pedro 1, 2 y 19; 1 Juan 1, 7; Apocalipsis 7, 14; 12, 11, etc.). No existe prohibición para los cristianos del consumo de sangre al estar permitidos todos los alimentos* (Marcos 7, 19).

Bibl.: L. Morris, *The cross...;* ídem, *The first...;* C. Vidal Manzanares, *De Pentecostés...*

SANTIAGO. 1. «El mayor», hijo de Zebedeo y hermano del apóstol* Juan. Formó parte del grupo de los tres discípulos más íntimos de Jesús (Marcos 5, 37; Mateo 26, 37). Cerca del 44 d. de C., fue ejecutado por orden de Agripa I (Hechos 12, 2).

2. El hijo de Alfeo. Uno de los doce apóstoles (Mateo 10, Marcos 3, Lucas 6, Hechos 1).

3. «El menor». Hijo de la otra María (Marcos 16, 1; Mateo 28, 1) sobre la que no poseemos más información.

4. «El justo» o «hermano del Señor». Uno de los hermanos de Jesús (Mateo 13, 55; Marcos 6, 3) convertido como consecuencia de una aparición de aquél tras su resurrección (1 Corintios 15, 7). Desempeñaba la jefatura de la comunidad de Jerusalén (Hechos 15 y 20), donde murió mártir hacia el año 62. Fue el autor de la carta de Santiago, una de las epístolas* católicas, que figura en el Nuevo Testamento.

Bibl.: K. L. Carroll, «The place of James in the Early church», en *BJRL*, 44, 1961; C. Vidal Manzanares, *De Pentecostés...;* ídem, *El Primer Evangelio...;* F. F. Bruce, *New Testament...*

SANTIDAD. Ver: Santo.

SANTO. En el Antiguo Testamento, se considera santo todo aquello que es consagrado al Señor (la tierra, el sábado*, los sacrificios*, etc.) y de manera muy especial lo es El, precisamente como contrapuesto a todo lo pecaminoso (Isaías 6). El pueblo de Israel tiene una especial obligación de ser santo, es decir, consagrado a Dios (Deuteronomio 7, 6; 14, 2; 26, 19; etc.).

Este mismo sentido aparece en el Nuevo Testamento, donde los santos es uno de los apelativos con que se hace referencia a todos los creyentes sin excepción (Hechos 9, 13; 26, 10; Romanos 12, 13; 15, 25; 1 Corintios 16, 1 y 15; Filipenses 4, 21; etc.). La idea de una canonización o proceso específico de reconocimiento de la santidad es ajena al Nuevo Testamento.

La palabra árabe más común para denominar a los santos es *uali* («amigo», plural: *auliya*) que deriva de la raíz para «estar cerca». Teóricamente el culto a los santos está proscrito en el islam pero popularmente es muy común. Son considerados santos aquellos que realizaron milagros* (que se consideran, no obstante, inferiores a los de los profetas*) en vida o posteriormente en torno a sus tumbas. Estas son visitadas por fieles que anhelan alguna bendición y en torno a los mismos se celebran fiestas anuales. Existen diversas clases de santos. La más elevada es la del *ghaut* («refugio» o «ayuda») al que sigue la del *qutb* («eje místico»), aunque estas dos categorías se identifican ocasionalmente. Los tres *nuqaba* («jefes espirituales») vigilan el universo, los siete *abrar* («puros») surcan los siete climas del mundo para expandir el islam y los setenta *abdal* («sustitutos») —de los que cuarenta viven en Siria y treinta en otros lugares del mundo— hacen que Dios preserve la existencia del mundo. Aparte de éstos, el sufismo cuenta con multitud de santos (denominados ocasionalmente *pir**). Todos los santos cuentan con el poder de impartir bendiciones (*baraka*).

Bibl.: *EI*, IV, pp. 1109-11; M. Lings, *A Moslem saint of twentieh century*, 1961; C. Vidal Manzanares, *De Pentecostés...*; P. Parshall, *Bridges...*

SATANÁS. Para el judaísmo y el cristianismo, ver: Demonios.

En el islam, el calificativo no parece tanto referirse al jefe de los demonios* —al que se llama Iblis— como a cada uno de aquéllos. Tal característica parece evidenciar una defectuosa comprensión de quién era Satanás en el Antiguo y el Nuevo Testamento, o bien una derivación filológica del término («opositor»).

SEDER. Lit. «orden». Término que designa el servicio del hogar y el ritual de las primeras noches de la Pascua.

SEFARDITAS. Lit. «habitantes de Sefarad», «españoles». Abdías 1, 20 menciona Sefarad, que es identificado por el Targum Jonatán y diversos comentaristas judíos medievales (Rashi, Ibn Ezra, David Kimji) posteriormente con Ispamia o España. El término sirve para referirse a los judíos cuya ascendencia se remonta a antepasados que vivieron en España o Portugal antes de 1492-7. Aunque reconocen la autoridad del Talmud de Babilonia y del Shulján Aruj, cuentan con tradiciones propias en relación con la liturgia, la plegaria (*nosaj*), la vida sinagogal, la pronunciación de la lengua hebrea (que es la misma del actual estado de Israel), etc. Su idioma vernáculo —el español medieval— se convirtió en el judeo-español o ladino, también denominado *giudezmo* y *spaniolish*. Su Edad de Oro coincidió con el Medievo, iniciándose su declive a partir del siglo XVII. En Israel constituyen el 50% de la población judía, aunque su importancia social es muy inferior.

Bibl.: C. Roth, *Marranos...*; *Atlas de historia judía...*; H. H. Ben-Sasson, *History...*

SELIJOT. En el judaísmo, plegarias penitenciales o propiciatorias recitadas durante los días públicos de ayuno.

SEPTUAGINTA. La traducción griega más primitiva del Antiguo Testamento. Según la carta de Aristeas, el rey Ptolomeo de Egipto invitó en el siglo III a. de C. a 72 sabios judíos a traducir el Pentateuco para su biblioteca real y de este proyecto surgió la Septuaginta o biblia de los Setenta. El Talmud refiere también el hecho (Meg. 9a), aunque la historicidad del mismo es dudosa. Como traducción, es muy fiel al texto hebreo e incluso, ocasionalmente, parece recoger un texto más cercano al original que el conservado por los masoretas. No es menos cierto que, en algunos casos, se percibe en esta versión un enfoque universalista no tan evidente en el texto hebreo. Los primeros cristianos utilizaron esta versión judía profusamente, lo que llevó a los judíos a emprender nuevas traducciones al griego del Antiguo Testamento y, finalmente, abandonar incluso éstas.

Bibl.: A. Rahlfs (ed.), *Septuaginta*, Stuttgart, 1979; H. B. Swete, *Introduction to the Old Testament in Greek*, Peabody, 1989.

SERAFINES. Seres sobrenaturales, posiblemente ángeles*, que adoran constantemente a Dios (Isaías 6, 2 ss.). El término *seraf* significa en ocasiones serpiente (Números 21, 8), de lo que se hace eco, por ejemplo, 1 Enoc 20, 7.

SETENTA. Versión de los: ver: Septuaginta.

SEXO. En relación con el judaísmo y el cristianismo, ver: Castidad, Familia, Ketubah, Matrimonio y Natalidad.

En el islam no existe una actitud negativa hacia el sexo, aunque algunos ascetas posteriores por influencia oriental hayan podido derivar hacia la misma. La idea misma del celibato* resulta cuando menos excepcional y, desde luego, posterior a Mahoma. El Corán ofrece una regulación muy específica del matrimonio* que aparece concebido como el marco ideal para las relaciones sexuales. Estas constituyen una parte importante de las mutuas obligaciones matrimoniales. Con todo, no todo tipo de relación sexual es considerada positivamente. El adulterio* es considerado negativamente, al igual que la fornicación. Aunque no aparecen referencias explícitas a la homosexualidad* en el Corán, lo cierto es que el tema ha resultado abordado de diversas maneras por los distintos autores islámicos. Mientras que para unos constituye un vicio horrible, para otros su práctica es permisible. El disfrute del sexo se halla entre los deleites del Paraíso*.

SHARI'A. También *shar'* («sendero»). Es el término empleado para denominar al derecho islámico. Sus fuentes son el Corán, la tradición o conjunto de *jadit**, el consenso o *ijma* y la analogía basada en estas tres. En el caso de los shiítas, la fuente básica es el Corán y luego sus propias tradiciones. La *shari'a* rige la vida total de los musulmanes aunque en las últimas décadas se ha percibido una corriente —por influencia occidental— tendente a restarle virtualidad práctica, aunque ésta sigue siendo considerable en áreas como el derecho de familia.

Bibl.: *EI*, IV, pp. 320-4; Hughes pp. 285-92.

SHAVUOT. Ver: Pentecostés.

SHEJINAH. Término utilizado en el judaísmo para referirse a la presencia o el Espíritu de Dios. Es sinónimo del mismo Dios. Según los rabinos, está presente entre aquellos que se sientan juntos a estudiar la Torah (Mish. Avot 3. 3, 7), sobre los judíos reunidos para orar y sobre los miembros de un *bet din* (Ber. 6a). Coloca bajo Sus alas al prosélito* (Lev. R. 2.8) y nunca ha abandonado el muro de las lamentaciones (Mid. Salmos 11, 3) pese a haber acompañado en su destierro a los judíos. El concepto ha tenido una importancia especial en la Cábala y entre los *jasidím* y, muy posiblemente, constituye uno de los antecedentes de la doctrina neotestamentaria de la Trinidad.

Bibl.: G. Scholem, *Mysticism*...; C. Vidal Manzanares, *De Pentecostés*...

SHEMÁ. Lit. «escucha». Palabra inicial del «Shemá Israel» («Escucha, oh Israel»), proclamación de fe que afirma la creencia judía en un solo Dios y en la obediencia de Su pueblo, Israel, a Sus mandamientos. La Shemá comprende los textos bíblicos de Deuteronomio 6, 4-9; Deuteronomio 11, 13-21 y Números 15, 37-41. Desde la Edad Media, fue la confesión de fe específica de los mártires judíos. Los rabinos han enseñado que cualquiera que se establece en Israel, habla hebreo y lee la Shemá en la mañana y la tarde tiene asegurado un lugar en el mundo futuro (TJ Shek. 3. 4). Asimismo se asegura que el que recita en la mañana y la tarde la Shemá no será conquistado (Sota 42a).

SHEOL. Ver: Hades, Infierno.

SHI'A. Lit. «división», «secta». Una rama menor del islam —aproximadamente el diez por ciento de los musulmanes— a la que se aplica este nombre en sentido semidespectivo. Los shiítas se dividen en partidarios de los siete imanes o ismailitas y de los doce imanes* o imamitas. Inicialmente estaba dotada de un matiz político exclusivamente centrado en afirmar que Alí tenía que haber sido el primer califa. Posteriormente desarrollarían una teología propia que gira en torno a los imanes*, verdaderos descendientes de Mahoma* a través de Alí* y Fátima*, a la vez que poseedores de una luz espiritual que viene del propio profeta. El grupo de los doce o imamitas considera además que los imanes poseen una cierta cualidad divina, otros grupos shiítas creen que los imanes son, en mayor o menor grado, divinos. El amor a los imanes es requisito indispensable para no ir al Infierno*. El imán oculto recibe el nombre de *Mahdi**. Aunque la Shi'a acepta el Corán como palabra de Dios, cuenta con sus propias colecciones de *jadit** que se hacen remontar a supuestas enseñanzas dadas por Mahoma a Alí. La Shi'a insiste más que la Sunna* en el libre albedrío y admite, en contra de aquélla, el matrimonio* temporal o *muta* basándose en 4, 28. Desde 1502, el shiísmo es la religión oficial de Irán. Fuera de este país las mayores comunidades shiítas se hallan en la India e Irak.

Bibl.: Y. Richard, *Islam...*; *EI*, IV, pp. 350-8; Hughes, pp. 572-9.

SHIÍTAS. Seguidores de la Shi'a*.

SHOÁH. Lit. «desastre», «ruina», «catástrofe». Término utilizado para referirse al exterminio de los judíos europeos realizado por los nazis. El proceso comenzó con arrestos, violencia y leyes discriminatorias –como las de Nüremberg de 1935–, continuó con deportaciones masivas y envíos a campos de concentración y, ya iniciada la guerra, se transformó en una política de exterminio que utilizó desde la eliminación de *ghettos* ya existentes, a los fusilamientos masivos pasando por los maltratos propios de los campos de exterminio y el uso de las cámaras de gas. El fracaso de los nazis en expulsar a los judíos del territorio del Reich (por ejemplo, deportándolos a Madagascar), así como la conciencia de la derrota inevitable añadió mayor crueldad a lo que ya consistía un proceso denigrante que afectaba por igual en su aniquilación a hombres, mujeres y niños. Desgraciadamente, y aunque los hechos serían posteriormente explotados por la propaganda aliada, lo cierto es que los propios países que combatieron contra Alemania no desarrollaron una política de ayuda y acogida hacia los judíos que intentaban huir del horror nazi, ni siquiera después de concluir la Segunda Guerra Mundial, y durante el conflicto se negaron de manera sistemática a bombardear las líneas férreas que llevaban a los campos de exterminio. La certeza del final que los esperaba produjo sublevaciones judías en el *ghetto* de Varsovia (1943) y los campos de exterminio de Treblinka y Sobibor (1943). En algunos países hubo reacciones de la población en contra de las deportaciones de judíos (Dinamarca, Holanda, Bulgaria), pero en otros se ayudó a los masivos asesinatos e incluso se mató judíos meses después de concluida la guerra (Polonia, Ucrania, Croacia, Lituania, Letonia, Estonia, Austria y Rumania). No faltaron tampoco personas de naciones no implicadas en el conflicto que ayudaron a los nazis en su labor genocida, como fue el caso del Gran Mufti de Jerusalén. Al concluir la guerra algunos de los responsables del Holocausto fueron condenados, pero la mayoría logró escapar integrándose en la sociedad alemana y austríaca de postguerra, en la de diversos países hispanoamericanos e incluso desempeñando papeles activos en los servicios de inteligencia de Estados Unidos, países árabes y naciones hispanoamericanas. Se ha discutido la cifra de judíos que perecieron durante el Holocausto, existiendo hoy un acuerdo casi absoluto en torno a un arco que va de los tres millones y medio a los seis millones. Con todo, el número exacto de exterminados en ningún momento puede mermar la repulsa exigida al contemplar un proyecto de genocidio de las dimensiones del Holocausto, meta que parecen perseguir algunos historiadores denominados «revisionistas» que califican de exageradas las cifras relativas a los fallecidos e incluso niegan la realidad histórica del Holocausto. El día conmemorativo del Holocausto (27 de Nisán en Israel, 19 de abril en la Diáspora) constituye un homenaje a los caídos a manos de los nazis. Debe recordarse asimismo que un número doble al de muertos judíos halló también la muerte en los campos nazis a causa de su pertenencia a las consideradas razas inferiores (gitanos, eslavos, etc.) o a sus ideas políticas o religiosas.

Bibl.: N. Levin, *The Holocaust*, Nueva York, 1973; C. Lanzman, *Shoah*, Nueva York, 1985; D. Cohn-Sherbok, *Holocaust Theology*, Londres, 1989.

SHULJÁN ARUJ. Lit. «mesa preparada». Codificación oficial de la ley judía redactada por rabí Yosef Caro (1488-1575), uno de los últimos *posekim* y místicos de Safed. La obra presenta al completo la halajá en cuatro secciones: *oraj jaim* (modo de vida), *yoréh deah* (enseñanza de conocimiento), *even haezer* (leyes de ayuda) y *joshen mishpat* (coraza del juicio). La primera se refiere a leyes de la vida del hogar y de la sinagoga; la segunda, a los preceptos positivos y negativos; la tercera, a los problemas relativos a la mujer, el matrimonio, la familia y el divorcio; y la cuarta, a las normas civiles y penales. La obra ha sido objeto de diversas ediciones con glosas y modificaciones.

SIDUR. Lit. «orden». Término con que se designa el libro judío de oraciones, donde aparecen los textos de uso litúrgico en un orden determinado. El Sidur más antiguo fue el Seder tefilot (orden de oraciones) del rav

Amram Gaón (siglo IX), ya ordenado en secciones y compuesto en Babilonia. El término *Sidur* fue utilizado primero por los judíos sefarditas. El libro de oraciones sefardita alcanzó su forma definitiva en el siglo XVI con rabí Isaac Luria de Safed. El askenazi o asjenazo típico puede datarse en el siglo XIX. El Rabinato jefe de las fuerzas armadas de Israel publicó un Sidur con rito unificado, pero el mismo ha tenido escaso eco.

Bibl.: *Sidur Avodat Israel*, Tel-Aviv, 1985; *Daily prayer book*, Tel-Aviv, 1982; *The complete Artscroll siddur*, Brooklyn, 1985.

SIERVO DE YAHVEH.

En el Antiguo Testamento, el título de siervo de Dios es atribuido a Israel (Levítico 25, 55; Isaías 42, 19; 44, 1, etc.), a reyes paganos, como Nabucodonosor, que cumplen el propósito de Dios (Jeremías 25, 9) y a un personaje, desprovisto de pecado, que llevará las culpas de todos sufriendo expiatoriamente por ellos (Isaías 52, 13-53, 12). Éste siervo último era identificado con el Mesías* y con el hijo* del hombre en el judaísmo del Segundo Templo y también lo fue por Jesús* —que afirmaba serlo— y por el cristianismo primitivo.

Bibl.: M. D. Hooker, *Jesus and the servant*, Londres, 1959; T. W. Manson, *The Servant...*; C. Vidal Manzanares, *El Primer Evangelio...*; ídem, *De Pentecostés...*; J. Jeremías, *Teología...*

SIETE.

1. Especies. Productos que la tierra de Israel produce en abundancia. Aparecen mencionadas en Deuteronomio 8, 8 y son: trigo, cebada, vid, higos, granada, olivo, miel o dátiles.

2. Mandamientos de Noé. Preceptos divinos que afectan a toda la humanidad como descendiente de Noé. Su base es Génesis 9, 1-17, pero el testimonio más antiguo posiblemente se halle en Jubileos 7, 20 ss. Los mandatos son: justicia civil, prohibición de la blasfemia, de la idolatría o culto a las imágenes, del incesto, del asesinato y del robo, así como de comer carne cortada de un animal con vida (Sanh. 56a). La justicia civil implica el establecimiento de tribunales de justicia; la blasfemia incluye el falso testimonio; el incesto se hace extensivo al adulterio y a otros pecados sexuales, y el comer carne cortada de un animal vivo va referido también a todas las formas de crueldad. A finales del periodo del Segundo Templo, los fariseos consideraban como prosélito en potencia a todo el que guardaba los mandamientos de Noé. Estos mandatos fueron incorporados por el judeo-cristianismo en el concilio de Jerusalén (Hechos 15), exigiéndose su cumplimiento a los conversos no judíos, que no quedaban, sin embargo, obligados ni a circun-

cidarse ni a guardar la ley de Moisés. Coincidía así con el judaísmo en el hecho de que la ley de Moisés sólo se aplica a Israel mientras que estos preceptos son de alcance universal. En términos generales, el judaísmo estima que los musulmanes y los cristianos son discípulos de Noé que merecen respeto en esta vida y que recibirán una parte en la vida del más allá si se cuentan entre los piadosos entre las naciones del mundo (Tosef. Sanh 13. 2).

SINAGOGA. Lugar de culto judío. La palabra es de origen griego y designa un sitio de reunión. El término hebreo para la misma es *bet ha-kneset* («casa de reunión»). Aparece ya en el exilio babilónico tras el Primer Jurbán* aunque algunos han considerado que Jeremías 39, 8 podría ser una referencia temprana a la misma. En estos lugares de reunión, los judíos leían y estudiaban la Biblia, oraban y encontraban consuelo de su exilio. Antes del Segundo Jurbán ya existían unas 400 sólo en Jerusalén y unas mil en la Diáspora; después del mismo la sinagoga reemplazó al templo y se transformó en el centro de la vida judía. Aunque arquitectónicamente la sinagoga se modificó con el paso de los tiempos, conservó, sin embargo, una estructura básica consistente en un arca sagrada *(arón hakodesh)* en el muro oriental o frente a él *(mizraj)*, en dirección a Jerusalén y enfrente de la entrada (Ber. 30a, Tosef. a Meg. 4. 22); en una *bimah* en el centro o hacia atrás; y en un *ner tamid* o lámpara perpetua colgada delante del arca para simbolizar la *menorah** del templo. Asimismo la sección de mujeres *(ezrat nashim)* se halla separada de la de los hombres por una partición *(mejitzah)* o construida en forma de galería. El arca contiene rollos sagrados *(Sefer Torah)* y diversos objetos religiosos. Junto a ella hay asientos de honor para el rabino y fieles distinguidos.

Bibl.: J. Peláez del Rosal, *La sinagoga*, Córdoba, 1988; C. Vidal Manzanares, *El Primer Evangelio...*; E. Schürer, *History...*; F. Murphy, *World...*; S. Sandmel, *Judaism...*; E. P. Sanders, *Judaism...*

SIONISMO. Movimiento ideológico que defiende y fomenta el regreso de los judíos a la tierra de Israel. El término (hebreo: *Tzionut*) se remonta a 1890, aunque la idea de regreso a Sión ya se dio después del Primer Jurbán*. El judaísmo es quizá la única fe para la que la posesión de una tierra concreta constituye un elemento indispensable. Así, la esperanza de la redención mesiánica siempre estuvo unida a la idea del retorno a la tierra; la oración y la sinagoga se orientan a Jerusalén y las fiestas* recuerdan la relación con la tierra de Israel. Pese a que siempre hubo judíos en Israel y al papel que esta tierra tiene en la fe judía, lo cierto es que el movimiento sionista surge a mediados del siglo XIX en parte como reflejo de los nacionalismos europeos, en parte como consecuencia de la desilusión ante la emancipación de los judíos y su posible asimilación en las sociedades europeas, así como por los vergonzosos pogroms antisemitas del este de Europa. Los primeros en abogar por un asentamiento judío en Israel fueron los rabinos Yehudah Alkalai (sefardita) y Tzvi Hirsch Kalischer (ashkenazi). Desde 1882 se produjo una defensa del sionismo práctico por parte de los Jovevei Tzion (amantes de Sión) y pronto los *biluim* —jóvenes judíos procedentes del imperio ruso— protagonizaron la primera *aliyah*, dedicándose al trabajo agrícola en una Palestina sometida entonces a los turcos. El denigrante proceso del capitán judío Dreyfus, condenado erróneamente por espionaje en la Francia de 1894, lo que provocó toda una oleada de agitación antisemita, impulsó a Theodor Herzl (1860-1904) a impulsar un programa sionista que se anunció en su obra «El Estado judío» (1896). Al año siguiente se reunía el primer congreso sionista de Basilea y se establecía la Organización Sionista Mundial (OSM). Herzl profetizó en esa ocasión que en cincuenta años existiría un estado judío. La OSM supo ganar terreno entre los judíos de Europa oriental y pronto adoptó el emblema de la estrella de David y el himno titulado «HaTikvah» («la esperanza»). Aunque Herzl fracasó en su programa de asentamiento en Palestina y buena parte del judaísmo se opuso al sionismo, su semilla germinaría. Las principales tendencias del sionismo fueron el socialismo del Mapai (cuyo dirigente fue durante muchos años David ben Gurión); el Mapam, de corte marxista; el sionismo general de Jaim Weizman; el revisionismo de Vladimir Zeev Jabotinsky (del que acabaría naciendo el Likut de Menahem Beguin); y el sionismo religioso cristalizaría el partido religioso nacional o Mafdal. Entre los opositores al sionismo dentro del judaísmo se hallarían con el tiempo el Consejo americano para el judaísmo de corte reformado, los ultraortodoxos de la Agudat Israel y los jasidim seguidores del Admor de Satmar en Estados Unidos.

Jaim Weizmann consiguió, como muestra de gratitud por la ayuda judía a la causa de los aliados durante la Primera Guerra Mundial, que el 2 de noviembre de 1917 lord Balfour firmara la declaración que lleva su nombre y en la que se expresaba el punto de vista británico favorable al establecimiento de un hogar nacional judío en Palestina siempre que quedaran a salvo los derechos de los otros grupos que habitaban aquella tierra. El deseo de mantener la amistad con los árabes —que ya habían provocado diversas matanzas de judíos— llevó a Gran Bretaña, que había sustituido a Turquía como potencia dominante en Palestina en virtud de un mandato de la sociedad de naciones, a emitir el Libro Blanco (1922) que frenó la emigración judía. La actitud británica y la indiferencia internacional ante la política de Hitler hacia los judíos llevó a buen número de éstos a inclinarse por el sionismo. Tras el Holocausto, Gran Bretaña no sólo mantuvo su política antisionista, sino que además encerró en sórdidos campos de refugiados a los judíos que, huyendo de la Europa en ruinas, intentaban llegar a la tierra de Israel. El 29 de noviembre de 1947 la Asamblea general de la ONU votó la partición de Palestina en un estado judío y otro árabe, con lo que se cumplía año a año el anuncio de Herzl. La Liga árabe convocó a una «matanza espectacular» de judíos y procedió a invadir el territorio de Israel, al proclamarse la independencia de este estado el 14 de mayo de 1948. El intento concluyó en un fracaso total de los árabes. A la vez, el nacimiento de una entidad política judía propia en Israel llevó a la mayor parte de los judíos —salvo las excepciones ya mencionadas— a agruparse en torno a la esperanza sionista en alguna de sus formas.

Bibl.: A. Boyer, *Les origines du sionisme*, París, 1988; B. Halpern, *The idea of the Jewish state*, Harvard, 1961; D. Vital, *The origins of zionism*, Oxford, 1975; T. Herzl, *El estado judío*, *Jerusalén*, 1979; W. Laqueur, *Historia del sionismo*, Jerusalén, 1988; N. Weinstock, *El sionismo contra Israel*, Barcelona, 1970; S. Avineri, *La idea sionista*, Jerusalén, 1983.

SOTERIOLOGÍA. Ver: Salvación.

SUCESIÓN APOSTÓLICA. Ver: Apóstoles.

SUCOT. Lit. «cabañas». Nombre de la tercera y última de las fiestas* de peregrinación en el judaísmo. Se celebra en Israel del 15 al 21 de Tishrei y hasta el 22 en cualquier otro lugar. Rememora el caminar de los israelitas por el desierto tras ser liberados de Egipto (Levítico 23, 34; Deuteronomio 16, 13, 16-7) y festeja la cosecha (Exodo 23, 16; 34, 22).

Bibl.: C. Shepherd, *Jewish...*; J. Barylko, *Celebraciones*.

SUFISMO. Escuela teológica islámica de carácter místico. Se ha pretendido derivar el término «sufí» de *suf* («lana»), pero es mucho más posible que proceda de la palabra griega *sofos* («sabio»). Las órdenes sufíes, un colectivo en cuya configuración parece haber influido el monacato oriental, reciben el nombre de *tariqa* («camino») y residen en conventos denominados *ribat* o *janaqa*. Sus miembros se dividen en una clase dedicada a tiempo completo a la piedad sufí —lo más similar al clero dentro del islam— y los que llevan una existencia normal pero que se unen a la comunidad para ciertos actos cultuales —una especie de orden tercera—. Las órdenes sufíes —que surgen en torno al siglo XII— son realmente innumerables. Entre ellas destacan la *suhrauardiyya* (siglo XIII), difundida por Afganistán y la India; la *shadhiliyya* (siglo XIII), extendida por Túnez y Egipto; la *maulauiyya* o de los derviches danzantes, que gozó de gran predicamento en el imperio otomano; la *naqshabandiyya* (siglo XIV), con repercusión en Asia Central; la *bektashiyya*, relacionada con los jenízaros turcos, cuyos mayores focos se encuentran hoy en Albania y Egipto; la *tijaniyya* (siglo XIX), enraizada en el norte de Africa y, especialmente, en las colonias francesas; y la *sanusiyya* (siglo XIX) con origen en Cirenaica y carácter mixto religioso y militar. Junto a las prácticas habituales del islam, el sufismo practica un conjunto de rituales propios denominados *dhikr*. De hecho, aunque el sufismo pretende formar parte del islam, lo cierto es que los elementos predominantes de su filosofía distan mucho de ser los coránicos. A través de una serie de *maqam* («etapa») —el arrepentimiento, la abstinencia, la renuncia, la pobreza, la paciencia, la confianza en Dios y la satisfacción— el sufí va atravesando distintos *jal* («estado») —la meditación, el acercamiento a Dios, el amor, el temor, la esperanza, el deseo, la intimidad, la tranquilidad, la contemplación y la seguridad— que le llevan hasta la contemplación de Dios mediante el éxtasis. Cuando un candidato ha atravesado todas las etapas bajo la guía de un maestro recibe el manto de remiendos que caracteriza a los sufíes. La *fana'* («pasar») permite pasar de las pasiones y los deseos a la suspensión del pensamiento consciente; la *baqa'* («permanecer») permite alcanzar un estado en el que se es consciente de estar unido de manera constante con Dios. Esta visión ha derivado, lógicamente desde nuestro punto de vista, muchas veces en un panteísmo o un indiferentismo religioso, permitiendo por un lado una expansión del islam más fácil en zonas de trasfondo politeísta como es el caso de la India; por otro, absorber multitud de elementos —por ejemplo, hinduistas— ajenos al islam y, finalmente, influir en visiones no musulmanas como la mística de san Juan de la Cruz. En los últimos años han proliferado en Occidente diversas sectas ocultistas que se autodefinen como sufíes pero cuya conexión con el sufismo auténtico resulta, cuando menos, problemática.

Bibl.: A. M. M. McKeen, «The Sufi-Qawm Movement», en *MW*, 53, 1963, pp. 212 ss.; M. Asín Palacios, *El Islam...*; J. Chevalier, *El sufismo y la tradición islámica*, Barcelona, 1986; Ibn Abbad de Ronda, *Letters on the Sufi Path*, Nueva York, 1986; Ibn Al'Arabi, *The Bezels of Wisdom*, Nueva York, 1980.

SUNNA. Lit. «costumbre». Como tal se denomina no sólo a la norma de comportamiento emanada de Mahoma mediante su palabra, sus actos y su aprobación tácita, sino también a la mayor —noventa por ciento— de las grandes divisiones del islam. Sus seguidores, sunnitas o sunníes, mantienen la pretensión de ser los seguidores verdaderos del profeta así como su verdadera comunidad. Algunas tradiciones recogen enseñanzas que señalan la gravedad del pecado de aquellos que son infieles a la comunidad. Según una de ellas, el islam se dividirá en 73 sectas, de las cuales 72 irán al infierno y la 73, la Sunna, irá al paraíso.

Bibl.: *EI*, IV, pp. 555-57; Hughes, pp. 622 ss.

SUNNITAS. Seguidores de la Sunna*.

SURA. Nombre que recibe cada una de las 114 secciones en que se divide el Corán*. Se ha sugerido que el término puede derivar de *shurah* («tirada»), en el sentido de sucesión de pasajes. Bell ha especulado con la posibilidad de que viniera del siriaco *surta* («escrito»), si bien el mismo reconoce que esto iría en contra de las leyes que rigen el intercambio de consonantes de siriaco a árabe.

Bibl.: *EI*, IV, pp. 560 ss.; Nöldeke, *Geschichte,* I, pp. 30 ss.; II, pp. 30 ss.; Bell, *Corán...;* Hughes, p. 623.

T

TALED. Ver: Talit.

TALIÓN. La Torah* establecía la ley de talión (Exodo 21, 24; Levítico 24, 20; Deuteronomio 19, 21), lo que, en su contexto histórico, implicaba un avance en la medida en que limitaba las posibilidades de venganza. No obstante, en el periodo del Segundo Templo, los fariseos* abogaban ya a favor de una sustitución de la pena corporal por una indemnización monetaria, limitando además considerablemente las causas para aplicar la pena de muerte a las cuatro* formas de pena capital.

La enseñanza de Jesús es rotundamente opuesta a la ley del talión (Mateo 5, 38-48) propugnando la sustitución de la venganza –siquiera judicial– por el amor y el perdón, una tesis que aparece recogida también en el resto del Nuevo Testamento (Romanos 12, 19-21).

En el islam, la ley de talión o *qisas* se aplica en los casos de muerte y de heridas que no resulten fatales. El Corán reconoce el derecho a la venganza familiar (17, 35) pero sin excederse, es decir, pidiendo sólo vida por vida. 5, 49 es la base para aplicar esta ley del talión a las heridas menores. Con todo, la tradición sostiene que el ofendido podría aceptar a cambio del castigo físico del ofensor alguna compensación de tipo económico. Modernamente, y por influencia occidental, la norma se ha ido dulcificando no permitiéndose que nadie se tome la justicia por su mano y exigiéndose la prueba judicial del delito.

Bibl.: Y. Kaufmann, *Religion...*; J. Jeremías, *Jerusalén...*; J. Driver, *Militantes...*; *EI*, II, pp. 822-28; pp. 1038-41; Hughes, pp. 481 ss.

TALIT. En el judaísmo, manto de oración de forma rectangular que los varones judíos, que ya han pasado la edad de *barmitzvah*, utilizan en las oraciones matinales de los días ordinarios, en sábado, fiestas, días de ayuno, en el culto vespertino de Tishah Beav y la víspera de Yom Kippur. Su materia prima es la lana o la seda, y suele llevar franjas negras o azules con flecos en los bordes. Se considera que llevar el *talit* equivale a obedecer el precepto bíblico de poner flecos o *tzitzit* en la ropa (Números 15, 37-41; Deuteronomio 22, 12). Este manto recibe también el nombre de *talit gadol* (*taled* o *talit* grande) y es distinto del *talit katán* (*talit* o *taled* pequeño) —también denominado *arbah kenafot*— que es utilizado por los judíos observantes continuamente salvo cuando duermen. Este último se lleva debajo de la camisa (aunque no directamente sobre la piel) y puede llevarse incluso en el baño.

TALMUD. Lit. «estudio». Conjunto oficial de tradición e interpretación judías. Está formado por la Mishnah (ley oral codificada en torno al 200 d. de C.) y la Guemarah (comentario a la Mishnah recopilado entre los siglos III y VI d. de C.). En el lenguaje popular también es conocido como Guemarah y como Shash, acróstico de *shishá sidrei Mishnah* (seis órdenes de la Mishnah). Existen dos versiones del Talmud, denominadas *Talmud Eretz Israel* o *Yerushalmi* (Talmud palestino o de Jerusalén) y *Talmud Bavlí* (Talmud babilonio). La primera, concluida en el siglo V d. de C., cubre 39 de los 63 tratados de la Mishnah. En su mayor parte se ocupa de Halajá* y denota un cierto apresuramiento quizá como consecuencia del trasfondo político en que tuvo lugar su redacción. La influencia helenista es considerable en el mismo. La segunda, finalizada hacia el siglo VI d. de C., es, al menos, el triple de extensa que la primera pese a sólo cubrir 37 tratados de la Mishnah. Cerca de dos tercios de su contenido es Hagadá. El Talmud babilonio es mucho más importante que el palestino y, de hecho, las alusiones al Talmud suelen referirse precisamente a esta versión. Esta obra abarca discusiones eruditas en relación con todas las áreas de la vida y posee sus propios métodos de razonamiento y argumentación. Así, pueden darse como válidas opiniones absolutamente contrapuestas o que pueden armonizarse sobre la base de que «ambas son palabras del Dios vivo» (TJ Ber. 1.7). El Talmud reviste una especial importancia para los judíos en la medida en que puede decirse que es el nervio religioso del judaísmo por delante incluso de la propia Torah a la que interpreta. No es por ello de extrañar que muchos judíos ortodoxos lo consideren divinamente inspirado ni tampoco que las persecuciones experimentadas por este texto durante más de cinco siglos (desde la quema de 1240 en París a la de 1757 en Polonia) no consiguieran en absoluto su erradicación. De hecho, el Talmud, en todo o en parte, ha sido impreso unas ocho mil quinientas veces. Las ediciones impresas del Talmud Bavlí siguen la encuadernación y la disposición típica de la primera edición completa, debida a Daniel Bomberg, un impresor cristiano y hebraísta, aparecida en Venecia (1520-3). Aunque los comentarios al Talmud son muy numerosos, el más conocido e influyente es, sin duda, el medieval de Rashi.

Bibl.: A. Cohen, *Talmud*...; J. Neusner, *The Talmud*...; F. Manns, *Pour lire*...

TANAITAS. 1. Maestro de la ley oral.

2. En un sentido más específico, los sabios que sentaron las bases del judaísmo rabínico desde la época de Hillel el sabio hasta la redacción de la Mishnah* (siglo II d. de C.). Su contribución más importante, aparte de esta última obra, es el *midrash* halájico.

TARGUM. Lit. «traducción». Interpretación parafraseada en arameo del Antiguo Testamento. Su origen puede retrotraerse al regreso del exilio babilónico (Nehemías 8, 8). El hecho de que algunas de sus interpretaciones apoyaran las interpretaciones bíblicas de los judeocristianos, por ejemplo la interpretación de Isaías 53 como un pasaje referido al Mesías, hizo que estas obras fueran abandonadas progresivamente por el judaísmo. El *targum* más conocido es el *Targum Onkelos* del Pentateuco (siglo II d. de C.). De fecha más antigua es el de Yonatán para los profetas y Crónicas. Recibe el nombre de *Targum Yerushalmi* una traducción (siglos VII-VIII) de los cinco libros de Moisés.

Bibl.: P. Grelot, *Los targumes*, Estella, 1987; A. Díez-Macho, *El Targum*, Barcelona, 1972; M. Pérez Fernández, *Tradiciones mesiánicas en el Targum palestinense*, Valencia, 1981.

TEFILIM. Lit. «filacterias». Cajitas de cuero negro *casher* con correas que llevan en su interior una serie de pasajes de la Biblia que incluyen Exodo 13, 1-10, 11-16; Deuteronomio 6, 4-9, 11, 13-21, escritos en pergamino en miniatura por un escriba o *sofer*. El término deriva de *tefilah* («oración»). Los varones judíos adultos se las atan durante los cultos diarios matinales como cumplimiento del mandato recogido en Exodo 13, 9, 16; Deuteronomio 6, 8; 11, 18. La ley oral establece la manera correcta de fabricar y colocarlas (Ber. 6a; San 92b). Los *tefilim* deben ser inspeccionados una vez cada siete años y resulta obligatorio orar con ellos a partir de la edad de *barmitzvah*. No está sujeto a ello, sin embargo, aquel que se encuentre de duelo* por un pariente cercano el primer día de *shivá*.

TEMPLO. Santuario destinado al culto divino. En el judaísmo, se hallaba situado en Jerusalén. El primero, construido por Salomón hacia el 950 d. de

C., sustituyó al tabernáculo portátil y a santuarios locales. Levantado sobre el monte del templo, identificado con el monte Moria, tenía una superficie rectangular de 30x10x15 mts. aproximadamente. Se entraba por un pórtico flanqueado por dos pilares de bronce denominados Iajín y Boaz, y en su interior había un vestíbulo (*ulam*), una sala principal (*heijal*) y el santísimo (*devir*), al que sólo tenía acceso, una vez al año, en el día de Yom Kippur, el sumo sacerdote. Dentro del templo, destinados a las tareas del culto, estaban el altar para los sacrificios, el arca y los querubines, la *menorah* de oro y la mesa para la exposición del pan.

Los sacerdotes o *cohanim* realizaban el culto diario en el *Heijal*, existiendo en el patio del templo exterior una sección reservada para ellos (*ezrat cohanim*). En otros dos patios había lugar para los hombres (*ezrat Israel*) y mujeres de Israel (*ezrat nashim*). Este templo fue destruido en el Primer Jurbán*. Reconstruido al regreso del exilio babilónico (c. 538-515 a. de C.), Herodes inició una ambiciosa remodelación del mismo (20 a. de C.) que incluía una estructura doble de la anterior. Durante este periodo de tiempo, el sumo sacerdote disfrutó de un considerable poder religioso que se asemejó al de una teocracia, circunstancia ésta desastrosa para Israel en la medida en que la clase sacerdotal superior se caracterizó por su corrupción, rapacidad y violencia, tal y como registran las mismas fuentes talmúdicas.

Destruido en el Segundo Jurbán* por los romanos —sólo quedó el muro conocido como muro de las lamentaciones— la sinagoga vendría a suplir en parte al templo como centro de la vida espiritual. El lugar del templo ha sido sucesivamente ocupado por un templo pagano, una iglesia bizantina y diversos lugares de culto islámico. Actualmente lo es por la mezquita de el-Aqsa y el domo de la roca o mezquita de Omar. Sólo desde 1967, los judíos han podido tener acceso libre al lugar. El Yom Yerushalaim o día de Jerusalén, celebrado como fiesta* menor el 28 de Iyar, es una manifestación de la esperanza judía de que un día el templo sea reconstruido.

TEOCRACIA. Gobierno de Dios sobre la nación ejercido por una casta sacerdotal. En el antiguo Israel no se puede hablar propiamente de una teocracia en la medida en que el monarca actuaba con considerable independencia del poder religioso. Durante el periodo del Segundo Templo, sí abogaron por esta forma de gobierno autores como Flavio Josefo (Contra Apión II, 185) y, en buena medida, puede considerarse como teocrático el gobierno que ejercían el Sanhedrín* y los sacerdotes saduceos* sobre Judea. Por supuesto, se consideraba que el Reino* del Mesías* sería una teocracia real al provenir de Dios. Tras la destrucción del templo en el 70 d. de C., el judaísmo ha conservado algunos rasgos de teocracia en la medida en que la legislación contenida en el Talmud* emana de los rabinos*. De la misma manera, ha resultado normal que algunas comunidades judías fueran gobernadas por personajes de características religiosas (*tzadik*, etc.). En la actualidad, el estado de Israel no es una teocracia sino una democracia parlamentaria.

El cristianismo primitivo no abogó por la configuración de una teocracia. Según su perspectiva, todos los gobiernos del mundo se hallan bajo el control del diablo* (Lucas 4, 6 ss.) y sólo deben ser obedecidos en la medida en que no actúen contra la ley de Dios (Hechos 5, 28-9). Construir un sistema político cristiano resulta inconcebible, ya que el único que podría merecer ese calificativo sería el reino* que, en su día, consumará el Mesías* Jesús* en el momento de su parusía*. Tal concepción es unánime en el cristianismo hasta inicios del siglo IV, y quebrará irremisiblemente durante el Bajo Imperio y la Edad Media.

En el islam podría hablarse en cierta medida de intentos de gobierno teocrático en vida de Mahoma y, posteriormente, con la institución del califa*. Con todo, la desaparición de esta última institución no reduce el carácter teocrático del islam, que se manifiesta en la creencia en que la *shar'ia** o derecho islámico es de aplicación en todas las áreas de la vida sin distinción entre lo civil y lo religioso.

Bibl.: H. Frankfort, *Kingship and the Gods,* Chicago, 1948; C. Vidal Manzanares, *De Pentecostés...*; E. Gallego Blanco, *Relaciones entre la iglesia y el estado en la Edad Media,* 1973; H. Ben-Sasson, *History...*; M. Hengel, *The Zealots...*; M. A. Shaban, *Historia...*

TISHREI. Séptimo mes del calendario judío durante el cual se celebran las fiestas* de Rosh Hashanáh, Yom Kippur, Sucot, Sheminí Atzeret y Simjat Torah.

Bibl.: C. Shepherd, *Jewish...*; J. Barylko, *Celebraciones...*

TOHORAH. En el judaísmo, pureza ritual. Se pierde como consecuencia de diversas enfermedades que reciben la denominación común de «lepra», por atravesar el periodo menstrual o tocar a una mujer que lo pase o por contacto con los cadáveres de animales mencionados en la Torah y, especialmente, cadáveres humanos. Esta situación de impureza recibe el nombre de *tumah*. Para recuperar la *tohorah* es necesario, en ocasiones, el aislamiento temporal (lepra), la separación de la esposa del marido y la exclusión temporal del cohen de sus obligaciones sacerdotales. Asimismo es indispensable la inmersión en la *mikveh** (Levítico 12, 15; Números 19). La Mishnah se ocupa de este tema en el orden conocido como Tohorot.

TORAH. Lit. «guía», «instrucción», «enseñanza». Suele traducirse como «ley», aunque ese término apenas se acerca a toda la riqueza del vocabulario original. En sentido estricto, es la denominación de los cinco libros de Moisés o Pentateuco, pero, más ampliamente, puede servir para designar todo el Antiguo Testamento e incluso la ley oral*. La misma no resulta obligatoria más que para los judíos, estando sometidos los gentiles solamente a los siete* mandamientos de Noé.

Bibl.: Y. Kaufmann, *Religion*...; J. Neusner, *The Talmud*...; A. Cohen, *Talmud*...; E. P. Sanders, *Judaism*...

TOSAFOT. Lit. «agregados». Anotaciones al Talmud basadas en comentarios anteriores. Su finalidad es poner al día la Halajá sin pretender ser un comentario sistemático y completo. Los autores de estas anotaciones, redactadas en Francia durante los siglos XII-XIV, reciben el nombre de *baalei hatosafot* o tosafistas. En las ediciones impresas del Talmud, los *tosafot* —que no deben jamás confundirse con la Tosefta— aparecen en los márgenes opuestos al comentario de Rashi que ocupa el margen interior de la página.

TRADICIÓN. En relación con el judaísmo, ver: Ley oral.

El Nuevo Testamento manifiesta una actitud claramente contraria a las tradiciones religiosas que puedan desvirtuar el contenido de las Escrituras (Mateo 15, 6; Colosenses 2, 8). Resulta evidente que tanto Jesús como sus discípulos no aceptaban la ley* oral (Mateo 15, 2; Marcos 7, 3 ss.), lo que fue motivo de conflicto en vida de aquél. Con todo, considerará positivamente aquellas tradiciones que se refieren a Jesús y su enseñanza (1 Corintios 11, 2; 2 Tesalonicenses 2, 15; 3, 6; 2 Timoteo 2, 2). Los cristianos posteriores al siglo I siguieron considerando positivamente este concepto de tradición cuyo discernimiento se realizaba en base a la armonía con las Escrituras y/o la existencia de una línea de transmisión fiable. Es dudoso sin embargo que tal concepto de tradición pueda identificarse sin más con el defendido por algunas confesiones cristianas.

El islam concede un papel muy relevante a la tradición o conjunto de *jadit**, que constituye una de las fuentes del derecho islámico o *shari'a*. Con todo, no son concordantes los contenidos de la misma defendidos por la Sunna* y la Shi'a*.

Bibl.: C. Vidal Manzanares, «¿Tradición versus Biblia? Una aproximación histórica al papel de la tradición en la iglesia de los cuatro primeros siglos», en *PE,* 1990; ídem, *El Primer Evangelio...*

TRANSMIGRACIÓN DE LAS ALMAS. Ver: Reencarnación.

TRECE PRINCIPIOS DE LA FE. Principios doctrinales básicos del judaísmo formulados por Maimónides (1135-1204), también conocidos como «Aní Maamín» («yo creo»). Incorporados al Sidur*, no se recitan, sin embargo, en el culto público. Son los siguientes: 1. Existencia de un Dios creador; 2. Unicidad de Dios; 3. Dios espiritual e incorpóreo; 4. Dios eterno, primero y último; 5. Dios es el único ser al que se puede rendir culto; 6. Dios se ha revelado; 7. El mayor profeta es Moisés; 8. La Torah que posee Israel es la entregada por Dios en el Sinaí; 9. Esta Torah es inmutable y no será reemplazada por ninguna otra ley; 10. Dios conoce todo; 11. El hombre será juzgado por Dios recibiendo premio o castigo; 12. El Mesías vendrá, y 13. Habrá resurrección de los muertos.

TRINIDAD. Enseñanza neotestamentaria consistente en afirmar la existencia de Dios* en tres personas: Padre, Hijo y Espíritu* Santo. La misma cuenta con antecedentes en el Antiguo Testamento (donde Dios es descrito varias veces como una pluralidad, como Elohim*, Génesis 1, 26-7; etc.) y en el judaísmo del Segundo Templo (conceptos de *Shejinah*, memra*, metatron,* etc.).

El islam, distanciándose del Nuevo Testamento, niega la doctrina de la Trinidad (4, 169; 5, 79). Parece que Mahoma no llegó a conocer bien este dogma. Buena prueba de ello la constituye el hecho de que identificara la Trinidad con la adoración de tres dioses (en lugar de un solo Dios en tres personas) así como la de que afirmara que estaba formada por el Padre, el Hijo y María (5, 116), algo que contradice la enseñanza cristiana contenida en el Nuevo Testamento.

Bibl.: ERE, XII, pp. 457-64; J. N. D. Kelly, *Early Christian Creeds,* Londres, 1950; C. Vidal Manzanares, *Las sectas frente a la Biblia,* Madrid, 1991; ídem, *De Pentecostés...;* ídem, *El Primer Evangelio...*

TUMAH. Ver: Tohorah.

TZADIK. Lit. «justo».
1. Designación judía para la persona honrada en su trato con el prójimo, temerosa de Dios y piadosa en el cumplimiento de sus deberes espirituales. La Biblia señala claramente

que no existe nadie que sea justo totalmente y que no cometa pecado (Eclesiastés 7, 20). No obstante, el judaísmo rabínico sí admite la existencia de los totalmente justos e incluso profesa la creencia en los *lamed* * *var tzadikim* o 36 hombres justos que existen en cada generación.

2. En un sentido más estricto, el término se aplica a ciertos dirigentes religiosos de corte carismático existentes entre los *jasidim** que contaban con su propio entorno, fundaban en ocasiones dinastías y eran contemplados por sus seguidores como especie de mediadores místicos entre Dios y los hombres, dotados de poderes de curanderismo y taumaturgia.

Bibl.: M. Buber, *Tales of the Hasidim*, Nueva York, 1975; H. Ben-Sasson, *History*...

TZEDAKÁH. Lit. «justicia», «rectitud», «piedad». También implica caridad. El término aparece relacionado con el cumplimiento de la obligación de ayudar al necesitado (Proverbios 19, 17; 21, 3). Arrancando del mensaje social de la Torah y de los profetas, los rabinos articularon toda una visión de ayuda social a la que se denomina «tzedakáh». Su finalidad es hacer justicia de parte de los que tienen hacia los que no tienen. El Talmud concede prelación a las mujeres y a los parientes pobres, pero no excluye ni a los extranjeros ni a los no judíos. Se considera que la décima parte de los ingresos constituye un porcentaje adecuado para entregar como muestra de *tzedakáh* y que nunca debe superarse el quinto. Según Maimónides (Yad, Matanot Aniim 10. 7), la forma de caridad más elevada entre las diez existentes es la de ayudar a alguien a ayudarse a sí mismo. La *tzedakáh* debe preservar el carácter anónimo del dador a fin de no avergonzar al que recibe (Shab. 104a; BB 9b). Desde la Edad Media, cada comunidad judía ha contado con un guardián de la caridad (*gabái tzedakáh*) que administraba un fondo de beneficencia (*kupah*). Además existía un fondo de previsión para alimento y vestido, cocina para sopa, ayuda para la novia (*hajnasat calah*), rescate de cautivos (*pidión shevuyim*), kidush en la sinagoga para viajeros y sepultura gratuita si era necesario. Es muy común en el judaísmo la entrega de donativos (TJ Taan 65. 20) y puede decirse que el concepto de *tzedakáh* ha influido considerablemente en el pensamiento social del sionismo, el establecimiento de obras benéficas y la promulgación de leyes sociales del estado de Israel.

U

UMMA. Lit. «pueblo» o «comunidad». En el Corán posee un contenido ocasionalmente religioso. Así, los musulmanes son el mejor de los pueblos aunque judíos* y cristianos* también merecen ese calificativo (3, 109 ss.; 5, 70; 7, 159). El primer paso para la constitución de la *umma* se produjo cuando Mahoma instituyó una comunidad en Medina poco después de la Egira*. Con todo, ésta contaba todavía con un carácter pluriconfesional y el papel de Mahoma resultaba ambiguo. Posteriormente, se irá creando la base para afirmar que los musulmanes constituyen una comunidad o *umma* cuya base es la religión.

Bibl.: EI, IV, pp. 1015 ss.; P. Parshall, *Beyond...;* D. Pipes, *El Islam*, Madrid, 1987.

UNCIÓN. Acción de derramar espiritualmente aceite sobre alguien. En la Biblia, la acción se relaciona con la consagración del monarca (1 Samuel 10, 1; 16, 13), del sumo sacerdote (Exodo 30, 30-1; Levítico 6, 15) y de algun personaje al que se encomendaba una acción específica (Deuteronomio 20, 2). Este último podía ser incluso un no judío (Isaías 45, 1). El ungido por antonomasia es el Mesías*, ya que, de hecho, ése es el significado hebreo de la palabra, al igual que su equivalente griego, *Jristós,* de donde procede el castellano Cristo.

Los judeo-cristianos* practicaban la curación* mediante la unción con aceite (Santiago 5, 14-5).

Bibl.: Y. Kaufmann, *Religion...;* E. Testa, *L'huile...;* C. Vidal Manzanares, *De Pentecostés...;* H. B. Porter, «Origin of the Medieval rite for anointing sicks and dying», en *JTS*, 7, 1956.

UTMAN IBN AFFAN. Tercer califa (644-656), miembro de los omeyas*, de La Meca, esposo de Ruqayya, hija de Mahoma y, fallecida ésta, de su hermana Umm Kulthum. Aunque de carácter piadoso, el nepotismo con que favoreció a sus amigos acabó provocando una revuelta, en el curso de la cual fue asesinado. El logro más importante de su reinado fue la creación de un texto canónico del Corán*.

Bibl.: EI, III, pp. 1008 ss.; Nöldeke, *Geschichte*...

V

VIDA ETERNA. El concepto judío de *olam babáh* sería mejor traducido por «vida futura» o «mundo por venir». Es este un concepto fundamental al pensamiento bíblico y judío al igual que el de la inmortalidad del alma* —que no debe entenderse en un sentido similar al helénico— después del fin de la vida terrena. Esta creencia en la persistencia de una vida después de la muerte se manifiesta en la segunda bendición de la *amidah**, en las oraciones de recuerdo de los difuntos (*hazcarat neshamot*) y en el *kadish** recitado por las personas de duelo*. Aunque la Mishnah afirma que todo Israel tendrá parte en el mundo por venir, el Talmud señala algunas exclusiones (YJ Jag. 2: 1; BM 59a; ARN 14). Entre los que tienen asegurado un lugar en el mundo por venir se hallan los que establecieron su hogar en Israel (Ber. 33a; TJ Shek. 3. 4), los que enseñan la Torah* a sus hijos y recitan la *havdalah* cuando concluye el sábado (Ber. 33a; Pes. 113a), los que hablan hebreo (TJ Shab. 1. 2; Shek. 3. 4) y los que recitan el *Shemá** por la mañana y por la tarde (TJ Shek. 3. 4). Además, los piadosos de entre los no judíos tienen también parte en el mundo por venir (Tos. Sanh. 13. 2). De enorme importancia en relación con la creencia en una vida futura es la idea de la resurrección* de los muertos.

En el Nuevo Testamento se designa como vida eterna a la unión con Dios en el mundo por venir después del juicio final (Mateo 25, 46), teniendo un significado equivalente al término salvación*. Esta puede ser obtenida desde ahora (y de hecho se invita a ello a la gente) sólo mediante la fe* en Jesús * (Juan 3, 16; 3, 36; 5, 24; 6, 40; 10, 28; etc.) y es un regalo de Dios (Romanos 6, 23; 1 Juan 5, 11-13, etc.).

El islam proclama la creencia en la vida eterna que sucederá a la resurrección* y al juicio*. Durante la misma, los fieles disfrutarán de los deleites del Paraíso*, mientras que los condenados serán castigados en el Infierno*.

VINO. Ver: Alcohol.

VIRGINIDAD. Ver: Castidad, Matrimonio, Sexo.

VOTOS. En relación con el judaísmo, ver: Kol nidrei y Nazireo.

El Nuevo Testamento desconoce la práctica de los votos, pero sí señala que los judeocristianos* seguían practicando algunos propios del judaísmo (Hechos 21, 17-26).

En el islam están relacionados con los juramentos. El Corán insiste en que han de ser cumplidos (76, 7). Dios los conoce (2, 273). Las tradiciones posteriores al Corán indican que nunca pueden ser para realizar una mala acción, que carecen de eficacia frente al destino y que pueden ser realizados en lugar de alguien que los formulara sin luego poderlos cumplir.

Bibl.: F. F. Bruce, *Acts...*; C. Vidal Manzanares, *De Pentecostés...*; *EI*, III, pp. 806-8; Wensinck, p. 244.

Y

YAHVEH. Ver: Nombres* de Dios.

YESHIVÁH. Lit. «sección», «reunión» (plural: *yeshivot*). Colegio judío de educación superior, destinado especialmente al estudio del Talmud. También se la denomina en ocasiones *metivta*. Nacida del *bet midrash*, que dio vida a las academias de las que surgieron los dos Talmud*, a partir de la Edad Media comenzó a establecerse en la Diáspora occidental. Durante el siglo XVIII se produjo una corriente de fundaciones de *yeshivot* en Lituania propiciada por el Gaón de Vilna (1720-97), dirigente de los *mitnagdim*, el grupo opuesto a los *jasidim**. Rabí Yitzjak Yaacov Reines, artífice del sionismo* religioso, introduciría posteriormente en Lida un programa de estudios más modernizado. La enseñanza se impartía en *yidish* y los estudiantes tenían que ser solteros. En algunos casos, se admitieron estudiantes casados que se preparaban para la ordenación* y se ayudó a mantener a sus familias. Tras la Primera Guerra Mundial, muchas *yeshivot* de Europa oriental fueron transferidas a América del Norte, Israel y otras partes del mundo. La *Shoah** destruyó el mundo de las *yeshivot* de Europa oriental, que se encuentra, aún hoy en día, en proceso de reestructuración especialmente en Estados Unidos y en Israel (donde la enseñanza se imparte en hebreo). Actualmente sólo en este país hay más judíos cursando estudios en *yeshivot* que en cualquier periodo histórico desde la era talmúdica.

YOM KIPPUR. Día del perdón o de la expiación. La fiesta* más solemne del calendario judío. Se celebra el 10 de Tishrei. En la Torah aparece establecido como un día para aflicción de las almas y arrepentimiento de los pecados (Levítico 16, 29-34; 23, 27-32; Números 29, 7). Su finalidad es entregarse a la confesión pública e individual y dar oportunidad al arrepentimiento. Durante esta fiesta se celebran cinco servicios sinagogales (ver: Kol nidrei) y se observa un ayuno* desde la puesta del sol hasta la caída de la noche del día siguiente. El mismo consiste en la prohibición de comer, beber, tener relaciones sexuales, utilizar productos de belleza y de limpieza, usar calzado de cuero y lavarse cualquier parte del cuerpo que no sea los dedos y los ojos (Mish. Yoma 8. 1). Al ser designado como *shabat shabaton* o sábado* de sábados, está prohibido realizar trabajo. Estas normas no se aplican a las personas enfermas, ya que toda consideración religiosa debe ser puesta de lado cuando está en peligro la vida o la salud de una persona. Antes de Yom Kippur se acostumbra pedir perdón a las personas ofendidas a causa de un serio desacuerdo, ya que, según la Mishnah, Yom Kippur permite el arrepentimiento del hombre por los pecados cometidos contra Dios *(bein adam lemakom)* pero no por los cometidos contra el prójimo *(bein adam lejaveró)* a menos que se pida perdón al ofendido.

Se supone que en el curso de este día, Dios pesa la conducta de cada hombre en una balanza, sellando su destino en el Libro de la vida *(sefer hajaim)*. El arrepentimiento *(teshuvah),* la oración *(tefilah)* y la justicia o caridad *(tzedakah)* pueden evitar un mal decreto.

Bibl.: E. Barylko, *Celebraciones...;* Y. Newman, *Judaísmo...;* C. Shepherd, *Jewish...*

Z

ZELOTES. Grupo político judío cuyos antecedentes se han conectado con la rebelión de Judas el galileo (6 a. de C.) destinada a oponerse a la incorporación de Judea al imperio romano. Realmente, los zelotes surgen el 66 d. de C. con ocasión de la rebelión contra Roma. Tras el Jurbán*, algunos siguieron resistiendo en Masada hasta el 73 (se suicidaron colectivamente antes de rendirse al invasor) y otros huyeron a Egipto con la finalidad de extender la revuelta. Allí fueron derrotados, capturados y torturados hasta la muerte. Dado su mensaje político revolucionario (el religioso no parece que fuera muy distinto del de los fariseos), así como su práctica habitual del terrorismo, las noticias que nos han llegado de ellos en las fuentes (Josefo, el Talmud*, etc.) son considerablemente negativas. Se ha intentado conectar a Jesús*, o al menos a algunos de sus seguidores, con el movimiento zelote. Tal posibilidad es inaceptable no sólo porque carece de base según la información que las distintas fuentes –incluso las hostiles del Talmud– nos dan acerca de Jesús, su enseñanza y sus discípulos, sino porque el movimiento zelote no existía aún en aquel periodo y no aparece hasta el año 66 d. de C.

Bibl.: M. Hengel, *The Zealots...*; Y. Yadin, *Masada*, Barcelona, 1969; S. G. F. Brandon, *Jesus and the Zealots*, Manchester, 1967; H. Guevara, *Ambiente...*; C. Vidal Manzanares, *De Pentecostés...*; ídem, *El Primer Evangelio...*

ZOHAR. Más propiamente Sefer Ha-Zohar o Libro del Esplendor. Es la obra principal de la Cábala*. Se atribuye tradicionalmente a rabí Shimón bar Yojai (siglo II d. de C.), aunque lo cierto es que su redacción se debe al español Moisés de León (siglo XIII). El libro constituye un comentario esotérico del *midrash**, escrito en arameo, sobre la mayor parte de la Torah* y algunas otras partes del Antiguo Testamento. Entreverados con el comentario místico aparecen estudios sobre la relación de Dios con Su pueblo, el problema del mal, guimatría* y oraciones. Las doctrinas mesiánicas del Zohar influyeron durante los siglos XVI y XVII no sólo a los judíos, sino también a los denominados cabalistas cristianos. También desempeñaron un papel fundamental en el colectivo judío capitaneado por Shabetai Tzeví, el falso Mesías*, y en el movimiento de los *jasidim**. Algunas porciones del Zohar están incluidas en el Sidur, como, por ejemplo, el «Berij Sheme».

Bibl.: H. Ben-Sasson, *O.c.;* G. Scholem, *Major Trends...;* idem, *La Cábala...*

ZUHRI MUHAMMAD IBN MUSLIM IBN SHIHAB (c. 124-742). Popular compilador de tradiciones* o *jadit*. Se le ha criticado el hecho de que se colocara bajo la protección de los omeyas de Damasco —a los que habría presuntamente favorecido en la forma en que quedaron recogidas las tradiciones en su recopilación— así como el que inventara alguna carente de base histórica real. Es la autoridad citada más frecuentemente por Ibn Ishaq*.

Bibl.: EI, IV, pp. 1239 ss.; *MS*, II.

Bibliografía

A. del Agua, *El método midrásico y la exégesis del Nuevo Testamento*, Estella, 1985.
W. F. Albright, *De la Edad de Piedra al cristianismo*, Santander, 1959.
– *Yahweh and the gods of Canaan*, Winona Lake, 1990.
M. Ahrend, *La vida judía según Maimónides*, vv.ee.
C. Ali, *A critical exposition of the popular «Jihad» showing that all wars of Mohammad were defensive*, 1885.
R. Arnaldez, «La guerre sainte selon Ibn Hazm de Cordoue», en *Études d'orientalisme dédiées à la mémoire de Levi-Provençal*, II, 1962, pp. 445 ss.
T. Andrae, *Mahoma*, Madrid, 1980.
W. Arafat, «The attitude of Islam to slavery», en *Islamic Quarterly*, X, pp. 12-8.
E. Arnold, *The Early Christians*, Grand Rapids, 1979.
N. Asaf, «Woman in Islam», en *IL*, 1967, pp. 5-24.
M. Asín Palacios, «Logia et Agrapha Domini Jesu apud Moslemicos Scriptores, asceticos praesertim, usitata», en *Patrologia Orientalis*, XIII y XIX.
– *El Islam cristianizado*, Madrid, 1990.
– *Atlas de la Historia judía*, Méjico, 1979.
S. Avineri, *La idea sionista*, Jerusalén, 1983.
J. Badawi, *Muhammad en la Biblia*, Madrid, 1989.
L. Baeck, *Essence of Judaism*, Nueva York, 1948.
B. Bagatti, *The Church from the circumcision*, Jerusalén, 1984.
B. Bagatti y E. Testa, *Il Golgota e la Croce*, Jerusalén, 1984.
Baghawi, *Mishkat al-masabih*, 4 vols., Lahore, 1963-5.
H. Bamat, *Contribución musulmana a la civilización*, Madrid, 1987.

W. Barclay, *Palabras griegas del Nuevo Testamento*, El Paso, 1977.
- *Mateo*, 2 vols., Buenos Aires, 1973.
- *The revelation of John*, Filadelfia, 1976.

G. Barth, *El bautismo en el tiempo del cristianismo primitivo*, Salamanca, 1986.

K. Barth, *The epistle to the Romans*, 1977.

J. Barylko, *Usos y costumbres del pueblo judío*, Buenos Aires, 1991.
- *Celebraciones judaicas*, Buenos Aires, 1990.

W. Bauer, *Orthodoxy and Heresy in Earliest Christianity*, Filadelfia, 1971.

C. Baumgartner, *El pecado original*, Barcelona, 1981.

R. Bell, «Who were the Hanifs?», en *MW*, 20, 1930, pp. 120-4.
- *Introducción al Corán*, Madrid, 1987.

H. Ben-Sasson (ed.), *History of the Jewish people*, Harvard, 1976.

P. S. Berg, *An entrance to the Zohar*, Nueva York, 1974.

G. Bergsträsser y O. Pretzl, *Die Geschichte des Qorantextes*, 1961.

J. M. Bernal, *Introducción al año litúrgico*, Madrid, 1984.

M. Black, *An Aramaic approach to the Gospels and Acts*, Oxford, 1946.

E. Blaiklock, *The Acts of the Apostles*, Grand Rapids, 1979.

J. Blinzler, *The Trial of Jesus*, Cork, 1961.

P. Bonnard, *El Evangelio de Mateo*, Madrid, 1983.

A. Boyer, *Les origines du sionisme*, París, 1988.

S. G. F. Brandon, *Jesus and the Zealots*, Manchester, 1967.

W. C. Brice, *An Historical Atlas of Islam*, Leiden, 1981.

J. Bright, *The kingdom of God*, Nashville, 1989.
- *A History of Israel*, Filadelfia, 1981.

R. E. Brown, *Evangelio según san Juan*, 2 vols., Madrid, 1975.
- *La comunidad del discípulo amado*, Salamanca, 1983.

R. E. Brown y otros, *Pedro en el Nuevo Testamento*, Santander, 1976.

R. E. Brown, K. P. Donfried, J. A. Fitzmyer y J. Reumann, *María en el Nuevo Testamento*, Salamanca, 1986.

F. F. Bruce, *The Acts of the Apostles*, Grand Rapids, 1990.
- *New Testament History*, Nueva York, 1980.
- *¿Son fidedignos los documentos del Nuevo Testamento?*, Miami, 1972.
- *Israel y las naciones*, Madrid, 1979.
- *La epístola a los hebreos*, Miami, 1987.
- *The canon of the Scripture*, Downers Grove, 1988.
- *Paul*, Grand Rapids, 1990.

M. I. Bubeck, *The Adversary*, Chicago, 1975.

M. Buber, *The legend of the Baal-shem*, Nueva York, 1969.
- *Tales of the Hasidim*, 2 vols., Nueva York, 1975.
- *Moses*, Atlantic Higlands, 1988.

J. Burton, *The collection of the Quran*, Cambridge, 1977.

R. Burton, *Mi peregrinación a Medina y La Meca,* 3 vols., Barcelona, 1989.
C. Cahen, *El Islam,* 2 vols., Madrid, 1986.
J. Calvino, *Epístola a los romanos,* Grand Rapids, 1977.
K. L. Carroll, «The place of James in the Early church», en *BJRL,* 44, 1961.
H. Carson, *The epistles of Paul to the Colossians and Philemon,* Grand Rapids, 1979.
R. P. Casey, «The earliest Christologies», en *JTS,* 9, 1958.
D. R. Catchpole, *The trial of Jesus,* Leiden, 1971.
L. S. Chafer, *Satan,* Grand Rapids, 1969.
J. H. Charlesworth, *The Old Testament Pseudepigrapha,* 2 vols., Nueva York, 1983.
R. J. Coggins, *Introducing the Old Testament,* Oxford, 1990.
A. Cohen, *Everyman's Talmud,* Nueva York, 1975.
N. Cohn, *En pos del milenio,* Madrid, 1985.
A. Cole, *The epistle of Paul to the galatians,* Grand Rapids, 1978.
P. W. Comfort, *The Quest for the Original Text of the New Testament,* Grand Rapids, 1992.
Complete Artscroll siddur, The, Nueva York, 1985.
C. Cuevas, *El pensamiento del Islam,* Madrid, 1972.
O. Cullmann, *El estado en el Nuevo Testamento,* Madrid, 1966.
– *Christology of the New Testament,* Londres, 1975.
– *Daily prayer book,* Tel-Aviv, 1982.
D. Daube, *The New Testament and Rabbinic judaism,* Londres, 1956.
W. Davies, *Paul and rabbinic judaism,* Londres, 1948.
L. Deiss, *La Cena del Señor,* Bilbao, 1989.
– *La Misa,* Madrid, 1991.
N. de Lange, *Judaism,* Oxford, 1986.
J. Denney, *The death of Christ,* Londres, 1970.
A. Díez-Macho, «Hijo del hombre y el uso de la tercera persona en lugar de la primera en arameo», en *Scripta Theologica,* 14, 1982, pp. 159-202.
– *Apócrifos del Antiguo Testamento,* vol. II, Madrid, 1983.
C. H. Dodd, *The parables of the kingdom,* Londres, 1935.
– *The Apostolic Preaching and its Development,* Londres, 1936.
– *Interpretation of the fourth gospel,* Cambridge, 1953.
– *Historical tradition in fourth gospel,* Cambridge, 1963.
R. H. H. Donin, *Rezar como judío,* Jerusalén, 1986.
R. Y. J. Donin, *El ser judío,* Jerusalén, 1983.
J. Driver, *Militantes para un mundo nuevo,* Barcelona, 1977.
C. W. Dugmore, *The Influence of the Synagogue upon the Divine Office,* Oxford, 1944.

R. Dunkerley, *Beyond the gospels,* Londres, 1957.
A. Eban, *Heritage,* Nueva York, 1984.
A. Edersheim, *The life and times of Jesus the Messiah,* Grand Rapids, 1976.
– *Encyclopaedia of Islam,* 4 vols., Leiden y Londres, 1913-38.
– *Encyclopaedia of religion and ethics,* 13 vols., Edimburgo, 1908-26.
– *Encyclopédie de l'Islam,* Leiden, 1953.
D. M. Feldman, *Birth control in Jewish law,* 1968.
E. Ferguson, *Background of Early Christianity,* Gran Rapids, 1987.
L. Finkelstein, *The Pharisees,* 2 vols., Filadelfia, 1946.
J. A. Fitzmyer, *Teología de san Pablo,* Madrid, 1975.
E. H. Flannery, *The Anguish of the Jews,* Nueva York, 1965.
D. Flusser, *Jesús,* Madrid, 1975.
– «Tensions between Sabbath and Sunday», en *The Jewish roots of Christian liturgy,* 1990.
F. J. Foakes Jackson y K. Lake, *The Beginnings of Christianity,* 5 vols., Londres, 1939.
W. Förster, *Palestinian Judaism in New Testament times,* Edimburgo, 1964.
M. Fraijó, *Jesús y los marginados,* Madrid, 1985.
H. Frankfort, *Kingship and the Gods,* Chicago, 1948.
J. G. Frazer, *La rama dorada,* Méjico, 1969.
W. C. H. Frend, *The Early Church,* Filadelfia, 1982.
– *The Rise of Christianity,* Filadelfia, 1984.
J. Fück, «Beitràge zur Überlieferunggeschichte von Buhari's Traditionssammlung», en *ZDMG,* 92, 1938.
– Die Rolle des Traditionalismus im Islam», en *ZMDG,* 93, 1939, pp. 1 ss.
E. Gallego Blanco, *Relaciones entre la iglesia y el estado en la Edad Media,* Madrid, 1973.
J. Glubb, *A short history of the Arab peoples,* Nueva York, 1988.
M. Goguel, *The Primitive Church,* Londres, 1964.
– *Life of Jesus,* Londres, 1933.
– *The Birth of Christianity,* Londres, 1953.
I. Goldziher, *Muhammedanische Studien,* 2 vols., La Haya, 1889-90.
– «Le rosaire dans l'Islam», en *RHR,* 21, pp. 295 ss.
M. C. Gonzalo Rubio, *La angelología en la literatura rabínica y sefardí,* Barcelona, 1987.
D. Gooding, *An unshakeable kingdom,* Toronto, 1976.
J. Grau, *Estudios sobre Apocalipsis,* Barcelona, 1977.
– *Escatología,* Barcelona, 1977.
R. M. Grant, *Gnosticism and Early Christianity,* Nueva York, 1959.

M. Green, *The second epistle of Peter and the epistle of Jude,* Grand Rapids, 1979.
I. Grego, *I Giudeo-cristiani nel IV secolo,* Jerusalén, 1982.
P. Grelot, *Los targumes,* Estella, 1987.
W. H. Griffith Thomas, *El apóstol Pedro,* Terrassa, 1984.
H. Guevara, *Ambiente político del pueblo judío en tiempos de Jesús,* Madrid, 1985.
J. Guillén Torralba, *Luces y sombras del más allá,* Madrid, 1964.
D. Guthrie, *The pastoral epistles,* Grand Rapids, 1979.
H. Hailey, *A commentary on the minor prophets,* Grand Rapids, 1979.
P. D. Hanson, *Old Testament Apocalyptic,* Nashville, 1987.
– *The dawn of Apocalyptic,* Filadelfia, 1989.
M. Harper, *Spiritual warfare,* Plainfield, 1970.
R. K. Harrison, *Introduction to the Old Testament,* Grand Rapids, 1969.
G. Hendricksen, *El evangelio de Mateo,* 1989.
M. Hengel, *The Zealots,* Edimburgo, 1989.
– *El Hijo de Dios,* Salamanca, 1978.
S. Hermann, *Historia de Israel,* Salamanca, 1979.
T. Herzl, *El estado judío,* Jerusalén, 1979.
A. J. Heschel, *Los profetas,* 3 vols., Buenos Aires, 1973.
M. Holder, *From Yabneh to Pumbedisa,* Nueva York, 1989.
M. D. Hooker, *Jesus and the servant,* Londres, 1959.
J. Horotvitz, «Alter und Ursprung der Isnad», en *DI,* 8, 1918, pp. 39 ss.
A. Houdas y W. Marcais, *El-Bokhari, Les traditions islamiques,* 4 vols., 1903-14.
T. P. Hughes, *A Dictionary of Islam,* 1964.
Ibn Battuta, *A través del Islam,* Madrid, 1989.
E. Ihsanoglu, *World Bibliography of translations of the meanings of the Holy Quran,* Estambul, 1986.
L. Jacobs, *What does judaism say about...?,* Nueva York, 1973.
J. Jeremías, *Teología del Nuevo Testamento,* vol. I, Salamanca, 1980.
– *Abba,* Salamanca, 1983.
– *Palabras desconocidas de Jesús,* Salamanca, 1984.
– *Jerusalén en tiempos de Jesús,* Madrid, 1985.
J. Jocz, *The Jewish people and Jesus Christ,* Grand Rapids, 1979.
H. M. Jones, *The Herods of Judaea,* Oxford, 1938.
D. Juel, *Messianic Exegesis,* Filadelfia, 1988.
A. Kac (ed.), *The messianic hope,* Grand Rapids, 1985.
– *The messiahship of Jesus,* Grand Rapids, 1986.
A. Kaplan, *Las aguas del Edén,* Bilbao, 1988.
H. E. Kassis y K. Kobbervig, *Las Concordancias del Corán,* Madrid, 1987.

Y. Kaufmann, *The religion of Israel*, Nueva York, 1972.
A. T. Khoury, *Los fundamentos del Islam*, Barcelona, 1981.
J. N. D. Kelly, *Early Christian Creeds*, Londres, 1950.
J. Klausner, *The messianic idea in Israel*, Londres, 1956.
– *From Jesus to Paul*, Londres, 1944.
– *Jesús de Nazaret*, Buenos Aires, 1971.
D. Knowles, *El monacato cristiano*, Madrid, 1969.
K. E. Koch, *Occult ABC*, Grand Rapids, 1986.
– *The Devil's alphabet*, Grand Rapids, 1989.
G. E. Ladd, *El Apocalipsis de Juan*, Miami, 1978.
– *Theology of the New Testament*, Grand Rapids, 1983.
– *El Evangelio del Reino*, Miami, 1985.
G. Lamsa, *Holy Bible from the ancient eastern text (Peshitta)*, Nueva York, 1989.
D. Lapierre y L. Collins, *Oh, Jerusalén*, Barcelona, 1989.
W. Laqueur, *Historia del sionismo*, Jerusalén, 1988.
J. Lasserre, *War and the Gospel*, Londres, 1962.
J. Leeven, *The Hebrew Bible in art*, 1944.
J. Le Goff, *El nacimiento del purgatorio*, Madrid, 1985.
N. Levin, *The holocaust*, Nueva York, 1973.
J. B. Lightfoot, *The epistle to the Galatians*, Londres, 1900.
– *The epistles of Paul*, vol. III, Londres, 1927.
M. Lings, *Muhammad*, Madrid, 1989.
G. G. Locks, *The spice of Torah-Gematria*, Nueva York, 1985.
A. Loisy, *Les mystères paèiens et le mystère chrétien*, París, 1914.
L. M. de Lojendio, *San Benito, ayer y hoy*, Zamora, 1985.
R. Longenecker, *The Christology of Early Jewish Christianity*, Grand Rapids, 1981.
H. Maccoby, *Judaism in the first century*, Londres, 1989.
A. M. M. McKeen, «The Sufi-Qawm movement», en *MW*, 53, 1963, pgs. 212 ss.
Maimónides, *Sobre el mesías: carta a los judíos del Yemen*, Barcelona, 1987.
E. Malka, *Derecho tradicional de la familia judía* (inédito).
I. Mancini, *Archaeological discoveries relative to the Judeo-Christians*, Jerusalén, 1984.
F. Manns, *Essais sur le judéo-christianisme*, Jerusalén, 1977.
– *Pour lire la Mishna*, Jerusalén, 1984.
– *L'Evangile de Jean*, Jerusalén, 1991.
T. W. Manson, *The Servant-Messiah*, Cambridge, 1953.
– *The Sayings of Jesus*, Londres, 1949.
H. B. Mattingly, «The origin of the name Christiani», en *JTS*, 9, 1958.

I. Mattuck, *El pensamiento de los profetas*, Méjico, 1971.
A. A. Maududi, *Perspectiva histórica del Islam*, Madrid, 1989.
F. Maíllo Salgado, *Vocabulario básico de historia del Islam*, Madrid, 1987.
E. Mitre Fernández, *La muerte vencida*, Madrid, 1988.
L. Morris, *Revelation of st. John*, Grand Rapids, 1979.
– *The first epistle of Paul to the Corinthians*, Grand Rapids, 1979.
– *The cross in the New Testament*, Exeter, 1979.
S. Mowinckel, *He That cometh*, Oxford, 1956.
M. Müller, *Chips from a German workshop*, vol. I, 1867.
D. Muñoz Alonso, *Dios-Palabra: memrá en los targumim del Pentateuco*, Valencia, 1974.
F. J. Murphy, *The religious world of Jesus*, Nashville, 1991.
J. Neusner, *Judaism in the beginning of Christianity*, Filadelfia, 1984.
– *The Talmud*, Filadelfia, 1991.
– *An Introduction to Judaism*, Louisville, 1991.
J. L. Nevius, *Demon possession*, Grand Rapids, 1968.
Y. Newman y G. Sivan, *Judaismo*, Jerusalén, 1983.
G. W. E. Nickelsburg y R. A. Kraft, *Early Judaism and its Modern Interpreters*, Filadelfia, 1986.
T. Nöldeke, *Geschichte des Korans*, 3 vols., Hildesheim, 1938.
T. Nöldeke, F. Schwally, G. Bergsträsser y O. Pretzl, *Geschichte der Qorans*, 1961.
F. S. North, «Aaron's rise in prestige», en *ZAW*, 66, 1954.
M. Noth, *Historia de Israel*, Madrid, 1966.
G. Nuttall, *Christian Pacifism in history*, Berkeley, 1971.
A. Nygren, *La epístola a los romanos*, Buenos Aires, 1969.
E. D. O'Connor (ed.), *The dogma of the Immaculate Conception*, 1958.
W. O. E. Oesterley, *Inmortality and the Unseen world*, Londres, 1930.
W. O. E. Oesterley y G. H. Box, *Short survey of literature of rabbinical and mediaeval Judaism*, Londres, 1920.
W. O. E. Oesterley y T. H. Robinson, *Hebrew religion*, Londres, 1930.
J. E. Orr, *Are Demons for real?*, Wheaton, 1970.
F. M. Pareja et al., *Islamologie*, Beirut, 1957-63.
P. Parshall, *Bridges to Islam*, Grand Rapids, 1991.
– *Beyond the mosque*, Grand Rapids, 1991.
R. Payne, *La espada del Islam*, Barcelona, 1977.
J. Peláez del Rosal, *La sinagoga*, Córdoba, 1988.
M. Pérez Fernández, *Tradiciones mesiánicas en el Targum palestinense*, Estella, 1981.
S. Perowne, *The life and times of Herod the great*, Londres, 1957.
– *The later Herods*, Londres, 1958.

N. Perrin, *The kingdom of God in the teaching of Jesus*, Londres, 1963.
R. Pettazzoni, «Das Ende der Urmonotheismus», en *Numen*, 3, 1956.
E. L. Peterson, *'Ali and Mu'awiya in early Arabic tradition*, 1964.
J. J. Petuchowski, *La voz del Sinaí*, Bilbao, 1989.
C. F. Pfeiffer, *Old Testament History*, Grand Rapids, 1987.
R. H. Pfeiffer, *History of the New Testament times*, Grand Rapids, 1954.
D. Pipes, *El Islam*, Madrid, 1987.
L. Poliakov, *Historia del antisemitismo*, vol. I, Buenos Aires, 1968.
H. B. Porter, «Origin of the Medieval rite for anointing sicks and dying», en *JTS*, 7, 1956.
G. von Rad, *El libro del Génesis*, Salamanca, 1982.
— *Teología del Antiguo Testamento*, 2 vols., Salamanca, 1982.
A. Rahlfs (ed.), *Septuaginta*, Stuttgart, 1979.
K. Rahner y W. Thüsing, *Cristología*, Madrid, 1975.
Y. Richard, *L'Islam chi'ite*, París, 1991.
A. Richardson, *Las narraciones evangélicas sobre milagros*, Madrid, 1974.
J. A. T. Robinson, *Redating the New Testament*, Londres, 1976.
— *The Priority of John*, Londres, 1985.
J. Robson, *Christ in Islam*, 1929.
— «The magical use of the Koran», en *TGUOS*, 6, 1934, pp. 51 ss.
— «Ibn Ishaq's use of the isnad», en *BJRL*, 38, 1956, pp. 449 ss.
— «Muslim wedding feasts», en *TGUOS*, 18, 1961, pp. 1 ss.
C. Roth, *Historia de los marranos*, Madrid, 1979.
C. Rowland, *The Open Heaven*, Londres, 1985.
K. Rudolph, *Gnosis*, San Francisco, 1983.
J. L. Ruiz de la Peña, *La otra dimensión*, Santander, 1986.
D. S. Russell, *The method and message of Jewish Apocalyptic*, Filadelfia, 1964.
A. Safran, *La Cabale*, París, 1960.
A. J. Saldarini, *Pharisees, Scribes and Sadducees in Palestinian Society*, Wilmington, 1988.
E. P. Sanders, *Paul and Palestinian judaism*, Filadelfia, 1977.
— *Paul, the Law and Jewish people*, Filadelfia, 1989.
S. Sandmel, *Herod*, Filadelfia, 1987.
N. M. Sarna, *Understanding Genesis*, Nueva York, 1970.
J. Sawyer, *Prophecy and the Prophets of the Old Testament*, Oxford, 1987.
J. Schacht, *The origins of Muhammadan jurisprudence*, 1950.
F. Schaeffer, *Génesis en el tiempo y en el espacio*, Barcelona, 1972.
A. Schalit, *König Herodes*, Berlín, 1969.
L. A. Schökel y J. L. Sicre, *Profetas*, 2 vols., Madrid, 1980.
G. C. Scholem, *Major trends in Jewish mysticism*, Nueva York, 1946.
— *La Cábala y su simbolismo*, Madrid, 1985.

E. Schürer, *The History of the Jewish People in the Age of Jesus*, Edimburgo, 4 vols., 1987.
H. Schärmann, *¿Cómo entendió y vivió Jesús su muerte?*, Salamanca, 1982.
R. B. Serjeant, «Recent marriage legislation from al-Mukalla with notes on marriage customs», en *BSOAS*, 25, 1962, pp. 472 ss.
M. A. Shaban, *Historia del Islam*, Madrid, 2 vols., 1976-1980.
C. Shepherd, *Jewish holy days*, New Jersey, 1988.
— *Sidur Avodat Israel*, Tel-Aviv, 1985.
H. B. Smith, «The Muslim doctrine of man», en *Muslim World*, 44, 1954, pp. 202 ss.
I. Shorrosh, *Islam revealed*, Nashville, 1984.
D. Sourdel, *Le vizirat abbaside*, 2 vols., París, 1959-60.
— «Le jugement des morts dans l'Islam», en *SO*, 4, 1961.
H. Speyer, *Die biblischen Erzählungen im Qoran*, 1931.
H. U. Stanton, *The teaching of the Qur'an*, Londres y Nueva York, 1919.
K. Stendhal, *The Scrolls and the New Testament*, Londres, 1958.
D. Stern, *Messianic Jewish manifesto*, Jerusalén, 1991.
W. B. Stevenson, «Some specimens of Moslem charms», en *Studia Semitica et Orientalia*, 1920.
— *Grammar of Palestinian Jewish Aramaic*, Oxford, 1962.
J. Sttot, *The epistles of John*, Grand Rapids, 1979.
H. B. Swete, *Introduction to the Old Testament in Greek*, Peabody, 1989.
A. K. Syed, *The Mohammedan commentary on the Holy Bible*, 1862.
R. V. G. Tasker, *The general epistle of James*, Grand Rapids, 1979.
— *The second epistle of Paul to the Corinthians*, Grand Rapids, 1979.
E. Testa, *L'huile de la foi*, Jerusalén, 1967.
— *Nazaret giudeo-cristiana*, Jerusalén, 1969.
C. P. Thiede, *Simon Peter*, Grand Rapids, 1988.
J. M. R. Tillard, *El obispo de Roma*, Santander, 1986.
A. Toynbee (ed.), *El crisol del cristianismo*, Madrid, 1988.
A. S. Tritton, «Spirits and demons in Arabia», en *JRAS*, 1934, pp. 714 ss.
M. F. Unger, *Biblical Demonology*, Wheaton, 1965.
E. Urbach, *The sages*, Jerusalén, 1975.
C. del Valle, *La misná*, Madrid, 1981.
R. de Vaux, *Historia Antigua de Israel*, vol. I, Madrid, 1975.
— *Instituciones del Antiguo Testamento*, Barcelona, 1985.
S. ibn Verga, *La vara de Yehudah*, Barcelona, 1991.
G. Vermes, *Jesús el judío*, Barcelona, 1977.
J. Vernet, *Los orígenes del Islam*, Madrid, 1990.
— *Mahoma*, Madrid, 1987.
C. Vidal Manzanares, «¿Tradición versus Biblia? Una aproxima-

ción histórica al papel de la tradición en la iglesia de los cuatro primeros siglos», *PE*, 1990.
- *La alternativa monacal*, Madrid, 1991.
- *Las sectas frente a la Biblia*, Madrid, 1991.
- *Diccionario de sectas y ocultismo*, Estella, 1991.
- *Los evangelios gnósticos*, Barcelona, 1991.
- «La figura de María en la literatura apócrifa judeo-cristiana de los dos primeros siglos», en *EphMar*, 1991, pp. 191-205.
- «María en la arqueología judeo-cristiana de los tres primeros siglos», en *EphMar*, 1991, pp. 353-64.
- «La influencia del judeo-cristianismo en la liturgia mariana», en *EphMar*, 1992, pp. 115-126.
- *El Hijo de Ra: vida y época de Ramsés II*, Barcelona, 1992.
- *Diccionario de Patrística*, Estella, 1992.
- *El Primer Evangelio: el Documento Q*, Barcelona, 1993.
- *De Pentecostés a Jamnia: el judeo-cristianismo palestino en el siglo* I (en prensa).

A. de Vogäé, *La regla de san Benito*, Zamora, 1985.
J. Walton y A. Hill, *A Survey of the Old Testament*, Grand Rapids, 1991.
M. Warner, *Tú sola entre las mujeres*, Madrid, 1991.
N. Weinstock, *El sionismo contra Israel*, Barcelona, 1970.
C. Wensinck, *The Muslim Creed*, 1932.
H. W. Wolf, *Antropología del Antiguo Testamento*, Salamanca, 1975.
Zohar: the book of splendor, Nueva York, 1977.
Y. Yadin, *Masada*, Barcelona, 1969.

LISTA DE ABREVIATURAS BIBLIOGRAFICAS

BJRL: Bulletin of the John Rylands Library.
BSOAS: Bulletin of the School of Oriental and African Studies.
DI: Der Islam.
EI: Encyclopaedia of Islam, 4 vols. y suplemento, 1913-38.
EphMar: Ephemerides Mariologicae.
ERE: Encyclopaedia of Religion and Ethics, 12 vols. y uno de índices, 1908-26.
IL: Islamic Literature.
JRAS: Journal of the Royal Asiatic Society of Great Britain.
JTS: Journal of Theological Studies.
MW: Muslim World.
PE: Pastoral ecuménica.

RAC: Reallexikon für Antike und Christentum, 1950 y ss.
RGG: Die Religion in Geschichte und Gegenwart, 1957-62.
RHR: Revue de l'histoire des religions.
SO: Sources orientales, 1959 y ss.
TGUOS: Transactions of Glasgow University Oriental Society.
ZAW: Zeitschrift für die alttestamentliche Wissenschaft.
ZDMG: Zeitschrift der deutschen morgenländischen Gessellschaft.

Indice

Prólogo, por el Dr. P. A. Deiros 7

Prefacio, por César Vidal Manzanares 21

Abreviaturas 27

Diccionario de las tres religiones monoteístas
 (Judaísmo, cristianismo e islam) 29

Bibliografía 289